新编大学生
军事理论与技能
（第2版）

◎ 张春伟　唐　雁　王泽松　主　编
◎ 赵洪智　李　俊　副主编

电子工业出版社
Publishing House of Electronics Industry
北京·BEIJING

内 容 简 介

本书依据《普通高等学校军事课教学大纲（2019版）》所规定的内容，紧密结合当代大学生的思想特点进行编写。本书突出国防建设主线，把握国防教育重点，在理论和实践上由浅入深、循序渐进，努力帮助大学生全面了解和基本掌握国防建设的相关知识，达到普及国防知识、激发大学生爱国主义热情、增强大学生国防意识、把国防教育转化为国防实力的目的，提高大学生学习军事知识的热情和参加军训的积极性，更好地普及军事理论和军事技能知识，强化大学生的国防意识，增强自身的综合素质。本书主要内容包括：中国国防、国家安全、军事思想、现代战争、信息化装备、共同条令教育与训练、防卫技能与战时防护训练、战备基础与应用训练等。

本书适合作为普通高等学校军事理论通识课的教材，也可供其他国防教育和军事爱好者学习参考。

未经许可，不得以任何方式复制或抄袭本书之部分或全部内容。
版权所有，侵权必究。

图书在版编目（CIP）数据

新编大学生军事理论与技能／张春伟，唐雁，王泽松主编. —2版. —北京：电子工业出版社，2024.1
ISBN 978-7-121-46836-0

Ⅰ.①新… Ⅱ.①张… ②唐… ③王… Ⅲ.①军事理论－高等学校－教材 Ⅳ.①E0

中国国家版本馆CIP数据核字（2023）第234761号

责任编辑：王羽佳
印　　刷：北京盛通印刷股份有限公司
装　　订：北京盛通印刷股份有限公司
出版发行：电子工业出版社
　　　　　北京市海淀区万寿路173信箱　　邮编：100036
开　　本：787×1092　1/16　印张：14.25　字数：422千字
版　　次：2017年8月第1版
　　　　　2024年1月第2版
印　　次：2025年7月第11次印刷
定　　价：49.90元

凡所购买电子工业出版社图书有缺损问题，请向购买书店调换。若书店售缺，请与本社发行部联系，联系及邮购电话：(010)88254888，88258888。

质量投诉请发邮件至zlts@phei.com.cn，盗版侵权举报请发邮件至dbqq@phei.com.cn。

本书咨询联系方式：(010)88254535，wyj@phei.com.cn。

前　言

习近平总书记在党的二十大报告中指出："深化全民国防教育，加强国防动员和后备力量建设，推进现代边海空防建设。"国防教育是建设和巩固国防的基础，是增强民族凝聚力、提高全民素质的重要途径，是普通高等学校思想政治教育的"第一课"。军事课是普通高等学校学生的必修课程。军事课要全面贯彻习近平强军思想和习近平总书记关于教育的重要论述，要全面贯彻党的教育方针、新时代军事战略方针和总体国家安全观，围绕立德树人根本任务和强军目标根本要求，深入开展社会主义核心价值观宣传教育，以提升学生国防意识和军事素养为重点，为实施建设国防后备力量服务，着力培养担当民族复兴大任的时代新人。

依据《中华人民共和国国防法》《中华人民共和国兵役法》《中华人民共和国教育法》，以及国务院、中央军委有关文件精神和教育部发布的《普通高等学校军事课教学大纲》（2019版），紧扣我国高等教育发展、国防和军队建设发展的实际，结合大学生军事理论教学与军事技能训练的实践，我们编写了本书。

在本书的编写工作中，我们紧密结合当代大学生的思想特点，突出国防建设主线，把握国防教育重点，在理论和实践上由浅入深、循序渐进，努力帮助大学生全面了解和基本掌握国防建设的相关知识，达到普及国防知识激发大学生爱国主义热情、增强大学生国防意识、把国防教育转化为国防实力的目的，为国防和军队建设培养和造就一批高素质的后备力量。

本书力求结构合理、重点突出、文字简洁、通俗易懂，融知识性、趣味性和教育性为一体，既能适应立德树人根本任务和强军目标根本要求，服务国防后备力量建设，又能结合新时代普通高等学校军事课教育的实际，着眼国防教育规律和育人目标要求，提高大学生学习军事知识的热情和参加军训的积极性，更好地普及军事理论和军事技能知识，强化大学生的国防意识，增强自身的综合素质。本书出版按照重大选题备案制，严格履行了重大选题备案流程。

为便于学生自主学习，本书配套电子课件，请登录华信教育资源网免费注册下载；提供微课视频、在线自习和作业系统，请扫描封面和封底二维码注册登录学习。为便于教师教学，本书配套参考教案、课程教学大纲、试卷、拓展视频等请联系 wyj@phei.com.cn 登记索取。

本书共9章，分为军事理论和军事技能两大部分。其中第1~5章为军事理论内容，主要讲述中国国防、国家安全、军事思想、现代战争、信息化装备；第6~9章为军事技能内容，主要讲述共同条令教育与训练、射击与战术训练、防卫技能与战时防护训练、战备与应用训练。本书各章编撰人员：第1章，张春伟；第2~5章，唐雁、赵洪智；第6~9章，王泽松、李俊。

本书在编写过程中参考了有关专家、学者的相关著作，借鉴了部分高等学校的军事课教材及部分网络资源，在此谨向这些文献的作者表示衷心的感谢！由于编者水平有限，本书在内容上难免有不当之处，恳请各位读者、专家批评指正。

编　者

目　　录

第一章　中国国防 ... 1

第一节　国防概述 ... 1
一、国防的内涵 ... 1
二、国防的基本类型 ... 4
三、中国国防的历史与启示 ... 4
四、现代国防观 ... 9
思考题 ... 11

第二节　国防法规 ... 11
一、国防法规的特征 ... 11
二、国防法规体系 ... 13
三、公民的国防权利与义务 ... 14
思考题 ... 17

第三节　国防建设 ... 17
一、国防体制 ... 17
二、国防战略 ... 18
三、国防政策 ... 19
四、国防建设成就 ... 21

第四节　武装力量 ... 22
一、中国武装力量概述 ... 22
二、中国武装力量的构成 ... 25
三、人民军队的发展历程 ... 27
思考题 ... 35

第五节　国防动员 ... 35
一、国防动员的内涵 ... 35
二、国防动员的主要内容 ... 37
三、国防教育 ... 39
思考题 ... 40

第二章　国家安全 ... 41

第一节　国家安全概述 ... 41
一、国家安全的内涵 ... 41
二、国家安全的原则 ... 43
三、总体国家安全观 ... 44

第二节　国家安全形势 ... 45
一、我国地缘环境概况 ... 45
二、我国的地缘安全 ... 46
三、新形势下的国家安全 ... 47

   　　四、新兴领域的国家安全 49
   第三节 国际战略形势 50
   　　一、国际战略形势概述 50
   　　二、国际战略形势的现状及发展趋势 51
   　　三、世界主要国家军事力量及战略动向 53
   　　思考题 57

第三章 军事思想 58
   第一节 军事思想概述 58
   　　一、军事思想的内涵 58
   　　二、军事思想的发展历程 59
   　　三、军事思想的地位和作用 60
   第二节 外国军事思想 61
   　　一、外国军事思想的主要内容 61
   　　二、外国军事思想的特点 63
   　　三、《战争论》的简介 65
   第三节 中国古代军事思想 66
   　　一、中国古代军事思想的形成与发展 66
   　　二、中国古代军事思想的主要内容 67
   　　三、中国古代军事思想的特点 69
   　　四、《孙子兵法》简介 70
   第四节 当代中国军事思想 71
   　　一、毛泽东军事思想 72
   　　二、邓小平新时期军队建设思想 75
   　　三、江泽民国防和军队建设思想 76
   　　四、胡锦涛国防和军队建设思想 77
   　　五、习近平强军思想 78
   　　思考题 82

第四章 现代战争 83
   第一节 战争概述 83
   　　一、战争的内涵 83
   　　二、战争的主要特点 83
   　　三、战争的发展历程 84
   第二节 新军事革命 86
   　　一、新军事革命的内涵 86
   　　二、新军事革命的发展演变 87
   　　三、新军事革命的主要内容 87
   第三节 机械化战争 92
   　　一、机械化战争的内涵 92
   　　二、机械化战争的主要形态 93
   　　三、机械化战争的特点 95
   　　四、机械化战争的代表战例 95

- 第四节 信息化战争 … 97
  - 一、信息化战争的内涵 … 97
  - 二、信息化战争的特征 … 97
  - 三、信息化战争的主要形态 … 99
  - 四、信息化战争的典型战例 … 100
  - 五、信息化战争的发展趋势 … 105
  - 思考题 … 108

第五章 信息化装备 … 109
- 第一节 信息化装备概述 … 109
  - 一、信息化装备的内涵 … 109
  - 二、信息化装备的分类与特征 … 109
  - 三、信息化装备对现代战争的影响及发展趋势内涵 … 110
- 第二节 信息化作战平台 … 112
  - 一、信息化作战平台概述 … 112
  - 二、信息化作战平台的发展趋势 … 116
  - 三、信息化作战平台的应用 … 117
- 第三节 综合电子信息系统 … 118
  - 一、综合电子信息系统概述 … 118
  - 二、指挥控制系统 … 119
  - 三、情报侦察系统 … 119
  - 四、预警探测系统 … 120
  - 五、通信系统 … 120
  - 六、综合保障系统 … 121
- 第四节 信息化杀伤武器 … 121
  - 一、精确制导武器 … 121
  - 二、核生化武器 … 124
  - 三、新概念武器 … 126
  - 思考题 … 129

第六章 共同条令教育与训练 … 130
- 第一节 共同条令教育 … 130
  - 一、共同条令概述 … 130
  - 二、《中国人民解放军内务条令》简介 … 131
  - 三、《中国人民解放军纪律条令》简介 … 131
  - 四、《中国人民解放军队列条令》简介 … 131
- 第二节 分队的队列动作 … 131
  - 一、基本队列动作 … 131
  - 二、分队、部队的队列规范 … 136
  - 三、队列动作 … 137
  - 四、阅兵 … 142
- 第三节 现地教学 … 144
  - 一、走进军营 … 144

二、走进爱国主义教育基地 ………………………………………… 145
　　三、学唱军营歌曲 …………………………………………………… 145
第七章　射击与战术训练 ……………………………………………………… 146
　第一节　轻武器射击 ……………………………………………………… 146
　　一、轻武器概述 ……………………………………………………… 146
　　二、轻武器的性能、构造与保养 …………………………………… 146
　　三、简易射击学理 …………………………………………………… 148
　　四、武器操作 ………………………………………………………… 150
　　五、实弹射击 ………………………………………………………… 152
　第二节　战术 ……………………………………………………………… 153
　　一、战斗的基本类型 ………………………………………………… 153
　　二、战斗的行动样式 ………………………………………………… 155
　　三、单兵战术基础动作 ……………………………………………… 156
　　四、分队战术 ………………………………………………………… 162
第八章　防卫技能与战时防护训练 …………………………………………… 164
　第一节　格斗基础 ………………………………………………………… 164
　　一、格斗常识 ………………………………………………………… 164
　　二、格斗基本功 ……………………………………………………… 167
　　三、捕俘拳 …………………………………………………………… 171
　第二节　战场医疗救护 …………………………………………………… 175
　　一、救护基本知识 …………………………………………………… 175
　　二、个人卫生 ………………………………………………………… 176
　　三、意外伤的救护与心肺复苏 ……………………………………… 177
　　四、战场自救互救 …………………………………………………… 179
　第三节　核生化防护 ……………………………………………………… 181
　　一、防护基本知识和技能 …………………………………………… 181
　　二、防护装备的使用 ………………………………………………… 183
　　三、对核武器的防护 ………………………………………………… 186
第九章　战备基础与应用训练 ………………………………………………… 188
　第一节　战备规定 ………………………………………………………… 188
　　一、战备的主要内容 ………………………………………………… 188
　　二、战备的要求 ……………………………………………………… 189
　第二节　紧急集合 ………………………………………………………… 189
　　一、紧急集合要领 …………………………………………………… 189
　　二、紧急集合训练 …………………………………………………… 190
　第三节　行军拉练 ………………………………………………………… 191
　　一、行军的种类及基本要领 ………………………………………… 191
　　二、行军的组织准备 ………………………………………………… 191
　　三、行军的管理与指挥 ……………………………………………… 192
　　四、特殊条件行军 …………………………………………………… 193
　　五、宿营 ……………………………………………………………… 194

- 第四节　野外生存常识 ··· 195
  - 一、野外判定方向 ··· 195
  - 二、野外寻找水源 ··· 196
  - 三、野外获取食物 ··· 197
  - 四、野炊 ··· 198
  - 五、野外常见伤病的防治 ··· 199
  - 六、野外求救 ··· 201
- 第五节　识图用图 ·· 201
  - 一、地图的基本知识 ·· 201
  - 二、地貌判读 ··· 204
  - 三、现地判定方位 ··· 207
  - 四、地图与现地对照 ·· 208
  - 五、按地图和方位角行进 ··· 210
- 第六节　电磁频谱监测 ··· 211
  - 一、电磁频谱监测的基本知识 ··· 211
  - 二、电磁频谱监测方法 ··· 215

参考文献 ·· 218

第一章 中国国防

学习目的：理解国防内涵和国防历史，树立正确的国防观；了解我国国防体制、国防战略、国防政策及国防成就，激发学生的爱国热情；熟悉国防法规、武装力量、国防动员等主要内容，增强学生国防意识。

古人云："兵者，国之大事，死生之地，存亡之道，不可不察也。"历史经验证明：国家的昌盛、民族的复兴都离不开强大的国防，正所谓"国无防不立，民无兵不安"，也就是说，国防不仅是国家和军队的事，更关系每个普通人的生存与发展。大学生作为社会中最具活力和最富激情的群体，是民族复兴的希望和社会发展的栋梁，理应认真学习国防知识，密切关注国防动态，努力参与国防建设，积极履行国防义务。

第一节 国防概述

古人视礼义为维护社会国家的安全力量，必须严格遵行，防止逾越，称为国防。《后汉书·孔融传》记："臣愚以为宜隐郊祀之事，以崇国防。"这是孔融针对当时国内可能发生动乱的征候，向汉献帝的谏言，意思是说国家要减少祭祀等大规模的集会活动，以维护安定，巩固政权。意指为维护团体、严明礼义而应采取的防禁措施。当代的国防，是人类社会发展与安全需要的产物，它是关系国家和民族生死存亡、荣辱兴衰的根本大计。

一、国防的内涵

《中华人民共和国国防法》总则中规定："国家为防备和抵抗侵略，制止武装颠覆，保卫国家的主权、统一、领土完整和安全所进行的军事活动，以及与军事有关的政治、经济、外交、科技、教育等方面的活动，适用本法。"

由此可见，国防，即国家的防务，是国家为防备和抵抗侵略，制止武装颠覆，保卫国家的主权、统一、领土完整和安全而进行的军事及与军事有关的政治、经济、外交、科技、教育等方面的活动。

国防是国家生存与发展的安全保障，其基本要素包括国防的主体、国防的目的、国防的手段和国防的对象4个方面，下面选择前3个方面进行简要介绍。

（一）国防的主体

国防的主体是国防活动的实行者，通常为国家。这就是说，国防是国家的事业，是国家的固有职能。任何国家，自诞生之日起，就要固国强边，防御和抵抗各种外来侵略，以保障国家的安全，维系国家的生存。因此，国防必然伴随着国家的产生而产生，随着国家的发展而发展，最终也只能随着国家的消亡而消亡。

从国家的本质来看，国家是阶级专政的工具，是统治阶级利益与意志的体现，实现这种利益与意志，必须通过国家权力。国防就是要维护国家的这种权力，而且也只有依靠国家的这种权力才能使国防得以运转，可见只有国家，才能有效地领导和组织国防事业。

从国防的本义上看，国防是国家的防务，是全民族的防务，与国家的各个部门、各种组织及全体公民息息相关。在我国，加强国防建设，进行国防斗争，是一切国家机关与武装力量、各政党和社会团体、各企事业单位及全体公民的共同责任。

（二）国防的目的

国防的目的是捍卫国家的主权、统一、领土完整和安全。换言之，从行为上看，国防应当是一种为捍卫国家主权、维护国家统一、保卫国家领土、保障国家安全而进行的活动。

1. 捍卫国家主权

国家主权是一个国家独立自主处理自己对内对外事务的最高权力。主权是国家区别于其他社会集团的特殊属性，国家和主权不可分割，主权是国家存在的根本标志。如果一个国家丧失主权，其他的一切，包括国家的独立、领土的完整、基本的政治制度、社会准则和国家的荣誉与尊严都无从谈起。因此，捍卫国家主权始终是国防的根本目的和任务。

2. 维护国家统一

国家的统一是指国家由一个中央政府对领土内一切居民和事务行使完整的管辖权，不允许另立政府或分割国家的管辖权。从国际法的角度来说，维护国家的统一，反对分裂，历来是一个国家的内部事务，决不允许外国干涉。这是一个原则性问题，不能有丝毫含糊。因此，维护国家统一历来是国防的重要任务。

3. 保卫国家领土

领土是位于国家主权支配下的地球表面的特定部分及其底土和上空。领土是国家存在和发展的自然物质前提，是构成国家的基本要素之一。国家主权与国家领土具有密切联系。领土是国家行使其主权的空间和对象，没有领土，主权就失去了存在的空间和行使对象；没有主权，领土必然被侵犯，被分割，甚至遭到瓜分。国防捍卫国家的主权独立，必然要保卫国家的领土完整。

任何国家必须有一定的领土。领土是指处于国家主权管辖下的地球表面特定部分，它包括国家主权管辖下的一切陆地、水域及其底土和上空，即由领陆、领水和领空三部分组成。领土不是平面的，而是一个立体化的三维空间，上至高空，下达地底，如图1-1所示。

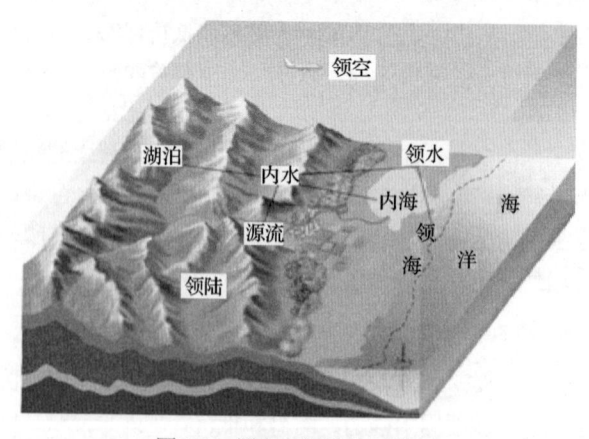

图1-1 领土空间结构示意图

领陆是指国家主权管辖下的陆地及其底土，是国家领土组成的基本部分。领水依附于领陆，领空又依附于领陆和领水。如果领陆发生变动，则领水和领空也将随之变动。领水是指国家主权管辖下的全部水域及其底土，是国家领土中的重要组成部分。领水分为内水和领海两部分。领空是指国家领陆和领水的上空。领空是国家领土的组成部分，国家对其拥有完全的和独享的主权。除此之外，有些海域，如毗连区、大陆架、专属经济区等，尽管在严格意义上不被视为国家领土的一部分，但沿海国可以对其及其资源行使主权权力，从而构成国家管辖范围的海域。

4. 保障国家安全

国家安全是国家的基本利益，是一个国家处于没有危险的客观状态，也就是国家没有外部的威胁和侵害，也没有内部的混乱和疾患的客观状态。

国家要正常地生产和发展，必须有一个安全的内外环境。一个国家如果没有平稳的状态，不仅难以建设和发展，而且生存也会受到威胁。因此，维护国家的安全也是国防的主要目的之一。一旦国家遭到外来侵略，安全受到威胁，国防就必须履行自己的职能，抵御和挫败外来侵略和颠覆，确保国家的和平、稳定。当国内敌对分子勾结国外敌对势力进行武装暴乱或叛乱等危及国家安全的时候，国防力量就要采取措施，防止和平息这种内外勾结的暴乱，以保卫国家安全。

（三）国防的手段

国防的手段是指为达到国防目的而采取的方法和措施。根据《中华人民共和国国防法》的规定，我国国防的手段包括军事活动及与军事活动有关的政治、经济、外交、科技、教育等方面的活动。

1. 军事手段

军事手段是国防的主要手段。现代国防的根本职能是捍卫国家利益，防备和抵御外来的各种形式和不同程度的侵犯；防备和平息内部和外部的敌对势力相互勾结所发生的武装暴乱。而应对武装入侵和武装暴乱最根本和最有效的手段莫过于采取军事手段。这是因为军事手段是最具威慑作用的手段，也是唯一能够有效对付武装侵略的手段，同时也是解决国家之间矛盾冲突的最后手段。

2. 政治手段

政治手段作为国防手段之一，指的是"与军事有关的"政治活动，而不是政治本身的全部含义。构成国防手段的政治活动主要包括政治制度、政治思想工作和政治宣传等内容。政治与国防关系密切。一方面，国防直接保卫的国家主权，是政治的第一需要；国防直接保卫的国家领土，是政治的物质前提；国防直接保卫的国家安全利益与发展利益，是政治的根本追求。国家政权、政治制度也要靠国防力量来捍卫。另一方面，政治对国防起着决定性的支配作用。国家的政治需要，决定国防的根本性质和基本类型；国家的政治指导思想和路线，决定国防的方向、方针和原则；国家的政治制度，决定国防的根本体制；国家的政治素质，制约国防的客观效应。

3. 经济手段

经济是国防的基础，社会经济制度决定国防活动的性质，社会经济状况决定国防建设的水平。现代条件下，无论是国防建设还是国防斗争，都要广泛采用经济手段，这些手段主要有国防经济活动、经济动员、经济战、经济制裁等。

国防经济活动是为国防而进行的生产、分配、交换、消费及其管理的实践活动，目的是保持一定的军事实力与潜力，从而有效地保障国家安全。国民经济动员是指国家将经济部门及其相应的体制有组织、有计划地从平时状态转入战时状态所采取的措施，目的是充分调动国家经济能力、提高生产水平、扩大军品生产、保障战争需要。经济战是敌对双方为夺取战略优势和战争胜利而进行的经济斗争，也包括和平时期的经济封锁和经济扰乱，其根本目的是给敌人造成经济恐慌，动摇其进行战争的物质基础，使敌方经济陷于崩溃。经济制裁是指国家为一定的政治、军事目的，对另一方强行实施的惩罚行为，其目的是通过削弱敌对国家的经济实力，进而削弱敌国的作战能力。

4. 外交手段

国防外交活动主要是指国家与国家之间为了国防目的而开展的外交活动。由于这种外交主要涉及军事领域，因此又称为军事外交。总体上讲，国防外交主要涉及国家与国家之间、军事集团与军事集团之间的军事政治关系、军队关系、军事战略关系、军事科技关系和军事集团之间的军事经济关系等。具体可以划分为：军事双边往来、多边军事往来、非官方军事交往、军事科技交流和军工合作、军事结盟、军事援助、军事经济合作、边防管理等。国防外交涉及的各个方面的活动都不是孤立的，而是有机联系的。从事国防外交活动的主体也不单纯是武装力量，还包括国家机关与民间的一些部门。

除上述手段外，与军事有关的科技、教育等也是国防的重要手段。

二、国防的基本类型

（一）国防的基本类型

世界各国在国防建设上都是从本国利益和战略需要出发，按照不同的国防观念和标准，制定不同的国防发展战略，为本国的政治、经济、外交等服务。当代世界各国的国防归纳起来有 4 种类型，即扩张型、自卫型、联盟型和中立型。

1. 扩张型

扩张型国防主要体现在某些经济发达、军事实力较强、政治野心膨胀的国家，为维护本国在其他一些国家和地区的战略利益，推行霸权主义侵略扩张政策，打着防卫的幌子，对别国进行侵略、颠覆和渗透。

2. 自卫型

自卫型国防是指在国防建设上以防止外敌入侵、保卫本国安全利益为目的，依靠本国的整体实力，争取国际上的同情与支持，以维护国家的安全、周边地区和世界的和平与稳定。其特点是在和平共处的基础上，同世界诸国进行友好往来。

3. 联盟型

联盟型国防是指以结盟形式，联合一部分国家来弥补自身国防力量的不足。联盟型国防又分为两种，即一元体联盟和多元体联盟。前者是以某一大国为盟主，其余国家处于从属地位；后者的联盟国则是伙伴关系，通过共同协商确定防卫方针政策。

4. 中立型

中立型国防主要是指中小发达国家，为了保障本国的繁荣和安全，严守和平中立的国防政策，实施总体防御战略和寓兵于民的防御体系。

中国的国防政策是由中国的国家利益、社会制度、对外政策和历史文化传统等因素所决定的。一是要始终把维护国家的主权、统一、领土完整和安全放在第一位，把保卫祖国、抵抗侵略、维护统一、反对分裂，作为国防政策的出发点和立足点；二是要为国家的改革开放和发展提供一个和平稳定的内外环境。中国始终不渝地奉行独立自主的和平外交政策，不同任何国家或国家集团结盟，主张通过协商和平解决国家间的纠纷和争端，主张在和平共处五项原则的基础上同所有国家发展友好合作关系。因此，中国不会对任何别的国家构成威胁，而只能是维护世界和平和地区稳定的重要力量。另外，在中国几千年的历史中，爱和平、重防御、求统一、促进民族团结、共御外侮，始终是中国国防观念的主题。

三、中国国防的历史与启示

中国国防的历史源远流长，先后经历了奴隶社会、封建社会、半殖民地半封建社会和社会主义社会等不同的发展阶段，纵观 4000 多年历史，中国国防曾有过声威远播、天下归附的辉煌；也有过遍体鳞伤、不堪回首的屈辱；更有过抗敌卫国，从蒙耻到雪耻、从屈辱走向尊严的艰辛历程，给我们留下了宝贵的国防遗产和深刻的历史教训。中国的国防历史大致可分为古代、近代和新中国成立后共3个阶段。

（一）中国古代国防

中国古代国防始于公元前21世纪夏王朝的建立，止于1840年的鸦片战争，经历了20多个朝代的兴衰更迭，呈现出兴衰交替和曲折发展的历程。

夏王朝的建立，是中国国防产生的标志。秦始皇统一全国后，国防承担起巩固、发展统一政权和抗击外族入侵的双重任务。也就是从这一时期开始，为巩固国防，秦王朝采取了设郡而治、筑路通邮、移民实边和实施军屯等一系列加强国防建设的措施。盛唐时期，朝廷也非常重视国防建设，注重讲武，苦练精兵，改良兵器，执行"怀柔四方、华夷一体"的防务政策，使唐朝北部边疆出现了数十年无兵灾战祸的太平盛世。从中唐到两宋、从元明至晚清，总体上是由弱到强，再从强盛走向衰落的过程。而各个朝代的国防事业也大都经历了由兴而盛、由盛及衰的过程，其间固然不乏极盛之前的短暂衰落、衰败之后的一时复兴，但终其一朝，由盛及衰的基本趋势是没有改变的。

在中国古代国防历史发展过程中，中华民族经历了无数次战火的洗礼，培育了民族的凝聚力和自强不息、卫国御侮的尚武精神，最终形成了多民族、大疆域的国家。中国古代国防留下了许多宝贵的国防遗产，对我们现在研究国防有着非常重要的借鉴意义。

1. 古代的兵制建设

所谓兵制，就是军事制度，现在一般称为军制，包括武装力量体制、军事领导体制和兵役制度等。兵制建设是我国古代国防的重要方面。

中国古代，在武装力量体制上，一般包括中央军、地方军和边防军3个部分。中央军通常由御林军和其他较为精锐的部队组成，担任警卫京师和宫廷的任务；地方军负责该地区的卫戍任务，由地方军政长官统率；边防军是戍守边疆，并兼有屯田任务的军队。在军事领导体制上，虽然各个朝代的做法不尽一致，但皇权至上是不变的，军队的调拨使用大权始终掌握在皇帝手中。在兵役制度上，各个朝代一般都是根据当时的政治、经济、人口状况和军事需要，建立相应的兵役制度。中国古代曾经实行过民军制、征兵制、世兵制、府兵制、募兵制、卫所制和八旗绿营制等各种兵役制度。

2. 古代的国防工程建设

为了抵御外敌的侵犯，中国古代进行了以传统防御工程体系为标志的边海防建设，修筑了以城池、长城、京杭运河、海防要塞为代表的数量众多、规模庞大的国防工程。

城池是中国古代国防建设中时间最早和数量最多的工程。城池建筑最早始于商代，之后城池建设规模不断扩大，结构日益完善，一直延续到近代。在我国古代战争中，城池的攻守作战成为主要的样式之一。古代郡县城池示意图如图1-2所示。

长城是城池建设的延伸和发展。春秋战国时期长城的建筑已经开始，秦始皇统一六国之后，为了巩固国防、防御北方匈奴的南侵，于公元前214年开始将秦、赵、燕三国北部的长城连为一个整体，形成西起临洮、北傍阴山、东至辽东的宏伟工程。后经各朝代多次修建连接，至明代形成了西起嘉峪关、东至山海关，全长12700余里的万里长城。

京杭大运河是我国古代兴建的伟大水利工程。隋炀帝时期，征调大量人力物力，将原有的旧河道拓宽和连贯，形成北起通州、南至杭州，全长1794千米的大运河，把南北许多州县连成一线，成为军事交通和"南粮北运"的大动脉，具有重大的军事和经济作用。

古代海防建设是从明朝开始的。14世纪，倭寇频繁袭扰我国沿海地区，明朝在沿海重要地段陆续修建了以卫城、新城为骨干，水陆寨、营堡、墩、台、烽堠等相结合的海防工程体系，为抗击倭寇的入侵起到了重要作用。我国古代海防设施如图1-3所示。

图 1-2 古代郡县城池示意图　　　　图 1-3 我国古代海防设施

3. 古代的军事思想与理论

中国古代军事思想源远流长，博大精深，异彩绚烂，在世界军事思想发展史上具有杰出地位，"以仁为本"的战争观、"不战则已，战则必胜"的指导原则、"不战而屈人之兵"的"全胜"战略、选贤任能的用将之道等方面对中国，乃至全世界都有重大的参考意义。

中国古代非常注重军事理论的研究，产生了许多不朽的军事作品，如《孙子兵法》《孙膑兵法》《吴子兵法》《司马法》《尉缭子》《六韬》《三略》《唐太宗李卫公问对》及其他军事理论著作。这些军事作品对于指导战争和加强国防起到了重要的作用。

4. 中国古代的军事技术

中国古代的军事技术走在世界的前列，并对世界军事乃至经济的发展产生过深远的影响。例如，公元 8 世纪，唐朝发明了火药并将其用于军事，引起了军事上划时代的变化。当时阿拉伯人称火药为"中国盐"和"中国雪"。到 1259 年的宋代制成了"突火枪"。美国帕迁顿教授认为，"突火枪"的射击原理是后世欧洲步枪发射原理的先导。南宋虞允元在采石之战中使用了"霹雳炮"，金人在战斗中使用了"震天雷"，也称"铁火炮"，它们是世界上最早使用的金属炸弹。明代在野战、攻守城、边海防使用的各种火器就有 180 多种，其中有多发火箭和多级火箭。

（二）中国近代国防

中国近代国防一般是指从 1840 年鸦片战争到 1949 年 10 月 1 日中华人民共和国成立这一阶段的中国国防。在这一时期，中国的国防历史无疑是屡弱、衰败和屈辱的，先后经历了清朝后期和民国时期两个阶段。

1. 清朝后期的国防

自"康乾盛世"之后，清朝的政治日趋腐败，国防日渐虚弱。1840 年鸦片战争爆发后，西方殖民势力大举入侵，从此清王朝一蹶不振、每况愈下、有国无防、内乱丛生、外患不息，逐步沦为半殖民地半封建社会。

清朝后期的军制。鸦片战争后，清朝开始实施"洋务新政"，成立了总理衙门。八国联军入侵中国后，清廷深感军备落后，企图通过改革军制以加强军事，遂改总理衙门为外务部，裁撤兵部，成立陆军部。在武装力量体制方面，清军入关前，军队是八旗兵；入关后为弥补兵力的不足，将汉人编制成立了绿营。1851 年以后，为镇压太平天国运动，清廷号召各地乡绅编练乡勇，湘军和淮军逐渐成为清军的主力。在兵役制度方面，八旗兵实行的是兵民合一的民军制。甲午战争中，湘军和淮军大部溃散，清廷开始"仿用西法，编练新军"。新军采用招募的形式，在入伍的年龄、体格及文化程度方面均有较为严格的要求。

清朝后期的边海防。鸦片战争后，清廷朝政日益腐败，防务日渐废弛。海防要塞火炮年久失修，技术性能落后，炮弹威力甚小且不能及远，西方列强乘虚而入。19世纪中叶以后，中国的领土香港、澳门、台湾和澎湖列岛分别被英国、葡萄牙、日本侵占；东北的乌苏里江以东、黑龙江以北的大片土地被沙俄所占；西部的帕米尔地区被俄、英瓜分。

清朝后期的五次对外战争。1840年，英国以清王朝禁烟为由对中国发动了鸦片战争。1842年，战败的清王朝被迫在英国军舰上与之签订了中国历史上第一个不平等条约中英《南京条约》。中国的领土主权遭到破坏，开始走向半殖民地半封建社会。1856—1860年，英国不满足于既得利益，纠合法国，分别以"亚罗号事件"和"马神甫事件"为借口，对中国发动了第二次鸦片战争。战败的清王朝被迫与英法两国签订了《天津条约》和《北京条约》，与趁火打劫的沙俄签订了《瑷珲条约》，领土主权进一步遭到破坏，半殖民地化程度加深。19世纪80年代初，法国殖民主义者在完成对越南的占领后，进而入侵中国西南地区。1884—1885年，中法开战，清军在黑旗军的配合下，痛击法军，取得了镇南关大捷，导致了法国茹费里内阁的倒台。但是，腐败的清政府却一味偷安，认为法国船坚炮利，强大无敌，中国即便一时取胜，也难保究竟不败，不如趁胜求和。由此和法国签订了《中法新约》，把广西和云南两省的部分权益出卖给了法国，使中国不战而败，法国不战而胜，清政府的腐败无能暴露无遗。1894年，日本以清朝出兵朝鲜为由发动了甲午战争。清朝战败，被迫与日本签订了《马关条约》，导致台湾被割让，领土被进一步肢解，加深了中国的半殖民地化和民族危机。1900年德、法、俄、日、意、奥等八国，以保护在华侨民"利益"为借口，组成联军，发动侵华战争。战败的清政府被迫与以上八国及比利时、荷兰、西班牙等国签订了《辛丑条约》。这个条约从政治、经济、军事各方面都扩大和加深了西方列强对中国的统治，并表明清政府已完全成为其统治中国的工具，中国已完全沦为半殖民地半封建社会。

从1840年鸦片战争到1911年辛亥革命的70多年间，清政府与外国列强签订了上百个不平等条约，割让领土近160万平方千米。当时中国1.8万多千米的海岸线上，竟找不到一个中国自己享有主权的港口。国家有海无防，有边不固，绝大部分中国领土成了西方列强的势力范围：俄国在长城以北，英国在长江流域，日本在中国台湾、福建，德国在山东，法国在云南。中华民族美丽富饶的国土被西方列强撕得支离破碎。

2. 民国时期的国防

1911年暴发的辛亥革命，虽然推翻了清朝的统治，彻底废除了封建专制制度，建立了"中华民国"，但并没有改变中国任人宰割的历史。西方列强为维护其在华利益，纷纷通过扶植各派军阀作为自己的代理人，加紧对中国的控制掠夺；各派军阀争权夺利，混战不已，中国依然是有边不固，有海无防，人民有家难安。

巴黎和会上中国外交的失败，充分暴露出北洋政府的腐败无能，激起了中华民族同仇敌忾、共御外侮的决心和勇气。以五四运动为标志，中国反帝反封建的资产阶级民主革命发展到新阶段。1921年7月，中国共产党的成立，给灾难深重的中国人民带来了光明和希望，中国革命开始进入新的发展阶段。

1931年9月18日，"九一八"事变爆发，国民党政府奉行"攘外必先安内"的政策，一味妥协退让，使东北大片国土迅速沦陷，中华民族到了生死存亡的紧要关头。中国共产党高举团结抗日的旗帜，肩负起救民族于危难的神圣使命，领导全国各族人民进行了艰苦卓绝的14年抗战，终于取得了我国近代历史上第一次抗击外敌侵略的完全胜利，凸显出中华民族不畏强暴、英勇抗击侵略的伟大民族精神。

抗日战争胜利后，全国人民迫切需要一个和平安定的建设环境。但国民党当局背信弃义，妄图消灭中国共产党及其所领导的军队，悍然发动内战。在中国共产党的领导下，经过4年的解放战争，中国人民终于推翻了国民党的统治，建立了新中国。从此结束了100多年来中华民族有国无防的屈辱历史，中国国防建设也由此开启了新的篇章。

（三）新中国的国防

中华人民共和国从成立那一天起，就积极加强国防建设。新中国的国防经历了从无到有、从弱到强的发展历程，并取得了举世瞩目的巨大成就。中国的国防与军队建设大体经历了4个阶段。

第一阶段（从1949年底至1953年）：这一阶段，新中国正处在外御帝国主义侵略，内治战争创伤和恢复经济建设时期，也是国防建设的初创时期。在这个阶段，国防建设完成的三大方面的任务包括：第一，解放了全国大陆及除台湾岛、澎湖岛、金门岛、马祖岛外的全部沿海岛屿，肃清了国民党在大陆的残敌，平息了匪患，建立了边防和守备部队；第二，取得了抗美援朝战争的胜利；第三，建立、健全了统一的军事领导机构和军事制度，加强了对全国武装力量的领导，建立了初具规模的海军、空军和各兵种部队，逐步从单一陆军向诸兵种全面建设过渡等。经过这一阶段的努力，我军开始由长期的以单一陆军为主向合成军队过渡，为即将全面展开的国防和军队现代化建设奠定了基础。

第二阶段（从1953年至1965年）：这一阶段，我国的国防建设突飞猛进，初步形成了具有中国特色的国防体系。1953年12月召开的全国军事系统党的高级干部会议，是我国国防和军队建设的一个重要里程碑。这次会议确立了我国国防建设的主要任务是防御帝国主义侵略，保卫社会主义建设，保卫亚洲与世界和平；制定了"积极防御"的战略方针，提出了实现国防现代化的重大战略措施。具体包括精简军队，压缩国防开支，加速发展工业，为国防现代化打基础；加强国防工程建设，在沿海、边防和纵深要地建设防御工程体系；实行义务兵、军官薪金、军衔三大制度；大办军事院校，重新划分战区，完善战略、战役指挥体系；加强动员准备，建立各级动员机构和动员制度等内容。这些重大措施有力地促进了我国国防现代化建设的全面发展，初步形成了具有中国特色的国防体系。经过十多年的艰苦努力，我国的国防体系基本完成，某些领域已接近当时世界先进水平，例如，1964年10月16日我国第一颗原子弹爆炸成功（见图1-4），使中国成为继美、苏、英、法之后第五个拥有核武器的国家。

图1-4 我国第一颗原子弹爆炸成功

第三阶段（从1965年至1976年）：在这一时期，尽管有"四人帮"的干扰和破坏，毛泽东、周恩来等国家主要领导人仍然警觉地注意维护我国的安全，保持了军队的稳定，顶住了霸权主义的压力。同时对发展国防尖端技术始终没有放松，因而保证了我国氢弹实验和人造卫星发射成功。

第四阶段（从1976年至今）：在这一时期，邓小平根据国家形势的不断缓和，特别是世界和平力量的增长，提出了"和平与发展是当今世界的两大主题"的观点，从而确定全党工作的重心和国防建设指导思想实行战略转变。在这一正确指导思想的指引下，我军现代条件下的作战能力和威慑能力有了新的提高，军队建设和国防建设已逐步走上了健康发展的轨道。

20世纪90年代，党的第三代领导集体科学地回答与解决了国防与军队建设的一系列重大理论与实践问题。1993年，中央军委确立了"打赢高技术条件下的局部战争"的新时期军事战略方针。1995年提出了实现由应付一般条件下的局部战争，向打赢现代技术特别是高技术条件下的局部战争转变；由数量规模型向质量效能型转变，由人力密集型向科技密集型转变的战略思想。坚持质量建军、走精兵之路，实施科教强军战略。

进入21世纪，面临新军事变革和国内外复杂的形势，胡锦涛从国家总体战略出发，提出我军在新世纪新阶段的使命：要为党巩固执政地位提供重要的力量保证，为维护国家发展的重要战略机遇提供坚强的安全保障，为维护国家利益提供有力的战略支撑，为维护世界和平与促进共同发展发挥重要作用。

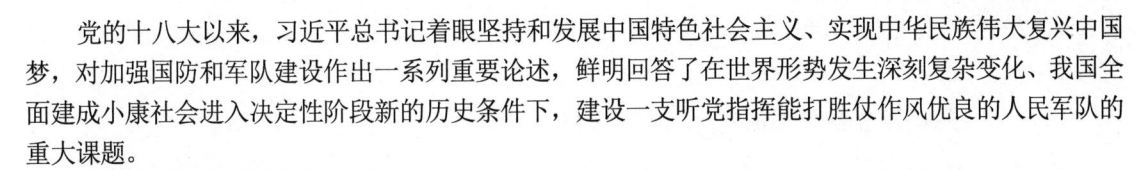

党的十八大以来，习近平总书记着眼坚持和发展中国特色社会主义、实现中华民族伟大复兴中国梦，对加强国防和军队建设作出一系列重要论述，鲜明回答了在世界形势发生深刻复杂变化、我国全面建成小康社会进入决定性阶段新的历史条件下，建设一支听党指挥能打胜仗作风优良的人民军队的重大课题。

（四）中国国防历史的启示

纵观4000多年的国防历史，中国曾有过天下臣服、四方安定的辉煌，也有过外族入侵、政局动荡的屈辱。我们重温这漫长的国防历史，就是要从中获得有益的启示。

1. 经济发展是国防强大的基础

经济是国防的物质基础，国防的强大有赖于经济的发展，只有强盛的经济才会有强大的国防。早在春秋时期，齐国的政治家管仲就提出"富国强兵"的思想，孙武则更直接地指出：兵不强则不可以摧敌，国不富不可以养兵，富国是强兵之本，强兵之急。这一观点抓住了国防强大的根本所在。我国古代凡是有作为的政治家、军事家和王朝，无不强调富国强兵。秦以后的汉、唐、明、清各代前期国防的强盛，都是人民休养生息、发展经济的结果；与此相反，以上各朝代后期的衰败，因经济的衰弱导致国防的孱弱，因国防的孱弱导致内忧外患纷至沓来，最终动摇了国家的基础。因此，无数历史史实告诉我们，经济发展是国防强大的基础。

2. 政治昌明是国防巩固的根本

政治与国防紧密相关，国家的政治是否开明，制度是否进步，直接关系国防能否巩固，只有政治昌明，才能使国防得到巩固。纵观我国数千年的国防历史，不难发现，凡是兴盛的时期和朝代，都十分注意修明政治，实行较为开明的治国之策。原本西陲小国的秦国，从商鞅变法开始，修政治，明法度，发展生产，繁荣经济，国防日渐强大，为并吞六国奠定了坚实的基础；大唐初建之时，满目疮痍，百废待兴，正是由于制定并实施了一系列开明的政治制度，使国家很快从隋末的战争废墟中恢复过来，成为国力昌盛、空前统一的大唐帝国。凡是衰落的时期和朝代，无不因为政治腐败导致国防虚弱。唐朝中期以后，两宋乃至于晚清都是如此。所以说，政治昌明是巩固国防的基础，也是国家长治久安的根本保证。

3. 国家统一和民族团结是国防强大的关键

我国自古以来就是一个多民族的统一国家，民族团结友好一直是我国民族关系发展的主旋律。翻开几千年的国防史，人们都会发现这样一个规律：凡是国家统一、民族团结的时期，国防就巩固、就强大；凡是国家分裂、民族矛盾尖锐的时期，国防就虚弱、就颓败。晚清时期，在西方列强的进攻面前，不仅不敢发动反侵略战争，不依靠、不支持人民群众进行战争，反而认为"患不在外而在内""防民甚于防火"。对人民群众自发组织的反侵略斗争实行残酷的镇压，最终造成对外作战中屡战屡败，割地赔款，逐步沦为半殖民地半封建社会。历史的教训最为深刻，经验弥足珍贵，值得我们永远铭记。抗日战争时期，在中国共产党的组织和领导下，建立了广泛的抗日民族统一战线。在敌强我弱的条件下，中国共产党坚持人民战争的战略战术，充分动员和组织人民，团结一切可以团结的力量，共同抗击侵略，最终取得了抗日战争的全面胜利。这些历史都清楚地告诉我们，国家统一和民族团结是国防强大的关键。

四、现代国防观

国防的内涵不是一成不变的。《中华人民共和国国防法》关于国防的解释和界定，体现了在新的历史条件下我国对国防内涵的认识和理解，是既具有现代意义又具有中国特色的新型国防观，与传统国防观相比，现代国防观在维护国家安全的内容、范围、手段等方面都有了新的丰富和发展。相较于传统的国防观,现代国防观是全社会的国防、全民的国防,是一种全新的国防观念和国防实践活动的综合体。

(一)现代国防观在维护国家安全的内容上强调综合性

现代国防观以新的安全观为基础。所谓安全观,就是对国家安全和国际安全问题的理性认识,具体来说,就是各国对其安全利益、安全威胁、安全手段等问题的基本看法和观点,是一个国家制定国防战略的基本依据。

随着国际竞争的重点转向以经济为基础、以科技为先导的综合国力竞争,西方发达国家通过优势的资金和技术,不断加强对世界经济的主导和控制,新的"经济殖民主义"将是对发展中国家经济主权甚至是政治安全的新威胁。伴随着信息技术在政治、经济、军事以及人们日常生活中的广泛应用,使掌握信息优势的国家拥有更多威胁和攻击他国的手段,以达到以前只有用军事手段才能达到的目的。当前,安全问题还表现在民族矛盾、宗教纷争、恐怖主义、走私贩私、环境恶化等方面。美国的9.11事件警示我们:恐怖主义已成为影响国家国际安全的重要因素,并可能造成比传统战争更大的灾难。因此,现代国防观在维护国家安全的内容上更强调综合性,需要全面审视国家安全面临的多元威胁,密切关注经济、社会、信息等非传统安全问题,实现国家的全面安全。

(二)现代国防观在维护国家安全的范围上有了新拓展

传统国防观维护国家安全的地域范围,多局限于陆、海、空三个空间,而现代国防观则强调维护陆、海、空、天、电全方位的安全。天,指外层空间,在航天技术及其他高新技术的推动下,卫星、航天飞机、空间站等相继问世,它们在极大地改善气象预报、通信联系、电视广播的传输和传播、遥感制图、船舶导航等各种民用技术的同时,也为军事活动提供了新的手段和作战平台,使外层空间成为军事斗争的又一战场。可以预见,随着空间技术的发展,对外层空间的争夺将日趋激烈,外层空间在国家安全中的地位也将越来越高。电,指电磁信息空间。随着高新技术特别是信息技术在军事领域的广泛应用,信息战这种作战样式已开始登上军事斗争的舞台。由于信息战的一切活动靠电力驱动,并以信息流的形式表现出来,因而可以看成是一个新的战场空间——电磁信息空间。除了新的国防地域,陆、海、空等传统地域的内涵也有所扩展。以海洋空间为例,过去我们主要强调维护我国的海洋国土及海洋权益,但现代国防观还要求维护海上航线和海外利益的安全,因此,从地缘政治角度研究中国国防也必须建立大地缘的思想。

(三)现代国防观在维护国家安全利益的手段上强调多样性

现代国防观认为,在和平与发展的时代,战争是维护国家安全利益代价最大、风险最高的方式,是迫不得已的选择,因此应尽可能选择非战争方式来维护我国安全。非战争方式主要有军事威慑、政治谈判及综合影响力等手段。军事威慑是通过显示武力或表示准备使用武力的决心,以期迫使对方不敢采取敌对行动或使行动升级的军事行为,即以强大的军事实力为后盾,通过各种方式,制止对方对我国的威胁企图,达到不战而屈人之兵的目的。政治谈判即经过谈判达成谅解,并通过签署协议或声明,使对方作出承诺以解除对我国的威胁。综合影响力手段即通过大力发展综合国力,形成全面对敌优势及对我有利的地缘战略态势,使其不敢作出损害我国安全的行动。总之,在和平时期,国防斗争的目标是不仅要赢得战争,更重要的是要制止战争。

(四)现代国防观强调以经济和科技力量为基础的综合国力的重要性

现代战争是包括经济实力、国防实力和民族凝聚力在内的综合国力的较量。其中,经济实力是综合国力的基础。和平时期,经济力量是影响国际政治的重要因素,是综合国力大小的主要标志。

战时，经济力量可以迅速转变为战争力量，是赢得战争的条件和基础。恩格斯指出："暴力的胜利是以武器的生产为基础的，而武器的生产又是以整个生产为基础的，因而是以'经济力量'，以'经济情况'，以暴力所拥有的物质资料为基础的。"尤其在现代战争条件下，随着武器装备造价的不断提高和战争破坏力及消耗量的不断增大，战争对经济的依赖也更大。没有一定的经济条件作为保证，就不可能建设现代化的军队和进行现代化的战争。因此，只有大力发展以经济和科技为基础的综合国力，才能在未来的国际和国防斗争中处于有利地位，才能从容应对未来国防可能面临的各种挑战，使国防成为中华民族伟大复兴的有力保障。

综上所述，随着国防内涵的丰富和现代国防观的扩展，全面增强国家防卫能力必然涉及社会的各个领域、各条战线，需要依靠国家和社会的综合力量来建设国防。也就是说，国防不只是"军防"，而是与整个社会密不可分的。中国有句古训："天下兴亡，匹夫有责。"因此，我们更应牢记：保卫祖国、抵抗侵略是每个公民的神圣职责。

思考题

1. 国防的手段有哪些？
2. 国防的基本类型有哪些？
3. 中国国防历史的启示有哪些？
4. 现代国防观有哪些特征？

第二节 国防法规

国防法规是调整国防和武装力量建设领域各种社会关系、法律规范的总和，是国家法律体系的重要组成部分，是加强国防和武装力量建设的基本依据。在依法治国、社会主义市场经济体制不断完善的新形势下，国防法规对于保障国防和军队建设的顺利进行，做好军事斗争准备具有十分重要的意义。

一、国防法规的特征

国防法规是指国家为了加强防务，尤其是加强武装力量建设，用法律形式确定并以国家强制手段保证其实施的行为规范的总称。国防法规是国家国防政策的法律体现，是指导国防活动的行为准则，也是国家法律体系的重要组成部分。

对于国防法规的特征，可以从共性和个性两个角度来理解。从共性角度上讲，国防法规是国家法律的一个组成部分，也是由国家制定或认可的、并由国家强制手段保证其实施的行为规范，它具有法律的一般特性，即鲜明的阶级性、高度的权威性、严格的强制性、普遍的适用性和相对的稳定性。同时，国防法规还有着区别于其他法规的特征，主要表现在以下4个方面。

（一）调整对象的军事性

众所周知，法律是调整社会关系的行为规范，而不同的法律规范用来调整不同领域的社会关系。例如，民法用来调整公民、法人之间的财产和人身关系，婚姻法用来调整公民的婚姻家庭关系，国防法规就是专门用来调整国防和武装力量建设领域的各种社会关系，包括军队内部的社会关系、武装力量内部的社会关系、武装力量与外部的社会关系。这些带有军事性的社会关系是国防法规特有的调整对象，是其他任何法律规范所不能代替的，这是国防法规特性的一个基本表现。

（二）公开程度的有限性

公开性是法律固有的特性，因为法律只有公开才能使人们普遍了解和遵守。公元前 18 世纪巴比伦国王汉穆拉比把《法典》刻在黑色玄武石柱上，春秋时郑国的子产把《刑书》铸在铜鼎上，一方面是为了记载，另一方面也是为了使法律公开。现代法制更强调公开：立法程序公开，法律内容公开，执法活动公开，监督检查公开。所以，一般的法律不存在保密问题，但国防法规有些不同。从整体上来说，法制的公开性原则对国防法规也是适用的，一些基本的、主要的国防法规是公开的，如《中华人民共和国国防法》《中华人民共和国兵役法》《中华人民共和国军事设施保护法》等。但有一部分国防法规，特别是关于军队的作战、训练、编制、装备和战备工作等方面的法规只限一定范围的人员知晓，如各种《战斗条令》《军事训练条例》《战备工作条例》等，都规定了保密等级。所以说，国防法规的公开性是有限的，是公开性和保密性相结合的。为了加强法制，对能公开的国防法规，要尽量公开，以便人们了解和遵守。为了国家安全，该保密的国防法规也要严格保密，以免国家利益受到损害。

（三）司法适用的优先性

国防法规优先适用，是指在解决与国防利益、军事利益有关的法律问题时，如果国防法规和其他法规都有相关的规定，则要以国防法规的规定作为司法依据，以国防法规作为评判是非的标准和采取行动的准则，其他法规要服从国防法规。同时要注意，优先适用不是指先后顺序，而是一种排他性的单项选择。在解决与国防利益、军事利益有关的法律问题时，只有国防法规起作用，其他法规不起作用。有一条国际公认的法律适用原则——"特别法优先于普通法"。特别法是在特定领域、特定时间、对特定对象起作用的法律。国防法规属于特别法，因而在司法过程中实行"军法优先"。有的国家在法律条文中就明确体现了这一原则。如美国《国防生产法》规定："一切法人，对于因执行本法令而造成的经济损失和罚款不负责任。"

> **知识拓展**
>
> 1982 年 4 月马岛战争爆发之后，英国派出 118 艘舰船参战，其中紧急征用了 56 艘民船执行军事运输任务。当时正在地中海航行的"乌干达号"旅游船也接到了征集令。于是，马上就近在意大利的港口靠岸，请船上的 940 名旅客下船，然后驶往直布罗陀，在三天内改装成医院船，随即开赴战区。如果按照合同法，承运的客轮若不能把旅客按时送达目的地，应该受到处罚，要赔偿旅客的损失。但按照英国的动员法规定，商船在接到动员令后，必须停止非战时的运输任务，在指定时间内到达指定地点接受军事任务。在这个时候，就可以不受合同法的约束，这虽然违反了合同法，却不用受任何处罚，不承担任何赔偿责任。

（四）处罚措施的严厉性

国防法规对危害国防利益的犯罪也规定了比较严厉的处罚措施。如《中华人民共和国刑法》规定，抢劫罪通常处三年以上十年以下有期徒刑；而冒充军警人员抢劫的，抢劫军用物资的，处十年以上有期徒刑、无期徒刑或者死刑。破坏公用电信设施罪，处三年以上七年以下有期徒刑；破坏军事通信罪，处三年以上十年以下有期徒刑；情节特别严重的，处十年以上有期徒刑、无期徒刑或者死刑。

同一类型的犯罪，战争时期的处罚要更严厉一些。《中华人民共和国刑法》《中华人民共和国兵役法》都有战时从重处罚的规定。如平时应征公民拒绝、逃避征集的，在两年内不得被录取为国家公务员、国有企业职工，不得出国或者升学，还可处以罚款。而战时要依法追究刑事责任，通常要判 2~3 年有期徒刑。国防法规所保护的国防利益，是关系国家安危的重大利益，因而对危害国防利益的犯罪实行比较严厉的处罚。

二、国防法规体系

国防法规是国家为了加强防务,尤其是加强武装力量建设,用法律形式确定并以国家强制手段保证其实施的行为规则的总称,是调整国防领域中各种关系、坚持依法治军、全面提高部队战斗力的重要保证,也是做好战争准备、赢得战争胜利的根本保障。

国防法规体系是指由不同层次、不同门类的国防法律规范构成的相互联系、相互制约、和谐一致的有机整体,我国现行的国防法规按立法权限区分为下述 5 个层次。

(一)全国人民代表大会制定宪法中的国防法律条款和基本国防法律

宪法是国家的根本大法,具有最高的法律效力,所以,宪法中的国防法律条款是国防法律规范的最高层次,是制定其他国防法律规范的根本性依据。基本国防法律的效力仅低于宪法,主要规定国防领导体制,武装力量的构成、任务、建设目标和原则,国防建设与斗争的基本制度,社会组织和公民的基本国防权利与义务,对外军事关系等。在国防法律体系中,基本国防法律起着诠释、衔接宪法,统领其他国防法律法规的作用。

(二)全国人大常委会制定国防法律

国防法律以宪法和基本国防法律为依据,其内容主要是国防和军队建设某一方面重要的原则、制度和行为规范,它们是宪法中的国防法律条款和基本国防法律的具体化。如《中华人民共和国兵役法》《中国人民解放军现役军官服役条例》《中国人民解放军军官军衔条例》《中华人民共和国预备役军官法》《中华人民共和国军事设施保护法》《中华人民共和国人民防空法》《中华人民共和国香港特别行政区驻军法》《中华人民共和国惩治军人违反职责罪暂行条例》等,国防法律调整的社会关系主体广泛,立法程序严格,具有较强的稳定性。

(三)中央军委制定军事法规,国务院单独或与中央军委联合制定国防行政法规

军事法规和国防行政法规以国防法律为依据,其主要内容是国防和军队建设某一方面中某一重要事项的原则、制度和行为规范,包括:一是国防法律规定需要由国务院、中央军委联合或分别制定实施办法的事项,如《中华人民共和国军事设施保护法》规定其实施办法由国务院和中央军委制定;二是国务院、中央军委依职权需要制定军事法规和国防行政法规的重要事项。属于调整国防建设领域内的社会军事关系,但不直接涉及军队和现役军人的规范,由国务院单独制定,如《军人抚恤优待条例》《退伍义务兵安置条例》等。属于调整军队内部基本活动、军人基本行为及相互关系的规范,由中央军委制定,如《中国人民解放军司令部条例》《军队后勤条例》《战斗条令》等。凡属于调整国防建设领域,涉及军队、军人与地方各级人民政府、社会组织和公民相互关系的规范,则由国务院和中央军委联合制定,如《中国人民解放军现役士兵服役条例》《国防交通条例》等。通常,由国务院单独或与中央军委联合制定的国防行政法规在全国范围内具有一体遵行的法律效力,由中央军委制定的军事法规在全军具有一体遵行的法律效力。

(四)军委各部委、各军兵种、各战区制定军事规章,国务院有关部委单独或与军委各部委联合制定国防行政规章

军事规章和国防行政规章以军事法规和国防行政法规为依据,结合本系统或本区域的实际情况做出具体规定,以保证军事法规或国防行政法规的贯彻实施。由军委各部委和国务院各部委制定的军事规章或国防行政规章在全军或全国一定范围内具有法律效力,如《单兵训练规定》《兵员管理规定》《牺牲、病故人员遗属抚恤的规定》等。由各军兵种、各战区制定的军事规章通常只在本系统、本区域内

具有法律效力。

（五）地方各级权力机关和行政机关制定地方性国防法规和规章

地方性国防法规和规章以国防法律和国防行政法规为依据，其内容是本地区国防建设的制度和行为规范，主要限于兵员征集、军人优抚及退伍安置、国防教育、军事设施保护等方面。

另外，我国的国防法规按调整领域可以归分为 16 个门类：国防基本法类、国防组织法类、兵役法类、军事管理法类、军事刑法类、军事诉讼法类、国防经济法类、国防科技工业法类、国防动员法类、国防教育法类、军人权益保护法类、军事设施保护法类、特区驻军法类、紧急状态法类、战争法类、对外军事关系法类。

三、公民的国防权利与义务

《中华人民共和国宪法》第五十五条规定："保卫祖国、抵抗侵略是中华人民共和国每一个公民的神圣职责。"《中华人民共和国国防法》多处涉及国防义务和权利，而且在第九章专门规定了公民、组织的国防义务和权利。

（一）公民的国防义务

国防义务是公民和组织依照宪法和法律规定在维护国防利益方面应当履行的责任，由国家强制力保证其落实，我国公民承担的国防义务主要有以下 6 个方面。

1. 履行兵役的义务

兵役义务是公民最重要的一项国防义务。它要求公民根据国家法律规定，在军队中服役或在军队之外承担有关军事方面的责任。《中华人民共和国宪法》第五十五条规定："保卫祖国，抵抗侵略，是中华人民共和国每一个公民的神圣职责。依照法律服兵役和参加民兵组织是中华人民共和国公民的光荣义务。"《中华人民共和国兵役法》第三条规定："中华人民共和国公民，不分民族、种族、职业、家庭出身、宗教信仰和受教育程度，都有义务依照本法的规定服兵役。"并对征集对象、免征对象、缓征对象、不征对象和征集方法做了原则规定；对拒不服兵役的规定了惩戒措施；还规定公民履行兵役义务有服现役、服预备役和参加民兵组织两种形式，其中，应征服现役是公民依法履行兵役义务的主要形式，服预备役和参加民兵组织是公民依法履行兵役义务的普遍形式。每个公民都应自觉履行兵役义务，为神圣的国防事业做出自己应有的贡献。

2. 维护国家统一和安全的义务

《中华人民共和国宪法》第五十二条规定："中华人民共和国公民有维护国家统一和全国各民族团结的义务。"第五十四条规定："中华人民共和国公民有维护祖国的安全、荣誉和利益的义务，不得有危害祖国的安全、荣誉和利益的行为。"维护国家统一，主要是指维护国家领土的完整，任何公民都不得破坏、变更和以其他各种形式分裂肢解国家领土；维护国家政权的统一，不允许任何公民以各种方式分裂国家政权，破坏国家的统一，不允许任何人以任何方式把国家主权割让给外国。维护国家的安全，主要是指维护国家的领土、主权不受侵犯，国家各项机密得以保守，社会秩序不被破坏。公民履行维护国家统一和安全的义务，就要有高度的爱国主义精神和爱国主义行动，把国家利益置于至高无上的地位，自觉维护祖国统一、安全、荣誉和利益，绝不做危害国家安全、民族荣誉和祖国利益的事。

3. 保护国防设施的义务

国防设施包括军事设施、人民防空工程、国防交通工程设施和其他用于国防目的的设施。国防设施是国防的物质屏障。在战时，它是打击敌人、抵抗侵略的重要依托；在平时，它具有制约敌对力量的威慑作用。因此，保护国防设施，确保其效能的实现，是巩固国防、维护国家安全利益的具体体现。

《中华人民共和国国防法》第五十二条规定:"公民和组织应当保护国防设施,不得破坏、危害国防设施。"《中华人民共和国军事设施保护法》明确规定:"中华人民共和国的所有组织和公民都有保护军事设施的义务。禁止任何组织或者个人破坏、危害军事设施。任何组织或者个人对破坏、危害军事设施的行为,都有权检举、控告。"

公民在履行保护国防设施的义务中,首先,应当爱护国防设施。无论是使用、参观或者是管理维护,都应当以高度的主人翁精神和责任感予以爱护,特别是要注意保护国防设施的使用效能。其次,要遵守国家关于保护国防设施的有关规定。在从事经济、文化和其他活动时,公民应当严格遵守法律的规定,任何人不得破坏、危害国防设施,不得对军事禁区非法进行摄影、摄像、录音、勘察、测量、描绘和记述,不得非法进入军事禁区;不得进行影响人民防空工程使用或者降低人民防空工程能力的作业,不得向人民防空工程内排入废水、废气和倾倒废弃物,不得在人民防空工程内生产、储存爆炸、剧毒、易燃、放射性和腐蚀性物品,不得擅自拆除人民防空工程;不得影响国防交通安全工程设施的正常使用,不得危及国防交通工程设施的安全。再次,公民对于破坏、危害国防设施的行为,应当检举、控告或制止。最后,不履行国防设施保护义务的,将受到法律的追究或给予治安行政处罚。

4. 保守国家军事机密的义务

《中华人民共和国宪法》规定:"保守国家机密是每个公民应尽的义务。"《中华人民共和国保守国家秘密法》第三条规定:"一切国家机关、武装力量、政党、社会团体、企事业单位和公民都有保守国家秘密的义务。"《中华人民共和国国防法》第五十二条第三款规定:"公民和组织应当遵守保密规定,不得泄露国防方面的国家秘密,不得非法持有国防方面的秘密文件、资料和其他秘密物品。"国防方面的国家秘密,主要是军事机密,不仅关系着平时政权的巩固、社会的稳定,而且关系着未来战争的胜败、领土的得失,影响着整个国家的生存、安全与发展。因此,保守国防方面的国家秘密,是公民的一项重要国防义务。公民在履行这些义务时,必须牢固树立保密意识,在管理秘密载体、通信和办公自动化、新闻出版、对外活动等方面,严格遵循保密规定。公民发现国家军事秘密已经泄露或者可能泄露时,应立即采取补救措施并及时报告有关机关、单位;有关机关、单位接到报告后,应当立即做出处理。对于泄露国防秘密、危害国防安全与利益者,应当承担相应的法律后果,该追究刑事责任的要追究刑事责任,该给予行政处分的要给予行政处分。

5. 接受国防教育的义务

《中华人民共和国宪法》第二十四条规定:"在人民中进行爱国主义、集体主义和国际主义、共产主义的教育。"《中华人民共和国国防法》第五十二条规定:"公民应当接受国防教育。"《中华人民共和国国防教育法》第五条规定:"中华人民共和国公民都有接受国防教育的权利和义务。""普及和加强国防教育是全社会的共同责任。"在国防教育中,对于拒不履行接受国防教育义务的公民,要视情节追究其法律责任。除《中华人民共和国国防法》和《中华人民共和国国防教育法》外,我国已有10多个省、市、自治区颁布施行了国防教育条例。这些地方性法规也对公民的国防教育权利和义务等做了明确的规定。

6. 支持和协助国防活动的义务

《中华人民共和国国防法》第五十三条规定:"公民和组织应当支持国防建设,为武装力量的军事训练、战备勤务、防卫作战等活动提供便利条件或者其他协助。"公民履行支持和协助国防活动的义务时,应正确认识国防活动的意义,明确国防的战略地位和作用,不断提高履行国防义务的自觉性;正确处理国家安全利益与个人利益的关系,当两者发生矛盾时,要从国家安全大局出发,个人利益服从国家安全利益;在工作和生活中为武装力量提供力所能及的帮助,只要武装力量建设或作战需要,公民就应根据自己的能力和条件,自觉提供便利和协助。一是支持国防建设的义务。公民应当在政府的

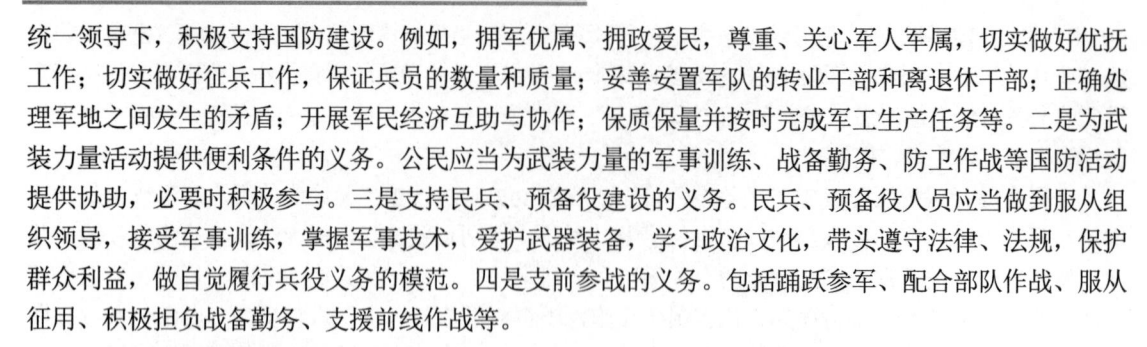

统一领导下，积极支持国防建设。例如，拥军优属、拥政爱民、尊重、关心军人军属，切实做好优抚工作；切实做好征兵工作，保证兵员的数量和质量；妥善安置军队的转业干部和离退休干部；正确处理军地之间发生的矛盾；开展军民经济互助与协作；保质保量并按时完成军工生产任务等。二是为武装力量活动提供便利条件的义务。公民应当为武装力量的军事训练、战备勤务、防卫作战等国防活动提供协助，必要时积极参与。三是支持民兵、预备役建设的义务。民兵、预备役人员应当做到服从组织领导，接受军事训练，掌握军事技术，爱护武器装备，学习政治文化，带头遵守法律、法规，保护群众利益，做自觉履行兵役义务的模范。四是支前参战的义务。包括踊跃参军、配合部队作战、服从征用、积极担负战备勤务、支援前线作战等。

（二）公民的国防权利

按照权利与义务一致的原则，公民在履行国防义务的同时，也享有相应的国防权利。公民所享有的最基本的国防权利是和平劳动和正常的学习、生活受保护的权利，同时《中华人民共和国国防法》还赋予公民对国防建设事业提出建议的权利，对危害国防的行为进行制止和检举的权利，在国防活动中受到直接经济损失获得补偿的权利。

1. 提出建议的权利

建议权就是公民有权对国防建设的指导思想、方针原则、规章制度、措施方法等提出意见和建议，是公民依照宪法享有的对国家事务建议权在国防建设方面的体现。

2. 制止和检举的权利

制止权就是公民有权采取一定的方式方法使危害国防的行为停止下来，从而维护国防利益。对危害国防的行为人人都有权制止，这是法律赋予的神圣权利。检举权就是在危害国防的行为发生以后，公民有权进行揭发。《中华人民共和国国防法》规定："公民享有制止和检举权，对及时发现和有效地制止、打击侵害国家利益的违法犯罪行为，维护国防利益，加强国防建设有着重要的作用。"

3. 获得补偿的权利

所谓获得补偿权，就是公民因国防建设和军事活动在经济上受到直接损失的，可以依照国家有关规定取得补偿。应该注意，"补偿"和"赔偿"是有区别的，主要体现在以下3个方面。一是性质不同。赔偿是由不法行为引起的，而补偿是由合法行为引起的。二是范围不同。赔偿是全面的，既包括直接损失，也包括间接损失；既包括经济损失，也包括精神损失。而补偿仅限于直接经济损失，不包括间接经济损失，也不包括精神损失。三是目的不同。赔偿具有补救和惩罚的双重目的，而补偿只是一种补救措施，不具有惩罚性。同时要明确，有些补偿措施是在战后落实的，不能把预先得到补偿作为接受动员、接受征用的条件。

（三）国防义务与权利的关系

（1）国防义务与权利的统一性。《中华人民共和国宪法》规定："任何公民享有宪法和法律规定的权利，同时必须履行宪法和法律规定的义务。"没有无义务的权利，也没有无权利的义务。任何人都不会只尽义务不享有权利，也不能只享有权利而不尽义务。公民只有认真履行法定的国防义务，才能享有相应的国防权利；不履行国防义务的公民，就没有资格享有相应的国防权利。

（2）国防义务与权利的一致性。这体现了国家与公民之间一种平等的法律关系。一方面，国家赋予公民各项国防权利，并保证其权利的行使；另一方面，公民应当自觉维护国家的安全与利益，严格履行各种国防义务。

（3）国防义务与权利相互促进、相互转化。公民履行国防义务的自觉性越高，能力越强，越有利于国防建设事业的发展，也就越有利于公民享有国防权利；而公民真正享有了相应的国防权利，就能激发其"天下兴亡，匹夫有责"的使命感，提高其履行国防义务的积极性和创造性。在很多情况下，权利和义务融为一体，如接受国防教育、服兵役等，这些既是公民的国防权利，又是公民的国防义务。

思考题

1. 国防法规的主要特性是什么？
2. 我国国防法规体系由哪些层次构成？
3. 公民的国防义务和权利有哪些？

第三节 国防建设

国防建设是指为国家安全利益需要，提高国防能力而进行的各方面的建设，是国家建设的有机组成部分。国防建设的主要内容包括：武装力量建设，边防、海防、空防和人防建设，人力物力动员、战略物资的储备和战场建设，国防科学技术研究和国防工业建设，国防教育、国防体育事业建设，军事理论、军事科学研究和国防法规体系建设，国防后备力量建设，以及与国防相关的铁路、公路、水运、民航、邮电、能源、水利、造林、气象、卫生、航天等方面的建设。其中重点是武装力量建设。

一、国防体制

国防体制是国家防卫机构的设置、管理权限划分及领导体系的制度；是国家体制的重要组成部分，与国家的政治、经济、文化教育等体制既互相联系又相对独立。其内容主要包括：国防领导体制、武装力量体制、国防经济体制、国防科学技术和武器装备发展的管理体制、兵役制度、动员制度、国防教育制度及国防法制等。

中国国防体制是中华人民共和国国防领导的组织形式、机构设置、权限划分和管理制度体系。中华人民共和国的国防体制，坚持中国共产党的领导，贯彻民主集中制原则。新中国成立以来，中国共产党高度重视国防领导体制建设，根据国家政治、经济和科技的发展，特别是国防发展和保障国家安全的需要，进行了不断探索和多次调整，并在实践中不断发展和完善。

根据《中华人民共和国宪法》《中华人民共和国国防法》等有关法律，中华人民共和国的国防职权由中共中央、全国人民代表大会及其常务委员会、国家主席、国务院、中央军委行使。

（一）中共中央的国防领导职权

中国共产党作为执政党，是领导中国社会主义事业的核心力量。中共中央在国家生活包括国防事务中发挥决定性的领导作用。有关国防、战争和军队建设的重大问题，都由中共中央、中央政治局及其常务委员会、中央军委做出决策并通过必要的法定程序，作为党和国家的统一决策贯彻执行。

（二）全国人民代表大会及其常务委员会的国防职权

中华人民共和国全国人民代表大会是最高国家权力机关，它在国防方面的主要职权有：决定战争与和平的问题；制定有关国防方面的基本法律；选举中央军事委员会主席，根据中央军事委员会的提名，决定中央军事委员会的其他成员，并有权罢免以上人员；审查和批准包括国防经费预算在内的国家预算和预算执行情况的报告；改变或撤销全国人民代表大会常务委员会在国防方面的不适当的决定；应当由全国人民代表大会行使的其他职权。

全国人民代表大会常务委员会在国防方面的主要职权有：在全国人民代表大会闭幕期间，如果遇到国家遭受武装侵犯或者必须履行国际间共同防止侵略条约的情况，决定战争状态的宣布；决定全国总动员或局部总动员；制定国防方面的法律；在全国人民代表大会闭会期间，审查和批准包括国防建设计划在内的国民经济和社会发展计划，包括国防经费预算在内的国家预算在执行过程中所必须做的部分调整方案；监督中央军事委员会的工作；在全国人民代表大会闭会期间，根据中央军事委员会的提名，决定中央军事委员会其他组成人员的人选；根据最高人民法院院长和最高人民检察院检察长的提请，任免军事法院院长和军事检察院检察长；决定同外国缔结的有关国防方面的条约和重要协定的批准和废除；规定军人的衔级制度；规定和决定授予在国防方面国家的勋章和荣誉称号；全国人民代表大会授予的国防方面的其他职权。

（三）国家主席在国防方面的职权

中华人民共和国国家主席在国防方面的主要职权有：根据全国人民代表大会的决定，宣布战争状态；根据全国人民代表大会的决定和全国人民代表大会常务委员会的决定，发布动员令；公布全国人民代表大会及其常务委员会制定的有关国防方面的法律；根据全国人民代表大会常务委员会的决定，授予在国防方面国家的勋章和荣誉称号；根据全国人民代表大会常务委员会的决定，批准和废除同外国缔结的有关国防方面的条约和重要协定。

（四）国务院在国防方面的职权

中华人民共和国国务院是最高国家权力机关的执行机关，是最高国家行政机关。它在国防方面的职权是领导和管理国防建设事业，包括：编制国防建设发展规划和国防计划制订方面的方针、政策和行政法规；领导和管理国防科研生产；管理国防经费和国防资产；领导和管理国民经济动员工作及武装动员、人民防空、国防交通等方面的有关工作；与中央军事委员会共同领导中国人民武装警察部队、民兵的建设和征兵、预备役工作及边防、海防、空防的管理工作；法律规定的与国防建设事业有关的其他职权。

（五）中央军事委员会在国防方面的职权

中央军事委员会是党和国家的最高军事机关，统领全国武装力量，负责党和国家的最高军事决策和军事指挥，根据党的路线、方针、政策和国家的安全与发展需要，确定军事战略，领导军事建设。中央军事委员会实行主席负责制，中央军委主席是全国武装力量的统帅。中央军事委员会组成包括军委主席、副主席若干人和委员若干人；中央军事委员会每届任期与全国人民代表大会每届任期相同；中央军事委员会主席对全国人民代表大会和全国人民代表大会常务委员会负责。

为了加强国防领导的协调，国务院和中央军事委员会还建立了协调会议的制度。国防法规定，国务院和中央军事委员会可以根据情况召开协调会议，解决国防事务的有关问题。会议议定的事项，由国务院和中央军事委员会在各自的职权范围内组织实施。国家还建立了国防动员委员会，它是国务院、中央军委领导下主管全国国防动员工作的议事协调机构，主要任务是贯彻积极防御的军事战略方针，组织实施国家国防动员工作，协调国防动员工作中经济与军事、军队与政府、人力与物力之间的关系，以增强国防实力，提高平战转换能力。

二、国防战略

国防战略主要是指筹划和指导国防建设与斗争全局的方略，是国家战略的组成部分，受国家战略的指导和制约，其任务是决定国防力量的建设和发展，指导国防斗争的实施，维护国家安全利益。它通常是由国家最高决策机关依据国家安全利益和国防环境，在国家战略的指导下制定的。

"国防战略"是 20 世纪 80 年代中期出现的概念，有的国家往往把它作为"国家战略""国家安全战略""军事战略""国防政策"等意义相近或相同的语词使用。中国学术界对国防战略问题的认识不尽一致，有的认为"国防战略"的含义与"大战略"或"国家安全战略"类似；有的把它等同于"国防发展战略"；有的认为它是"军事战略"的同义语。与指导战争的军事战略相比，国防战略的平时色彩更浓一些。在国防力量的使用方面，除了强调直接使用军事力量，更强调运用包括政治、经济、科技、文化等一切可能使用的手段；在国防力量的建设方面，主要包括国防实力和潜力建设，以及完善国防潜力向国防实力转化机制的建设；在国防力量运用的目的方面，偏重于防止战争和保持戒备。确立国防战略，有利于理顺国家经济建设与国防建设的关系，合理分配、使用有限的力量和资源，更好地运用综合国力、有效地完成各项国防任务，在保证加速国家建设的情况下，不断提高国防现代化水平。

当前，中国的国家战略目标就是实现在中国共产党成立一百年时全面建成小康社会、在新中国成立一百年时建成富强民主文明和谐的社会主义现代化国家，就是实现中华民族伟大复兴的中国梦。中国梦对于军队来说就是强军梦，强军才能卫国，强国必须强军。新的历史时期，中国军队以中国共产党在新形势下的强军目标为总纲，毫不动摇地坚持党对军队的绝对领导，始终把战斗力作为唯一的根本的标准，大力弘扬光荣传统和优良作风，建设一支听党指挥、能打胜仗、作风优良的人民军队。

在新的时代条件下，中国国家安全内涵和外延比历史上任何时候都要丰富，时空领域比历史上任何时候都要宽广，内外因素比历史上任何时候都要复杂，必须坚持总体国家安全观，统筹内部安全和外部安全、国土安全和国民安全、传统安全和非传统安全、生存安全和发展安全、自身安全和共同安全。

实现国家战略目标，贯彻总体国家安全观，对创新发展军事战略、有效履行军队使命任务提出了新的要求。要适应维护国家安全和发展利益的新要求，更加注重运用军事力量和手段营造有利战略态势，为实现和平发展提供坚强有力的安全保障；适应国家安全形势发展的新要求，不断创新战略指导和作战思想，确保能打仗、打胜仗；适应世界新军事革命的新要求，高度关注应对新型安全领域挑战，努力掌握军事竞争战略主动权；适应国家战略利益发展的新要求，积极参与地区和国际安全合作，有效维护海外利益安全；适应国家全面深化改革的新要求，积极支援国家经济社会建设，坚决维护社会大局稳定，使军队始终成为党巩固执政地位的中坚力量和建设中国特色社会主义的可靠力量。

中国军队有效履行新的历史时期军队使命，坚决维护中国共产党的领导和中国特色社会主义制度，坚决维护国家主权、安全、发展利益，坚决维护国家发展的重要战略机遇期，坚决维护地区与世界和平，为全面建成小康社会、实现中华民族伟大复兴提供坚强保障。

三、国防政策

国防政策是国家在一定时期所制定的关于国防建设和国防斗争的行动准则。我国的国防政策是党中央、国务院、中央军委从维护国家安全和发展利益的需要出发，依据宪法和法律，着眼国际安全形势的特点和变化，立足于我国的政治、经济、军事、科技、文化和地理等方面的客观实际，在科学总结中国革命战争和国防建设历史经验的基础上制定的，对国防建设和国防斗争具有全面的指导作用。

2019 年，国务院新闻办公室发表的《新时代的中国国防》白皮书对我国现行国防政策进行了全面表述。中国的社会主义国家性质，走和平发展道路的战略抉择，独立自主的和平外交政策，"和为贵"的中华文化传统，决定了中国始终不渝奉行防御性国防政策。新时代中国国防的目标和任务，主要有以下内容。

（一）坚决捍卫国家主权、安全、发展利益是新时代中国国防的根本目标

慑止和抵抗侵略，保卫国家政治安全、人民安全和社会稳定，反对和遏制"台独"，打击"藏独"

"东突"等分裂势力,保卫国家主权、统一、领土完整和安全。维护国家海洋权益,维护国家在太空、电磁、网络空间等安全利益,维护国家海外利益,支撑国家可持续发展。

中国坚定维护国家主权和领土完整。南海诸岛、钓鱼岛及其附属岛屿是中国固有领土。中国在南海岛礁进行基础设施建设,部署必要的防御性力量,在东海钓鱼岛海域进行巡航,是依法行使国家主权。中国致力于同直接有关的当事国在尊重历史事实和国际法的基础上,通过谈判协商解决有关争议。中国坚持同地区国家一道维护和平稳定,坚定维护各国依据国际法所享有的航行和飞越自由,维护海上通道安全。

解决台湾问题,实现国家完全统一,是中华民族的根本利益,是实现中华民族伟大复兴的必然要求。中国坚持"和平统一、一国两制"方针,推动两岸关系和平发展,推进中国和平统一进程,坚决反对一切分裂中国的图谋和行径,坚决反对任何外国势力干涉。中国必须统一,也必然统一。中国有坚定决心和强大能力维护国家主权和领土完整,决不允许任何人、任何组织、任何政党、在任何时候、以任何形式、把任何一块中国领土从中国分裂出去。我们不承诺放弃使用武力,保留采取一切必要措施的选项,针对的是外部势力干涉和极少数"台独"分裂分子及其分裂活动,绝非针对台湾同胞。如果有人要把台湾从中国分裂出去,中国军队将不惜一切代价,坚决予以挫败,捍卫国家统一。

(二)坚持永不称霸、永不扩张、永不谋求势力范围是新时代中国国防的鲜明特征

国虽大,好战必亡。中华民族历来爱好和平。近代以来,中国人民饱受侵略和战乱之苦,深感和平之珍贵、发展之迫切,决不会把自己经受过的悲惨遭遇强加于人。新中国成立以来,中国没有主动挑起过任何一场战争和冲突。改革开放以来,中国致力于促进世界和平,主动裁减军队员额400余万。中国由积贫积弱发展成为世界第二大经济体,靠的不是别人的施舍,更不是军事扩张和殖民掠夺,而是人民勤劳、维护和平。中国既通过维护世界和平为自身发展创造有利条件,又通过自身发展促进世界和平,真诚希望所有国家都选择和平发展道路,共同防范冲突和战争。

中国坚持在和平共处五项原则基础上发展同各国的友好合作,尊重各国人民自主选择发展道路的权利,主张通过平等对话和谈判协商解决国际争端,反对干涉别国内政,反对恃强凌弱,反对把自己的意志强加于人。中国坚持结伴不结盟,不参加任何军事集团,反对侵略扩张,反对动辄使用武力或以武力相威胁。中国的国防建设和发展,始终着眼于满足自身安全的正当需要,始终是世界和平力量的增长。历史已经并将继续证明,中国决不走追逐霸权、"国强必霸"的道路。无论将来发展到哪一步,中国都不会威胁谁,都不会谋求建立势力范围。

(三)贯彻落实新时代军事战略方针是新时代中国国防的战略指导

新时代军事战略方针,坚持防御、自卫、后发制人原则,实行积极防御,坚持"人不犯我、我不犯人,人若犯我、我必犯人",强调遏制战争与打赢战争相统一,强调战略上防御与战役战斗上进攻相统一。

贯彻落实新时代军事战略方针,服从服务党和国家战略全局,落实总体国家安全观,强化忧患意识、危机意识、打仗意识,积极适应战略竞争新格局、国家安全新需求、现代战争新形态,有效履行新时代军队使命任务。根据国家面临的安全威胁,扎实做好军事斗争准备,全面提高新时代备战打仗能力,构建立足防御、多域统筹、均衡稳定的新时代军事战略布局。坚持全民国防,创新人民战争的战略战术和内容方法,充分发挥人民战争整体威力。

中国始终奉行在任何时候和任何情况下都不首先使用核武器、无条件不对无核武器国家和无核武器区使用或威胁使用核武器的核政策,主张最终全面禁止和彻底销毁核武器,不会与任何国家进行核军备竞赛,始终把自身核力量维持在国家安全需要的最低水平。中国坚持自卫防御核战略,目的是遏

制他国对中国使用或威胁使用核武器，确保国家战略安全。

（四）坚持走中国特色强军之路是新时代中国国防的发展路径

建设同国际地位相称、同国家安全和发展利益相适应的巩固国防和强大军队，是中国社会主义现代化建设的战略任务，是坚持走和平发展道路的安全保障，是总结历史经验的必然选择。

新时代中国国防和军队建设，深入贯彻习近平强军思想和新时代军事战略方针，坚持政治建军、改革强军、科技兴军、依法治军，聚焦能打仗、打胜仗，推动机械化信息化融合发展，加快军事智能化发展，构建中国特色现代军事力量体系，完善和发展中国特色社会主义军事制度，不断提高履行新时代使命任务的能力。

新时代中国国防和军队建设的战略目标是，到 2020 年基本实现机械化，信息化建设取得重大进展，战略能力有大的提升。同国家现代化进程相一致，全面推进军事理论现代化、军队组织形态现代化、军事人员现代化、武器装备现代化，力争到 2035 年基本实现国防和军队现代化，到本世纪中叶把人民军队全面建成世界一流军队。

（五）服务构建人类命运共同体是新时代中国国防的世界意义

中国人民的梦想与世界人民的梦想息息相通。一个和平稳定繁荣的中国，是世界的机遇和福祉。一支强大的中国军队，是维护世界和平稳定、服务构建人类命运共同体的坚定力量。

中国军队坚持共同、综合、合作、可持续的安全观，秉持正确义利观，积极参与全球安全治理体系改革，深化双边和多边安全合作，促进不同安全机制间协调包容、互补合作，营造平等互信、公平正义、共建共享的安全格局。

中国军队坚持履行国际责任和义务，始终高举合作共赢的旗帜，在力所能及的范围内向国际社会提供更多公共安全产品，积极参加国际维和、海上护航、人道主义救援等行动，加强国际军控和防扩散合作，建设性参与热点问题的政治解决，共同维护国际通道安全，合力应对恐怖主义、网络安全、重大自然灾害等全球性挑战，积极为构建人类命运共同体贡献力量。

四、国防建设成就

新中国成立以来，在党中央、中央军委的领导下，经过艰苦努力，我国的国防和军队建设取得了举世瞩目的巨大成就。主要体现在以下几个方面。

1. 中国人民解放军的现代化、正规化和革命化建设取得了突破性进展

新中国成立后，人民解放军不断向现代化、正规化和革命化迈进。特别是改革开放以来，我国国防实力得到进一步加强，国防现代化建设，尤其是军队的建设，有了突破性的进展，取得了一系列重大成就。人民解放军实现了由单一陆军向诸军兵种合成军队的发展，不仅掌握着种类比较齐全的常规武器装备，而且拥有了具有一定威慑力的原子弹、氢弹等尖端武器装备，打赢信息化条件下局部战争、完成多样化军事任务的能力不断增强。

2. 形成了门类齐全、综合配套的国防科技工业体系

国防科技是衡量一个国家综合国力的重要标志之一，也是国防现代化建设的一个重要方面。新中国成立以来，在党中央、国务院、中央军委的关怀和领导下，经过多年的建设和发展，我国的国防科技工业从无到有，从小到大，从落后到先进，建立起了包括电子、船舶、兵器、航空、航天和核能等门类齐全、综合配套的科研实验生产体系，取得了一大批具有国内或国际先进水平的科研成果，为我军现代化建设和切实增强我国的综合国力做出了重要贡献。

3. 国防后备力量建设取得了长足的发展

党和国家十分重视国防后备力量建设，特别是党的十一届三中全会以来，党中央、国务院、中央军委明确提出了"精干的常备军和强大的后备力量相结合，是建设现代化国防的必由之路"的基本指导方针，为我国国防后备力量打下了坚实的基础。经过多年的探索实践和调整改革，我国的国防后备力量建设取得了明显的成绩，具体体现在以下几个方面。

一是实现了指导思想的战略性转变，走上了相对和平时期稳步发展的轨道。二是确立并实行了民兵与预备役相结合的制度，初步形成了具有中国特色的国防后备力量体系。三是注重宏观指导，合理布局，边海防、大中城市和重点地区的民兵工作得到加强。四是民兵、预备役部队在参战支前、保卫边疆、发展生产、扶贫帮困、抢险救灾、维护社会治安等方面发挥了重要作用，为国家的改革、发展和稳定做出了巨大的贡献。五是健全了国防动员机构，保证国家在一旦发生战争，能很快由平时状态转入战时状态，调动足够的人力、财力、物力应付战争的需要。六是加强了国防教育，恢复并加强了对大学、高中（含相当于高中）在校学生的军训工作（见图1-5），使国防教育正逐步纳入整个国民教育体系之中，走上了法制化、规范化的轨道。

图1-5 大学生参加军事训练

第四节 武装力量

一、中国武装力量概述

武装力量是国家或政治集团所拥有的各种武装组织的统称。通常，武装力量以军队为主体，由军队和其他正规的、非正规的武装组成，武装力量是国家政权的重要组成部分，是国家或政治集团实现阶级统治、推行内外政策的暴力工具，通常由国家或政治集团的最高领导人统帅。

《中华人民共和国国防法》第三章明确规定："中华人民共和国的武装力量属于人民。它的任务是巩固国防，抵抗侵略，保卫祖国，保卫人民的和平劳动，参加国家建设事业，全心全意为人民服务。""中华人民共和国的武装力量受中国共产党领导。""中华人民共和国的武装力量，由中国人民解放军现役部队和预备役部队、中国人民武装警察部队、民兵组成。"

（一）中国人民解放军的性质

军队的性质问题，是党建设军队着力解决的一个重要问题。邓小平指出："我确信我们的军队能够始终不渝地坚持自己的性质。这个性质是，党的军队，人民的军队，社会主义国家的军队。"邓小平从军队同党、人民和国家的联系上，全面而精辟地论述了人民解放军的性质。

1. 中国人民解放军是党的军队

中国人民解放军是党的军队，这是由中国共产党和这支军队的性质决定的，是由中国革命的历史形成的。军队要以党的宗旨为宗旨，以党的目标为目标，以党的旗帜为旗帜，以党的方向为方向。因为中国共产党从创建人民军队那天起，就牢牢掌握着对军队的绝对领导权和指挥权。党指挥枪的观念已经融入我军的血脉，成为广大官兵的精神支柱，离开了党对军队的绝对领导这个"军魂"，军队就会偏离正确的政治方向，就会改变人民军队的性质。

2. 中国人民解放军是人民的军队

中国人民解放军作为党领导下的人民军队，把全心全意为人民服务作为其唯一宗旨。来自人民，服务人民，与人民保持着不可分离的血肉联系，是这支军队的政治本色和优势。除了中国人民的根本利益，这支军队没有也不允许有超越于人民之上的特殊利益。而且，这支军队是在人民的乳汁哺育下壮大的：人民把自己的子弟送入军队，用巨大的人力、物力、财力支持军队建设，支援和配合军队打仗，为此付出了重大的牺牲。离开人民群众的支持，就没有这支军队的成长、壮大和胜利，人民解放军是真正的人民子弟兵，它与人民的这种骨肉之情和鱼水关系，是永远无法分离的。

3. 中国人民解放军是社会主义国家的军队

马克思主义的国家学说认为，军队是国家政权的主要成分，谁想夺取国家政权，并想保持它、巩固它，谁就应有强大的军队。中国革命也是经历了许许多多的挫折和磨难，最终懂得了枪杆子里面出政权的真正意义所在，从而通过22年的艰苦斗争，夺取了政权，建立了新中国。随着社会主义国家政权的建立，中国人民解放军不仅是党的军队、人民的军队，而且成为社会主义国家的军队。军队作为国家机器发挥着巩固人民民主专政、服务国家的职能。保卫社会主义祖国，建设社会主义国家，是这支军队肩负的双重历史任务。

党的军队、人民的军队、社会主义国家的军队，三者是完全一致的。它的一致性就是统一在无产阶级的阶级性质上，统一在无产阶级的阶级利益同广大人民群众根本利益相一致的基础上。中国共产党是无产阶级的政党，是全心全意为人民服务的政党；中华人民共和国是共产党领导的人民民主专政的国家，是人民当家做主的国家。无产阶级和广大人民群众的根本利益，就是党、国家、军队为之奋斗的目标所在。人民解放军将永远忠于党，忠于国家，忠于人民，忠于社会主义。

（二）中国人民解放军的宗旨

军队宗旨又称建军宗旨，是指建设军队是干什么的，是为谁服务的。军队的宗旨是由军队的性质决定的，同时又是军队性质的集中表现。1945年4月24日，毛泽东在《论联合政府》政治报告中明确提出：中国人民解放军"紧紧地和中国人民站在一起，全心全意地为中国人民服务，就是这个军队的唯一的宗旨。"这一宗旨，有着极其丰富的思想内涵，其最本质、最核心的东西，就是无论何时何地都把人民的利益放在高于一切、重于一切的位置。

全心全意为人民服务，是中国人民解放军生存发展的基础和力量源泉。中国共产党领导的革命事业，是为人民求解放、求发展的事业。以人民利益为最高利益，是共产党人及其所领导的军队的出发点和归宿点。人民解放军一系列重要的建军方针原则，都是由这个宗旨决定的，又都是贯彻实现这个宗旨的重要内容。牢记这个宗旨，始终不渝地贯彻实现这个宗旨，人民解放军就无往而不胜。

全心全意为人民服务，是中国人民解放军行动的最高准则。它要求参加人民解放军的全体人员，都以广大人民的利益、全民族的利益为出发点和归宿，始终为人民的解放而奋斗，此外不得有自己特殊的利益，也不得为任何少数人或狭隘集团的私利服务；始终同人民群众保持最密切的联系，同甘共苦，生死相依，一刻也不脱离群众，更不能凌驾于群众之上，成为压迫、剥削、奴役人民群众的工具；全体官兵在为人民服务的奋斗中，要求做到完全、彻底、大公无私，为了人民的利益不惜牺牲个人利益以至生命。

全心全意为人民服务，是中国人民解放军建军的根本目的。人民解放军在长期的战斗历程中，坚定不移信守和履行建军宗旨，使其成为全军团结战斗的政治思想基础和行动准则。尽管其成员不断更新变化，但始终保持了人民军队的性质，显示了强大的凝聚力、向心力和战斗力，赢得了全国各族人民群众的衷心爱戴和全力支持，使之从小变大，由弱变强，同人民群众一起，推翻了帝国主义、封建主义、官僚资本主义的反动统治，为建立和巩固人民民主专政的国家政权，为保卫祖国和建设祖国做出了卓越贡献。

中国共产党在人民解放军中的政治工作，是军队坚持全心全意为人民服务宗旨的保证。中国共产党建立和加强人民军队中的政治工作，特别重视对官兵进行无产阶级思想和党的正确路线的教育，坚持用无产阶级思想克服各种非无产阶级思想。中国共产党大力加强政治工作，以阶级、阶级斗争的观念，阶级解放与民族解放一致性的思想，将革命进行到底、夺取全国政权的思想教育官兵，使其不断提高为无产阶级和人民大众的利益及全民族的利益而战的政治自觉性。

（三）中国人民解放军的使命

军队的任务是巩固国防，抵抗侵略，保卫祖国，保卫人民的和平劳动，参加国家建设事业。进入新时代，中国人民解放军依据国家安全和发展战略要求，坚决履行党和人民赋予的使命任务，为巩固中国共产党领导和社会主义制度提供战略支撑，为捍卫国家主权、统一、领土完整提供战略支撑，为维护国家海外利益提供战略支撑，为促进世界和平与发展提供战略支撑。它主要包括以下几个方面。

1. 维护国家领土主权和海洋权益

中国拥有约 $2.2×10^4$ 千米陆地边界、$1.8×10^4$ 千米大陆海岸线，是世界上邻国最多、陆地边界最长、海上安全环境十分复杂的国家之一，维护领土主权、海洋权益和国家统一的任务艰巨繁重。

2. 保持常备不懈的战备状态

军队保持战备状态，是有效应对安全威胁、履行使命任务的重要保证。中央军委和战区联合作战指挥机构严格落实战备值班制度，常态组织战备检查、战备拉动，保持随时能战状态，不断提高联合作战指挥能力，稳妥高效指挥处置各类突发情况，有效遂行各种急难险重任务。解放军和武警部队强化战备观念，严格战备制度，加强战备值班执勤，扎实开展战备演练，建立正规战备秩序，保持良好战备状态，有效遂行战备（战斗）值班、巡逻执勤等任务。

3. 开展实战化军事训练

军事训练是和平时期军队的基本实践活动。中国人民解放军坚持把军事训练摆在重要位置，牢固树立战斗力这个唯一的根本的标准，完善军事训练法规和标准体系，建立健全训练监察体系，组织全军应急应战军事训练监察，落实练兵备战工作责任制，开展群众性练兵比武活动，不断提高实战化训练水平。

4. 维护重大安全领域利益

核力量是维护国家主权和安全的战略基石。中国人民解放军严格核武器及相关设施安全管理，保持适度戒备状态，提高战略威慑能力，确保国家战略安全，维护国际战略稳定。太空是国际战略竞争制高点，太空安全是国家建设和社会发展的战略保障。着眼和平利用太空，中国积极参与国际太空合作，加快发展相应的技术和力量，统筹管理天基信息资源，跟踪掌握太空态势，保卫太空资产安全，提高安全进出、开放利用太空能力。网络空间是国家安全和经济社会发展的关键领域。网络安全是全球性挑战，也是中国面临的严峻安全威胁。中国人民解放军加快网络空间力量建设，大力发展网络安全防御手段，建设与中国国际地位相称、与网络强国相适应的网络空间防护力量，筑牢国家网络边防，及时发现和抵御网络入侵，保障信息网络安全，坚决捍卫国家网络主权、信息安全和社会稳定。

5. 遂行反恐维稳

中国坚决反对一切形式的恐怖主义、极端主义。中国武装力量依法参加维护社会秩序行动，防范和打击暴力恐怖活动，维护国家政治安全和社会大局稳定，保障人民群众安居乐业。武警部队执行重要目标守卫警戒、现场警卫、要道设卡和城市武装巡逻等任务，协同国家机关依法参加执法行动，打击违法犯罪团伙和恐怖主义活动，积极参与社会面防控，着力防范和处置各类危害国家政治安全、社会秩序的隐患。中国人民解放军依法协助地方政府维护社会稳定，参加重大安保行动及处置其他各类突发事件，主要承担防范恐怖活动、核生化检测、医疗救援、运输保障、排除水域安全隐患、保卫重大活动举办地和周边地区空中安全等任务。

6. 维护海外利益

海外利益是中国国家利益的重要组成部分。有效维护海外中国公民、组织和机构的安全和正当权益，是中国人民解放军担负的任务。中国人民解放军积极推动国际安全和军事合作，完善海外利益保护机制。着眼弥补海外行动和保障能力差距，发展远洋力量，建设海外补给点，增强遂行多样化军事任务能力。实施海上护航，维护海上战略通道安全，遂行海外撤侨、海上维权等行动。

7. 参加抢险救灾

参加国家建设事业、保卫人民和平劳动，是宪法赋予中国武装力量的使命任务。依据《军队参加抢险救灾条例》，中国武装力量主要担负解救、转移或者疏散受困人员，保护重要目标安全，抢救、运送重要物资，参加道路（桥梁、隧道）抢修、海上搜救、核生化救援、疫情控制、医疗救护等专业抢险，排除或者控制其他危重险情、灾情，协助地方人民政府开展灾后重建工作等任务。

二、中国武装力量的构成

（一）中国人民解放军现役部队和预备役部队

中国人民解放军由现役部队和预备役部队组成。其中，现役部队是国家的常备军，主要担负防卫作战任务，必要时可以依照法律规定协助维护社会秩序。预备役部队是以现役军人为骨干、预备役人员为基础，按规定体制编制组成的部队。平时按照规定训练，必要时可以按照法律规定协助维护社会秩序，战时根据国家发布的动员令转为现役部队。

中国人民解放军是中华人民共和国最主要的武装力量，其前身是 1927 年南昌起义后留存的中国工农革命军，经过五次反围剿、抗日战争、解放战争，1946 年中国爆发国共内战，解放区各部队由八路军、新四军、东北民主联军等陆续改称中国人民解放军，并一直沿用至今。

1. 中国人民解放军现役部队

中国人民解放军现役部队由陆军、海军、空军、火箭军等军种，军事航天部队、网络空间部队、信息支援部队、联勤保障部队等兵种组成。

（1）中国人民解放军陆军

中国人民解放军陆军是中国人民解放军的主要军种，是陆地作战的主力，也是各军兵种中历史最久、在新中国建立前后的历次作战中发挥最出色的，也是社会主义现代化建设和各种抢险救灾中的中坚力量。陆军对维护国家主权、安全、发展利益具有不可替代的作用。陆军包括机动作战部队、边海防部队、警卫警备部队等。按照机动作战、立体攻防的战略要求，加快实现区域防卫型向全域作战型转变，提高精确作战、立体作战、全域作战、多能作战、持续作战能力，努力建设一支强大的现代化新型陆军。

（2）中国人民解放军海军

1949 年 4 月 23 日，华东军区海军领导机构在江苏泰州白马庙乡成立，标志着中国人民解放军海军的诞生。海军在国家安全和发展全局中具有十分重要的地位。海军包括潜艇部队、水面舰艇部队、航空兵、陆战队、岸防部队等。战区海军下辖基地、潜艇支队、水面舰艇支队、航空兵旅等部队。按照近海防御、远海防卫的战略要求，加快推进近海防御型向远海防卫型转变，提高战略威慑与反击、海上机动作战、海上联合作战、综合防御作战和综合保障能力，努力建设一支强大的现代化海军。

（3）中国人民解放军空军

中国人民解放军空军于 1949 年 11 月 11 日正式成立，在国家安全和军事战略全局中具有举足轻重的地位和作用。空军包括航空兵、空降兵、地面防空兵、雷达兵、电子对抗部队、信息通信部队等，下辖 5 个战区空军、1 个空降兵军等。按照空天一体、攻防兼备的战略要求，加快实现国土防空型向攻防兼备型转变，提高战略预警、空中打击、防空反导、信息对抗、空降作战、战略投送和综合保障能力，努力建设一支强大的现代化空军。

（4）中国人民解放军火箭军

中国人民解放军火箭军的前身中国人民解放军第二炮兵部队，成立于1966年7月1日，由毛泽东主席批准，周恩来总理亲自命名，始终由中央军委直接掌握，是中国实施战略威慑的核心力量，主要担负遏制他国对中国使用核武器、遂行核反击和常规导弹精确打击任务。2015年12月31日，中央军委举行仪式，将中国人民解放军第二炮兵正式命名为"中国人民解放军火箭军"部队，并授予军旗，中国人民解放军第二炮兵也由原来的战略性独立兵种，上升为独立军种。火箭军在维护国家主权、安全中具有至关重要的地位和作用。火箭军包括核导弹部队、常规导弹部队、保障部队等。按照核常兼备、全域慑战的战略要求，增强可信可靠的核威慑和核反击能力，加强中远程精确打击力量建设，增强战略制衡能力，努力建设一支强大的现代化火箭军。

（5）中国人民解放军信息支援部队

中国人民解放军信息支援部队成立于2024年4月19日。根据中央军委决定，新组建的信息支援部队由中央军委直接领导指挥，同时撤销战略支援部队番号，相应调整军事航天部队、网络空间部队领导管理关系。调整组建信息支援部队，是党中央和中央军委从强军事业全局出发作出的重大决策，是构建新型军兵种结构布局、完善中国特色现代军事力量体系的战略举措，对加快国防和军队现代化、有效履行新时代人民军队使命任务具有重大而深远的意义。这次调整后，中国人民解放军总体形成中央军委领导指挥下的陆军、海军、空军、火箭军等军种，军事航天部队、网络空间部队、信息支援部队、联勤保障部队等兵种的新型军兵种结构布局。

（6）中国人民解放军联勤保障部队

联勤保障部队是实施联勤保障和战略战役支援保障的主体力量，是中国特色现代军事力量体系的重要组成部分。主要包括武汉联勤保障基地和无锡、桂林、西宁、沈阳、郑州五个联勤保障中心。组建联勤保障部队，是党中央和中央军委着眼于全面深化国防和军队改革做出的重大决策，是深化军队领导指挥体制改革、构建具有中国军队特色的现代联勤保障体制的战略举措，对把中国军队建设成为世界一流军队、打赢现代化局部战争具有重大而深远的意义。

2. 中国人民解放军预备役部队

1983年，我国正式组建中国人民解放军预备役部队，并将其列入中国人民解放军编制序列，授予番号和军旗。其主要任务是努力提高部队的军政素质，不断增强现代条件下快速动员和作战能力；切实做好战时动员的各项准备工作，随时准备转为现役部队，执行作战任务；积极参加社会主义建设，在物质文明和精神文明建设中，发挥骨干带头作用。现已发展成为一支包括步兵、炮兵、工程兵、通信兵、防化兵和舟桥部队及海军、空军等专业技术兵种在内的诸军兵种合成的新型预备役部队。

> **知识拓展**
>
> 中央军委近日宣布调整组建中国人民解放军陆军兵种大学、信息支援部队工程大学、联勤保障部队工程大学三所高等教育院校。这一举措标志着我军院校体系在深化国防和军队改革中迈出关键一步，旨在适应新质战斗力生成需求，强化专业化军事人才培养，为联合作战体系提供智力支撑。
>
> 此次调整是继2015年军改后，我军院校体系的又一次结构性优化。当前，我军已形成陆、海、空、火四军种，以及军事航天、网络空间、信息支援、联勤保障四独立兵种的"4+4"格局。新组建院校直接对应独立兵种与主战军种，凸显"战教耦合"理念。陆军兵种大学整合装甲兵、炮兵防空兵学院资源，聚焦陆军多兵种协同作战需求；信息支援部队工程大学依托国防科技大学通信学科优势，强化网络信息体系支撑能力；联勤保障部队工程大学则瞄准全域投送、智能保障等现代后勤转型方向。这种布局既延续了"军种主建"原则，又回应了新兴领域作战力量对专业化人才的迫切需求。

（二）中国人民武装警察部队

中国人民武装警察部队是中华人民共和国武装力量中担负国内安全保卫任务的武装组织。受国家公安系统指挥，归国务院、中央军事委员会双重领导、管理。中国人民武装警察部队在巩固和加强人民民主专政，维护社会治安，维护国家主权和尊严方面，具有十分重要的作用。中国人民武装警察部队组建于1982年6月（前身为中国人民公安中央纵队，建于1949年），在北京设有领导机关武警总部。各省、自治区、直辖市设武警总队，地区（地级市、州、盟）设支队，县（县级市、自治旗）设中队或大队、站、所。有的总队还编有直属支队，按支队、大队、中队、排、班的序列编制。中国人民武装警察部队装备轻便、精良，有自己的服装式样、识别标志和军衔等级，其内务制度、纪律要求、队列基础训练和政治思想工作等则执行中国人民解放军的有关条令、条例和规定。

中国人民武装警察部队基本任务是：平时警卫党政机关和部分国家领导人、重要外宾及大型集会的安全；对监狱、劳改管教场所，实施武装警戒和武装看押；配合公安机关依法逮捕、追捕及押解罪犯；守卫电台、电视台和国家经济、国防工业、国防科研等要害部门，以及民用机场、重要桥梁、隧道等目标；进行边防守卫和火灾消防等。战时协同中国人民解放军保卫边防和海防，抗击敌方的入侵；参加城市防卫和保卫重要目标的战斗，组织对空防御；组织重要民用机场、车站、桥梁和隧道的防护；守卫重要的电台、工厂、仓库和科研设施等目标，掩护工业设施和人口疏散；打击敌特和不法分子的破坏活动，保障作战地区的社会秩序和人民群众的安全等。

（三）中国民兵

中国民兵是中国共产党领导下的不脱离生产的群众武装，是中华人民共和国武装力量的组成部分，是中国人民解放军的助手和后备力量。民兵工作在国务院、中央军委领导下，由总参谋部主管，平时担负战备执勤、抢险救灾和维护社会秩序等任务，战时担负配合常备军作战、独立作战、为常备军作战提供战斗勤务保障及补充兵员等任务。

《中华人民共和国兵役法》规定，乡、民族乡、镇和企业事业单位建立民兵组织，凡18～35岁符合服兵役条件的男性公民，除应征服现役外，均应编入民兵组织服预备役。

民兵分为基干民兵和普通民兵。28岁以下退出现役的士兵和经过军事训练的人员，以及选定参加军事训练的人员编入基干民兵组织。其余18～35岁任命服兵役条件的男性公民，编入普通民兵组织。女民兵只编基干民兵，人数控制在适当的比例内。陆海边疆、少数民族地区和城市有特殊情况的单位，基干民兵的年龄可适当放宽。随着国防现代化建设的发展，民兵组织已由单一的步兵发展成为包括高炮、地炮、通信、工兵、防化、侦察及海军、空军等专业技术分队在内的基干民兵队伍。

兵役法规定，实行民兵与预备役相结合的制度。一是规定基干民兵为一类预备役，普通民兵为二类预备役；二是把参加民兵组织和服预备役年龄、政治、身体条件一致起来；三是在有民兵组织的地方，在基层工作上把两者结合起来，使基层民兵组织成为预备役的基本组织形式。对于未编入民兵组织，但符合民兵条件的，进行预备役登记。

三、人民军队的发展历程

中国共产党创建的人民军队，诞生于1927年8月1日南昌起义，其名称先后经历了三次较大的变动，初创时期，各地起义武装有"农军""土地革命军""工农讨伐军""工农革命军"等多种称呼。1927年10月23日，中央决定将各地起义武装统一定名为"工农革命军"。抗日战争时期，根据中国共产党同国民党达成的协议，中国工农红军主力改编为国民革命军第八路军，简称"八路军"，南方八省红军和游击队改编为国民革命军陆军新编第四军，简称"新四军"，解放战争时期，开始称为中国人民解放军。中国人民解放军的名称沿用至今，但不论名称如何变化，中国共产党创建和领导的这支军队,是来自人民并为人民利益而奋斗的军队,因此又统称为人民军队。

(一)十年风雨中的工农红军

1. 人民军队的诞生

1927年8月1日,周恩来、贺龙、叶挺、朱德、刘伯承率领在党掌握和影响下的北伐军2万多人在南昌举行起义,经过4个多小时的激烈战斗,占领了南昌城。随后,按照预定计划,迅速撤离南昌,南下广东潮汕地区。南昌起义最终因遇到优势敌军的围攻而失败,但它打响了中国共产党武装反抗的第一枪,使千百万革命群众在经历了一系列的严重挫败后,又在黑暗中看到了高高举起的火炬,南昌起义标志着人民军队的诞生,开始了党独立领导武装斗争的新时期。

1927年8月7日,党中央在汉口召开紧急会议,总结大革命失败的经验教训,确定了土地革命和武装反抗的总方针,把发动农民举行秋收起义作为党最主要的任务。毛泽东在发言中明确提出:"以后要非常注意军事,须知政权是由枪杆子中取得的。"会后,毛泽东受中央委派,到湖南领导秋收起义(见图1-6)。9月9日起义爆发,起义军编为工农革命军第一军第一师。在进攻长沙的计划受挫后,毛泽东当机立断,率领部队向罗霄山脉中段的井冈山进军。9月29日,部队到达永新县三湾村,进行了著名的"三湾改编",把原来的一个师缩编为一个团,在部队中建立党的各级组织,将支部建在连上,实行官兵平等,设立士兵委员会,三湾改编是我军的新生。从此,这支党领导下的向农村进军的第一支军队,在井冈山扎下了根,成为中国革命的"火种"。

图1-6 秋收起义(油画)

继南昌起义和秋收起义后,12月11日,张太雷、叶挺、叶剑英等又领导发动了广州起义。起义军占领了广州大部分市区,成立了广州苏维埃政府。但由于中外反动势力的联合反扑,起义部队未能及时撤出并转入农村而最后失败。这一时期,党还先后发动和领导了海陆丰、湘鄂西、黄麻、平江、百色等100多次武装起义。这些起义虽然大都受挫或失败,但扩大了党的影响,保留了一批武装力量,为后来各地红军的发展准备了条件。

2. 井冈山的星星之火

"红军荟萃井冈山,主力形成在此间",1928年4月,朱德、陈毅等率领南昌起义军余部和湘南农民起义军到达井冈山,与毛泽东率领的部队会师,合编为工农革命军第四军,朱德任军长,毛泽东任党代表,从5月下旬起,各地工农革命军相继改称工农红军。

在井冈山斗争的影响下,中国革命的星星之火很快形成燎原之势。到1930年6月,全国正式红军已发展到约10万人,开辟了赣南、闽西、湘鄂西、鄂豫皖、湘鄂赣、左右江、海陆丰、陕甘宁等大小十几块革命根据地,后来,赣南、闽西两块根据地又逐渐连成一体,形成了以瑞金为中心的中央革命根据地,即"中央苏区"。

红军建设也有了很大加强，确立和形成了一系列重要的建军原则。井冈山会师后，毛泽东就把三湾改编时提出的红军建设制度在红四军全军实行，并明确提出红军必须执行打仗、筹款和做群众工作三项任务，规定了三大纪律八项注意。1929年12月，在福建上杭县古田召开了红四军党的第九次代表大会，通过了《关于纠正党内的错误思想》等八个决议案，强调红军是执行革命的政治任务的武装集团，必须置于党的绝对领导之下，全心全意地为党的纲领、路线和政策而奋斗，必须加强红军政治工作，用无产阶级思想建设军队。古田会议决议是党和红军建设的纲领性文件，后来各地红军都先后按照古田会议决议确定的建军原则去做，使红军这个以农民为主要成分的革命军队，开始真正成为无产阶级领导的新型人民军队。

3. 反"围剿"胜利与失败

随着红军和根据地的发展壮大，引起了国民党统治集团的极大恐慌。1930年10月，国民党新军阀蒋介石和阎锡山、冯玉祥之间的中原大战一结束，蒋介石立即调集重兵，开始"围剿"南方各根据地的红军，准备在3至6个月消灭红军、摧毁苏区。毛泽东指出，"围剿"和"反围剿"是中国内战的主要形式，从游击战争开始的第一天起，任何一个独立的红色游击队或红军的周围，任何一个革命根据地的周围，经常遇到的是敌人的"围剿"，十年的红军战争史，就是一部反"围剿"史。

国民党军队"围剿"和"反围剿"的重点是红一方面军和中央苏区。1930年10月，蒋介石调集10万大军，向中央革命根据地发动第一次大规模"围剿"。红一方面军在毛泽东、朱德的领导和正确指挥下，采取"诱敌深入"的方针，5天内连打两个胜仗，歼敌1.5万余人，取得了第一次反"围剿"的胜利。1931年2月至9月间，蒋介石分别调集20万和30万大军，发动第二次、第三次"围剿"，红一方面军仍然坚持诱敌深入，集中优势兵力，各个歼灭敌人，又以劣势兵力和落后装备粉碎了敌人的进攻，创造了中国乃至世界战争史上以少胜多的典型战例。

经过三次反"围剿"斗争，红军和根据地有了更大的发展，全国红军最多时达30万人。同时，红军经受了前所未有的大规模战争的锻炼，创造出了一套符合中国实际、具有红军特点的战略战术和作战原则，如诱敌深入、慎重初战、集中兵力、"打得赢就打，打不赢就走"等，正如毛泽东指出的，等到战胜敌人的第三次"围剿"，全部红军作战的原则就形成了。

"九一八"事变后，蒋介石不顾民族利益，奉行"攘外必先安内"的反动政策，继续"围剿"红军。1932年12月，蒋介石亲临南昌坐镇指挥，调集30多个师的兵力，发动第四次"围剿"，红军在周恩来、朱德的指挥下，取得了第四次反"围剿"的胜利。

1933年下半年，蒋介石调集100万重兵，发动第五次"围剿"，其中以50万军队"围剿"中央苏区，由于"左"倾冒险主义在红军中占据了统治地位，积极防御战略和运动战原则被排斥，加上博古、李德等人的错误指挥，红军在阵地防御和短促突击中连遭失败，损失惨重，根据地也越缩越小。1934年10月，中央机关和中央红军主力8.6万多人被迫撤离中央苏区，踏上了战略转移的艰难征途，开始了英勇悲壮的长征。

4. 红军不怕远征难

红军战略转移最初是向湘西发展，在湘黔边创建新的革命根据地，但由于"左"倾冒险主义领导实行消极避战和逃跑主义，把战略转移变成了搬家式的行动，部队行动迟缓，在红军突破敌人四道封锁线后，蒙受了巨大的损失。其中，湘江战役最为惨烈，红军折损过半，锐减到3万余人。

在这危急时刻，中共中央接受了毛泽东的正确主张，改向敌人力量最薄弱的贵州进军。一个个失败的教训，使广大红军指战员更加认识到毛泽东指挥红军反"围剿"的正确性，纷纷迫切要求改换领导，一些支持过"左"倾错误的同志也逐渐转变到反对"左"倾错误的立场上来。1935年1月，红军占领了贵州遵义城。在这里，中共中央召开了政治局扩大会议，即"遵义会议"。会议集中解决了党和红军最为紧迫的军事问题和组织问题，肯定了毛泽东的正确军事路线，取消了博古和李德的最高军

29

事指挥权,增选毛泽东为政治局常委,会后成立了由毛泽东、周恩来、王稼祥组成的三人小组,负责全面的军事行动。遵义会议在事实上确立了以毛泽东为核心的党中央的正确领导,结束了以王明为代表的"左"倾教条主义的统治,在最危急的关头挽救了党、挽救了红军、挽救了中国革命。从此,中国共产党和中国工农红军踏上了走向胜利的新起点。

遵义会议后,中央红军在毛泽东等正确指挥下,四渡赤水,巧渡金沙江,强渡大渡河,飞夺泸定桥,摆脱了数十万敌军的围追堵截。6月与红四方面军在四川懋功胜利会师,并及时挫败了张国焘分裂党和红军,另立中央的阴谋。尔后,红一方面军继续北上,历尽千辛万苦,翻越终年积雪的夹金山,穿越人迹罕至的茫茫草地,突破天险腊子口,于10月胜利到达陕北吴起镇,与陕北红军会师。1936年7月,由贺龙、任弼时等指挥的红二、六军团到达四川甘孜,与红四方面军会师,并组成红二方面军。同年10月,红四、红二方面军先后在甘肃会宁和静宁以北的将台堡,同红一方面军会师。三大主力红军会师,标志着长征胜利结束。

这期间,留在长江南北的红军和游击队,在项英、陈毅等领导下,独立坚持了长达3年的游击战争,保存了革命的力量和阵地,有力配合了主力红军的长征,为中国革命做出了重要贡献。

(二) 抗日烽火中的八路军新四军

1. 从红军到八路军新四军

抗日战争爆发前后,在中华民族面临生死存亡的紧要关头,中国共产党坚持抗日民族统一战线,实现了国共第二次合作。1937年8月,根据国共两党谈判达成的协议,中国工农红军改编为国民革命军第八路军,简称八路军,朱德任总指挥,彭德怀任副总指挥,叶剑英任参谋长,左权任副参谋长,任弼时任政治部主任,邓小平任政治部副主任。下辖第115师、第120师、第129师。10月,南方红军游击队改编为国民革命军陆军新编第四军,简称新四军,叶挺任军长,项英任副军长,下辖第1、2、3、4支队,约1万多人。

八路军各师不待改编就绪,即誓师出征,同国民党的军队并肩杀敌。3个师先后由陕西三原、富平经韩城地区东渡黄河,挺进山西前线。1937年9月25日,林彪、聂荣臻率八路军第115师主力在平型关伏击日军,以较小代价歼灭日军1000余人,击毁汽车100余辆,缴获大批军用物资,取得了全面抗战以来中国军队对日作战的第一个重大胜利。八路军出师首战告捷,沉重打击了日寇的嚣张气焰,打破了"日军不可战胜"的神话,极大地鼓舞了全国军民的抗战信心。

2. 艰苦卓绝的敌后抗战

从卢沟桥事变到1938年10月广州、武汉失守,是抗日战争的战略防御阶段。此时日寇气焰嚣张,妄图速战速决,一举灭亡中国。面对日军的长驱直入,以国民党军队为主体的正面战场,组织了淞沪、忻口、徐州、武汉等战役,给日军以沉重打击,但由于敌强我弱,加上国民党实行片面抗战路线和单纯防御的方针,造成正面战场全线溃退,仅一年零三个月,日军就占领了北平、天津、上海、南京、广州、武汉,夺取了中国人口稠密地区的大片领土,中国人民遭到深重的灾难。仅"南京大屠杀",被枪杀和活埋的中国军民就达30多万人。

中国共产党坚持全面抗战路线,确定我军实行由国内正规战向抗日游击战的转变,在敌后放手发动群众,建立敌后抗日根据地,独立自主地进行游击战争,配合正面战场,开辟敌后战场。这是世界历史上罕见的艰苦战争。面对强大的日军,我军只有简陋的武器装备,没有来自后方的枪支弹药的接济,物资条件也极其匮乏。但广大军民积极开展山地平原,河湖港汊游击战,在敌后站稳了脚跟。敌后战场的开辟,牵制和消耗了大量日军,使日军从此陷入正面战场与敌后战场的夹击之中,成为抗日战争由战略防御转到战略相持的一个重要条件。

在中国军民的坚决抵抗下,日军被迫放弃"速战速决"战略,准备长期作战,并把进攻的重点转向共产党领导的敌后战场，抗日战争进入相持阶段。为了适应新的形势，共产党确定了"巩固华北，发展华中"的行动方针。在华北，八路军各师主力挺进冀鲁平原，广泛开展游击战争，巩固和扩大根据地。1940年8月至12月，八路军投入105个团约20万人的兵力，在彭德怀的指挥下，对华北日军交通线和据点展开大规模进攻，共进行战斗1800余次，歼敌4万余人，缴枪5600余支。百团大战有力地打击了日军的"囚笼政策"和嚣张气焰，极大地振奋了全国军民争取抗战胜利的信心。在华中，新四军面对敌、伪、顽势力的包围，坚持开展游击战争，创建和巩固了苏南、皖中、皖东、豫皖苏和苏中等抗日根据地。

从1941年至1942年，抗日战争进入最困难的时期。日本侵略者在中国占领区推行殖民统治和经济掠夺，集中日、伪军反复"扫荡"敌后抗日根据地，实行烧光、杀光、抢光的"三光"政策，甚至施放毒气和进行细菌战，制造无人区。在日军空前残酷的进攻中，敌后军民伤亡重大，但抗日军民在共产党的领导下，主力军、地方军和群众武装运用破袭战、地雷战、地道战、麻雀战、水上游击战等战法，狠狠打击来犯之敌。

进入1943年，各解放区军民对日伪军普遍开展局部反攻，八路军、新四军内线、外线同时作战。抗日战争走过漫长的相持阶段，迎来了对日反攻。到1944年年底，根据地的人口已达9150万，部队发展到80万人，民兵增加到170万人，敌我力量的对比发生了很大变化。1945年4月23日，党在延安召开第七次全国代表大会，确定了放手发动群众，壮大人民力量，在党的领导下，打败日本侵略者，解放全国人民，建立新民主主义中国的政治路线。同时要求我军必须"准备在抗战后期实行从抗日游击战争到抗日正规战争的转变"，我军继续向日伪军展开进攻，并相继发动春季和夏季攻势，整个世界人民反法西斯战争已临近最后胜利。5月8日，法西斯德国投降，欧洲战争宣告结束。8月6日和9日，美国在日本的广岛和长崎投下原子弹。8月8日，苏联对日宣战。8月9日，毛泽东发表《对日寇的最后一战》的声明，要求八路军、新四军和其他人民军队在一切可能的条件下，向一切不愿投降的日本侵略者及其走狗展开广泛的进攻。在中、苏、美三国的严重打击下，侵华日军土崩瓦解，8月15日被迫宣布无条件投降。中国人民经过14年的抗战终于取得了完全胜利。

抗日战争，是近代以来中国反抗外敌入侵第一次取得完全胜利的民族解放战争。在这场艰苦卓绝、波澜壮阔的全民族战争中，中华儿女万众一心、众志成城，广大军民前仆后继、浴血奋战，面对敌人的炮火勇往直前，面对死亡的威胁义无反顾，用血肉之躯筑起了捍卫祖国的钢铁长城，用气吞山河的英雄气概谱写了惊天地、泣鬼神的壮丽史诗。我军经过抗日烽火的锻炼，进一步发展壮大，到抗日战争胜利时，已达120余万人。

3. 建军理论和实践的发展

抗日战争时期，也是毛泽东军事思想趋于成熟的时期。毛泽东在深入研究中外军事理论的基础上，先后撰写了《抗日游击战争的战略问题》《论持久战》《战争和战略问题》等著名的军事著作，科学地预见了抗日战争的发展进程及其规律，系统地回答了中国革命战争如何才能以少胜多、以弱胜强的一系列战略和策略问题。在中国共产党第七次全国代表大会所作的《论联合政府》的报告中，毛泽东进一步阐明了关于"人民战争""人民军队""人民战争的战略战术"等系统的军事思想，第一次提出了"没有一个人民的军队，便没有人民的一切"的科学论断。在毛泽东军事思想的指引下，我军建设得到了新的发展，坚持和巩固党对军队的领导。在红军改编和实行抗日民族统一战线的新形势下，中央军委明确要求各师改编为国民革命军后，必须加强党的领导，坚持执行党中央和中央军委的命令，为党的路线而斗争。

（三）为建立新中国而奋斗的人民解放军

1. 粉碎国民党的猖狂进攻

1945年8月28日，毛泽东应蒋介石的邀请，赴重庆进行和平谈判。经过40多天的谈判斗争，迫使国民党承认了和平建国的方针，于10月10日签订了《会议纪要》，即"双十协定"。1946年1月10

日，双方下达停战令，同一天，政治协商会议在重庆召开，再次确认了和平建国方针，否定了国民党一党专政、独裁统治和内战方针。但是，蒋介石和国民党政府并没有因为重庆谈判和政治协商会议而放弃内战、独裁的政策，他们一边玩弄政治欺骗手法，一边加紧进行军事部署。经过10个多月的军事准备，1946年6月底，国民党军队开始向共产党领导的各个解放区发动进攻，蒋介石彻底撕下了"和平"的面纱，一场全面内战爆发了。

面对严峻的形势和气势汹汹的敌人，人民解放军坚定勇敢地投入了战斗，从1946年7月开始，国民党军队陆续向中原、华东、晋冀鲁豫、晋察冀、晋绥、陕甘宁和东北解放区发动全面进攻。我军坚持积极防御的战略方针，集中优势兵力，各个歼灭敌人，经过8个月的作战，歼灭国民党正规军66个旅，加上非正规军，共71万多人，缴获大量武器和其他物资。

1947年3月，蒋介石放弃全面进攻，开始集中兵力对陕北、山东解放区进行重点进攻。针对蒋介石的企图，党中央决定暂时放弃延安，组成西北野战兵团，利用陕北优越的群众条件和有利的地形，与敌周旋，彭德怀指挥西北野战军采取"蘑菇"战术，粉碎了国民党对陕北的进攻，在山东战场，国民党的重点进攻也遭到失败，人民解放军取得了自卫战争的巨大胜利。

2. 千里跃进大别山

从1947年7月至1948年6月，人民解放军由战略防御转入战略进攻。1947年6月30日，刘伯承、邓小平率领的晋冀鲁豫野战军4个纵队12万余人，在鲁西南张秋镇至临濮集之间发起攻击，强渡黄河，揭开了战略反攻的序幕，开始了千里跃进大别山的壮举。在毛泽东和中央军委的正确指挥下，刘邓大军取得鲁西南战役歼敌6万余人的胜利。尔后，越过陇海路，涉过黄泛区，跨过沙河、涡河、汝河、淮河等重重障碍，于8月下旬胜利地进入了大别山区。刘邓部队紧紧依靠人民群众，克服重重困难，到11月下旬，共歼敌3万余人，建立了33个县的民主政权，初步完成了在大别山区的战略展开。随后，陈赓、谢富治率领的晋冀鲁豫野战军8万人，在8月下旬强渡黄河，挺进豫西，在豫陕边地区实现了战略展开。陈毅、粟裕率领的华东野战军主力，于9月下旬挺进豫皖苏边区，完成了在这一地区的战略展开。

至此，三路大军布成"品"字形阵势，纵横驰骋于黄河以南、长江以北的广大中原地区，把战线一直推进到了长江北岸，使中原地区由国民党军队进攻解放区的重要后方，变成了人民解放军夺取全国胜利的前进基地。三路大军外线出击挺进中原后，仍在内线作战的各战场人民解放军，也都按预定部署展开攻势作战，形成了全国规模的战略进攻态势。在一年的战略进攻作战中，人民解放军歼灭国民党军队152万人，使各个解放区连成一片，并创建了新的中原解放区，为举行战略决战，夺取全国胜利奠定了坚实的基础。

3. 伟大的战略决战

战略决战是决定战争双方命运的关键斗争。1948年秋，人民解放战争进入夺取全国胜利的战略决战阶段，人民解放军连续进行了辽沈、淮海、平津三大战役，共歼灭国民党正规军144个师，非正规军29个师，共154万余人，使国民党赖以维持其反动统治的主要军事力量基本上被摧毁，东北、长江中下游以北及华北的大部分地区得到解放。

辽沈、淮海、平津三大战役，无论其战争规模，还是辉煌的战绩，在中国战争史上都是空前的，在世界战争史上也是罕见的。经过以三大战役为主的大规模战略决战，国民党军队的主力基本被消灭。战略决战的胜利，是党中央、中央军委和毛泽东正确领导的结果，是人民解放军指战员英勇奋战的结果，也是广大人民群众积极支援的结果。

4. 百万雄师过大江

经过三大战役，党中央号召全党、全军和全国人民，将伟大的解放战争进行到底，毛泽东写了题为《将革命进行到底》的1949年新年献词。1949年2月，人民解放军开始进行解放战争时期最后一次大规模的政治、军事整训，各部队普遍开展将革命进行到底的教育，实行统一整编，加强炮兵、工兵建设和后勤建设，加强纪律整顿等。经过整训，大大加强了全军的集中统一，保证了党的路线方针政策的正确贯彻。

1949年4月21日，在国共和平谈判达成的《国内和平协定》遭到南京国民党政府拒绝后，毛泽东、朱德发布《向全国进军的命令》。由刘伯承、邓小平领导的第二野战军和由陈毅、粟裕、谭震林率领的第三野战军，于4月21日晨，在西起九江、东至江阴500千米的战线上，以木帆船为主要渡江工具，在强大的炮兵、工兵支援下，强渡长江，一举突破国民党军苦心经营的长江防线，23日占领南京。随后，人民解放军根据中央军委的部署，以秋风扫落叶之势追歼逃敌，向全国进军，迅速地解决了残余的敌人。在解放战争中，人民解放军经过艰苦作战，共歼灭国民党军807万人，人民解放军总兵力发展到550万人。

1949年10月1日，毛泽东在开国大典上向全世界庄严宣告：中华人民共和国成立了！人民解放军这支党缔造和领导的人民军队，经过22年血与火的洗礼，以威武之师、胜利之师的英姿，接受了党和人民的检阅，它向世人证明：中国革命的胜利，主要是依靠中国共产党所领导的完全新型的与人民血肉相连的人民军队，通过长期的人民战争战胜强大的敌人取得的。没有这样一支人民的军队，就不可能有人民的解放和国家的独立。

（四）在社会主义革命和建设中不断前进

1. 捍卫国家主权和尊严

新中国成立后，我军的职能、任务发生历史性转变，由进行革命战争、夺取政权、解放祖国转变为巩固人民民主专政、保卫社会主义革命和建设、防御外敌入侵、保卫国家安全和领土完整，捍卫国家主权和尊严，我军贯彻积极防御的战略方针，敢于同一切来犯之敌进行坚决、英勇的斗争，成为保卫祖国的钢铁长城。

1950年6月，朝鲜内战爆发，美国政府纠集"联合国军"进行武装干涉，并派遣海军第七舰队侵入中国台湾海峡。此后，侵朝美军越过三八线，直逼鸭绿江，并出动飞机轰炸我国东北边境，直接威胁到我国的国家安全。虽然当时我国正面临着巩固政权、恢复经济的紧急任务，但应朝鲜民主主义人民共和国的请求，中共中央多次召开会议，经过反复权衡，在10月上旬做出了抗美援朝、保家卫国的历史性决策。

1950年10月，中国人民志愿军奉命开赴朝鲜战场，与朝鲜人民并肩作战，到1951年6月，历时7个多月，先后同以美国为首的"联合国军"进行五次大的战役，共歼敌23万余人，把战线稳定在三八线附近地区。1951年7月，朝鲜战争进入"边打边谈"阶段。经过两年的相持，交战双方于1953年7月签署停战协定，抗美援朝战争取得伟大胜利。

作为我国政府恢复行使主权的主要标志和象征，我军组建驻香港部队和驻澳门部队，分别于1997年7月1日和1999年12月20日正式进驻香港、澳门。在特殊的环境里，驻香港、澳门部队官兵牢记我军宗旨，保持人民军队的优良传统和作风，以威武之师、文明之师的良好形象，赢得了世人的普遍赞扬。

2. 维护祖国统一和稳定

新中国成立之初，我军遵照党中央、中央军委的指示，进行了大规模的剿匪作战，到1953年年底，在全国范围内基本上平息了匪患，有力地保护了人民群众的利益和安全，安定了社会秩序，为巩固新生的人民民主政权做出了重要贡献。

1954年11月，在党中央和中央军委的决策部署下，我军解放了一江山岛，这是人民解放军历史上第一次三军联合渡海登陆作战，虽然战役规模有限，但影响深远。1959年，我军平息了西藏上层反动集团叛乱，粉碎了外国反动势力勾结西藏上层反动集团分裂中国的阴谋，维护了祖国统一，增强了民族团结，为建设民主繁荣的新西藏奠定了基础。近年来，国外一些反动势力怂恿和支持国内的一些民族分裂分子，制造骚乱事件，搞分裂祖国、破坏民族团结的活动，给当地社会经济和人民生活带来严重影响，我军担负起维护社会稳定的重要任务，积极履行保卫社会主义革命和建设、保卫人民和平劳动和幸福生活的神圣职责。

3. 参加和支援社会主义建设

我军既是一个战斗队，又是一个工作队、生产队，是社会主义建设的重要力量。早在新中国建立初期，人民解放军的许多部队就成建制地投入到建设祖国的行列中，架桥修路，开发矿山，治理江河，兴修水利，垦荒造田，植树造林，特别是在关系到国家经济命脉的川藏、青藏、新藏等重要公路和大庆油田等项目的开发中，发挥了突击骨干作用。仅铁道兵部队就先后修建了52条铁路干线、支线，总长度超过1.3万千米，约占新中国成立后新建铁路的1/3，为社会主义建设写下了光辉的一页。

进入新的历史时期后，我军在完成教育训练任务的同时，更加积极地参加国家和地方的重点工程建设，支援国家发展经济。在科技助民、扶贫开发、支援国家农业，以及参加社会公益事业等方面，做出了应有的贡献。每当国家和人民的生命财产安全受到威胁的时候，我军总是奋勇当先，哪里任务险重，就出现在哪里，被党和人民称为和平时期"最可爱的人"。人民子弟兵用自己的实际行动，表达了对党对祖国对人民的赤胆忠心，展示了我军威武文明之师的英雄气概，加强了军民团结、军政团结，为党和人民建立了新的功勋。

4. 建设现代化正规化革命军队

新中国成立初期，在中国共产党和中国人民面前还存在着许多困难，面临的形势是严峻的：军事上，人民解放战争虽已获得基本胜利，但还没有完全结束；政治上，新解放区的政权刚刚建立，还不巩固；经济上，新中国接管的是一个十分落后的千疮百孔的烂摊子。随着全国形势和党的任务变化，我军的任务也发生了重大变化。一方面，要继续完成解放战争的作战任务；另一方面，要担负起保卫新生人民政权的多项工作并开始进行现代化、正规化建设。在革命战争年代，我军的主要成分是步兵，只有少量的技术兵种部队，现代化、正规化的程度很低，随着大规模战争的结束，人民解放军进行现代化、正规化建设的客观条件逐渐成熟。在新中国成立后，人民解放军的建设开始由低级阶段向高级阶段转变、由单一军种向诸军兵种合成军队转变的历程。

进入和平建设时期，我军革命化、现代化、正规化建设不断向前推进。1953年年底至1954年年初召开的全国军事系统高级干部会议，明确了我军建设的总方针、总任务，规划了国防现代化建设蓝图，解决了军队现代化建设中一系列重大问题，标志着我军完成了由革命战争向和平时期建设的转变。从1954年开始，我军现代化正规化建设全面展开。调整编制体制，加强质量建设；颁布条令条例，实行义务兵役制、薪金制、军衔制；建立国防科工制，加强武器装备建设；进行正规统一的军事训练，创办正规的军事院校教育体系，整个部队建设的面貌发生了深刻变化。

改革开放以来，我军坚持走中国特色的精兵之路，1985年以来三次大规模裁减军队员额170万，不断朝着精兵、合成、高效的方向迈进。随着我国对外开放的扩大，中国人民解放军以崭新的面貌，更加积极地开展全方位多层次的军事外交，同世界上100多个国家的军队建立了联系，促进了中国人民解放军同世界各国军队的相互了解和信任，向世界展示了中国军队文明之师、和平之师的形象，在维护世界和地区和平与促进共同发展中做出了新的贡献。

党的十八大以来，我军在新的历史起点上，加快推进国防和军队现代化，确立党在新时代的强军目标，贯彻新时代党的强军思想，贯彻新时代军事战略方针，坚持党对人民军队的绝对领导，召开古田全军政治工作会议，以整风精神推进政治整训，牢固树立战斗力这个唯一的根本的标准，坚决把全军工作重心归正到备战打仗上来，统筹加强各方向各领域军事斗争，大抓实战化军事训练，大刀阔斧深化国防和军队改革，重构人民军队领导指挥体制、现代军事力量体系、军事政策制度，加快国防和军队现代化建设，裁减现役员额三十万胜利完成，人民军队体制一新、结构一新、格局一新、面貌一新，现代化水平和实战能力显著提升，中国特色强军之路越走越宽广。

一部人民军队的历史，就是在中国共产党领导下始终与人民同呼吸、共命运、心连心的历史。我军自诞生之日起，就在中国共产党的领导下，英勇投身为中国人民求解放、求幸福，为中华民族谋独立、谋复兴的历史洪流，历经硝烟战火，一路披荆斩棘，付出巨大牺牲，取得一个又一个辉煌胜利，为党和人民建立了伟大的历史功勋。人民军队的优良传统和勇往直前的战斗精神已经深深地熔铸在中华民族的生命力、创造力和凝聚力之中，成为中华民族战无不胜的强大精神力量。

庆祝中华人民共和国成立70周年阅兵如图1-7所示。

图1-7 庆祝中华人民共和国成立70周年阅兵

思考题

1. 简述中国武装力量的构成？
2. 简述人民军队的发展历程？

第五节 国防动员

一、国防动员的内涵

（一）国防动员的概念

国防动员，即战争动员，是国家采取紧急措施，由平时状态转入战时状态，统一调动人力、物力、财力为战争服务，通常包括武装力量动员、国民经济动员、人民防空动员、交通战备动员和政治动员。国防动员按规模分为总动员和局部动员；按动员方式分为公开动员和秘密动员；按照动员时机分为战争初期动员和持续动员。国防动员属于战略问题，涉及国家的军事、政治、经济、文化教育、科学技术、外交等一切领域，关系国家的安危，对战争的进程和结局有决定性的影响。

（二）国防动员的特点

现代战争是立体战争，规模大，范围广，突然性强，破坏性大，特别是核武器、化学武器和生物武器及高技术武器的出现和使用，使战争更加残酷，人员伤亡、物资消耗巨大。这一切对国防动员产生了深刻的影响，主要表现在以下几个方面。

一是动员范围大，领域广。随着战争规模的发展，动员范围也随之扩展到军事、政治、经济、科学技术、文化教育、外交等各个领域，无论是工业还是农业，人力还是物力、财力，生产资料还是生活资料，都成为动员的对象。二是动员时间紧，速度快。为夺取战争主动权，要求军队组建扩建和展开快；人员物资的运输、补充快；国民经济转入战时轨道快，改组工业结构、扩大军工生产快。三是科技动员地位凸显。现代战争由于大量先进的武器装备的研发和使用，需要更多的军事科研和技术兵员。四是动员准备更加充分。许多国家平时就制定了周密的动员计划，不断完善法规、制度，健全领导机构，加强后备力量建设，大力发展综合国力，以适应战争的需要。

（三）国防动员的基本原则

《中华人民共和国国防动员法》第四条明确规定：国防动员坚持平战结合、军民结合、寓军于民的方针，遵循统一领导、全民参与、长期准备、重点建设、统筹兼顾、有序高效的原则。

国防动员原则是国防动员所应遵循的基本准则，反映的是国防动员的一般规律和要求，对于指导和规范国防动员工作具有重要意义。具体来说：统一领导就是国家对国防动员实行统一领导，这是进行动员准备和动员实施的根本原则。全民参与就是组织和发动全体公民关心、支持、参与国防动员活动，保卫祖国、抵抗侵略也是宪法赋予我国每一个公民的神圣职责。长期准备就是把动员准备寓于国民经济和社会发展之中，不断提高动员能力。重点建设、统筹兼顾就是要从国家和国防的全局出发，统一规划动员准备、目标和措施，加强动员工作的计划性，建立并不断完善动员的组织体系。有序高效是指动员要在战争所允许的时间内，快速有效地完成动员任务，满足战争需要，提高动员的速度与效率。

（四）国防动员的意义

国防动员直接影响战争的进程和结局，关系国家的安危。无论是古代战争，还是现代战争，无论是全面战争，还是局部战争，无论是常规战争，还是非常规战争，都离不开动员。同时，作为连接国防建设与经济建设的桥梁和纽带，国防动员是实现平战结合、军民结合、寓军于民的重要组织形式，是把国防动员潜力转化为国防实力的有效措施，是维护国家安全、稳定和发展的战略手段。

1. 国防动员是打赢战争的关键环节

为遏制战争爆发并夺取战争胜利积聚强大的战争力量，是国防动员的基本功能与任务。这是因为，战争是实力的较量，任何不具备强大实力的国家，要赢得战争的胜利是不可能的。战争动员不仅能够通过平时的准备，为战争实施积聚强大的战争潜力，而且可以通过建立一套平战转换机制，使这种潜力在战争爆发后迅速转化为实力，从而为保障战争胜利奠定必要而坚实的物质基础。同时，现代战争的巨大破坏性，使人们不得不把战争的爆发作为降伏战争这个恶魔的重大步骤予以重视，因此，在这种情况下，国防动员积聚的巨大能量同样是战略家所倚重和借助的力量。另外，国防动员还是遏制危机的有效手段。实践中，有许多国家通过积聚力量和显示使用力量的决心，有效地制止了战争的爆发。

知识拓展

1973年第四次中东战争爆发，以色列在战争爆发10分钟后就发布了全国总动员令，紧急征召预备役人员；20小时后，被指定在西奈半岛展开的两个预备役师先头部队到达西奈前线；48小时后，即有30万预备役官兵开赴前线，使总兵力由11.5万人迅速增加到40余万人；7天后，15个预备役旅全部成建制投入作战，很快扭转战争初期的不利局面。有军事专家对以色列的动员高度评价："如果说埃及强渡运河是这次战争的第一大胜利，那么以色列的动员则是第二大胜利！"

2. 国防动员是应对紧急突发事件的有效措施

国防动员的最初功能是应对战争的需要，但现代条件下，随着各种灾难事故和突发事件的频繁发生，可以把国防动员的功能予以拓展，让它同样可以在应对和处置各类突发事件中发挥应有的作用。因此，当国家遇到突发事件时，国防动员活动可以凭借自身的准备和特有的机制，使国家或地区在需要时进入一定的应急状态，动员国家、军队和社会的一定力量，抗御自然灾害、处置自然和人为的事故与灾难，使家和社会处于正常运转状态，维护人民群众的生命财产安全。

3. 国防动员是资源经济和社会发展的重要力量

国防动员实行"平战结合、军民结合、寓军于民"的原则，在和平时期国防动员建设的成果可以直接为经济建设服务。于军于民均可节约国防开支，有利于国家集中力量发展经济。和平时期，国家的中心任务是提高社会生产力，改善人民生活，对国防建设不可能有很多的投入，必须提高国防建设的效益。要用有限的国防经费，获得尽可能强的国防力量，其有效办法是建设精干的常备军，大力加强后备力量建设，健全完善动员体制，做到"平时少养兵，战时多出兵"。这样，不仅可以经常保持较强的国防整体威力，为国家提供可靠的安全保障，而且可以减轻国家负担，促进经济和社会发展。

综上所述，国防动员是维护国家安全与发展重要的战略举措，无论是应对战争威胁，还是应对紧急突发事件，服务于国家经济建设，促进国家的长远发展，都离不开国防动员。

> **知识拓展**
>
> 国防动员是连接军队与地方、军事与经济、平时与战时的桥梁和纽带。在搞经济建设的时候，要结合国防建设的需要，做到"平战结合、军民结合、寓军于民"。例如，建设高速公路时，如按照一定的标准建设，就可以起降飞机，作为飞机的应急跑道之用；建筑物下面的人民防空设施，平时也可以用作地下商场、地下停车场或者物资储备仓库使用。

二、国防动员的主要内容

国防动员的主要内容包括：武装力量动员、国民经济动员、人民防空动员、交通战备动员和政治动员。

（一）武装力量动员

武装力量动员是指国家通过迅速补充兵员和武器装备，扩大军队，将军队和其他武装组织由平时体制转为战时体制所采取的措施。武装力量动员是夺取战略主动权、赢得战争胜利的重要手段，也是遏制战争爆发、维护和平与国家安全的重要因素，在国防动员中居于核心地位。武装力量动员通常包括现役部队、武装警察部队、预备役部队、民兵和预备役人员，以及相应的武器装备和物资动员等内容。

武装力量动员根据国家发布的动员令，按照动员计划组织实施，主要措施包括以下内容。一是扩编现役部队。临战前使军队迅速转入战时状态，现役军人一律停止转业和退伍，外出人员立即归队；迅速组建扩建新的作战部队和保障部队，实施战略展开。二是征召预备役人员。重点是征召预备役军官和专业技术兵，按战时编制补充现役部队。三是预备役部队调服现役。四是改编和扩充其他武装组织。五是动员和组织民兵参军参战。六是征用急需物资。主要是运输工具和工程机械、医疗器械、修理设备等，以满足军队扩编的需要。七是健全动员机构，加强组织领导。随着战争的发展，进行持续动员，以保证军队不断补充和扩大，直至战争结束。

（二）国民经济动员

国民经济动员是指国家将经济部门、经济活动和相应的体制有计划地从平时状态转入战时状态所采取的措施，是战争动员的基础。其目的是充分调动国家的经济能力，提高生产水平，扩大军品生产，保障战争和其他国防斗争的需要。在现代条件下，搞好经济动员，不仅是保障战争物资需求的基本手段，也是战时稳定社会经济秩序的必要措施，更是解决国防经济与国民经济、战时经济与平时经济矛盾的重要途径。

国民经济动员通常包括工业、农业、物资、交通运输、财政金融、邮电通信、医疗卫生和科学技术等方面的动员。其主要措施包括以下内容。一是根据战争需要，调整军工生产在国民经济中所占的比例，重新分配人力、物力、财力，统筹安排军需民用。二是充分发挥军工厂的生产能力。改组民用工业结构和产品结构，扩大军工生产。三是搬迁、疏散可能遭到战争破坏的重要工厂和战略物资，加强重要经济目标的保护。四是调整科学技术研究机构及任务，加速研制新式武器装备。五是加强交通运输管理，保障军队作战和军事运输的需要。六是调动邮电通信、医疗卫生以及外贸、文教等各行各业的力量为战争服务。七是改组农业，提高农业产量，加强粮食生产和储备，保障军民粮食的供给。八是加强经济资源的开发利用和管理，扩大生产，厉行节约，保障战争的需要。

（三）人民防空动员

人民防空动员是指国家战时发动和组织人民群众防备敌人空袭所采取的措施，是战争动员的重要组成部分。其目的是保护居民、经济设施及其他重要目标安全，减少国家及人民群众生命财产的损失，保存战争潜力。

人民防空动员的主要任务是依据国家有关法律法令，动员社会力量，进行防空设施建设，组建防空专业队伍，普及防空知识教育，组织隐蔽疏散，配合防空作战，消除空袭后果，具体内容如下。一是制定和完善人民防空动员法规，建立和健全各级领导机构。二是编制各项防空动员计划，如人口和物资疏散、工业搬迁计划，重要经济目标防护措施和抢修预案，以及各种保障方案。三是组织实施人民防空工程、通信警报等设施的建设与管理。四是按照专业对口、平战结合的原则，组织训练抢险抢修、医疗救护、消防、防化、通信、运输等防空专业队伍，提高专业技能。五是对人民群众进行防空知识教育和训练，掌握防空的基本知识和技能，提高自救互救能力。六是对人民防空重点城市，根据战时需要，结合平时周转供应，做好粮食、医药、油料等必要物资的储备。

（四）交通战备动员

交通战备动员是指在全国或部分地区调集交通力量，全力保障战争需要的行动。交通战备动员通常是在国家动员领导机构的统一领导下，由国防交通主管机构协同政府、军队有关部门共同实施。

交通战备动员的准备工作包括：在平时制定完备的国防交通动员的法规与计划，健全国防交通机构和机制，建立国防交通保障队伍，储备必要的国防交通物资和器材等。交通战备动员的战时工作包括：根据战争规模和作战需要，有计划地将平时国防领导机构迅速按方案扩编为战时交通运输指挥机构，政府交通运输部门随即转入战时体制；根据作战保障需要，动员、征用社会运输力量，必要时对交通运输系统实行不同范围、不同形式的军事化管理；动员、组织各交通保障队伍和交通保障物资器材迅速到位，遂行运输、抢修、防护任务；根据统帅部的规定，做好对弃守地区的交通遮断准备，保障及时遮断。

（五）政治动员

政治动员是指国家从政治上、组织上、思想上发动人民和军队参加战争所采取的措施，是战争动员的重要组成部分。其目的在于激发全体军民的爱国热情，动员军队英勇作战，动员人民踊跃参军参战，努力增加生产，厉行节约，全力支援战争。此外，国家通过各种外交活动和对外宣传，争取世界人民和友好国家的同情和支援，也属政治动员的范畴。

政治动员的主要任务是：国家政治体制向适应战争需要的方向转变；进行广泛的政治宣传和精神灌注，以形成良好的精神条件；通过细致扎实的工作，调动各种社会力量支援战争；开展外交活动和对外宣传，巩固和扩大国际统一战线。

三、国防教育

（一）国防教育的地位和作用

国防教育是为捍卫国家主权、领土的完整和安全，防御外来侵略、颠覆威胁的建设与斗争，对全民传授与国防有关的思想、知识、技能的社会活动。国防教育是一个国家国防建设的重要组成部分，其作用主要体现在以下3个方面：第一，国防教育是建设和巩固国防的基础，具有提高全民素质的重要作用；第二，国防教育是关系国家生死存亡的社会工程，其根本目的在于增强全民的国防意识和国防精神；第三，国防教育是国防建设的重要措施，是增强民族凝聚力的重要途径。

2014年2月27日，十二届全国人大常委会第七次会议表决通过，决定将9月3日确定为中国人民抗日战争胜利纪念日；将12月13日设立为南京大屠杀死难者国家公祭日（见图1-8）。

图1-8 南京大屠杀死难者国家公祭仪式

（二）国防教育的方针和原则

《中华人民共和国国防法》第四十一条和《中华人民共和国国防教育法》第四条规定："国防教育贯彻全民参与、长期坚持、讲求实效的方针，实行经常教育与集中教育相结合、普及教育与重点教育相结合、理论教育与行为教育相结合的原则，针对不同对象确定相应的教育内容分类组织实施。"

（三）国防教育的内容和方法

国防建设的整体性决定国防教育内容丰富、范围广泛，现代国防不仅是指军队建设和武器装备及战场和战略要地的建设，而且同国家的经济实力、政治状况、民族心理、文化水平和人口素质等因素息息相关，因此其内容包括为增进全民的国防思想、国防知识、国防技能和身体素质，以及有利于形成和增强国防观念、国防能力的各种类型的社会活动。

由于国防教育具有教育对象的全民性、教育领域的整体性、教育内容的多元性、教育过程的长期性等特征，决定了国防教育的复杂性和艰巨性。通常，大学生接受国防教育的主要方法有学习国防理论知识、参观国防教育基地、参加军事技能训练、学习军事理论知识等。

（四）国家有关学生军训的规定

《中华人民共和国国防教育法》第十五条规定："高等学校、高级中学和相当于高级中学的学校应当将课堂教学与军事训练相结合，对学生进行国防教育。高等学校应当设置适当的国防教育课程,高级中学和相当于高级中学的学校应当在有关课程中安排专门的国防教育内容,并可以在学生中开展形式多样的国防教育活动。高等学校、高级中学和相当于高级中学的学校学生的军事训练,由学校负责军事训练的机构或者军事教员按照国家有关规定组织实施。军事机关应当协助学校组织学生的军事训练。"第十六条规定:"学校应当将国防教育列入学校的工作和教学计划,采取有效措施,保证国防教育的质量和效果。"

思考题

1. 什么是国防动员?
2. 国防动员的意义是什么?
3. 国防动员的主要内容有哪些?

第二章　国家安全

学习目的： 正确把握和认识国家安全的内涵，理解我国总体国家安全观，提升学生防间保密意识；深刻认识当前我国面临的安全形势。了解世界主要国家军事力量及战略动向，增强学生忧患意识。

第一节　国家安全概述

国家安全是关乎国家兴衰存亡的大事，是安邦定国的重要基石，是国家的基本利益。

一、国家安全的内涵

《中华人民共和国国家安全法》第二条规定："国家安全是指国家政权、主权、统一和领土完整、人民福祉、经济社会可持续发展和国家其他重大利益相对处于没有危险和不受内外威胁的状态，以及保障持续安全状态的能力。"《中华人民共和国国家安全法》第十四条规定："每年4月15日为全民国家安全教育日。"

随着国家安全由主权安全日益扩展到经济、科技、文化、社会、环境、资源等方面，必然引起国家安全观念的变化和内涵的扩展。特别是冷战结束后，传统安全观已转向维护政治、军事、经济、科技、文化、环境等诸多方面的综合安全。因此，政治安全、国土安全、军事安全、经济安全、文化安全、社会安全、科技安全、信息安全、生态安全、资源安全、核安全成为当今国家安全的重要内容，并由此构成当今时代总体国家安全体系。通常，政治安全、国土安全和军事安全属于传统安全范畴；其他安全则属于非传统安全的范畴。正如习近平主席所指出的那样："当前我国国家安全的内涵和外延比历史上任何时候都要丰富，时空领域比历史上任何时候都要宽广，内外因素比历史上任何时候都要复杂，必须坚持总体国家安全观，以人民安全为宗旨，以政治安全为根本，以经济安全为基础，以军事、文化、社会安全为保障，以促进国际安全为依托，走出一条中国特色国家安全道路。"

（一）政治安全是国家安全的根本

政治安全就是政治主体在政治意识、政治需要、政治内容、政治活动等方面免于内外各种因素侵害和威胁而没有危险的客观状态。其更简洁的定义是：政治安全就是在政治方面免于内外各种因素侵害和威胁的客观状态。政治的核心是国家政权，政治安全直接涉及国家政权的稳定，因此，政治安全在国家安全体系中居于核心地位和最高层次，具有根本性的战略意义。政治安全是国家安全的根本，一个国家如果政治安全得不到保障，就无法生存下去。当前的全球化趋势虽然没有改变国家主权的基本原则，但对国家主权提出了一系列挑战。

（二）国土安全是国家安全的基础

国土即领土，是构成国家的基本要素，是国家生存发展的必要前提。国土安全的基本内涵是指领土与领土主权不受侵犯和威胁，领土不被侵占、不被分裂、不被分割或兼并；其外延包括国际法规定的专属经济区和大陆架的自然资源所有权与管辖权不受侵犯和威胁。领土安全是整个国家安全体系的依托和基础，在国家安全中具有重要的地位和作用。

（三）军事安全是国家安全的保障

军事安全是指国家的领土、领海、领空和主权乃至网络、太空等新维空间不受敌对国家或国家集团的威胁和侵犯的一种状态，军事安全直接关系到国家领土和主权完整，关系到国家生死存亡，是其他安全的重要保证。

（四）经济安全是国家安全的核心

经济安全是指一国经济整体免受各种因素尤其是外部因素冲击，或者即便遭遇冲击也能保持经济利益不受重大损害的状态。经济安全是国家安全的核心指向，保证经济安全是一切安全的出发点和落脚点。不仅要保障我国自身的经济制度安全、国民经济安全、金融体系安全、国家能源资源安全等，而且要对可能的外部经济冲击有应对之策，确保国家经济发展不受侵害，促进经济持续稳定健康发展，提高国家经济实力，为国家安全提供坚实的物质基础。

（五）文化安全是国家安全的价值指向

文化安全是指保护本国优秀文化和价值观免遭异国有害文化的渗透和侵犯。文化是一个国家和民族的精神和灵魂，文化安全是确保一个民族、一个国家独立和尊严的重要精神支撑，在经济全球化中如何保护文化的多样性是文化安全的重要使命。

（六）社会安全是国家安全的重要组成

社会安全直接影响着人们的生活质量和生活水平。从广义上讲，社会安全是指社会有序的运行状态，它强调协调的社会群体结构和有序的社会状态的统一。从狭义上讲，它包括对违法犯罪、突发事件和灾害（人为灾害和自然灾害）的有效控制。可见，对国家安全的威胁不仅来自外部，还来自社会内部，因而社会安全也是国家安全的重要组成部分。

（七）科技安全是国家安全的战略支撑

与农业经济中的土地、工业经济中的资本一样，在知识经济中，知识特别是科学技术将是最宝贵的资源和生产要素。国家科学技术实力及其安全状态对国家整体竞争力和国家安全的影响越来越大，科学技术直接成为国际关系中的重要武器与筹码，科学技术成为政府掌握的维系国家安全和发展的最重要战略资源。

（八）信息安全是国家安全的核心之一

信息安全的实质就是要保护信息系统或信息网络中的信息资源免受各种类型的威胁、干扰和破坏，即保证信息的安全可靠。国家主席习近平在中央网络安全和信息化领导小组第一次会议上强调，没有网络安全就没有国家安全，没有信息化就没有现代化。如何确保信息系统的安全已成为全社会关注的问题，信息安全对于国家安全的重要性前所未有，是国家安全的核心之一。

（九）生态安全是国家安全的重要内容

生态安全是指生态系统的健康和完整情况，是人类在生产、生活和健康等方面不受生态破坏与环境污染等影响的保障程度，包括饮用水与食物安全、空气质量与绿色环境等基本要素。生态安全与政治安全、军事安全和经济安全一样，都是事关大局、对国家安全具有重大影响的安全领域。当一个国家或地区所处的自然生态环境状况能够维系其经济社会的可持续发展时，它的生态就是安全的；反之，生态环境一旦遭到严重破坏，生态就不再安全，必然影响社会稳定，危及国家安全。

（十）资源安全是国家安全的战略需求

资源安全是一个国家或地区可以持续、稳定、及时、足量和经济地获取所需自然资源的状态。资源安全分为战略性资源安全和非战略性资源安全；又可分为水资源安全、能源资源安全、土地资源安全、矿产资源安全、生物资源安全、海洋资源安全、环境资源安全等，资源安全在国家安全中占有基础地位。

（十一）核安全是国家安全的组成部分

核安全是指对核设施、核活动、核材料和放射性物质采取必要和充分的保护、监控，以及各种安全措施，防止由于任何技术原因、人为原因或自然灾害造成事故，对人或环境造成不可接受的核辐射危害。2014年3月24日至25日，习近平总书记在荷兰海牙举行的第三届核安全峰会上阐述了中国关于发展和安全并重、权利和义务并重、自主和协作并重、治标和治本并重的核安全观，呼吁国际社会携手合作实现核能的持久安全和发展，这是中国首次公开提出"核安全观"，也是在世界各国中第一个提出"核安全观"。

二、国家安全的原则

按照总体国家安全观的要求，根据宪法和有关法律的规定，坚持中国共产党对国家安全工作的领导，建立集中统一、高效权威的国家安全领导体制。中央国家安全领导机构（中央国家安全委员会）负责国家安全工作的决策和议事协调，研究制定、指导实施国家安全战略和有关重大方针政策，统筹协调国家安全重大事项和重要工作，推动国家安全法治建设。《中华人民共和国国家安全法》明确了维护国家安全工作的原则。

（一）坚持法治和保障人权的原则

维护国家安全，涉及所有国家机构，特别是在"进入紧急状态""宣布战争状态""实施全国总动员或局部动员"的情况下，要采取法律规定或者全国人大常委会规定的特别措施，更要注重对公民权利行使的约束，依法保护公民的权利和自由。同时也要防止平常工作中重打击犯罪、轻人权保障的现象，以提高国家安全工作法治化水平。这条规定也同样要求公民和组织既要履行宪法和法律规定的维护国家安全的义务，也要接受有关机关必要时依法采取人权克减的特别措施。

（二）坚持维护国家安全与经济社会发展相协调，统筹各领域安全的原则

安全是发展的前提，发展是安全的基础，要统筹安全和发展两件大事，通过发展不断提升国家安全能力，促进国家安全；通过不断提高维护国家安全能力，为国家发展提供稳定的环境，实现可持续发展与可持续安全相互支撑、良性互动。对此，习近平总书记深刻指出："对亚洲大多数国家来说，发展就是最大的安全，也是解决地区安全问题的'总钥匙'，就应该聚焦发展主题，积极改善民生，缩小贫富差距，不断夯实安全的根基，是以可持续发展促进可持续安全。"

同时，内部安全和外部安全、国土安全和国民安全、传统安全和非传统安全、自身安全和共同安全，往往相互交织，高度联动，牵一发而动全身，必须统筹应对。一方面要把主权、领主、政治安全作为国家安全的重中之重，牢牢抓住不放；另一方面要统筹兼顾、综合施策，有效应对来自经济、文化、社会、科技、网络、生态、资源领域以及恐怖主义、武器扩散、跨国犯罪，贩毒走私等非传统安全问题。

（三）坚持促进共同安全的原则

习近平总书记深刻指出，"我们主张，各国和各国人民应该共同享受安全保障。各国要同心协力，妥善应对各种问题和挑战。面对错综复杂的国际安全威胁，单打独斗不行，迷信武力更不行，合作安全、集体安全、共同安全才是解决问题的正确选择。"立足国内，放眼国际，高举和平发展、合作共赢的旗帜，坚持互信、互利、平等、协作，在积极维护拓展我国利益的同时，积极同外国政府和国际组织开展安全交流合作，履行国际安全义务，促进共同安全，维护世界和平。

（四）坚持预防为主、标本兼治，专门工作与群众路线相结合的原则

坚持把预防和治乱结合起来，既防患于未然，又正本清源。既要坚持充分发挥专门机关和其他有关机关维护国家安全的职能作用，又要广泛动员公民和组织防范、制止和依法惩治危害国家安全的行为，建立起维护国家安全的强大防线。

三、总体国家安全观

十八大以来，以习近平同志为核心的党中央高度重视国家安全问题，成立了中央国家安全委员会，制定了《国家安全战略纲要》，通过了新的《中华人民共和国国家安全法》，提出了的总体国家安全观重大战略思想，代表了党中央对新时期国家安全问题的全新认识。总体国家安全观是以习近平同志为核心的党中央对国家安全理论的重大创新，是新形势下维护和塑造中国特色大国安全的强大思想武器，充分体现了中国共产党奋力开拓国家安全工作新局面的战略智慧和使命担当，其有重大的时代意义、理论意义、实践意义和世界意义。

国家安全是国家生存发展的前提、人民幸福安康的基础、中国特色社会主义事业的重要保障。2014年4月15日，习近平总书记在中央国家安全委员会第一次全体会议上首次提出总体国家安全观重大战略思想，强调当前我国国家安全内涵和外延比历史上任何时候都要丰富，时空领域比历史上任何时候都要宽广，内外因素比历史上任何时候都要复杂，必须坚持总体国家安全观，走中国特色国家安全道路。总体国家安全观是国家安全领域总结以往历史经验、适应当前形势任务的重要战略思想，是维护国家安全必须遵循的重要指导。以法律形式确立了总体国家安全观在国家安全工作中的指导思想地位，标志着总体国家安全观实现了从战略思想到法律制度的转化，这是适应形势任务发展需要的重大举措，也是做好国家安全工作、切实维护国家安全的迫切要求。

总体国家安全观强调，要以人民安全为宗旨，以政治安全为根本，以经济安全为基础，以军事、文化、社会安全为保障，以促进国际安全为依托，走出一条中国特色国家安全道路。贯彻落实总体国家安全观，必须既重视外部安全，又重视内部安全，对内求发展、求变革、求稳定、建设平安中国，对外求合作、求共赢，建设和谐世界；既重视国土安全，又重视国民安全，坚持以民为本、以人为本，坚持国家安全一切为了人民，一切依靠人民，真正夯实国家安全的群众基础；既重视传统安全，又重视非传统安全，构建集政治安全、国土安全、军事安全、经济安全、文化安全、社会安全、科技安全、信息安全、生态安全、资源安全、核安全等于一体的国家安全体系；既重视发展问题，又重视安全问题，发展是安全的基础，安全是发展的条件，富国才能强兵，强兵才能卫国；既重视自身安全，又重

视共同安全，打造命运共同体，推动各方朝着互利互惠、共同安全的目标相向而行。

总体国家安全观是对国家安全理论的重大创新，是对中国特色社会主义理论体系的丰富和发展，是全党智慧的结晶，是中国共产党团结带领全国人民进行具有许多新的历史特点的伟大斗争的强大思想武器。总体国家安全观全面、系统地阐述了中国特色国家安全观，明确了当代中国国家安全的内涵、外延、宗旨、目标、手段、路径等，阐明了各重点国家安全领域以及各领域之间的关系，同时也强调把发展和安全作为国家战略的两个轮子，科学辩证地阐述两者的关系，发展是安全的基础，安全是发展的条件，两者必须兼顾起来。总体国家安全观坚持底线思维，强调增强忧患意识，勇于应对所面临的诸多挑战与风险，居安思危，始终绷紧国家安全这根弦，把保证国家安全作为头等大事。总体国家安全观突破了传统国家安全观的局限，摒弃零和思维，强调共同安全，打造国际安全和地区安全的命运共同体，根据总体国家安全观战略思想，必须以科学的顶层设计构建维护国家安全体系，健全国家安全领导体制，完善国家安全工作机制，推进国家安全法治建设，整合国家安全资源，推进国家安全能力建设。

第二节 国家安全形势

一、我国地缘环境概况

（一）我国的地缘环境

地缘环境，别称地缘政治，是 1897 年拉采尔提出的国防安全问题。我国国家安全面临的地缘政治环境是复杂多样的，这首先与我国的地理位置有关。我国处于北半球，位于欧亚大陆的东部、太平洋的西岸。我国既是一个陆地型大国，也是一个海洋型大国。

我国国土陆地总面积约为 960 万平方千米。在世界各国中，我国的陆地面积仅次于俄罗斯和加拿大，居第 3 位。我国陆地边界线长约 2.2 万千米，与我国陆地接壤的邻国有 14 个，分别是朝鲜、俄罗斯、蒙古、哈萨克斯坦、吉尔吉斯斯坦、塔吉克斯坦、阿富汗、巴基斯坦、印度、尼泊尔、不丹、缅甸、老挝、越南。其中，俄罗斯是世界上陆地面积最大的国家，蒙古是与我国陆地交界边界线最长的国家，哈萨克斯坦是世界上陆地面积最大的内陆国。

我国大陆海岸线长约 1.8 万千米，自北至南毗邻渤海、黄海、东海和南海。我国是世界上岛屿最多的国家之一，其中绝大部分分布在杭州湾以南的大陆近海和南海之中。根据联合国《海洋法公约》，应划归我国管辖的海洋国土，除内海、领海、毗连区外，还包括大陆架和经济专属区，共计 300 余万平方千米。我国的海上邻国有 8 个，分别是朝鲜、韩国、日本、越南、菲律宾、马来西亚、文莱、印度尼西亚（越南、朝鲜既是陆上邻国又是海上邻国）。

（二）我国地缘环境的主要特点

1. 陆海邻国众多，安全环境复杂

我国周边陆海相邻的国家共有 20 个。在周边的这些邻国中，与我国关系亲疏好坏各不相同，这就使我国用不同的方式对待、处理不同的关系。世界上没有几个国家像中国这样拥有如此众多的邻国，这是中国周边安全环境最突出的一个特点。按照英国著名地缘政治学家麦金德的观点，在国际竞争中，邻国越多，特别是接壤邻国越多，对这个国家越不利。如此看来，中国的周边安全环境从来就是复杂的。

2. 人口最为密集，发展极不平衡

中国及其周边地区是世界上人口最密集，社会、经济发展最不平衡的地区。我国周边人口过亿的国家有 6 个，分别是印度、印度尼西亚、俄罗斯、日本、巴基斯坦和孟加拉国。越南、菲律宾、泰国、韩国和缅甸等国的人口也都在 4000 万以上。我国周边社会主义与资本主义国家并存，发达国家与发展中国家并存，如此巨大的经济发展差距，各国所奉行的国家安全战略和外交政策也不同，给中国周边地区经济和安全合作带来了巨大困难。

3. 地缘环境复杂，热点矛盾集中

中国周边地缘环境的复杂性还表现在与邻国的领土、领海争端上。目前，中国除与印度在边界地区、与日本在钓鱼岛、与东南亚一些国家在南海存在着领土争端外，还与 8 个海上邻国均存在海洋争端，总争议面积达 150 万平方千米，约占中国海域辖区的一半。此外，当今世界五大热点地区：中东波斯湾、朝鲜半岛、中国台湾海峡、南亚次大陆和中亚地区几乎都在中国周边。

（三）我国地缘环境的不利因素

从我国地缘环境看，我国是一个难于防御的国家。因为从海上看，由于我国海岸线漫长，易遭到敌人的海上入侵；从陆地上看，我国边界多在高山、荒漠地区，气候恶劣，居民稀少，难于部署兵力进行有效防卫。另外，我国发达地区多集中于东部沿海，使其要害部位过于暴露，增大了空中或海上的防御难度。这些条件及上面谈到的周边国家的条件，使我国的国防具有一个明显的特点：在通常情况下，不可能像一些大国那样，将入侵之敌阻于边境之外，也无法指望周围的地缘环境提供更多的安全屏障，这也可以从近代以来，我国屡屡遭受外敌入侵的历史得到证明。

二、我国的地缘安全

我国与数个大国相邻，处在一种随时有可能被包围的不利态势之中。我国与超级大国——美国隔洋相望。鉴于美国具有全球性的军事打击能力和全球范围的军事存在，我国在与美国发生利益冲突时，会明显感到美国的军事威胁近在咫尺。我国与俄罗斯的边界很长，构成了世界两个大国之间最大的接触面。与过去不同，这一接触面的稳定与否，将不是靠意识形态方面的共识或分歧，而主要是靠经济、安全方面的利益。如今的俄罗斯，其力量自然不能再同往日的苏联相比，但其军事实力尤其是战略攻击的实力及强大的国防潜力，仍然居于世界强国之列，不可小觑。在我国的东面，是在历史上曾经侵略过我国大片领土的日本。尽管日本尚不具备对我国的军事进攻能力，但日本每年巨额的军费投入，拥有现代化的空中和海上作战平台，可以在很短时间内成为有核国家的国防技术及日美军事合作同盟关系，都对我国构成了极大的潜在威胁。由于历史和特殊的地缘关系，中日关系上某种程度的敏感性，使这种潜在的威胁更加受到我国政府的关注。位于我国西南方向的印度，其军事实力并不比我国差多少，甚至在某些方面还超过了我国。从安全环境设计的理想目标上看，印度恐怕不会放弃在中印之间制造一个缓冲地区的战略尝试。这些都会使我国对这个相邻的亚洲大国保持一定的警惕。

我国与多个军事强国或具有军事潜力的强国相邻近。从国际政治的角度上看，这种邻近，必然会发生更多的利益交叉或重叠，使诱发利益分歧甚至冲突的可能性增多。从军事空间的角度上看，这种邻近，使我国位于这些国家军事实力有效打击的范围之内，或者说，感受到的军事压力更为直接，更加明显。在当今世界，和平与发展是主流，合作与对话的方式在国家安全关系中的作用日益增强，我国主张将各种军事威胁降低到最小的程度，主张化敌为友。我国当然不会简单地将拥有一定军事实力的国家视为敌人。但是，这种军事实力是客观存在的，或许这种军事实力不一定会对我国产生威胁，不一定导致敌对关系的形成，但我国所处的强国环绕以及它们有效攻击的地缘环境，不能不使我国感到一种战略上的压力，不能不使我国在安全战略运筹中四面环顾，小心翼翼。

与我国相邻的小国有朝鲜、越南、老挝、缅甸、不丹、尼泊尔、巴基斯坦、阿富汗、塔吉克斯坦、吉尔吉斯斯坦、哈萨克斯坦、蒙古，以及隔海相邻的韩国、菲律宾、文莱、马来西亚、印度尼西亚等。

通常，这些小国家不会对我国安全利益构成根本性的威胁，甚至有可能成为有利于我国安全的缓冲地区。但也不能不看到，由于种种原因，这些小国家与我国的联系，以及这些小国家之间的联系是比较松散的，其各自的独立性更为突出。一些国际关系学者认为，中国位于亚洲的中心，是一个大国，周围则是一些较小、独立、自信的国家，它们在民族上和意识形态上大多不同于中国，对中国一直存在着猜疑，对中国力量的崛起存有戒心。这种特性，使得有些国家很容易被一些大国或国际政治、宗教势力所利用，成为威胁我国安全的"跳板"。

我国处于不同的政治、经济、文化、宗教、民族交汇带。从整个全球的地缘情况来分析，国际空间划分出各种不同的政治、经济、文化、宗教、民族等势力范围。在这些势力范围的边缘地带，是势力利益交汇、矛盾交织和影响重叠的区域，易成为冲突多发和局势不稳的区域。我国虽然位于亚洲的中心，但从上述势力范围的分布来看，多处于其交汇的边缘位置上。世界大的政治集团，在我国周围画出了自己的利益边界；世界大的经济集团，都试图在亚洲经济腾飞的机遇中发展自己的利益；许多人在进行东、西方文化区分时，把我国视为东方文化的代表；基督教、佛教、伊斯兰教均在我国的周边国家，在我国的国内地区拥有自己众多的信徒；我国的周围分布着许多不同的民族，并且这些民族与我国的许多少数民族有着千丝万缕的历史联系。于是，我国所处的这种地缘环境使其无法超脱于许多国际性政治、经济、文化、宗教、民族争端之外。当这些争端诱发出领土、主权、资源、生存等根本性的利益冲突时，我国不能不比别的大国更多地顾及自己的安全利益。

关于我国地缘环境的特点及其相对薄弱性的一面，有的美国学者在与美国的地缘环境比较中做了总结。他们谈到："美国与亚洲和欧洲远隔重洋，与美国毗邻的两个国家比美国弱得多，而且是它的盟邦。中国则是位于亚洲的中心，周围有一批强大的对手和潜在的敌人。""美国的位置使它几乎不会受到外敌的军事入侵，中国的位置却使它千百年来屡遭侵犯。美国的安全问题是在国外，中国面临的最紧迫的问题则在它的边界线上和边境之内。美国军队是在远离国土千万里之外的世界各地巡逻，中国军队操心的却是抗御入侵和压制国内的动乱。""如果说中国是一个资产丰厚的新兴强国，那么，它同时也是一个易受攻击的强国，即使它想要实行扩张或侵略，也没有机会那样做。它的地理位置迫使它关注于捍卫自己的领土完整和抗御外敌，而它的潜在敌手既多又强大，而且就在它附近。"

三、新形势下的国家安全

党的十九大报告把"坚持总体国家安全观"作为中国特色社会主义基本方略的重要内容，凸显了新时代国家安全在治国安邦中重要基石的地位作用，对有力应对国内外各种安全挑战、有效维护国家安全赋予了新的使命，提出了更高的要求。我们要准确把握新时代国家安全面临的新形势、新任务、新要求，牢牢掌握维护国家安全的战略主动权，奋力开拓国家安全工作新局面，为实现中国梦提供坚实安全的保障。

（一）准确把握我国国家安全面临的形势变化，不断强化维护国家安全的政治担当

中国特色社会主义进入新时代，中华民族从站起来、富起来到强起来，对国家安全提出了前所未有的新要求。只有准确把握我国国家安全形势面临的新变化，才能与时俱进提升维护国家安全的战略能力，担起维护国家安全的历史责任。

1. **国家安全内涵新拓展，要求提升维护大国安全所具备的战略能力**

当前，国家安全的内涵和外延比历史上任何时候都要丰富，时空领域比历史上任何时候都要宽广，内外因素比历史上任何时候都要复杂。我们在站起来的时代，主要是实现民族解放、维护国家独立和新生政权安全；在富起来的时代，主要是维护日益拓展的国家利益、捍卫改革发展取得的重要成果；在强起来的时代，则要有能力去应对全方位安全、新疆域安全、"走出去"后安全、地区性安全乃至全球性安全问题等。特别是随着我国向强国迈进，必须以全球视野，增强处理应对国际与地区安全问题的主动权，大力推进全球治理体系深层变革，建设与我国际地位相称、与国家安全和发展利益相适应的大国安全战略能力。

2. 国家安全面临新挑战，要求提升管控化解多重风险的综合能力

进入中国特色社会主义新时代，每一步战略目标的实现都必然伴随着高风险的重大安全挑战。这些重大安全挑战，既有来自国内的，也有来自国际的，既包括经济、政治、文化、社会风险等，也包括军事领域各种风险等，并且各种风险很可能内外联动、相互交织、共生演化，形成风险综合体，产生连锁反应。如果发生重大风险扛不住，强国进程就可能被迫中断。这就要求我们必须把防范风险提升到新的高度，力争不出现重大风险或在出现重大风险时扛得住、过得去，力争把风险化解在源头。

3. 国家安全提出新要求，要求提升维护国家安全的创新能力

当前我国仍处于社会转型期，各种矛盾错综复杂，同时处于中国国际地位提升与世界结构秩序和规则重构的特殊时期，国家安全呈现出国际性、系统性、全面性、交互性等特点，要求我们必须提升对国家安全重要性紧迫性的认识，增强忧患意识、危机意识和使命意识；深化对新形势下国家安全特点规律的研究，推进国家安全理论创新和思路创新，以新发展理念指导运筹国家安全，以全局视角定位国家安全，以整体思路规划国家安全；加强国家安全的全面合作，不断提升维护国家安全的综合能力和合作水平。

（二）深刻把握维护国家安全面临的新任务新要求，坚定不移走中国特色国家安全道路

党和国家的事业进入新时代，必须坚持以总体国家安全观为指导，更新价值理念，完善工作思路，健全制度机制，坚定不移走中国特色国家安全道路。

1. 坚持党对国家安全工作的领导

习近平指出："坚持党对国家安全工作的领导，是做好国家安全工作的根本原则。"党的十八大以来，中央决定成立国家安全委员会，研究部署国家安全工作，领导制定《中华人民共和国国家安全法》等，目的就是建立集中统一、高效权威的国家安全体制，加强党对国家安全工作的领导。面对当前错综复杂的国内外安全环境及其新任务新要求，必须不断强化党对国家安全工作领导的政治意识，健全完善党委统一领导的国家安全工作责任制，加强国家安全干部队伍建设，完善国家安全战略和国家安全政策，健全风险防控机制，切实做到守土有责、守土尽责。

2. 全面贯彻落实总体国家安全观

新时代有效维护国家安全，必须全面贯彻落实总体国家安全观，始终坚持国家利益至上，以人民安全为宗旨，以政治安全为根本，科学运筹国内与国际、发展与安全，统筹外部安全和内部安全、国土安全和国民安全、传统安全和非传统安全、自身安全和共同安全，完善国家安全制度体系，加强国家安全能力建设，坚决维护国家主权、安全、发展利益。要把人民安危置于最重要的位置，严密防范和坚决打击各种渗透颠覆破坏活动、暴力恐怖活动、民族分裂活动、宗教极端活动，强化底线思维，有效防范、管理和处理国家安全风险，满足人民追求美好生活的安全需要。

3. 牢牢把握军事实力这个保底手段

国防和军队建设是国家安全的坚强后盾，军事手段始终是维护国家利益和战略底线的保底手段，是实现"两个一百年"奋斗目标和中国梦的战略支撑。必须适应国家安全环境深刻变化，适应强国强军时代要求，全面贯彻习近平强军思想，建设一支听党指挥、能打胜仗、作风优良的人民军队，把人民军队全面建设成为世界一流军队，不断提高有效塑造态势、管控危机、遏制战争、打赢战争的战略能力。

（三）用全球思维统筹发展和安全，把维护国家安全的战略主动权牢牢掌握在自己手中

当今世界处于大发展大变革大调整时期，呼唤与大国安全相适应的战略远见和全球视野。只有用全球思维统筹国家安全与发展问题，把握世界格局演变趋势，洞悉未来世界可能走向，才能牢牢掌握维护国家安全的战略主动权。

1. 始终立足国际秩序大变局统筹国家安全

当前，世界多极化、经济全球化、社会信息化深入发展，和平发展大势日益强劲，同时，地区动荡、恐怖主义、金融风险等人类共同面临的问题愈加突出。各国既享有前所未有的发展机遇，也面对全球性安全挑战，没有哪个国家可以置身事外、独善其身。随着我国发展由大向强跃升，与世界联系更加密切，对国家安全的国际环境要求更高。新时代维护国家安全，应当着眼推动构建人类命运共同体，宣扬和确立共同、综合、合作、可持续的新安全观，加强国际安全合作，坚持原则性和策略性相统一，始终做世界和平的建设者、全球发展的贡献者、国际秩序的维护者，为建设一个普遍安全的世界提供中国方案。

2. 始终立足防范风险的大前提谋求国家安全

国家安全是在应对、防范和化解风险中赢得的。当前，随着我国日益走近世界舞台中央，一些国家和国际势力对我阻遏、忧惧、施压增大；国内改革攻坚突破利益藩篱和体制性障碍，触"地雷"、涉"险滩"等风险增加。特别是各种矛盾风险挑战源、挑战点相互交织，如果防范不及、应对不力，就可能传导叠加，演变为系统性风险，甚至危及党的执政地位和国家安全。必须预先发现并尽早化解苗头性、倾向性风险，从应对最困难情况着想制定相关应急防范措施，把主要精力放在应对重大挑战、抵御重大风险、解决重大矛盾上，不断消除风险隐患。

3. 始终立足维护我国发展重要战略机遇期塑造国家安全

塑造国家安全，说到底是为了维护国家发展重要战略机遇期，确保中华民族伟大复兴进程不被滞缓或打断。党的十九大规划了我国未来30余年的发展战略，并强调："我国发展仍处于重要战略机遇期，前景十分光明，挑战也十分严峻。"实现十九大描绘的宏伟蓝图，要求我们必须以积极的战略运筹塑造国家安全环境，阐述和传播新型安全观，构建深度交融的经贸技术互利合作网络，扩大和拓展与各国的共同利益、交叉利益，妥善处理国家间利益冲突，加强国际安全领域合作，构建安全共享、安全共担、安全共建、安全共赢的理念和格局。

4. 始终立足实现国家长远发展目标保持战略定力

越是接近奋斗目标，我们面对的前进阻力和风险压力就会越大（特别是当前影响我国国家安全的热点增多、焦点多变，容易带来各种影响和干扰）越要有高超政治智慧和战略定力。我们要善于从政治全局上观察问题、分析问题，善于从战略上把握大势、研判走势，善于从纷繁复杂表象中把握事物本质，善于在重大问题上深思熟虑、谋定而动，保持战略定力、战略自信、战略耐心，不断提升国家安全工作的前瞻预见力、战略谋划力、主动塑造力和综合施策力，从而把维护国家安全的战略主动权牢牢掌握在自己手中。

四、新兴领域的国家安全

新兴领域是国家安全和发展利益的拓展区，是世界大国争夺战略主动权的博弈区，谁能占得先机、最先在此领域取得突破，谁就能占据战略主动权。随着网络、太空、人工智能、生物技术等高科技的蓬勃兴起，国家安全和发展利益逐渐超出传统领土、领海、领空范围，开始向深海、深空、网络、生物、核、能源等新型领域拓展。未来战争胜负不再取决于陆、海、空等传统领域作战实力的大小，而是取决于对深海、太空、网络等全球公域深、远、新边疆的控制能力。深海、太空、网络等空间领域

成为未来战争胜负新的较量场，也是新质战斗力生成的新空间。当前世界各大国已围绕新兴安全领域战略主导权展开激烈竞争。

（一）捍卫国家海洋安全

海洋是国家安全的重要屏障，关系国家长治久安和可持续发展。维护海洋安全必须突破重陆轻海的传统思维，高度重视经略海洋、维护海权。建设与国家安全发展利益相适应的现代海上军事力量体系，维护国家主权和海洋权益，维护战略通道和海外利益安全，参与海洋国际合作，为建设海洋强国提供战略支撑。

进入新时代，世界安全形势风云变幻，我国的海洋安全问题也呈现出一系列新的特征和变化。习近平总书记审时度势，着眼实现中华民族伟大复兴的中国梦，在深刻分析海洋安全重要地位和作用的基础上，强调要顺应国家发展需要，顺应党心民意，坚决维护海洋权益的既定战略和政策不动摇，从维护国家安全全局高度，从加强海上力量建设维度，从制定海洋总体战略角度来布局海洋安全。

（二）维护国家太空安全

太空是国际战略竞争制高点。我国一贯主张和平利用太空，反对太空武器化和太空军备竞赛，并积极参与国际太空合作。有关国家一直致力于发展太空力量和手段，太空武器化已初显端倪。面对新形势、新挑战，我们必须以总体国家安全观为指导，着眼国家安全全局与长远发展，从战略高度对国家太空安全进行科学筹划，密切跟踪掌握太空态势，积极应对太空安全威胁与挑战，保卫太空资产安全，服务国家经济建设和社会发展，维护太空安全。加快推进国家太空安全体系建设主要包括以下几个方面内容：一是全面实施"太空优先"国家战略；二是加快健全太空军事力量体系；三是全方位培养造就太空安全人才；四是高度重视太空安全软实力建设。

（三）保障网络空间安全

网络空间是经济社会发展的新支柱和国家安全的新领域。当前，网络空间国际战略竞争日趋激烈，网络空间对军事安全影响逐步上升，不少国家都在发展网络空间军事力量。中国是黑客攻击最大的受害国之一，网络基础设施安全面临严峻威胁。因此，我们要加快网络空间力量建设，提高网络空间态势感知和网络防御能力，积极遏控网络空间重大危机，保障国家网络与信息安全，维护国家安全和社会稳定。保障网络空间安全主要包括以下几个方面内容：一是坚定捍卫网络空间主权；二是保护关键信息基础设施；三是完善网络治理体系；四是夯实网络安全基础；五是提升网络空间防护能力；六是强化网络空间国际合作。

第三节 国际战略形势

一、国际战略形势概述

国际战略形势是指国际社会中国际战略力量之间在一定历史时期内，相互联系、相互作用形成的具有全球性的、相互稳定的力量对比结构及基本态势。国际战略形势表现了世界力量的分布、组合和对比。在国际战略形势中，拥有强大军事实力和政治影响力的国家和地区，在世界事务中扮演着主要角色，起着主导作用，通常称为"极"或"力量中心"。

（一）国际战略形势的本质

国与国之间的关系，本质上是国与国之间的力量对比关系。因此，国际战略形势本质上是一种国际战略力量的对比关系。国际战略形势的形成、发展和变化的基础在于各国政治、经济、军事力量等的相互对比的结果。尤其是大国实力、地位的变化，以及由此而派生的影响力对比是国际战略形势变化的直接动因。

国际战略形势是世界上具有国际影响力的强国及国家集团之间相互关系的表现，其中也包括依附于强国的世界上大多数国家之间的相互关系。因此，国际战略形势在体现世界强国利益的时候，在一定程度上也体现了世界上多数国家的利益。

（二）国际战略形势的特征

1. 国际战略形势与时代发展密切相关

国际战略形势总是反映在一定时代条件下的战略力量对比关系。在同一时代条件下，格局的外在形态可能不同，但其内在的本质则是一样的。因此，要正确分析各个时期国际战略形势的特点，就必须把握时代发展的脉络以及不同时代国际战略形势的基本特征。

2. 国际战略形势同世界经济格局相适应

世界经济格局是指世界范围内各种经济力量之间相互关系的结构状态。世界经济的出现和发展，推动了国际社会的形成和发展，建立在世界经济体系基础上的国际战略形势，可以说是经济因素在国际政治领域的集中反映。国际战略力量的形成，与其所拥有的经济实力及其在世界经济格局中的地位紧密相关，一个国家或国家集团在国际社会中的行为能力和影响力，固然要取决于多种因素，但经济实力是其中最基本的，并长期起作用的决定性因素。经济实力与行为能力是成正比的。

3. 国际战略形势同国际秩序相互关联、相互作用

国际秩序主要是指由国际社会共同制定，并要求各国共同遵循的国际准则。国际秩序与国际战略形势同属于国际关系范畴，两者有着直接的关联并相互影响。一定的国际秩序总是由在国际战略形势中居于主导地位的国家或国家集团制定的，或是在很大程度上受到这些国家意志的制约和影响。因此，国际秩序是国际战略形势的现状在国际准则上的反映。但国际秩序一经建立，它对国际战略形势又会起到强制性的维护作用，甚至在旧格局解体的情况下，原有的国际格局仍会在一定范围内或一定程度上继续产生影响。

4. 国际战略形势各层次相互独立、相互影响

国际问题有的是全球性的，有的则是地区性的。国际战略形势按其范围大小，也可以分为世界格局和地区格局。这两个层次既有独立性，又有关联性。独立性是指这两个层次的战略格局都可以在一定条件下独立存在。关联性是指国际战略形势包含地区战略格局，并在总体上决定地区战略格局的发展走向；地区战略格局则是全球性矛盾斗争在地区的必然反映，同时又对国际战略形势的形成或转换产生影响。

二、国际战略形势的现状及发展趋势

（一）国际战略形势的现状

当前，国际战略形势正处于旧的格局已经打破、新的格局尚未完全形成的过渡转型期。其主要原因是这次国际战略形势的转变不同于以往几次转变。以往几次国际战略形势的转变都是通过大规模战争的方式实现的，因而国际战略形势的转型快，过渡时间短，基本没有过渡时期。而这次战略格局的演变，基本是以和平方式进行的。在此期间，各种国际力量需要慢慢发生变化，需要重新定位和整合，

需要一个由量变到质变的过程,因而需要的时间也较长。因此,当前国际战略形势的现状主要表现在以下几个方面。

1. 世界总体形势稳定,局部动荡不断

冷战结束后,国际形势总体上由紧张转变为缓和,由对抗转变为对话。两极世界解体后,全球性的军事对抗已不复存在,爆发世界大战的可能性越来越小;过去因两个超级大国插手而难以解决的许多国际热点问题,大都通过政治、外交途径得以解决,或者陆续取得一些突破性进展;大国关系出现战略性调整,中、美、俄、欧、日等国和地区集团频繁进行高层领导人直接对话,采取多种务实性措施,建立多种形式的战略伙伴关系,积极推动和发展了国家之间的正常关系,促进了国际安全环境的改善,有助于世界的和平与稳定。

当今世界各国都面临着发展本国经济的严峻挑战,大力推进经济建设,增强综合国力已成为各国的共识,尽管发生世界大战的可能性越来越小,但局部战争的危险依然存在。这是因为历史结怨、格局转换、民族矛盾、宗教对立、力量失衡、外部插手、资源纠纷、武器扩散等因素,导致局部战争和武装冲突此起彼伏。事实证明,在冷战后国际形势总体上趋向缓和的同时,局部战争和武装冲突仍呈此消彼长的态势。

2. 大国之间相互制衡,小国之间相互靠拢

冷战结束后,世界性市场经济的发展,加速了经济全球化的进程。在当今日益开放的世界经济中,生产要素正以前所未有的速度和规模在全球范围内流动,以寻求最能增值的配置,任何国家都不能孤立于世界之外去发展自己的经济,逐渐显露出"以世界为工厂,以各国为车间"进行生产的跨国化体系。近年来,大国之间在合作和斗争中相互制约,虽然相对稳定的状态并未打破,但相互制衡的态势却暗流涌动,逆全球化的趋势逐渐显现。同时广大中小国家联合自强的趋势明显加强,并且通过成立了一些地区组织等方式,相互靠拢、抱团取暖。

3. 世界军备下降幅度参差不齐,质量建军成为主要竞争形势

总体来看,随着国际形势日渐缓和,全球性军备竞赛有所降温。但一些地区性军备竞赛却有所升级,特别是世界各国质量建军的步伐明显加快。美国通过冷战后进行的多场高技术条件下的局部战争,加快了运用高技术提高军队质量水平的步伐,继续引领着世界新军事革命的潮流。美军强调用高技术提高战斗力,将工业时代的武装力量转变为信息时代的武装力量。俄罗斯尽管财力有限,但为了加速复兴,要求运用最新科技成果、最新工艺、最新材料超前研制新一代武器装备。英、法、德等传统军事强国在提高军队质量、发展高技术武器装备方面也不遗余力。中东地区一些国家自海湾战争以来,从美国等西方国家采购了高技术武器装备。日本近年来军费节节攀升,其自卫队武器装备技术水平居亚洲各国军队之首。我国台湾地区近些年不惜血本,大肆采购先进武器装备,企图以武力抗拒统一。我国周边东盟各国,随着经济发展,大都增加了军费开支,加快了对发展高技术武器装备的投入,以期在未来的领土、海洋权益争端中获取有利地位。由此可见,世界军备竞赛虽总体趋缓,但军备下降并不平衡,一些国家和地区出现了回升趋势,减少数量,提高质量成为各国军队建设的主要方向。

(二)国际战略形势的发展趋势

1. 美国仍是世界上唯一的超级大国

苏联解体标志着以美、苏对抗为特征的两极国际战略形势终结,并导致世界军事力量对比的严重失衡。在向新格局转变的过渡时期,美国成为世界上在政治、军事、经济等方面具有全球性影响的唯一超级大国。"冷战"后国际格局的变化具有渐进性,将会使美国"一超称霸"的局面保持相当一段时间。美国在近期内的重要目标是,要防止在欧亚大陆重新出现对美构成威胁的新对手,并将中国列为最大的潜在对手。美国将其强大的军事力量作为维持其在世界的领导地位和对付地区冲突的重要支柱,

特别是进入20世纪90年代以来，美国以各种名义在世界各地使用军事力量，行动明显增多，并利用自己的经济和军事技术优势，加速新军事革命，加快武器装备研制和更新，以拉大与其他国家的军事技术差距。现阶段，美国的"新干涉主义"和战略扩张成为国际局势动荡的根源。

2. 世界多极化的趋势正在发展

美国"一超独霸"的局面是两极体制被打破后的一种过渡现象，在这个过渡期内，国际战略形势呈现的基本态势将是"一超多强"，又是一个终将被多极体制所取代的暂时历史进程。突出表现在战后日本、德国迅速崛起，已成为世界主要经济大国，并且凭借其强大的经济实力，力图谋求政治大国地位，积极争取成为联合国安理会常任理事国。欧盟是当今世界上规模最大、一体化程度最高的地区经济集团，具有雄厚的经济、科技和军事实力，在联合国安理会5个常任理事国中占有两个席位，在处理全球或地区事务中有很大的发言权，在南北关系中有较大的影响力，尤其与曾是其殖民地的发展中国家，还保持着较为密切的政治经济文化联系。俄罗斯虽然丧失了原苏联超级大国的地位，但其仍然具备可以与美国抗衡的军事力量。中国是发展中大国，政治稳定，经济持续、快速、健康发展，综合国力不断增强，在国际事务中的影响与日俱增，现仍属于一支"新生力量"。虽然发展道路并不平坦，但高速发展趋势无法阻挡，在21世纪中期成为多极化格局的一极是毫无疑问的。所有这一切，都促使世界战略格局向多极化方向发展。

3. 新的安全结构正在建立和完善

在两极格局时代，美苏始终互为对手。东西方集团内部即使有时其经济、政治上的矛盾升为主要矛盾，但盟友关系一直是十分清楚的。而在两极格局瓦解后，对手和盟友便模糊不清了，均势的维持更多依靠结盟。各种国际和地区安全机制应运而生，相继建立。北约决定将其军事活动范围由北约成员国领土之内扩大到整个欧洲，先后与欧洲其他国家和俄罗斯建立了"和平伙伴关系"；欧盟由一个经济体转为政治、经济、货币联盟体；东盟各国的"东盟地区论坛"已成为亚太地区第一个政府间的多边安全对话机制；亚太经济合作组织（简称APEC）会议；等等。随着各地区安全机制的建立，预示着未来地区军事格局将朝着多样化、区域化的方向演进，世界将在地缘上分为欧洲、原苏联地区、亚太、中东、拉美和非洲等六大军事区域，形成各具特色的地区军事格局。

4. 经济因素在国际事务中的作用上升

当前世界战略力量呈现出多极化的发展趋势，最突出表现在经济领域的多极化速度比其他领域发展更快。随后各国更加注重经济的发展，调整本国的经济发展战略，制订经济发展计划，突出在国际社会的影响力。经济力量的均衡化发展必将引起政治、军事力量对比关系的变化。在人类发展史上，没有哪个世纪能像21世纪这样世界空前地进入经济全球化时代，随着经济全球化趋势的发展和世界政治格局日益走向多极化，国家间的利益格局呈现出既错综复杂又相互依存的态势，国家间的博弈很难轻易诉诸武力。

伴随着信息、金融、贸易、生态等因素在国家安全斗争中地位的迅速上升，也推动着人类战争观和国家安全观的不断更新。金融战、贸易战、生态战等"非军事战争行为"，以及整体战、隐形战等战争形态与国家安全新理念的不断涌现，促使国家安全领域中的斗争日益复杂。

三、世界主要国家军事力量及战略动向

第二次世界大战结束后形成的以美苏为首的两极格局支配世界国际关系近半个世纪。苏联解体和东欧剧变使两极格局被打破，国际社会的各种力量进行新的组合，世界处于新旧格局交替的动荡时期，逐渐呈现出"一超多强"的态势。同时，世界多极化的趋势正在曲折中发展。

（一）美国军事力量及战略动向

美国是当今世界唯一的超级大国，虽然其实力地位和国际影响力相对有所下降，但从经济实力、科技实力、军事实力及国防影响力、文化扩散力等方面看，仍是各极力量中最强大的一极。

美国武装力量由现役部队、预备役和文职人员三个部分组成。截至2016财年，美国武装力量总兵力285.04万人。其中现役部队130.13万人，预备役部队81.1万人，文职人员73.81万人。美国武装部队由陆军、陆战队、海军、空军和海岸警卫队五个军种组成。

美国拥有一支全球进攻性军事力量，其战略核力量拥有洲际弹道导弹、弹道导弹潜艇、潜射弹道导弹、战略轰炸机等，是世界上最强的"三位一体"核进攻力量。美军具有很强的远程精确打击、隐身攻击、电子战、联合作战和综合保障能力。海军能够控制世界各大洋和海峡咽喉要道，空军能够全球到达和全球攻击，陆军能够在世界各地区实施作战，后勤力量能够有效保障美军在海外的作战行动。

美国把全球划分为六大战区，企图建立以美国为领导的单极世界，充当世界领袖。其战略构想是：以美洲大陆为依托，以北约和美日军事同盟为两大战略支柱，从欧亚大陆向全球进行新的战略扩张，把美国的领导作用扩展到全世界，遏制新的全球性竞争对手出现，长期保持美国唯一的超级大国地位。

美国防务战略体系包括国家安全战略（即"重振美国，领导世界"）、国防战略（即"平衡再平衡"）、军事战略（即"重振军事领导地位"）、战区战略（即"量身打造"）、军种战略（即"凸显军种特色"）和各特定领域的战略（联盟战略为"寻求支持"，威慑战略为"慑止战争"，核战略为打造新"三位一体"，太空战略为"维持优势"，网空战略为"争夺主动权"，北极战略为"适度参与，灵活应对"）。

在美国出台的《国防战略报告》中，明确将俄罗斯、中国作为战略竞争对手。在该战略指引下，美军加快调整全球兵力部署，缩减中东和非洲驻军规模，优先保障亚太和欧洲兵力需求，并以退出《中导条约》向中俄施压，亚太和欧洲地区的地缘政治博弈持续升温。

在亚太方向，美军继续加强海空军力量，维持双航母战斗群部署，巩固联盟体系，发展新型伙伴，特别是将太平洋司令部更名为印太司令部，意图将印度纳入其战略轨道。特朗普政府正式将"印太"纳入国家安全战略和国防战略，提出要将"印太"地区盟友伙伴"发展成为一个安全网络，以慑止侵略，维护稳定，确保全球公域的自由进入权"。目前，美国正积极推动美国、日本、澳大利亚、印度形成四边安全网，从"亚太"拓展到"印太"，以期在更大范围、更大空间筹划战略布局。此外，美军舰机多番进入南海，其导弹驱逐舰还在时隔30多年后再次进入彼得大帝湾附近水域，故意激化大国地缘政治矛盾。

在欧洲方向，美军宣布重建第二舰队，重新增兵欧洲战区，加强武器装备战略预置，敦促北约盟友大幅增加国防开支，与前苏联国家频繁开展大型军演并提供军援，逐步加大对俄战略压力。作为回应，俄军加强里海、波罗的海等战略方向军事部署，靠前配置新型战略武器，派遣图-160战略轰炸机飞赴美国拉美后院，针锋相对地开展军事演习。此外，俄罗斯利用叙利亚牵制美国等西方国家，加强俄伊合作，破坏土耳其与北约关系。

此外，特朗普政府强势推进"重建美军"计划，2019财年，国防预算达7170亿美元，连续两个财年超过7000亿美元；大规模更新老旧装备，增加军事训练强度，提升军队战备水平，连续第二年扩军，2019财年，美军现役部队规模将近134万；强力推动组建太空军，意图通过力量整合维持太空主导权；加快发展高超声速、人工智能、定向能等颠覆性技术，确保美军长期竞争优势。

（二）俄罗斯军事力量及战略动向

苏联解体后，俄罗斯的实力和国际影响力大大削弱。但是，从总体上看，俄罗斯仍具有较强的综合国力。它继承了苏联在联合国安理会常任理事国的席位，以及苏联76%的领土和70%的国民经济总资产，幅员横跨欧、亚两大洲，国土总面积1709.82万平方千米（截至2019年1月），自然资源极其丰富，物质技术基础雄厚，燃料动力、冶金、机械制造、化学和交通运输业十分发达，科技实力较强，人民受教育程度较高，在航空、航天、核能、生物工程和新材料等领域居世界先进水平之列，仍具有巨大的发展潜力。

俄罗斯联邦武装力量被划分为三个军种（陆军、海军、空军）和三个独立的兵种（战略火箭兵、空天防御兵、空降兵）。截至2018年，俄罗斯武装力量人数为190.3万人，其中现役军人为101.4万人。2014年年底，俄罗斯在北方舰队基础上组建新的联合战略司令部，海军的整体面貌开始发生实质性变化。2015年8月1日，俄军在空军和空天防御兵基础上正式组建空天军，由此开启了空天防御力量建设发展的新纪元。

俄军仍然是目前世界上能与美国抗衡的军事力量。其战略核力量拥有陆基弹道导弹、远程战略轰炸机、弹道导弹潜艇、潜射弹道导弹等。俄军"三位一体"的核力量足以毁灭任何国家。俄军整体作战能力较强，武器装备较先进，部分高技术武器装备不亚于美军。俄军依据叙利亚战场作战经验持续推进结构编成改革，突出快反精兵力量建设，为空降兵增编陆航、电子战、防空反导等力量，提升空降兵综合作战能力。重视发展"撒手锏"武器，率先部署"匕首"高超声速导弹和反卫星激光武器，加快发展"先锋"高超声速导弹和"萨马尔特"洲际弹道导弹等战略武器。为维护远东利益，俄军2018年在东部军区多次组织大规模军演，特别是"东方—2018"战略演习，以显示战略决心，提升部队战备水平。此外，俄罗斯还积极介入朝鲜、阿富汗等热点问题，作为与美国博弈的杠杆。

俄罗斯认为，国家当前面临的外部战略压力持续加大，美国和北约仍是其首要外部威胁，除北约东扩、美国部署反导系统和推行太空军事化外，还面临美国加紧构建"全球快速打击系统"、信息攻击与舆论煽动，以及跨境极端恐怖主义活动、非法武器及毒品流通、谍报渗透及反俄勾连等多样化威胁。西方国家企图"扰乱俄罗斯政治稳定""激化宗教与种族矛盾"，成为国家面临的重要内部安全威胁。目前，美国和北约对俄罗斯的打压政策并没有出现实质性变化，反而是其方式方法更为灵活多样，行动空间较之前也有所拓展，以网络空间为核心的信息安全领域已成为西方对俄罗斯进行渗透进攻的新战场。

俄罗斯的主要任务是防止战争，消灭入侵之敌，遏制境外武装冲突向国内蔓延，力保周边势力范围的特殊利益与稳定。虽然俄罗斯综合国力受到削弱，但其军事力量尚能够有效支撑其大国地位。目前，俄罗斯已调整了亲西方政策，力求在世界和地区事务中发挥其大国的影响力，加速推进独联体军事一体化，反对美欧染指独联体国家。为弥补综合国力的不足，俄罗斯越来越把核武器作为恢复国家地位的支柱，放弃不首先使用核武器的承诺，研制并发射新型导弹，试图以此遏制北约东扩，维护国家利益和自身安全，保持其大国影响力。新的"积极遏制"军事战略为俄罗斯的大国复兴与"强军梦想"提供了强有力的战略支撑。

（三）日本军事力量及战略动向

日本军队称自卫队，是第二次世界大战后在美国扶植下重建和发展起来的。随着日本经济实力的迅速增强，日本军队建设得到长足发展，在"质重于量"和"海空优先"的建军方针指导下，自卫队已发展成为一支装备精良、训练有素、作战能力较强的武装力量。

据2006年数据，日本总兵力编制员额33万人，其中现役军人25.2万人，文职2.4万人，预备役5.6万人。其中陆上自卫队约14.8万人，编为5个方面队，辖13个师和2个混成旅、1个空降旅，装备坦克1020辆，装甲车约980辆，各型飞机511架，各种火炮7630门；海上自卫队约4.4万人，由担负机动作战的联合舰队和负责近海警备的5个地方队组成，装备各型舰艇142艘，39.8万吨，飞机206架；航空自卫队约4.5万人，主要作战部队为航空总队，辖3个航空方面队和1个航空混成团，装备各型飞机464架，其中作战飞机361架。此外还拥有各式导弹28种。防卫厅机关和直属机构编制

7000余人。2005年,驻日美军总兵力约3.6万人。

日本是世界上仅次于美国和中国的第三大经济体,外汇储备居世界第二。日本工业高度发达、科技实力雄厚。在机器人、半导体元件、光纤通信等方面的科技水平居世界前列。随着经济和科技实力的增强,日本已经不满足于经济大国的地位,提出了以经济力量为后盾,以自主外交为手段,逐步实现发展成为世界性政治军事大国的战略目标。2012年年底,安倍内阁再次上台后,为了摆脱战后体制束缚,实现"普通国家化"的国家战略目标,对日本国家安全战略进行了战后以来最大幅度的调整。从组建"国家安全保障会议"并发布战后日本首份《国家安全保障战略》,对日本的国家安全战略做出长远规划,到出台2013年版《防卫计划大纲》,解禁集体自卫权的行使,进而构建起新安保法制的一系列操作,日本的国家安全战略视野已经扩大到全球维度,开始构筑起多领域、全方位的国家安全体制。

2018年12月18日,日本内阁会议正式批准了新版《防卫计划大纲》及《中期防卫力量整备计划》,新版《防卫计划大纲》提出要构筑"多次元统合防卫力量"取代了2013年版大纲的"统合机动防卫力量"构想。新版《防卫计划大纲》的提出对于日本而言,打造能够进行"跨域作战"的能力,适应宇宙、网络、电磁波这些新领域和陆、海、空传统领域相结合的战争形态至关重要。为此,日本在今后5年内,将调整陆海空自卫队的编制和指挥机构,进一步提升联合作战能力;还将扩编网络防卫队,组建专门的太空部队,形成新的作战力量,从而构筑起真正有效的"多次元统合防卫力量"。这意味着今后日本不仅继续提升陆、海、空的联合作战能力,还将加强太空、网络和电磁波等新领域战斗力,意在建立"六维一体"的全方位综合防卫体制,大幅度提升自卫队的整体实力。

新版《防卫计划大纲》的出台,既是对此前安倍内阁增强防卫力量的一系列举措的既成事实加以追认,也是日本进一步推进国家安全战略调整,实现"军事大国"目标的重要步骤。其主要战略手段为进一步强化日美同盟,深化和拓展日美安全合作,提高日美同盟的"威慑力和应对能力"。同时,日本在战略上已视中国为主要对手,遏制中国成为今后日本谋求重新崛起的基本着力点。此外,日本要求成为联合国安理会常任理事国,竭力在国际政治舞台上扮演重要角色,力争在关系世界稳定和发展的重大问题上拥有不次于其他大国的发言权,成为在未来国际战略格局中"支撑国际秩序的一极"。

(四)印度军事力量及战略动向

印度是南亚地区性大国,其国土面积约为298万平方千米(截至2019年1月),人口居世界第二位,资源较丰富、科技力量较强,具有较快发展综合国力的客观条件。

印度武装力量由现役部队、预备役部队和文职人员组成。截至2015年年底,印军现役部队总兵力约128万人,由陆、海、空三军组成。其中陆军110万人,约占总兵力的86%;海军5.6万人,约占总兵力的4.3%;空军12.5万人,约占总兵力的9.7%。此外,预备役部队115.5万人,包括陆军预备役96万人,海军预备役5.5万人,空军预备役14万人;文职人员约20万人。准军事部队约109万人,后备力量约300万人。近年来,印军加快推进现代化建设。陆军正酝酿启动独立后规模最大的编制体制改革,大幅压缩陆军总部规模,改善作战与后勤力量比例,优先发展网络战、信息战、心理战等新型作战力量,计划在未来3~5年裁军10万。海军谋求大幅扩大舰艇规模,计划到2027年将军舰数量从117艘增至200艘。空军在未来战争中的作用被高度重视,提出了要"能够在超越洲际的空间内作战"的发展口号。

印度政府在2018年积极调整外交政策,围绕"印太愿景"谋篇布局。一方面大力推进印美、印日战略合作,另一方面发展印俄、印中关系,维持大国平衡,同时加强与东盟、非洲的区域合作,强化周边外交,凸显战略自主性。印度为了确保在南太平洋和印度洋地区的优势,积极谋求"亚洲核心"和世界大国的地位,争取成为联合国安理会常任理事国,进一步加快军队现代化步伐,增强军事力量。

（五）部分欧洲国家的军事力量及战略动向

在欧洲国家中，英、法、德三国军事力量的作用和影响较大。英国是一个传统军事强国。英军装备精良，技术水平较高，具有一定的海外作战能力。其主要任务已从过去的防御作战为主转向干涉行动为主，力求保护英国本土及其广泛的海外战略利益，参与国际维和行动，参加类似海湾战争的海外作战行动。

法国是一个有重要影响力的军事强国。法军武器装备技术水平和部队作战能力与英军相仿，其主要任务是：维护法国的战略利益，对付在欧洲、地中海和中东地区的局部战争和武装冲突，并致力于建立一支能够在欧洲以外的地区独立遂行作战任务的多用途军队，成立海外诸军种联合作战参谋部，并在非洲保持2万人的驻军。

德国军事力量在原东德、西德统一后大大增强。德军武器装备技术水平较高，军事素质较好，具备较强的常规作战能力，能够在欧洲地区实施高强度作战行动。德国也制定了立足欧洲，面向世界成为世界政治大国的战略方针，它以欧洲为基点，联合法国，积极推进欧洲一体化进程，以便实现以德国为主导的"欧洲联邦"的长远战略构想。

思考题

1. 国家安全的基本内容有哪些？
2. 国家安全的原则有哪些？
3. 简述国家总体安全观。
4. 简述我国地缘环境的基本概况。
5. 我国地缘安全面临哪些问题？
6. 如何确保新形势下的国家安全？
7. 新兴领域的国家安全主要有哪些？
8. 简述国际战略形势的现状及发展趋势。
9. 试论世界主要国家军事力量及战略动向。

第三章　军　事　思　想

学习目的： 了解军事思想的内涵和形成与发展历程，了解外国代表性军事思想，熟悉我国军事思想的主要内容、地位作用和现实意义，理解习近平强军思想的科学含义和主要内容，使学生树立科学的战争观和方法论。

第一节　军事思想概述

一、军事思想的内涵

（一）军事思想的含义

军事思想是关于战争与军队问题的理性认识，它揭示战争的本质、基本规律，以及进行战争的指导规律，阐明军队建设的基本理论和原则，通常包括战争观军事问题的方法论、战争指导思想、建军思想及国防建设思想等基本内容。军事思想来源于军事实践，又给军事实践以理论指导，并随着战争和军事实践的发展而发展，是研究军事科学体系中其他各门具体军事学科的理论基础和根本方法。

（二）军事思想的特点

1. 具有鲜明的阶级性

战争是阶级社会中特有的现象，不同阶级所奉行或推崇的军事思想，反映各个阶级对战争的不同认识和立场，阶级性是军事思想的本质属性。

2. 具有强烈的时代性

不同历史时期，人们的物质文化生活水平不同。认识能力的差异，加上各个时期生产力的发展，科学技术进步的不同，使得不同历史时期产生的军事思想各有自己的特征。

3. 具有明显的继承性

战争的规律决定了人们必须使自己的主观认识同客观实际相一致才能取得战争的胜利，因此，符合战争规律的军事原则、概念得到不断传承与发展。

4. 具有广泛的通用性

通过战争实践总结和升华而形成的军事思想是不分阶级、不分社会发展时期的，普遍适用于各个历史时期和各个社会领域。

5. 具有丰富的实践性

军事思想由军事实践产生，受军事实践的检验，并随着军事实践的发展而发展。军事实践不仅是军事思想的来源和基础，而且是军事思想发展的动力。

（三）军事思想的分类

军事思想可按照时代、阶级、国家、人物和主导武器等特征进行分类。

第三章　军事思想

按照时代可分为：古代军事思想、近代军事思想和现代军事思想。

按照阶级可分为：奴隶主阶级军事思想、封建地主阶级军事思想、资产阶级军事思想和无产阶级军事思想。

按照国家可分为：外国军事思想和中国军事思想。

按照人物可分为：孙武军事思想、克劳塞维茨军事思想、拿破仑军事思想、毛泽东军事思想等。

按照主导武器可分为：冷兵器时代军事思想、火器时代军事思想、核武器时代军事思想和信息化时代军事思想。

二、军事思想的发展历程

人类对军事问题的认识，是随着社会生产力的发展、战争的日益频繁、战争规模的不断扩大，以及人类科学文化水平的提高而逐渐加深的，经历了一个从简单到复杂的发展过程。

军事思想作为独立的意识形态出现，始于奴隶社会。"攻""守""战术""统率"等军事概念就产生于奴隶社会时期。此时，人们已开始探讨战争与物质力量的关系，在一定程度上认识到军队的多寡，武器的数量和质量，对于战争胜负具有重要作用。"强胜弱""众胜寡"成为一般的作战原则。它标志着这时出现的军事思想已具有朴素的唯物主义性质。但是在奴隶社会时期，在军事思想中占据重要地位的是宗教迷信观念，加上战争规模较小，作战形式单一，这时的军事思想还比较简单。

在奴隶社会向封建社会发展过程中，一些强大的奴隶制国家在战争中衰亡。这促使人们认识到，战争胜负不仅取决于物质力量的强弱，而且同政治因素、战争的性质、力量的运用及其强弱转化有着密切的关系。这一认识是由中国奴隶社会向封建社会过渡时期的军事著作首先在理论上加以阐明的。以《孙子兵法》为代表的军事论著，总结了当时军事斗争的经验，揭示了战争中众寡、强弱、虚实、攻守、胜败等范畴的对立和转化关系，提出了"知彼知己，百战不殆""攻其无备，出其不意"等军事原则。这说明中国古代军事思想中已经饱含着朴素的辩证法思想。

资本主义工业革命的发展，使大量火器和众多人力投入战争成为现实。在资产阶级推翻封建统治的大革命中，在资本主义国家对外扩张的战争中，战争规模空前扩大，战争的本质也暴露得更加充分。以普鲁士军事理论家克劳塞维茨所著《战争论》为代表的资产阶级军事理论，运用当时的哲学和历史学成果，总结了拿破仑战争及以前的一些战争经验，阐明了战争与政治、战争与经济、暴力运用与科学技术的相互关系，并提出了若干作战原则。由克劳塞维茨和与其同时代的军事家若米尼等人所阐发的资产阶级军事思想的基本观点，代表了资本主义上升时期资产阶级的进取精神，他们的著述已成为公认的军事名著，至今仍被许多资本主义国家的军事家奉为经典。其中，"战争无非是政治通过另一种手段的继续"等论点，也为列宁和毛泽东所肯定。资本主义进入帝国主义阶段后，随着科学技术的进步，又经过两次世界大战实践经验的积累，资产阶级军事思想有了进一步发展，它更加重视先进科学技术在战争中的作用，并且在现代战争的作战方法、技术运用、组织指挥及军队现代化建设等方面，提出了一些值得重视的理论和原则。但是，由于其阶级的偏见和认识论、方法论的片面性，资产阶级军事思想一般都掩盖战争的阶级本质，并且过分强调武器和技术在战争制胜因素中的作用，从而贬低了人民群众的作用。

无产阶级在争取自身解放的过程中，不断总结革命战争经验，并且吸取了军事思想史上的积极成果，形成了自己的军事思想。无产阶级革命导师马克思、恩格斯、列宁、斯大林、毛泽东及其他无产阶级革命领袖人物，在创立、运用和发展无产阶级军事思想方面做出了杰出贡献。他们应用辩证唯物主义和历史唯物主义的基本原理，科学地论证了战争的社会历史根源，指明了暴力对新社会诞生的促进作用和对经济的依赖性，指出社会生产方式和物质条件对于战争的制约作用，明确区分战争的政治性质，揭示阶级社会战争的阶级本质，阐发了战争的基本规律，并且高度重视人民群众在战争中的作用，强调建设人民军队的重要性，提出了无产阶级的军事斗争纲领和作战方法。

在中国共产党领导中国革命战争中形成的毛泽东军事思想，包含了一整套关于建设人民军队，进行人民战争和人民战争的战略战术的理论和原则，并且包含了研究战争与指导战争的认识论和方法论。中国人民及其军队，运用在战争实践中不断得以丰富和发展的毛泽东军事思想，经过艰苦卓绝的革命战争，终于战胜来自国内外的所有反动武装力量，建立并且巩固了中华人民共和国。这一历史事实，充分显示了毛泽东军事思想的科学性和真理性。

探索新情况和新问题。任何军事思想都是一定历史发展阶段的产物。随着社会生产力的不断提高和科学技术的飞速进步，要求军事思想在继承历史上一切优秀遗产的基础上，不断地有所创新和发展。但是，军事思想的发展历史表明：通常，在和平时期军事思想的发展往往落后于社会生产力和科学技术的发展，上一场战争中曾经赢得胜利的经验，远远不能满足下一场战争的要求，因此，在和平环境中，防止和克服保守倾向，积极探索军事领域出现的新情况和新问题，努力使军事思想适应新的历史条件，才能保证它对未来战争发挥正确的理论指导作用。

三、军事思想的地位和作用

（一）军事思想是军事实践的行动指南

军事思想是军事实践的能动反映、理论概括，揭示了军事领域的一般规律，对军事实践具有指导作用。军事思想对军事领域的规律反映得越深刻、越正确，它对军事实践的指导作用也就越大，人们就可以在战争中掌握主动、少犯错误、多打胜仗。战争实践证明：每一次战争的伟大胜利，都离不开正确的军事思想作为指导；没有正确的军事思想作指导，即使具备取得战争胜利的有利条件，也不能把战争胜利的可能变为现实，所以说在客观物质条件允许的范围内，军事思想正确与否决定着战争的胜败。

（二）军事思想是研究各门具体军事学科的理论基础和根本方法

军事思想研究战争和军事领域的一般规律，而各门具体的军事学科所研究的是各自领域的特殊规律。如果只研究各自领域的特殊规律，而不懂得战争和军事领域的一般规律，脱离一般规律的指导，就不能从总体上把握战争，也就不能真正认识和把握各门具体学科所研究的各自领域的特殊规律。军事思想对各门具体军事学科的研究提供方法论。譬如，军事思想关于保存自己消灭敌人的论述，深刻地揭示了两军相争的战争目的和战争本质，它是一切战争行动的根据，从技术行动到战略行动，一切技术的、战术的、战役的、战略的原理原则，都要贯彻这个战争的军事目的和军事本质，它普及于战争的全体、贯彻于战争的始终。它对军队和国防建设、战争指导及其战略战术，都具有普遍的指导作用，因而无疑对军事科学的各门具体学科的研究也具有普遍的指导作用。

（三）军事思想对其他社会实践有着重要的借鉴意义

先进的、科学的军事思想贯穿着唯物论和辩证法。学习和研究军事思想，不仅可以学到正确的观察和解决问题的立场、观点与方法，而且可以学到如何把军事的基本原理同现实情况相结合，正确地运用这些原理来解决实际问题，增强在工作中的原则性、系统性、预见性和创造性。譬如，军事斗争最注重效益，要以最小的代价获取最大的胜利，经济工作也讲效益。孙武提出的"知彼知己，百战不殆"的战争指导规律，已成为政治、外交斗争和进行经济建设的座右铭。战略和战役战术的关系，要求人们也必须正确处理全局和局部的关系。"战略"概念的运用，早已跨出军事的范围，而出现了政治战略、外交战略、经济发展战略、农业发展战略等。体育比赛中重视对进攻和防御战术的研究和运用，市场竞争中借鉴军事思想提出许多巧妙的策略和艺术，等等，这都说明军事思想对其他领域具有广泛的借鉴意义。

第二节 外国军事思想

外国军事思想，主要是指除中国外的世界其他国家政治家、军事家和思想家关于战争、国防和军队等问题的理性认识，一般包括战争观、战略思想、作战思想、建军思想和研究战争与军事问题的方法论等。

一、外国军事思想的主要内容

外国军事思想经历了漫长的历史时期，大致可以分为古代军事思想、近代军事思想和现代军事思想等发展阶段。

（一）外国古代军事思想

外国古代军事思想的发展悠久漫长，大致从公元前4000年至公元1640年，最早萌芽于古埃及、巴比伦、亚述等国。其中，最有影响的军事思想来自公元前8世纪至公元5世纪西方的奴隶社会时期欧洲的希腊和罗马，即古希腊的军事思想和古罗马的军事思想。在这个时期，古希腊、古罗马等奴隶制国家，为了扩张领土、建立霸权、掠夺奴隶和财物，频繁发动战争。在长期的战争实践中，涌现出许多著名的将领和统帅，产生了丰富的古希腊军事思想和古罗马军事思想。

古希腊的军事思想主要体现在希罗多德的《希腊波斯战争史》、修昔底德的《伯罗奔尼撒战争史》、色诺芬的《远征记》、艾涅的《战术》等历史著作中。他们的军事思想概括起来主要有：认识到战争是由根本利害矛盾引起的，战争的目的是为了征服，谋求城邦、国家利益和霸主地位。战争的胜败取决于政治、军事、经济、精神等条件，作战前必须对双方的军力、财力、人力等方面的长处和短处进行认真的分析对比。注意激励军队的士气，立足以优势力量建立己方胜利的信心，采取出乎敌人意料的行动使之惊慌失措等。

古罗马的军事思想体现在恺撒的《高卢战记》、阿里安的《亚历山大远征记》、弗龙蒂努斯的《谋略》、奥尼山得的《军事长官指南》、韦格蒂乌斯的《论军事》及历史学家波里比阿、阿里安、塔西佗、普鲁塔克等有关罗马历史的著作中；许多军事家如迦太基统帅汉尼拔，古罗马统帅费边、恺撒，古罗马帝国的第一个皇帝屋大维等的军事实践中，闪烁着重要的军事思想。

通过比较可以看出，古罗马军事思想源于古希腊，而又有所发展，主要表现在：进一步认识到战争有正义与非正义之分；把军事作为实现政治目的的工具，而政治又是配合军事行动达成军事目的的手段；通过外交广泛联盟，孤立对手，恩威并举，实现自己的目的；主张以进攻为主防御为辅；在被迫处于防御地位时，也总是通过向敌后等薄弱处进攻，力求改变攻防态势，变防御为进攻；主张建立一支忠于自己的部队，以金钱、土地、建筑等物质利益保证部队的忠诚，以精神鼓励、严格的纪律保持部队的战斗力。

从公元476年西罗马帝国灭亡，到1640年欧洲的中世纪英国资产阶级革命，在这长达1100多年的"黑暗"时代，由于封建割据的庄园经济、宗教思想和经院哲学的禁锢，极大地限制了军事思想的发展。直到封建社会后期，随着中国火药、火器的传入及始自意大利文艺复兴的影响，外国古代军事思想才有了缓慢发展。主要军事代表人物有查理大帝、瑞典国王和统帅古斯塔夫二世等，代表作有东罗马皇帝毛莱斯基的《战略学》、李欧的《战术学》、意大利马基雅维里的《战争艺术》（《论军事学术》）、普鲁士弗里德里希二世的《战争原理》《军事典范》等。此时军事思想可概括为以下几个方面：战争被披上宗教外衣，掩盖统治集团间的利益争夺。宣扬战争是人类天性中的一部分，是原始罪恶之果，也是教会权力的支柱；在战争中丧失生命的人，可以进入天国，赎免一切罪恶。这其实是对战争认识的倒退。重视军队建设，把军队看成国家的重要工具。对雇佣兵制的弊端有了初步认识，主张实行义务兵制。初步涉及战略学、战术学概念；另外还认识到制海权的重要，认为控制了海洋，可以赢得和守住巨大的海外领土。

（二）外国近代军事思想

1. 资产阶级军事思想

从17世纪中叶至19世纪中叶，西方走向资本主义，并逐步向帝国主义发展。意大利文艺复兴运动打破了封建礼教与宗教神学的禁锢，解放了人们的思想，呈现百家争鸣的景象；封建与反封建的战争、资本主义与反资本主义的战争、殖民地与反殖民地的战争及帝国主义国家之间的战争频繁爆发，加上工业文明和科技进步，以火药为主的热兵器广泛运用，也促进了军事思想的迅猛发展。代表人物及其著作很多。主要有：俄国苏沃洛夫的《制胜的科学》、瑞士若米尼的《战争艺术概论》《战略学原理》、普鲁士克劳塞维茨的《战争论》、法国吉贝特的《战术通论》、美国马汉的《海权对历史的影响》《海军战略》等。其中，克劳塞维茨的《战争论》是外国近代军事思想的杰出代表。著名军事家如拿破仑、库图佐夫等虽然没有给后人留下著作，但其丰富的军事实践也蕴藏着崭新的军事思想。

这一时期的军事思想主要表现如下。反对战争认识问题上的不可知论，提出军事科学的概念；军事科学包括战略与战术两个重要组成部分；主张探讨战争的本质、规律，研究军队、装备、地理、政治和士气等因素在战争中的作用；重视对战史的研究。认为战争无非是政治通过另一手段的继续，是迫使敌人服从己方意志的一种暴力行为，具有盖然性和偶然性，是政治的工具。认识到民众武装在战争中的重要作用，但民众武装不是万能的，使用要有条件。重视建立一支反映资产阶级利益的部队。重视和平时期军队建设和战争准备，以随时应对战争。认识到新发明对于军队的组织、武器装备和战术的影响，装备的变化必然引起战术的变化。认识到作战中士气的作用，"战争中，军队的精神状态足以保障四分之三的胜利""精神与物质的力量是三与一之比"，因而把思想教育训练放在重要位置。认为海权是推动国家以至历史发展的决定因素；控制了海洋就控制了整个世界。树立歼灭战思想，军事行动的目的是在不设防的野战中消灭敌人的军队，而不是占领敌人的领土和要塞。与歼灭战相适应，大多数军事家都强调进攻，认为只有进攻才能消灭敌人。防御不能是单纯的防御，而是由巧妙的打击组成的盾牌。要在主要方向和重要时刻集中兵力，快速机动是集中兵力的重要途径。认为作战应确立打击重心、保持预备队等。

2. 无产阶级军事思想

无产阶级军事思想的主要代表是马克思、恩格斯和列宁，马克思、恩格斯所处的时代是自由资本主义高度发展并开始走向反动的时代，无产阶级登上历史舞台；列宁生活于帝国主义和无产阶级革命的时代（见图3-1）。他们坚持唯物论，以唯物辩证法研究军事，吸收资产阶级军事思想的有益成分，因而能对战争一系列重大问题有深刻的认识。

其军事思想主要内容包括：认为战争和军事是一个历史范畴，随着私有制和阶级的产生而产生、消灭而消亡。战争是政治通过另一种手段的继续，要反对非正义战争、拥护正义战争。在帝国主义阶段，帝国主义是战争根源；无产阶级必须用暴力推翻资产阶级建立自己的统治。应以组织城市工人武装起义为中心，先占领城市，夺取国家政权。无产阶级夺取政权、巩固政权都必须有自己的新型的军队。无产阶级代表人民利益，有能力有条件把人民武装起来实行人民战争，并强调军队与人民群众相

图3-1 十月革命列宁演讲

结合。认识到科学技术的进步必然引起战略战术的变革；战争的奥妙在于集中兵力。主张积极防御、主动进攻、慎重决战、灵活机动等。

（三）外国现代军事思想

俄国十月革命及第一次世界大战以后，世界进入现代史。这个时期，科学技术突飞猛进，武器装备发生巨大变化，巨炮、雷达、坦克、飞机、航空母舰、远程导弹、精确制导武器层出不穷，热兵器能量的运用从火药转为炸药，进而是原子释放，武器破坏力大大增加，作战效能成倍增长，对战争的进程乃至结局影响越来越大。因此，社会、政治、经济等各种因素对军事理论的研究有倾向性的影响，军事理论往往侧重对先进主战武器的探讨。

1. "空中战争"理论，又称空军制胜论

意大利的杜黑、美国的米切尔、英国的特伦查德被认为是这一理论的先驱，特别是杜黑在其著作《制空权》中对这一理论叙述较为细致，主要观点有：由于飞机的广泛应用，将出现空中战争，空中战争的胜负决定战争结局，为此要建立与海军、陆军并列的独立空军。夺得制空权是赢得战争的必要条件，空军的首要任务是夺取制空权。空中战争是进攻性的，空军的核心是轰炸机部队，要对敌国纵深政治、经济、军事目标实施战略轰炸，迫其屈服。

2. "机械化战争"理论（坦克制胜论）

英国的富勒、奥地利的艾曼斯贝格尔、法国的戴高乐、德国的古德里安、英国的利德尔·哈特是这一理论的倡导者，其主要内容有：装甲坦克是战争的决定性力量，是陆军的主体；大量集中使用坦克和航空兵，实施突然有力的突击，可以迅速突破对方主要集团的防线，深入敌纵深，摧毁一个战备不足的国家；主张军队改革，建立少而精的机械化部队；机械化包括补给和战斗机械化。

3. "总体战"理论

德国的鲁登道夫在其著作《总体战》中提出的理论，其主要观点是：现代战争是总体战，它既针对军队，也针对平民，战争具有全民性，强调民族的团结在战争中的重要性；主张实行国民经济军事化；要建设好一支平时就准备好的军队；重视统帅在总体战中的作用；战争的突然性意义重大，力求闪击对方。

4. "核武器制胜"理论

第二次世界大战战后至1991年苏联解体的冷战时期，霸权主义成为局部战争的根源。高技术在作战中逐步运用，人民处在核阴影之中，美苏两霸动辄进行核恫吓。此时军事理论研究往往围绕核武器及高技术展开，从美苏两国军事思想可以清楚地看到这一点。如美国就以核实力确定军事战略，在杜鲁门时期，美核力量处于绝对优势，提出遏制战略，对苏联及其他社会主义国家实施核讹诈；朝鲜战争后，为以最小的军事代价取得最大的威慑力量，采取大规模报复战略；在苏联打破核垄断及越南战争后，又分别推行灵活反应、现实威慑、新灵活反应等战略。在处于核优势时期，美国认为自己能打赢全面核战争，则主张削减常规力量，重点发展核武器和战略空军；而在苏联打破其核优势、局部战争不断发生时，美国在确保核威慑的前提下，不断发展常规力量，认为核战争会造成灾难性后果，核时代的战争必然是有限战争。

二、外国军事思想的特点

当代外国军事思想虽然因各国安全环境、战略目标、自身实力等因素不同而有所差异，但仍有一些共同的基本特点，主要包括以下几个方面。

（一）服从并服务于国家安全战略

军事是手段，政治是目的，军事服从并服务于政治。在主权国家，国家安全是最大的政治，因此也是军事思想的风向标。美、俄、日、印等国都是在其安全战略的指导下进行军事思想的创新与发展的。例如，冷战刚结束时，美国提出了"超越遏制"安全战略就是为了确保美国独立自由地生存，经济健康成长。俄罗斯提出"以发展保安全"的综合安全观和"国防与经济和社会保持协调与可持续发展"的国家安全战略目标后，俄罗斯军队根据国家安全战略思想的要求，提出了国防与社会经济协调发展，根据威胁实施军事转型，用"效费比"原则提升建设效益，建设创新型军队等发展理念，把国家安全战略思想贯彻到军队建设的各个方面，确保国家安全战略目标的实现。

（二）具有鲜明的时代特征

外国军事思想的最显著特征是其时代性，这一点在冷战后表现得尤为明显。冷战结束后，和平与发展成为时代主流。美、俄两国所面临的严重现实威胁消失，世界处于前所未有的和平安全环境之中，根据变化了的国际安全环境，美国把种族敌视、民族抗衡、宗教关系紧张、武器不断扩散、个人野心、极权主义等引起的地区性冲突，作为其国家利益的主要威胁，有针对性地提出了"超越遏制"和"地区防务"战略；俄罗斯则将苏联时期的战略扩张转变为战略收缩，重点研究战略防御问题，主要考虑如何以有限的力量捍卫国家安全与国家利益，备战基点开始由大规模战争转向局部战争与武装冲突；日、印等国也对本国军事思想进行了相应调整。另外，信息技术也为军事思想打上了深刻的时代烙印，高新技术特别是信息技术越来越多地用于军事领域，不仅大大提高了作战效能，而且从根本上改变了作战方法、作战方式和战争形态。

（三）受传统文化的影响

一个国家的传统文化，是在几百年甚至几千年的历史过程中形成和积淀下来的，它不仅对民族的思维模式、行为和生活方式，也对国家的政治观点和军事思想产生深刻而长远的影响。例如，美国历史短、发展快，虽缺乏哲学底蕴、很自负，但有进取心，这种独特的历史使美国产生了把其社会制度和价值观推广到全世界的所谓"天定命运论"。第二次世界大战后，"天定命运论"加上"世界领导论"造就了"全球霸主论"，这使美国认为其对外发动的战争必然是正义的，谋求不可挑战的军事优势是理所当然的。日本的"岛国根性""富国强兵""武士道"和"与强者为伍"的战略文化，给日本的军事思想打下了深深的烙印。

（四）具有明显的继承性

外国军事思想虽然各时期表现出不同的特征，但它们之间有相互连续性和关联性，是在传统军事思想基础上的继承和发展，表现出明显的继承性。例如，冷战结束后，日本为实现"争做世界政治大国"的战略目标，提出了"多层次合作安全保障"战略和"联盟、拓展、威慑"军事战略思想，这不仅反映了日本对新时代安全环境、历史地位和地缘条件的新认识，而且体现了日本军事思想的外张性传统，使日本"岛国根性"再度张扬。冷战后，为实现"争做世界一流大国"的战略目标，印度提出了新的地缘安全观和军事安全观，对巴"惩戒威慑"，对华"劝诚威慑""冷启动""攻势防御"等军事思想，不仅反映了印度在新的历史条件下对国家安全问题的重新认识，而且表现出对英国殖民者安全观和本土战略思想的全面继承和发展。

（五）具有一定的开放性

外国军事思想是所处时代军事活动的客观反映，是对军事现象的规律性总结，但它又是随着客观事物的发展变化而变化的，并非一成不变。因此，外国军队在强调军事战略作战条令、训练条令等文件的权威性、指导性和规定性，要求部队遵照执行的同时，也为修改、发展和完善它们预留了空间。开放性是俄国军事思想的重要特点，俄军的开放性包括对外和对内开放两个方面。对外开放就是广泛吸收和接纳国外军事理论发展的最新成果，为俄罗斯军事理论创新提供丰富的营养；对内开放就是军事理论研究，不再是军事部门的专利，也不再受行政部门的干预，允许各种非官方军事学术组织研究军事理论，拓展学术界认识军事问题的视野和高度，为军事思想发展注入新的活力。

（六）具有较强的规范性

外国军事思想创新提倡百花齐放、百家争鸣，不管是将军还是士兵，都可以适当的形式阐述自己的创新性观点，当一种新思想、新观点、新术语出现时，任何人都可以发表不同或相同的见解，对其进行修正或完善，但当这种思想、观点或术语被官方接受后，就以官方文件或法规的形式对其加以规范，要求遵照执行。

三、《战争论》的简介

在长达千余年的中世纪，欧洲军事思想基本上没有明显的进展。直到文艺复兴，特别是资产阶级革命兴起之后，在新科学、新思想的推动下，欧洲军事思想才蓬勃发展起来。《战争论》则是欧洲资产阶级军事思想成熟的标志，也是欧洲军事思想发展的高峰。

《战争论》的作者卡尔·冯·克劳塞维茨（见图 3-2），德国著名军事理论家和军事历史学家，普鲁士军队少将。他曾参加过欧洲反法联盟对拿破仑的战争，后任柏林军官学校校长，先后研究了 130 多个战例，总结了法国革命和拿破仑战争的经验教训。在此基础上，他写成了一部体系庞大、内容丰富的军事巨著《战争论》。《战争论》的基本思想主要有以下内容。

图 3-2 克劳塞维茨

（一）战争是政治的继续

克劳塞维茨认为，战争就如同一条变色龙，千变万化，各不相同。但战争的暴烈性，战争的概然性和偶然性却是其根本属性之一。从战争与政治的关系看，政治是战争的母体，因而不应把战争看成独立的东西，而要看作是政治的工具，是为政治服务的。军事观点必须服从于政治观点。任何企图使政治观点从属于军事观点的做法都是错误的。战争爆发之后，仍是政治交往的继续，是政治交往通过另一种手段的实现，是打仗的政治，是以剑代笔的政治。

（二）战争的目的就是消灭敌人

克劳塞维茨认为，战争的政治目的就是消灭敌人，而消灭敌人必然要通过武力决战，通过战斗才能达到，它是一种比其他一切手段更为优越、更为有效的手段。消灭敌人包括物质力量和精神力量两个方面。

（三）战略包括精神、物质、数学、地理、统计五大要素

克劳塞维茨认为，"这些要素在军事行动中大多数是错综复杂并紧密结合在一起的"。其中精神要素占据首位，影响战争的各个方面，贯穿于战争始终。"物质的原因和结果不过是刀柄，精神的原因和结果才是贵重的金属，才是真正锋利的刀刃"。

（四）战略战术的基本原则

克劳塞维茨认为，数量上的优势在战略战术上都是最普遍的制胜因素。虽然在实际作战时，通常不可能处处形成优势，但必须在决定点上通过巧妙调遣部队，造成相对优势。一切军事行动或多或少以出其不意为基础，才能取得优势地位，使敌人陷入混乱和丧失勇气，从而成倍地扩大胜利的影响。

（五）战争中的攻防

克劳塞维茨认为，进攻和防御是战争中的两种基本作战形式。二者是相互联系、相互转化的。整体为防御，局部可能为进攻。进攻中含有防御因素，防御中也含有进攻因素。进攻可转变为防御，防御也可以转变为进攻。通常，防御有离自己的兵员和物资补给地较近，能依靠本国民众的有利条件，但它的目的是消极据守。进攻具有"占领"这一积极目的，并通过占领来增加自己的作战手段。

（六）要积极向战争史学习

克劳塞维茨认为，战争理论是成长于战争经验土壤里的果实。战争史是最好的、最有权威、最能说服人的教师。战争理论和原则的提出，应当在研究战争史的基础上进行。当然，战争理论也要随着时代和军队的变化而变化，要适应特定国家的需要，具有时代特点。

第三节 中国古代军事思想

中国古代军事思想，是指我国在奴隶社会、封建社会时期，各阶级、集团及其军事家和军事论著者对于战争与军队问题的理性认识，它随着社会的前进、战争的发展而不断深化。

一、中国古代军事思想的形成与发展

（一）中国古代军事思想的萌芽

公元前 21 世纪至公元前 8 世纪，我国先后建立了夏、商、西周三个奴隶制王朝，这是中国奴隶社会从确立、发展到鼎盛的整个历史阶段。在这一时期，战争受迷信的影响极大，经常以占卜、观察星象等来决定战争行动，产生了以"天命观"为中心内容的战争指导思想，军队的治理以"礼"和"刑"为基础。西周时期已出现《军志》《军政》等军事著作，虽早已失传，但这是我国古代军事思想的萌芽。

（二）中国古代军事思想的形成

公元前 8 世纪初到公元前 3 世纪初的春秋战国时期，是我国从奴隶制向封建制的过渡时期，是我国古代政治、经济、文化、科技大发展的一个历史阶段，也是古代军事大发展的时期。在这一时期，阶级矛盾的不断深化，战争频繁而形式多样。许多代表新兴地主阶级的军事家和兵书著作不断涌现，包括战争论、治兵论、用兵论及研究战争的方法论等方面，奠定了我国古代军事思想的基础。现存最早、影响最大的就是春秋末期孙武所著《孙子兵法》，成为后世兵书的典范。

（三）中国古代军事思想的丰富与发展

公元前 3 世纪初至 1840 年，是中国古代军事思想的丰富发展时期。在这一时期，政治斗争与军事斗争的结合，谋略与决策的运用，以及作战指挥艺术都达到了相当高的水平。战争的发展使得战略战术的运用和指挥艺术都得到高度发展，战略思想也日臻成熟，出现了许多总结军事斗争经验的兵书。其中汉初出现的《三略》和后来的《李卫公问对》都是传世的重要著作。宋代统治者为了教习文臣武将熟悉军事，命曾公亮等编纂《武经总要》，总结古今兵法和本朝方略，并颁行《孙子兵法》《吴子》

《司马法》《六韬》《尉缭子》《三略》和《李卫公问对》为《武经七书》，官定为武学教材。以上的实践经验和兵书内容，都对发展和丰富古代军事思想起到了积极的促进作用。

二、中国古代军事思想的主要内容

（一）战争观

中国古代军事思想最早体现出了人类战争意识的觉醒和对战争问题的关注，并就战争起因、战争性质、对待战争的态度、战争与相关因素的内在联系等问题，形成了朴素的观点。

1. 兵者，国之大事

《孙子兵法》开宗明义指出："兵者，国之大事，死生之地，存亡之道，不可不察也。"这个科学的论断，打破了天意主宰人世的唯心论战争观，由此出发，中国古代兵家在如何看待战争问题上，提出了许多有价值的思想。《吴子》把战争起因归纳为："一曰争名，二曰争利，三曰积恶，四曰内乱，五曰因饥"，《淮南子》指出战争目的是为了"平天下之乱，而除万民之害"。上述观点，虽未上升到阶级本质高度认识战争，但对战争起因的论述还是很精辟的。

2. 兵之胜败，本在于政

战争作为阶级社会的一种特殊活动形态，总是与一定阶级的政治紧密关联的。战争与政治究竟是怎样的关系，古代兵家着重从以下几个方面进行了回答。一是军事与政治为表里关系，认为战争问题，以军事为骨干，以政治为根，军事是表象，政治是本质。二是加强军政建设，是治国安邦的根本之策，认为政治是观察利害、辨别安危的，军事是打击强敌致力于攻守的。三是政胜的核心是取得民众的支持。《三略》指出："治国安家，得人也，亡国破家，失人也。"由此可见，治国安邦，取决于民心的向背；战胜攻取，也取决于民心的向背。

3. 安不忘战，富国强兵

古人深刻认识到忽视战备的危害性。《周易·系辞》提出："危者，安其位者也，亡者，保其存者也；乱者，有其治者也，是故君子安而不忘危，存而不忘亡，治而不忘乱。是以身安而国家可保也。"这些观点反映出重视战备的思想，只有常讲武事，在和平时期保持常备不懈，才能使国家立于不败之地。因此，在中国古代凡是有作为的王朝、政治家、军事家，都非常重视富国强兵这一军事思想。

（二）战略思想

中国古代战略思想的主体内容，大致可分为先胜思想、全胜思想和战胜思想三大部分。

1. 先胜思想

先胜思想是指在战争之前就使自己具备取得战争胜利的条件，是关于进行战争准备的战略思想。《孙子兵法》指出："昔之善战者，先为不可胜，以待敌之可胜；不可胜在己，可胜在敌。"作战没有必胜的条件，就不要轻易交锋，进攻没有必胜的把握，就不要轻易发动，所以，要先操胜算而后作战，权衡利弊而后行动。由此可见，"先为不可胜"既是军事上的一条重要原则，也是全局上"立于不败之地"的战略思想。

2. 全胜思想

全胜思想是关于以万全之策，力争用最小的代价获取全局胜利的战略思想。它要求决策者利用"全"与"破"的辩证关系，最大限度地使敌人屈服，而把敌我双方的损失减少到最小。《孙子兵法》指出："夫用兵之法，全国为上，破国次之……是故百战百胜，非善之善者也，不战而屈人之兵，善之善者也。"

3. 战胜思想

战胜思想是通过战争手段夺取战争胜利的战略理论，是中国古代战略思想中最精彩的部分，强调"致人而不致于人"，即调动敌人而不被敌人所调动，实质上是掌握战争和作战主动权的问题。主动权是军队行动的自由权,两军相斗,谁失去行动自由,谁就面临着失败的危险。故此,中国古代兵家把战争中一切有关主动权的问题,诸如致敌劳、致敌乱、致敌害、致敌虚、致敌误、致敌无备等,都列入"致人而不致于人"的范畴,主张在一定的客观物质基础上,充分发挥主观能动性。

先胜思想、全胜思想和战胜思想,三者是一个密切关联的有机整体。从实际操作看,先胜是全胜、战胜的基础和前提,全胜策略不成功,就付诸战胜。战而胜之,又可反过来成为实施全胜战略的筹码,也可增强国家或政治集团先胜的力量,即所谓"胜敌而益强"。

(三)作战思想

中国古代作战思想极其丰富,主要作战思想如下。

1. 知彼知己,百战不殆

孙武首先提出了"知彼知己,百战不殆"的命题。他说:"知彼知己者,百战不殆,不知彼而知己,一胜一负,不知彼,不知己,每战必殆。"这个命题是历代兵法所公认的一条极其重要的作战指导原则。

2. 先计后战,诡道制胜

战争是关系生死存亡的大事,因此,古代兵家尤为强调"先计后战"。孙武把"计篇"放在其兵法十三篇之首;《管子》强调"计必先定于内";《尉缭子》主张计要"先定",虑要"早决"。可见,"先计而后战"是传统的谋略用兵方法。兵者,诡道也。古代兵家论述实施诡道的方法很多,如"示形"用间、反间等,其中"示形"为主要,大至于战略范围,小至于战术范围,无不要求竭尽"示形"之能事。孙膑在马陵之战中施用"减灶"的办法击败庞涓的战例,是"示形"诱敌战术运用的典范。

3. 活用奇正,批亢捣虚

"奇正"是我国古代兵法中的一个重要范畴,通常,常法为正,变法为奇。在兵力使用上,担任守备、钳制的为正兵,机动、突袭的为奇兵;在作战方式上,正面进攻、明攻为正,迂回、侧击、暗袭为奇;在作战方法上,按一般原则作战为正,采取特殊战法为奇。"虚实"是古代兵法中的一个重要命题,有利的方面为"实",不利的方面为"虚"。"虚"是指怯、弱、乱、饥、劳、寡、不备;"实"是指勇、强、治、饱、逸、众、有备等。汉高帝三年(公元前204年)十月井陉之战中,韩信针对赵将陈余"不用诈谋奇计"的特点,以背水列阵诱敌出击,以奇兵偷袭赵营,因而收到以寡胜众的奇效。

4. 我专敌分,以众击寡

集中兵力、以众击寡是我国古代兵家作战指导的一条重要战术原则。孙武最早突出强调,在作战时要"我专而敌分""以众击寡"。明神宗万历四十七年(1619年)萨尔浒之战,明军的惨败皆因兵力分散,行动不一,有分无合,后金的胜利全在于兵力高度集中,机动神速,五天连打四仗,实为战史中各个击破的一个范例。

5. 先发制人,进攻速胜

古代兵家认为,"先发制人"可以获得先机之利,特别是易于夺取初战的胜利。古人作战强调要乘敌之隙,在"敌人初来、阵势未定、行阵未整、劳且未定、沟垒未成、禁令未施,大众未合、锐气未张、备御未严、地利未得"时"先发制人"。进攻速胜,是我国古代兵家传统作战思想,也是军事上带有普遍性的一条重要原则。但凡实施进攻的一方,无不主张速战速决,"一决取胜,不可久而用之"。因为"带甲十万"越境而师,要"日费千金",久战不仅会造成"国用不足",而且会造成"诸侯乘其弊而起",陷入两面乃至多面作战的不利境地。当然,战争中的攻守、速久,归根结底是由双方的力量对比决定的,当速则速,宜久则久,不可拘定。

(四)治军思想

在长期的建军实践中,中国古代兵家注重对军队的地位作用、建军指导、军队管理等问题的思考,形成了诸多颇有借鉴价值的治军思想。

1. 国以军为辅，军以民为本

古代兵家深刻认识到，军队建设是强国的根本。《便宜十六策·治军》中说："国以军为辅，辅强则国安"，这是古人对军队与国家关系的深刻揭示。军队的基本职能是"外以除暴，内以禁邪"。建军的宗旨是"诛暴讨逆""存国家安社稷"，因此，国重主尊，关键在于加强军队建设。

正确认识和处理军队和民众的关系，对于加强军队建设至关重要。《将略要论》中说："民为兵之源，兵无民不坚""兵为民之卫，民无兵不固"。只有"兵民相洽，倚民养兵，倚兵护民，兵坚民固，和衷共济"，才能真正做到捍邦卫国。

2. 定制，军之要；备具，胜之源

古代兵家认为，治理军队靠好的制度，克敌制胜靠精良的武器。《论语》指出："工欲善其事，必先利其器。"《管子》中说："凡兵有大论，必先论其器，论其士，论其将，论其主。"由此可见，"精兵"与"精器"是决定战争胜负的两个最基本的因素，对战争的胜负起着直接的作用。

3. 以治为胜，教戒为先

"以治为胜，教戒为先"是吴起最早提出的治军原则。"以治为胜"最重要的就是恩威并举，赏罚严明。"教戒为先"认为军人的素质只有通过严格的"教戒"，即教育训练才能获得。若"教戒"得当，训练有素，则兵劲城固，敌国不敢婴也。

4. 总文武者，军之将也

中国古代兵家认为将帅乃"生民之司命，国家安危之主也"，吴子指出："夫总文武者，军之将也；兼刚柔者，兵之事也。"孙武强调将帅应具备"智、信、仁、勇、严"五种德行。《司马法》提出"礼、仁、信、义、勇、智"六种德行，就是要求将帅要德才兼备，智勇双全，能文能武，具有全面的素质。

三、中国古代军事思想的特点

中国古代军事思想，除具有军事思想所共有的阶级性、时代性和实践性等特征外，由于它根植于中国特有的社会土壤，吸吮着中国特有的文化营养，反映了中国特定历史时期的战争实践，具有以下特点。

（一）军事思想的早熟与缓慢发展

在古典军事理论发展史上，中国古代军事思想的早熟是举世公认的。当中国社会还处在早期文明发展时，我们的祖先就把战争智慧视为生命的一体，用自己的生命和鲜血浇灌着古老的兵学之花。举世公认的世界最辉煌的古代兵法名著《孙子兵法》，是中国现存最早、影响最大、流传最广的兵书，被公认为"世界第一兵书"。

相对于以《孙子兵法》为代表的中国兵学而言，西方兵学的成熟要晚得多。然而，纵观中国古代军事思想的发展历史，成熟之早与缓慢发展成为其运行的主要特点之一。在中国古代军事思想走过了第一个发展高峰后，中国即进入了漫长的封建社会，各封建王朝为了加强中央集权制，防止皇权旁落，适应封建统治的需要，或"罢黜百家，独尊儒术"，或"飞鸟尽，良弓藏"，或"敌国灭，谋臣亡"，从根本上削弱了兵家在社会政治生活中的地位。与此同时，封建王朝的统治者唯恐兵书流落民间，或焚书禁书、收归官有，或诋毁淘汰、严审苛选，或以文设狱、大兴讨伐，窒息了学术研究的空气，加上封建王朝的频繁更替，在学术氛围上形成了一种恶性循环，从而使兵学的研究和军事思想的发展呈现出曲折缓慢的特点。

（二）非兵家论兵与舍事言理的论兵传统

一是论兵者非止兵书。中国古代军事思想的产生并不是一开始就以兵书的形式出现的，它最初散见于国家的典章法令和其他文献中。这些非兵书中的军事思想，反映了当时社会对军事问题的普遍认知，是中国军事思想的重要组成部分。二是言兵者非止兵家。兵家是古代军事家和军事著述家的总称，是专门研究军事问题的一个学术流派。除兵家外，儒家、道家、法家等都在各自学派的研究中兼论军事，相互争鸣，各抒己见，不断推动着古代军事思想向着广度和深度发展。三是言兵却不限于兵，在中国古代无论是兵家言兵，还是非兵家言兵，并不是就军事研究军事，而是将军事与政治、经济、人文、自然、心理、艺术等有关因素摄于一体，从哲学的高度观察战争、评论战争，揭示战争规律，形成"舍事言理"的军事问题论述传统，从而使中国古代军事思想具有较强烈的哲学思辨性、较高的理论概括性、较深远的宏观超前性和较广泛的社会通用性。

（三）崇尚道义与追求和平的价值取向

中国古代军事思想从来就把崇尚道义与追求和平作为研究军事问题的价值取向。这是中华民族长期以来反对扩张、知足戒贪传统思想文化的积淀及其在军事思想中的反映。早在先秦时期，兵家就把"止戈为武"作为思考战争问题的逻辑起点。《孙子兵法》中则把"道"作为战争取胜的首要因素，把"不战而屈人之兵"作为军事战略的最高境界。秦统一后，繁衍、生息在多民族共同体之中的中国人民，不论朝代如何更替，信仰如何不同，都始终保持一种对和平的热切向往和不懈追求。这种传统观念代代相传，发扬光大，从而成为中国古代军事思想的一个基本特征。

（四）贵谋贱战与以智驭力的战争制胜模式

在中国古代军事理论宝库中，丰富多彩的奇谋方略最引人注目。但这些典籍对战争的记述，无不在运筹帷幄的谋略上浓墨重彩，精雕细刻；而在战争经过的描写上则是惜墨如金，语焉不详。历代兵学家，用千百年积累下来的战争经验，重视谋略运用的传统思维，凝练形成《孙子兵法》《三十六计》等诸多耳熟能详、出口能诵的奇法妙计，是中国传统战争智慧的结晶。

> **知识拓展**
>
> 《三十六计》或称三十六策，语源于南北朝，成书于明清，是根据中国古代军事思想和丰富的斗争经验总结而成的兵书，是中华民族悠久非物质文化遗产之一。
>
> 为便于熟记这三十六条妙计，有学者成诗一首：金玉檀公策，借以擒劫贼，鱼蛇海间笑，羊虎桃桑隔，树暗走痴故，釜空苦远客，屋梁有美尸，击魏连伐虢。全诗除了檀公策，每字包含了三十六计中的一计，依序为：
>
> 金蝉脱壳、抛砖引玉、借刀杀人、以逸待劳、擒贼擒王、趁火打劫、关门捉贼、浑水摸鱼、打草惊蛇、瞒天过海、反间计、笑里藏刀、顺手牵羊、调虎离山、李代桃僵、指桑骂槐、隔岸观火、树上开花、暗度陈仓、走为上、假痴不癫、欲擒故纵、釜底抽薪、空城计、苦肉计、远交近攻、反客为主、上屋抽梯、偷梁换柱、无中生有、美人计、借尸还魂、声东击西、围魏救赵、连环计、假道伐虢。

四、《孙子兵法》简介

《孙子兵法》，史记为82篇，图9卷，现存仅为13篇，6076字，其他的如八阵图、战斗六甲法等已失传。13篇可分为三个部分：第一部分包括《计》《作战》《谋攻》《形》《势》和《虚实》篇，侧重论述军事学的基础理论和战略问题，主要强调战略速决和伐谋取胜，另外包含对战争总体、实力计算和威慑力量的深刻认识；第二部分包括《军争》《九变》《行军》《地形》和《九地》篇，侧重论述运动战术、地形与军队配置，攻防战术和胜败关系，具体包括奇正、虚实、勇怯、专分、强弱、治乱、进退、动静和死生等辩证关系；第三部分包括《火攻》和《用间》篇，论述了战争中的两个特殊问题。

据史书记载，《孙子兵法》是我国古代大军事家孙武所著。孙武，字长卿，为春秋末期齐国乐安人（今山东惠民县）。孙武出生在一个精通军事的世袭贵族家庭，从小就受到家庭的熏陶，加之勤奋好学，逐渐显露出卓越的军事才华。公元前512年，经大臣伍子胥7次推荐，吴王阖闾会见了孙武，聆听了孙武对战争和时局惊世骇俗的见解，观看了孙武演兵，亲身感受到他的才华，即委任孙武为将。孙武在近30年的戎马生涯中，为吴国的崛起和扩张立下了赫赫战功。《孙子兵法》主要包括以下内容。

（一）揭示了战争制胜之本

孙武在开篇写道："兵者，国之大事，死生之地，存亡之道，不可不察也。"指出战争是国家的大事，关系到国家的生死存亡，必须慎重考察。通过对"道、天、地、将、法"五个方面的分析，以及对"主、将、天地、法令、兵众、士卒、赏罚"七种情况的比较，即可知道战争的胜负。他认为，"道"乃政治也，是制胜之首。上下同心，生死与共，乃制胜之本。

（二）揭示了战场制胜之道

孙武的"知彼知己，百战不殆"及"知天知地，胜乃无穷"都揭示了战场制胜之道，也成为人们耳熟能详的至理名言。他指出："如知胜有五：知可以战与不可以战者胜；识众寡之用者胜；上下同欲者胜；以虞待不虞者胜；将能而君不御者胜。"这进一步揭示了"知"与"胜"的辩证关系。

（三）提出了作战制胜之要

孙子提出了一系列作战指导原则，即"速战速决"的作战原则，"先胜而后求战"的求战原则，"致人而不致于人"的力争主动原则，"我专而敌分"的集中用兵原则，"避实而击虚"的攻击原则，"因敌而制胜"的灵活用兵原则。孙武在《谋攻》篇中提出了"不战而屈人之兵"的全胜原则，也成为后人追求的最高目标。

（四）反映了朴素的唯物论和辩证法

孙武的朴素唯物论主要表现在：一是主张无神论，反对天命论；二是从主客观条件探索战争的胜负，这是在唯物的基础上也表现出辩证思想。

（五）提出了"令文齐武"的治军思想

在治军问题上，孙武提倡"令文齐武"和"士卒熟练"，主张要明法审令，恩威兼施，刑赏并用，爱护士卒，善待俘虏，重视对将帅队伍的建设，主张将帅拥有战场机断指挥权；重视对士卒的训练和管理，主张统一号令，令行禁止。这些都为后世封建社会的军队建设奠定了坚实的理论基础。

《孙子兵法》被誉为古今中外现存古书中最有价值，最具影响力的古代第一兵书。中国历代兵家名将都极为重视对其研究和应用，它也先后被译成几十种语言，成为国际间最著名的兵学典范之书。

第四节　当代中国军事思想

没有革命的理论，就不会有革命的行动。中国共产党在创建和领导人民军队的长期实践中，坚持把马克思主义军事思想同中国革命战争和人民军队建设实践相结合，创造了具有中国特色的马克思主义军事理论成果，形成了毛泽东军事思想，邓小平新时期军队建设思想，江泽民国防和军队建设思想，胡锦涛国防和军队建设思想以及习近平强军思想。这些理论成果，既一脉相承又与时俱进，是各个历史时期中国共产党建军治军经验的凝练升华，集中体现了我们建设强大人民军队的一贯意志主张，是指引我军战胜一切险阻，不断发展壮大的强大思想武器。

一、毛泽东军事思想

中国共产党成立后，以毛泽东为代表的中国共产党人，在波澜壮阔的中国革命战争和新中国国防和军队建设的伟大实践中，创立和形成了毛泽东军事思想。毛泽东军事思想萌芽于土地革命战争前期，形成于土地革命战争后期和抗日战争时期，成熟于解放战争时期，建设国防和巩固国防时期又实现了新发展。毛泽东军事思想是中国共产党指导中国革命战争，人民军队和国防建设的理论奠基，实现了马克思主义军事理论中国化的第一次历史性飞跃。

（一）毛泽东军事思想的科学含义

毛泽东军事思想是以毛泽东为主要代表的中国共产党人关于中国革命战争，人民军队和国防建设以及军事领域一般规律问题的科学理论体系，是我军的建军之魂、立军之本、制胜之道。可以从以下几个方面理解毛泽东军事思想的科学含义。

1. **毛泽东军事思想是马克思列宁主义普遍原理同中国革命战争具体实践相结合的产物**

马克思指出，无产阶级要取得革命的胜利，只能走武装斗争的道路。列宁实践了马克思的理论，并发展为无产阶级革命，在一个资产阶级统治比较薄弱的国家中首先取得胜利。然而中国的实际情况与俄国不一样，中国是一个以农民为主体的半殖民地半封建国家，中国无产阶级如何组织军队，如何进行革命战争，在马克思列宁主义著作中找不到现成的答案。毛泽东继承和发展了马克思列宁主义军事理论思想，创造性地应用马克思列宁主义原理，结合中国半殖民地半封建社会的状况，积极开展武装斗争，以农村包围城市，最后夺取政权。

2. **毛泽东军事思想是中国人民革命战争和国防建设实践经验的总结**

中国长期革命战争的实践是毛泽东军事思想赖以产生和发展的源泉和基础。中国共产党领导人民进行新民主主义革命，经历了国共合作的北伐战争，独立领导了土地革命、抗日战争和解放战争。新中国成立后，又进行了抗美援朝战争，中印、中苏和中越边境自卫反击战等。毛泽东军事思想就是中国革命和国防建设实践经验的科学总结，并将总结的经验上升为理论，同时又反过来用所总结的经验和理论指导实践，不断丰富和发展理论，如此循环往复，逐步形成科学的理论体系。

3. **毛泽东军事思想是中国共产党集体智慧的结晶**

中国革命战争是由若干个互不相连的地区发展起来的。从土地革命时期的"红色割据"区域，发展到抗日战争的各抗日根据地，再发展到解放战争时期的各解放区，在这种斗争环境中，各革命根据地不仅各自创造了适应地区特点的斗争手段，而且造就了一大批能够独当一面的革命领袖人物，他们对毛泽东军事思想进行了深刻的阐述和必要的补充。同时，中国共产党是集体领导，党和军队关于战争问题的重大决策和军事理论，都是集体智慧的体现。毛泽东曾经在党的七大时说："毛泽东思想是集体智慧的结晶，我只不过是一个代表。"

4. **毛泽东军事思想是毛泽东思想的重要组成部分**

毛泽东思想是以毛泽东为代表的中国共产党人根据马克思列宁主义的基本原理和中国革命具体实践相结合的产物。毛泽东军事思想与毛泽东思想是局部和全局、部分和整体的关系，是毛泽东思想整个科学体系的重要组成部分，它极大地丰富和发展了马克思列宁主义的军事理论。由于党的历史，在取得全国政权以前，实际上是一部武装斗争的历史，军事斗争是党工作的中心，占有相当突出的地位。这决定了以毛泽东为代表的中国共产党人不得不以极大的精力去关注战争，研究军事。毛泽东的军事活动，是他一生中最辉煌、最成功的部分,毛泽东军事思想也是毛泽东思想最深刻、最典范的运用。在毛泽东的著作中,军事著作占有大量篇幅和重要地位。因此,毛泽东军事思想必然是其整个思想体系中最重要的组成部分。

(二)毛泽东军事思想的主要内容

毛泽东军事思想揭示了中国革命战争和国防现代化建设的客观规律,是具有中国特色的发展了的马克思主义军事理论,是一个完整的科学体系。它的主要内容包括无产阶级的战争观和方法论、人民战争思想、人民军队思想、人民战争的战略战术思想、国防建设思想5个方面。

1. 战争观和方法论

(1)战争的起源和根源。毛泽东同志在对战争起源和根源问题研究的基础上,做出了精辟的概括:"战争——从有私有财产和有阶级以来就产生了,用以解决阶级和阶级、民族和民族、国家和国家、政治集团和政治集团之间,在一定发展阶段上的矛盾的一种最高的斗争形式。"

(2)战争的本质和目的。毛泽东通过对战争与政治、战争与经济关系的论述,得出战争的本质和目的,无非是为了取得或维护政治地位和经济利益。在论述战争与政治关系时,毛泽东发展了列宁的观点,提出:"战争是政治的继续,这点上说,战争就是政治,战争本身就是政治性质的行动,从古以来没有不带政治性的战争。"从而揭示出战争与政治有着密切的联系。接着他又进一步指出:"战争有其特殊性,在这点上说,战争不同于一般的政治,'战争是政治特殊手段的继续'。"从而揭示出战争与政治各自具有自己的特点,两者是有区别的。其区别在于:"政治是不流血的战争,战争是流血的政治。"

(3)战争与经济的关系。毛泽东把"有足够给养的经济力量"作为选择和建立根据地的基本条件之一。他认为:"只有开展经济战线方面的工作,发展红色区域的经济,才能使革命战争得到相当的物质基础,才能顺利地开展我们军事上的进攻。"结合战争的起源,可以看到,战争的最终目的是为了一定的经济利益。

(4)战争的性质。毛泽东对战争的性质进行了科学的划分,"历史上的战争分为两类,一类是正义的,一类是非正义的。一切进步的战争都是正义的,一切阻碍进步的战争都是非正义的。"毛泽东认为正义的战争不仅具有教育人民群众的作用,而且它对于改造社会、推动社会发展、拯救人类都具有重要作用。因此,他坚决主张拥护正义战争,反对非正义战争。

以毛泽东为代表的中国共产党人,创造性地将辩证唯物主义和历史唯物主义的普遍原理与中国革命战争的实际相结合,逐步形成了具有中国特色的一整套研究和指导战争的基本方法,这些基本方法,对研究和指导战争具有普遍的指导意义。

2. 人民战争思想

以毛泽东为主要代表的中国共产党人把马克思列宁主义关于人民群众的历史能动作用原理,创造性地运用于中国革命战争实践,形成一套完整的人民战略思想,具体包括以下内容。第一,革命战争是群众的战争,只有动员和依靠群众,才能进行革命战争。战争力量的对比不但是军力和经济力的对比,而且是人力和人心的对比。战争伟力之最深厚的根源存在于民众之中,兵民是胜利之本。第二,在政治、经济发展不平衡的中国社会条件下,要首先在反动统治力量最薄弱的广大农村建立革命根据地,并采取"波浪式"的推进政策逐步加以扩大,作为进行人民战争的依托。同时,也不可忽视城市工作和非根据地的农村工作。实行现代条件下的人民战争,国家必须建设巩固而强大的战略后方。第三,革命战争是为人民利益而战的战争,要实行代表绝大多数人民利益的奋斗纲领和基本政策。战争中要兼顾人民群众的长远利益和眼前利益,重视发展生产,尽可能地减轻人民群众的负担,尽力改善人民群众生活,以调动和保持人民群众支持长期革命战争的积极性。第四,必须团结一切可以团结的阶级、阶层和社会集团,利用一切可以利用的矛盾,结成最广泛的统一战线,使革命获得最广泛的国

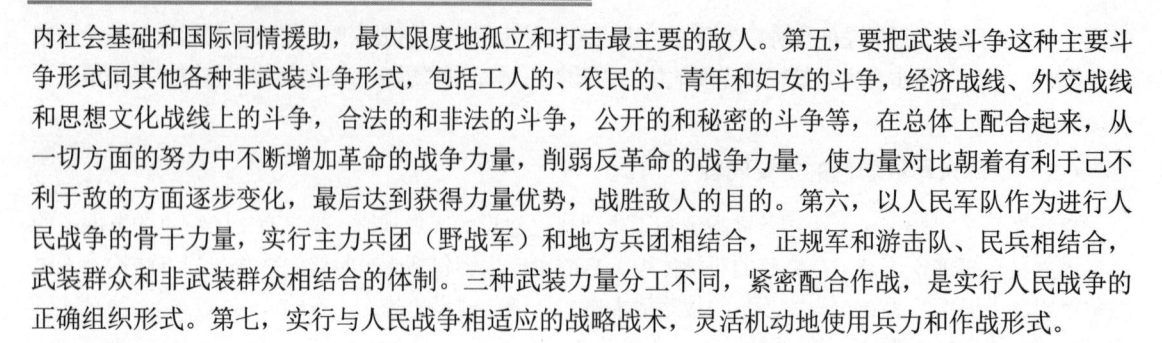

内社会基础和国际同情援助，最大限度地孤立和打击最主要的敌人。第五，要把武装斗争这种主要斗争形式同其他各种非武装斗争形式，包括工人的、农民的、青年和妇女的斗争，经济战线、外交战线和思想文化战线上的斗争，合法的和非法的斗争，公开的和秘密的斗争等，在总体上配合起来，从一切方面的努力中不断增加革命的战争力量，削弱反革命的战争力量，使力量对比朝着有利于己不利于敌的方面逐步变化，最后达到获得力量优势，战胜敌人的目的。第六，以人民军队作为进行人民战争的骨干力量，实行主力兵团（野战军）和地方兵团相结合，正规军和游击队、民兵相结合，武装群众和非武装群众相结合的体制。三种武装力量分工不同，紧密配合作战，是实行人民战争的正确组织形式。第七，实行与人民战争相适应的战略战术，灵活机动地使用兵力和作战形式。

> **知识拓展**
>
> 淮海战役是解放战争中的三大战役之一。自1948年11月6日至1949年1月10日，华东、中原两大野战军共60万人，与国民党精锐部队，在以徐州为中心，东起海州，西至商丘，北起临城（今薛城），南达淮河的广大地区，展开了65天的激战，歼敌55.5万人，胜利地完成了歼敌主力于长江之北的光荣任务，从而为中国人民解放军渡江作战、解放全中国创造了极为有利的条件。
>
> 在气势恢宏的淮海决战前线和广大后方，各解放区人民掀起了一场轰轰烈烈的支前运动，其规模之巨大，任务之浩繁，动员人力、物力之众多，为古今中外战争史上所罕见。
>
> 淮海战役胜利后，华东野战军司令员陈毅曾深情地说："淮海战役的胜利，是人民群众用小车推出来的。"据统计，淮海战役中，华东、中原、冀鲁豫、华中四个解放区前后共出动民工543万人。

3. 人民军队思想

毛泽东高度重视人民军队在夺取政权和保卫政权中的作用，强调"没有一个人民的军队，便没有人民的一切"。他从中国革命战争的实际出发，系统地创立了人民军队的建军原则，成功地解决了如何把以农民为主要成分的革命军队建设成为一支无产阶级性质的、具有严格纪律的、同群众保持紧密联系的新型人民军队的问题，具体包括以下内容。第一，这支军队是中国共产党领导的，为广大人民的利益而建立、而战斗的无产阶级性质的新型军队，是真正的人民军队。紧密地与中国人民站在一起，全心全意为中国人民服务，是这支军队的唯一宗旨。第二，这支军队是执行革命政治任务的武装集团，它永远是一支战斗队，同时也执行工作队、生产队等革命政治所要求的其他任务。第三，这支军队作为忠实执行中国共产党的政治纲领和政治路线的工具，必须完全地、无条件地置于中国共产党的绝对领导之下，坚持党指挥枪，决不允许枪指挥党，兵权只属于党，决不属于任何个人。第四，这支军队实行坚强有力的政治工作。中国人民解放军的政治工作，是中国共产党为了对军队实施领导而在军队中进行的思想工作和组织工作，是人民军队的生命线。第五，这支军队实行集中领导下的民主，建立自觉的、严格的纪律，保持和发扬人民军队的优良传统和作风。第六，这支军队要加强正规化、现代化建设，实行统一的指挥、统一的制度、统一的编制、统一的纪律、统一的训练，加强组织性、计划性、准确性和纪律性。不断用现代化的武器和新的技术装备部队，提高战斗力。第七，这支军队要加强教育训练，严格训练，严格要求，大力开展群众性练兵活动，提高官兵的科学文化知识水平，掌握新的技术和随之而来的最新战术，全面提高指战员的军政素质。要办好各类院校，培养合格的军事人才。第八，这支军队要加强军事科学研究，注重把自己的战争经验上升为理论，同时批判地借鉴中国古代和外国军事思想的有益成分，发展中国现代的军事科学。

4. 人民战争的战略战术思想

毛泽东在指导中国革命战争的长期实践中，创立了一整套具有中国特色的人民战争的战略战术，成为人民军队在战争力量敌强我弱，武器装备敌优我劣的条件下克敌制胜的法宝，具体包括以下内容。第一，主张积极防御，反对消极防御。在敌大我小、敌强我弱的条件下，战略防御阶段必须实行战略上的内线的持久的防御战和战役战斗上的外线的速决的进攻战，通过战役战斗上的歼灭战达到战略上不断消耗敌人，借以逐渐改变战争力量的总体对比，最终把战略防御推向战略进攻。第二，以歼灭敌人有生力量作为作战的主要目标；歼灭敌人有生力量，必须贯彻集中优势兵力，各个歼灭敌人的原则；实现歼灭战必须审慎地选择打击方向和攻歼目标，先打分散孤立之敌，后打集中强大之敌。第三，采取恰当的作战形式，实行运动战、阵地战、游击战相结合。力求主动，力避被动，执行有利决战，避免不利决战，应慎重初战。发扬勇敢战斗、不怕牺牲、不怕疲劳、连续作战、勇于近战夜战的优良战斗作风。第四，立足现有装备战胜敌人，同时注重从作战缴获中不断充实和改善自己的装备。把对敌军的军事打击与政治瓦解结合起来，在军事打击的强大压力下开展有力的政治攻势，利用多种方式解决敌人。大力组织支援前线，搞好后勤保障；战略上藐视敌人，战术上重视敌人；保存自己、消灭敌人等。

5. 国防建设思想

中华人民共和国建立后，中国共产党的军事工作重心随之转移到巩固国防、建设现代化国防上来。毛泽东不断总结国防建设和军事斗争的实践经验，形成了国防建设思想，具体包括以下内容。第一，实行积极防御的战略方针，对外永远不称霸，决不侵犯别人，也决不允许别人侵犯中国。第二，必须建立强大的国防，以保卫国家主权、领土完整和合法权益不受侵犯，保卫人民民主专政，维护世界和平与地区和平，为国内进行社会主义建设提供安全保障。第三，正确处理国防建设与经济建设的关系，在不断增加国家经济实力的基础上，坚持独立自主、自力更生、艰苦奋斗的方针，走适合中国国情的国防现代化发展道路，建设一支强大的现代化、正规化的革命军队。第四，建立完整的国防科研和国防工业体系，实行平战结合、军民结合的方针，根据本国本军的特点发展武器装备，尤其要重视发展当代尖端武器和技术装备。第五，普遍实行民兵制度，完善国防动员体制，加强国防后备力量建设。对付外敌入侵，仍要坚持人民战争的路线，坚持立足现有装备战胜优势装备之敌的优良传统。

毛泽东军事思想是毛泽东思想的重要组成部分，主要回答了在中国处于半殖民地半封建的社会历史条件下，如何建设一支无产阶级新型人民军队和夺取武装斗争胜利，以及取得全国政权后如何建立现代国防的问题，是马克思主义军事理论宝库中极其光彩夺目的瑰宝，是被中国革命战争实践充分证明了的科学的理论体系。毛泽东军事思想不仅在中国，而且在世界上都有着重大影响。今天，人类战争已经转向信息化，战争的社会环境、政治内容、技术形态、战略战术特别是制胜机理，都发生了新的重大变化，但毛泽东军事思想蕴含的丰富思想和科学方法论，始终是我们认识军事领域各种矛盾运动规律，正确指导军事斗争和军队建设的基本遵循，是我国国防和军队建设必须始终遵循的指导思想和方针原则。

二、邓小平新时期军队建设思想

进入改革开放和社会主义现代化建设时期，邓小平在开创中国特色社会主义道路的历史进程中，正确把握战争与和平历史演进的客观规律，立足于中国的国情、军情和时代特征，以巨大的政治勇气和理论勇气，对国防和军队建设做出具有战略意义的重大决策，创造性地提出了一系列建军治军的方针原则，形成了邓小平新时期军队建设思想。邓小平新时期军队建设思想内容十分丰富，从不同侧面揭示了新时期军队建设和军事斗争的规律，构成了一个科学的军事思想体系。

（一）战争与和平思想

邓小平认为，霸权主义，强权政治严重威胁着世界和平，战争的危险依然存在，但是和平力量的发展超过了战争力量，争取一个较长时期的和平是可能的。为适应时代主题的变化与党和国家工作重心的转移，军队和国防建设的指导思想实行战略性转变，从立足"早打、大打、打核战争"的临战准备状态转到和平时期建设的轨道上来。邓小平强调，军队要服从整个国家建设大局，大局好起来了，国力大大增强了，再搞一点原子弹、导弹，更新一些装备，到那个时候就容易了，要坚持勤俭建军，精打细算，把有限的军费真正用在加强战斗力上。

（二）军事战略思想

邓小平强调，国家的主权、安全要始终放在第一位，军队要担当起维护国家主权和安全的历史责任。要实行积极防御的军事战略方针，坚持自卫立场，后发制人，把战略态势上的防御性和军事指导上的积极性结合起来，把和平时期遏制战争和战争时期赢得战争统一起来，坚持积极防御的战略方针，从根本上讲就是要坚持人民战争的战略思想，搞人民战争并不是不要军队现代化，装备的改进可以使人民战争更有力量，要立足以弱胜强，以劣势装备战胜优势装备的敌人。

（三）军队建设思想

邓小平明确提出，中国人民解放军必须建设成为一支强大的、现代化、正规化的革命军队。必须把革命化建设放在第一位，始终不渝地坚持人民军队的革命性质；中心是解决现代化的问题，不断提高军队建设的科学技术含量，提高现代化条件下的总体作战能力和水平；正规化建设是重要保证，要推动部队建设逐步走向法制化、制度化的发展道路，把军队训练得像个军队的样子。邓小平强调，在不打仗的情况下，军队素质的提高靠教育训练；要贯彻精兵、利器、合成、高效的原则；军队建设要讲质量，讲真正的战斗力，讲实战能力，搞少而精的、真正顶用的、真正是现代化的东西。

（四）国防建设思想

邓小平指出，在新的历史条件下，国防建设仍然要沿着毛泽东开创的道路前进，仍然要坚持全民办国防的指导思想，把建设精干的常备军与建设强大的后备力量大量结合起来，建立起人民解放军现役部队与预备役部队，人民武装警察部队和民兵组成的武装力量。要深入持久地开展全民国防教育，建立有效的国防动员体制，坚持平战结合、军民兼容的原则，把战争动员纳入国民经济和社会发展的总体规划，纳入整个国防建设包括军队建设和后备力量建设之中。要坚持军民一致，军政一致，恢复和发扬军政、军民之间紧密团结的优良传统，要广泛、深入、持久地开展拥政爱民，拥军优属活动。

邓小平新时期军队建设思想是邓小平理论的重要组成部分，主要回答了在和平与发展成为时代主题，国家实行改革开放的历史条件下，如何开创中国特色精兵之路，建设一支强大的现代化、正规化革命军队的问题，是对毛泽东军事思想的继承和发展，为我军开创了一条符合中国国情的，相对和平条件下的建军道路。邓小平新时期军队建设思想具有鲜明的时代性，深刻的实践性和科学的指导性，为正确认识和解决新时期军队建设与军事斗争问题提供了科学的立场、观点、方法。只要和平与发展这一时代特征没有改变，世界军事变革的发展趋势没有改变，邓小平新时期军队建设思想就仍然是国防和军队建设的指导思想，具有长远的指导意义。

三、江泽民国防和军队建设思想

20世纪90年代，世界形势风云变幻，我国改革开放和现代化建设全面推进，给国防和军队建设带来许多前所未有的崭新课题。江泽民深入思考新的历史条件下，建设什么样的军队、怎样建设军队、未来可能打什么样的仗、怎样打仗的问题，对国防和军队建设一系列新的重大理论和实践问题做出了科学回答，形成了江泽民国防和军队建设思想。江泽民国防和军队建设思想，科学阐明了新的历史条件下国防和军队建设的地位作用、目标任务、指导方针、总体思路、发展动力和政治保证等，是关于新时期军事战略、军队建设和国防建设等基本问题的科学理论体系。

（一）解决好"打得赢、不变质"两个历史性课题

江泽民鲜明提出，"打得赢、不变质"是新的历史条件下我军建设必须着力解决好的两个历史性

课题。"打得赢",就是要把我军建设成为一支具有强大实战能力和威慑能力的现代化军队,能够打赢现代条件特别是高技术条件下的局部战争。"不变质",就是我军始终坚持党对军队的绝对领导,永远保持人民军队的性质、本色和作风,经得起任何政治风浪的考验。坚持"打得赢"与"不变质"相统一,反映了人民军队建设的本质要求,是我军存在和发展的全部意义与价值所在。

(二)按照"五句话"总要求全面加强军队建设

江泽民提出,军队建设的总要求是"政治合格、军事过硬、作风优良、纪律严明、保障有力"。强调党对军队的绝对领导是我军永远不变的军魂,要把思想政治建设摆在全军各项建设的首位,确保党从思想上、政治上、组织上牢牢掌握军队;要具有牢固的战斗队思想,精湛的军事技术,良好的军事素质和快速、高效的反应能力;要有良好的思想作风、工作作风、战斗作风和生活作风;要严格遵守法律法规和条令条例,做到令行禁止,一切行动听指挥;要及时、准确、高效地保障军队建设和作战需要,建立和完善三军一体、军民兼容、平战结合的联勤保障体制。

(三)用新时期军事战略方针统揽军队建设全局

适应时代发展和中国安全环境的新形势,江泽民主持制定了新时期军事战略方针,把军事斗争准备的基点,从应对一般条件下的战争转变到打赢现代技术特别是高技术条件下的局部战争上。江泽民强调,必须紧紧抓住我军的现代化水平与打赢高技术战争的要求不相适应的矛盾,着力解决增强我军高技术条件下防卫作战能力的关键性问题。要以军事斗争准备为龙的头,牵引和带动国防和军队现代化建设的整体推进,按照"整体谋求适度发展,局部争取大幅跃升"的原则,处理好军事斗争准备与现代化建设的关系,主要战略方向与其他战略方向的关系,重点项目建设与体系建设的关系,把军事斗争准备融入军队改革和现代化建设的全局中去。

(四)积极推进中国特色的军事变革

江泽民强调,要按照"三步走"的战略构想,争取在21世纪前50年逐步实现国防和军队的信息化。要积极推进中国特色的军事变革,走以信息化带动机械化、以机械化促进信息化的跨越式发展道路,通过深化改革,实现军队建设的整体转型。要实施科技强军战略,把依靠科学进步提高战斗力摆在国防和军队建设的战略位置,增强国家的军事科技实力,全面提高军队建设的科技含量,调整改革体制编制,抓好人才战略工程,加快我军武器装备现代化建设步伐,实现我军由数量规模型向质量效能型、由人力密集型向科技密集型的转变。

江泽民国防和军队建设思想是"三个代表"重要思想的组成部分,主要回答了在世界新军事变革蓬勃进行、我国社会主义市场经济深入发展的历史条件下,如何积极推动中国特色军事变革,保证人民军队打得赢、不变质的问题,是当代中国军事领域实践经验的科学总结,是新的历史条件下国防和军队建设基本规律的集中体现,实现了党的军事指导理论的与时俱进。在江泽民国防和军队建设思想指引下,我军经受住了政治斗争、军事斗争和同严重自然灾害斗争的严峻考验,向全面建设一支强大的人民军队迈出了新的步伐。

四、胡锦涛国防和军队建设思想

新世纪新阶段,我军使命进一步拓展,承担的军事任务更加繁重,这对军事斗争准备和我军现代化建设提出了历史性的新要求。胡锦涛紧紧围绕"新世纪新阶段军队履行什么样的使命、怎样履行使命、实现什么样的发展、怎样发展,未来打什么样的仗、怎样打仗"等重大问题深入思考探索,提出了一系列紧密联系、相互贯通的新思想、新观点、新论断,形成了胡锦涛国防和军队建设思想,把中国共产党对军事力量建设和运用规律的认识提升到了新高度。

(一) 在全面建设小康社会进程中实现富国和强军

胡锦涛强调,坚持和发展中国特色社会主义,必须大力加强国防和军队建设,不断提升国家战略能力,特别是军事能力;实现富国和强军相统一,关键是科学统筹经济建设和国防建设,必须坚持以经济建设为中心,在经济发展的基础上努力推进国防建设,使国防和军队现代化进程与国家现代化进程相一致,建立和完善军队人才培养体系和军队保障体系,完善国防动员体系。

(二) 全面履行新世纪新阶段军队历史使命

胡锦涛提出,军队要为党巩固执政地位提供重要的力量保证,为维护国家发展的重要战略机遇期提供坚强的安全保障,为维护国家利益提供有力的战略支撑,为维护世界和平与促进共同发展发挥重要作用。各项建设都要围绕提高履行历史使命的能力来进行;要牢固树立与履行历史使命相适应的思想观念,要坚持把捍卫国家主权、安全、领土完整,保障国家发展利益和保护人民利益放在高于一切的位置,努力做到忠于使命、献身使命、不辱使命;要不断提高履行历史使命的能力,使我军真正做到适应新形势、肩负新使命、完成新任务、实现新进步。

(三) 在国防和军队建设中贯彻落实科学发展观

胡锦涛强调,国防和军队建设贯彻落实科学发展观,必须全面准确把握科学发展观的深刻内涵和基本要求,把科学发展观贯彻落实到国防和军队建设的各个领域和全过程,坚持以推动国防和军队建设科学发展为主题,以加快转变战斗力生成模式为主线;按照革命化、现代化、正规化相统一的原则加强军队全面建设,把以人为本作为重要的建军治军理念,提高军队建设的整体质量和效益,努力走出一条投入较少、效益较高的国防和军队现代化建设的路子。

(四) 围绕"三个确保"时代课题加强军队思想政治建设

胡锦涛强调,军队思想政治建设要从思想上、政治上、组织上确保我军始终成为党绝对领导下的人民军队,确保国防和军队建设科学发展,确保有效履行新世纪新阶段我军历史使命。要始终坚持党对军队绝对领导的根本原则和人民军队的根本宗旨,坚持把用中国特色社会主义理论体系武装全军作为首要任务,把培育忠诚于党、热爱人民、报效国家、献身使命、崇尚荣誉的当代革命军人核心价值观作为基础工程,把发展先进军事文化作为重要任务,把我军优良传统教育作为建军育人的战略措施。坚持紧贴时代发展,紧贴使命任务,紧贴官兵实际,着力增强思想政治建设的科学性。

胡锦涛国防和军队建设思想是科学发展观的重要组成部分,主要回答了在世界大发展大变革大调整、我国全面建设小康社会的历史条件下,如何推进国防和军队建设科学发展、全面履行新世纪新阶段历史使命的问题。在胡锦涛国防和军队建设思想的指导下,中国特色军事变革取得了重大成就,军队革命化、现代化、正规化建设协调推进、全面加强,军事斗争准备不断深化,履行新世纪新阶段我军历史使命的能力不断提高,国防和军队建设取得了历史性成就。

五、习近平强军思想

党的十九大报告指出,习近平新时代中国特色社会主义思想是全党全国人民的行动指南和思想武器,我军必须牢固确立习近平新时代中国特色社会主义思想的根本指导地位,全面贯彻习近平强军思想,为实现新时代强军目标、建设世界一流军队努力奋斗。习近平强军思想是以习近平同志为核心的党中央,在指导建设强军事业伟大实践中孕育的科学思想体系,揭示了强军制胜的根本规律,闪耀着马克思主义思想方法的光辉,是指引强军事业发展进步的科学指南。

第三章 军事思想

（一）习近平强军思想的精神实质和丰富内涵

习近平强军思想内涵丰富、思想深邃，涵盖新时代国防和军队建设的方方面面，构成系统完整、逻辑严密、相互贯通的科学军事理论体系。

1. 巩固国防和强大人民军队，为实现中华民族伟大复兴提供战略支撑

中华民族伟大复兴绝不是轻轻松松、敲锣打鼓就能实现的。我们越是发展壮大，面临的压力和阻力就越大，这是我国由大向强发展进程中无法回避的挑战，是实现中华民族伟大复兴绕不过的门槛。强国必须强军，军强才能国安。国防和军队建设是国家安全的坚强后盾，军事手段是实现伟大梦想的保底手段，军事斗争是进行伟大斗争的重要方面，打赢能力是维护国家安全的战略能力。我军必须服从服务于党的历史使命，把握新时代国家安全战略需求，为实现中华民族伟大复兴提供战略支撑。

2. 着眼党在新时代的强军目标，建设一支听党指挥、能打胜仗、作风优良的人民军队

实现党在新时代的强军目标，必须同国家现代化进程相一致，力争到 2035 年基本实现国防和军队现代化，到 21 世纪中叶把人民军队全面建成世界一流军队。建设强大的人民军队是中国共产党的不懈追求。在各个历史时期，中国共产党都根据形势任务的变化，及时提出明确的目标要求，引领我军建设不断向前发展。习近平在提出中国梦不久就提出强军梦，做出全面建设社会主义现代化强国战略部署的同时，提出实现党在新时代的强军目标，把人民军队全面建成世界一流军队。这是适应世界新军事革命发展趋势和国家安全需求，对我军建设目标做出的新概括新定位，内在要求建设强大的现代化陆军、海军、空军、火箭军、战略支援部队、联勤保障部队和武装警察部队，建设绝对忠诚、善谋打仗、指挥高效、敢打必胜的联合作战指挥机构，不断提高我军现代化水平和实战能力。

3. 坚持党对军队的绝对领导，铸牢听党指挥这个强军之魂

坚持党对军队的绝对领导必须全面贯彻党领导军队的一系列根本原则和制度，确保军队绝对忠诚、绝对纯洁、绝对可靠。坚持党对军队的绝对领导是中国特色社会主义的本质特征，是党和国家的重要政治优势。抓军队建设首先要从政治上看，对党绝对忠诚的要害在"绝对"二字，必须强化"四个意识"，严肃政治纪律和政治规矩，深入抓好军魂教育，坚决维护权威、维护核心，坚决维护和贯彻军委主席负责制，坚决抵制"军队非党化、非政治化"和"军队国家化"等错误政治观点的影响，提高坚持党对军队绝对领导的政治自觉和实际能力，确保党指挥枪的原则落地生根。军队高级干部必须对党忠诚、听党指挥，做到对党最赤胆忠心、最听党的话、最富有献身精神的革命战士。

4. 聚焦能打仗、打胜仗，构建中国特色现代作战能力

军队是要准备打仗的，必须聚焦能打仗、打胜仗，创新发展军事战略指导，构建中国特色现代作战体系，全面提高新时代备战打仗能力，有效塑造态势、管控危机、遏制战争、打赢战争。人民军队永远是战斗队，军队的生命力在于战斗力。必须贯彻新形势下的军事战略方针，把备战与止战、威慑与实战、战争行动与和平时期军事力量运用作为一个整体加以运筹，牢固树立战斗力这个唯一的根本的标准，提高军事训练实战化水平，扎实做好各领域军事斗争准备，聚力打造精锐作战力量，着力建设一切为了打仗的后勤，加快构建适应信息化战争和履行使命要求的武器装备体系，加快建设以联合作战指挥人才为重点的高素质新型军事人才队伍，发扬一不怕苦、二不怕死的战斗精神，锻造召之即来、来之能战、战之必胜的精兵劲旅。

5. 培养有灵魂、有本事、有血性、有品德的新时代革命军人

强军伟业依靠新时代革命军人来实现。有灵魂就是要信念坚定、听党指挥，这是强军兴军进程中我军官兵应当具备的理想抱负，是对新时代革命军人的政治要求；有本事就是要素质过硬、能打胜仗，这是强军兴军进程中我军官兵应当具备的素质本领，是对新时代革命军人的能力要求；有血性就是要英勇顽强、不怕牺牲，这是强军兴军进程中我军官兵应当具备的精神特质，是对新时代革命军人的精

神要求；有品德就是要情趣高尚、品行端正，这是强军兴军进程中我军官兵应当具备的道德情操，是对新时代革命军人的本色要求。党的十九大后，习近平在军队领导干部会议上指出，我军高级干部是强军事业的中坚力量，身上千钧重担，身后千军万马，必须对党忠诚、听党指挥，必须善谋打仗、能打胜仗，必须锐意改革、勇于创新，必须科学统筹、科学管理，必须厉行法治、从严治军，必须作风过硬、作出表率，以饱满的精神状态和奋斗姿态为党工作，忠实履行好职责。军队在新时代要有新气象，更要有新作为，高级干部的思想和行为至关重要，要把习近平和中央军委的行动纲领贯彻好，把国防和军队现代化战略安排实现好。

6. 加强作风建设、纪律建设，永葆人民军队性质、宗旨、本色

作风优良是我军的鲜明特色和政治优势，必须加强作风建设、纪律建设，坚定不移正风肃纪、反腐惩恶，大力弘扬我党我军光荣传统和优良作风，永葆人民军队性质、宗旨、本色。作风优良才能塑造英雄部队，作风松散可以搞垮常胜之师。我军要恪守全心全意为人民服务的宗旨，牢记为人民扛枪、为人民打仗的神圣职责，始终做人民信赖、人民拥护、人民热爱的子弟兵，把理想信念的火种、红色传统的基因一代代传下去，加强党史军史和光荣传统教育，永葆老红军的政治本色。军中决不能有腐败分子藏身之地，要锲而不舍、驰而不息地把作风建设和反腐败斗争引向深入，努力铲除腐败现象滋生蔓延的土壤，积极培育风清气正的政治生态。严肃各项纪律，坚持严字当头、一严到底，下大气力治松、治散、治虚、治软，用铁的纪律凝聚铁的意志、锤炼铁的作风、锻造铁的队伍。

7. 贯彻"五个更加注重"战略指导，提高军队建设实战水平

推进强军事业必须坚持政治建军、改革强军、科技兴军、依法治军，更加注重聚焦实战、更加注重创新驱动、更加注重体系建设、更加注重集约高效、更加注重军民融合，全面提高革命化、现代化、正规化水平。政治建军是我军的立军之本，任何时候任何情况下都不能有丝毫松懈；改革是决定军队未来的关键一招，必须大刀阔斧实施改革强军战略；科学技术是核心战斗力，必须下更大气力推进科技兴军，赢得军事竞争主动；军队越是现代化越要法治化，必须厉行法治、从严治军。贯彻"五个更加注重"战略指导，必须强化作战需求牵引，提高军队建设实战水平；下大气力抓理论创新、抓科技创新、抓科学管理、抓人才集聚、抓实践创新，靠改革创新实现新跨越；坚持成体系筹划和推进军事力量建设，全面提高我军体系作战能力；坚持以效能为核心、以精确为导向，提高国防和军队发展精准度；深入实施军民融合发展战略，加快把军队建设融入经济社会发展体系，实现国防和军队建设更高质量、更高效益、更可持续的发展。

8. 深化国防和军队改革，构建中国特色现代军事力量体系

改革是强军的必由之路，必须推进军队组织形态现代化，构建中国特色现代军事力量体系，完善中国特色社会主义军事制度。深化国防和军队改革，是为了设计和塑造军队未来。领导管理和作战指挥体制改革，是以重塑军委机关和战区为重点，强化中央军委集中统一领导和战略指挥、战略管理功能，建立军委管总、战区主战、军种主建的新格局，形成决策权、执行权、监督权既相互制约又相互协调的运行体系，构建平战一体、常态运行、专司主营、精干高效的战略战役指挥体系。规模结构和作战力量体系改革，按照调整优化结构、发展新型力量、理顺重大比例关系、压减数量规模的要求，推动我军由数量规模型向质量效能型、由人力密集型向科技密集型转变，部队编成向充实、合成、多能、灵活方向发展。军队政策制度调整改革，着力立起打仗的鲜明导向，营造公平公正的制度环境，使军事人力资源配置达到最佳状态，让军人成为全社会尊崇的职业，把军队战斗力和活力充分激发出来。

9. 统筹推进军事理论、技术、组织、管理、文化等各方面创新，建设创新型人民军队

创新是引领发展的第一动力，必须坚持向科技创新要战斗力，要着眼全面推进军事理论现代化、军队组织形态现代化、军事人员现代化、武器装备现代化的需求，统筹推进军事理论、技术、组织、管理、文化等各方面创新，建设创新型人民军队。要加快形成具有时代性、引领性、独特性的军事理论体系，依靠

科技进步和创新把我军建设模式和战斗力生成模式转到创新驱动发展的轨道上来,下大气力推进军事管理革命,努力培养造就宏大的高素质创新型军事人才队伍,大力弘扬创新文化,激励官兵争当创新的推动者和实践者,使谋划创新、推动创新、落实创新成为全军的自觉行动。

10. 构建中国特色军事法治体系,提高国防和军队建设法治化水平

现代化军队必须构建中国特色军事法治体系,推动治军方式根本性转变,提高国防和军队建设法治化水平。一支现代化军队必然是法治军队。强化法治信仰和法治思维,坚持依法治官、依法治权,领导干部带头遵法、学法、守法、用法,引导官兵把法治内化为政治信念和道德修养,外化为行为准则和自觉行动。构建系统完备、严密高效的军事法规制度体系、军事法治实施体系、军事法治监督体系、军事法治保障体系,坚决维护法规制度权威性,强化法规制度执行力,推动实现从单纯依靠行政命令的做法向依法行政的根本性转变,从单纯靠习惯和经验开展工作的方式向依靠法规和制度开展工作的根本性转变,从突击式、运动式抓工作的方式向按条令条例办事的根本性转变,形成党委依法决策、机关依法指导、部队依法行动、官兵依法履职的良好局面。

(二)习近平强军思想的重大意义

党的十九大精辟概括习近平领航强军兴军的伟大成就和理论创造,鲜明提出习近平强军思想,为实现党在新时代的强军目标,把人民军队全面建成世界一流军队提供了根本引领和科学指南。牢固确立习近平强军思想在国防和军队建设中的指导地位,对于坚定不移走好中国特色强军之路,全面推进国防和军队现代化,具有重大现实意义和深远历史意义。

1. 习近平强军思想是党的十八大以来伟大军事实践的宝贵结晶和根本引领

党的十八大以来,以习近平同志为核心的党中央着眼实现"两个一百年"奋斗目标、实现中华民族伟大复兴的中国梦,立足国家安全和发展战略全局,坚持和发展马克思主义军事理论,围绕国防和军队建设做出一系列重要论述,确立党在新时代的强军目标,明确把人民军队建设成为世界一流军队的时代课题,布局展开强军兴军的战略举措,全力推进国防和军队建设,开创了强军兴军新局面。党的军事理论创新与军事实践创造同步发展,我军由内而外实现政治生态重塑、组织形态重塑、力量体系重塑、作风形象重塑,人民军队在中国特色强军之路上迈出坚定步伐。这些历史性变革和历史性成就的取得,根本在于习近平的坚强领导,在于习近平强军思想的科学指引。习近平强军思想引领着强军实践,升华于强军实践,凝结着习近平建军治军的创新创造,并必将继续指引我军奋力开拓一个强军新时代。实践昭示,沿着习近平开辟的中国特色强军之路坚定前行,必须高举习近平强军思想这面旗帜不动摇。

2. 习近平强军思想是马克思主义军事理论中国化时代化的新飞跃

坚持用鲜活的马克思主义军事理论指导实践,是中国共产党建军治军的一条根本经验。面对世情国情军情的深刻变化,面对强国强军的时代要求,习近平强军思想做出一系列新的重大判断、新的理论概括、新的战略安排,指出世界正发生前所未有之大变局、我国正处于由大向强发展的关键阶段、我军正经历着一场革命性变革,强调国防和军队建设进入了新时代;阐明新时代军队使命任务和强军的奋斗目标、建设布局、战略指导、必由之路、强大动力、治军方式、发展路径等重大问题,把中国共产党对军事力量建设和运用规律的认识提高到新水平。习近平强军思想把全面推进国防和军队现代化纳入强国复兴大战略、大布局,为我们走好新的长征路确立了行动纲领,这些理论上的重大突破、重大创新、重大发展,为丰富和发展马克思主义军事理论做出原创性贡献,开拓了当代中国马克思主义军事理论和军事实践发展新境界。习近平强军思想与毛泽东军事思想、邓小平新时期军队建设思想、江泽民国防和军队建设思想、胡锦涛国防和军队建设思想,既一脉相承又与时俱进,是习近平新时代中国特色社会主义思想的"军事篇",是马克思主义军事理论中国化时代化的新飞跃,是人民军队的强军之道、制胜之道,升华了中国共产党对军事指导规律的认识,把马克

思主义军事理论和当代中国军事实践提升到新境界，为我军实现强军目标、迈向世界一流提供了科学指南和行动纲领。

3. 习近平强军思想是走中国特色强军之路的根本遵循

过去一个时期，我军一度存在许多突出矛盾和问题，这种状态任其发展下去，军队不但打不了仗，甚至有变质变色的危险。习近平以巨大的政治勇气和强烈的责任担当，带领全军重振政治纲纪，坚定不移推进政治整训，有效解决了弱化党对军队绝对领导的突出问题；重塑组织形态，大刀阔斧全面深化改革，有效解决了制约我军建设的体制结构突出问题；重整斗争格局，坚定捍卫国家核心利益，有效解决了军事力量运用方面的突出问题；重构建设布局，创新发展理念和方式，有效解决了我军建设聚焦实战不够、质量效益不高的突出问题；重塑作风形象，强力推进正风肃纪反腐，有效解决了不正之风和腐败现象滋生蔓延的突出问题。党的十八大以来，强军事业取得历史性成就、发生了历史性变革，根本在于习近平的坚强领导，在于习近平强军思想的科学指引。全面贯彻习近平强军思想，我军才能跟上全面建设社会主义现代化强国的进程，在世界新军事革命浪潮中勇立潮头、赢得战略主动，朝着世界一流军队扎实迈进。

4. 习近平强军思想是新时代全面推进国防和军队现代化的根本保证

习近平强军思想源于实践又指导实践，彰显出巨大的真理价值和实践威力，是强军新征程上立起的理论航标，闪耀着马克思主义军事理论的真理光芒，引领着新时代人民军队的前行方向。党的十九大把坚持党对人民军队的绝对领导上升为新时代坚持和发展中国特色社会主义的基本方略；新党章把坚持党对人民解放军和其他人民武装力量的绝对领导、中央军委实行主席负责制、中央军委负责军队中党的工作和政治工作等写入其中，充分体现了党对治国理政和建军治军规律的认识深化，标志着中国特色基本军事制度更加成熟定型。党对军队的绝对领导是中国特色社会主义的本质特征，是党和国家的重要政治优势，是人民军队的建军之本、强军之魂。坚持党对人民军队的绝对领导，必须以党的旗帜为旗帜、以党的方向为方向、以党的意志为意志，全面贯彻党领导人民军队的一系列根本原则和制度，增强政治意识、大局意识、核心意识、看齐意识，做到绝对忠诚、绝对纯洁、绝对可靠，坚决维护权威、维护核心，坚决维护和贯彻军委主席负责制，始终在思想上政治上行动上与党中央、中央军委和习近平主席保持高度一致，一切行动听从党中央、中央军委和习近平主席指挥。唯有如此，强军事业才能始终沿着正确的方向前进，驶向光辉未来。

思考题

1. 简述军事思想的发展历程。
2. 简述军事思想的地位和作用。
3. 简述外国现代军事思想的主要理论。
4. 简述中国古代军事思想的主要内容。
5. 毛泽东军事思想的主要内容是什么？
6. 邓小平军队现代化建设的主要内容是什么？
7. 江泽民关于加强军队全面建设的"五句话"的总要求是什么？
8. 胡锦涛国防和军队建设思想的内容有哪些？
9. 习近平强军思想的精神实质和丰富内涵有哪些？有何重大意义？

第四章 现代战争

学习目的：了解战争内涵、特点、发展历程，理解新军事革命的内涵和发展演变，掌握机械化战争、信息化战争的形成、主要形态、特征、代表性战例和发展趋势，使学生树立打赢信息化战争的信心。

第一节 战争概述

社会进步有两种形式，社会的维护和缔造也有两种形式，一是战争，另一是和平。战争是人类历史发展到一定阶段的产物，当社会矛盾激化到一定程度，和平手段难以调和解决的时候，就需要一种强制的暴力形式出场，这就是战争。所以，战争的出现是社会发展的常见现象。从某种意义上讲，它是和平的延续，是矛盾的延续，也是矛盾即将解决的黎明，二者相辅相成。马克思主义认为，阶级是战争产生的基础，只有消灭阶级，才能消灭战争。和平发展虽说是新时代的主题，但战争风险依然存在，我们只有认识战争、把握战争的特点与规律，建设强大的武装力量，增强国防实力，才能赢得战争，实现"以战止战"，为实现中华民族伟大复兴的中国梦，提供一个安全、和平、稳定的发展环境。

一、战争的内涵

战争是国家或政治集团之间为了一定的政治、经济等目的，使用武装力量进行的规模化的激烈交战的军事斗争。它是解决国家、政治集团、阶级、民族、宗教之间矛盾冲突的最高形式，是达成政治目的的一种特殊手段。战争是流血的政治，是解决阶级矛盾、社会政治矛盾和集团利害冲突的最高的、最后的，也是最残酷的、最野蛮的斗争形式。

人类社会出现过多种类型的战争。按战争性质分，有正义战争和非正义战争；按社会形态分，有原始社会后期的战争、奴隶社会、封建社会和资本主义社会的战争等；按战争形态分，有冷兵器战争、热兵器战争、机械化战争以及正在形成中的信息化战争；按是否使用核武器分，有常规战争和核战争；按战争规模分，有世界大战、全面战争和局部战争；按作战空间分，有陆上战争、海上战争和空中战争等。

战争对人类的安危、民族的兴衰、国家的存亡、社会的进步与倒退产生直接的重要影响。战争将长期存在于人类社会，并对人类社会历史的发展继续发挥重要作用，战争的消亡是有条件的，将经历一个久远的、逐步的过程。只有随着生产力的高度发展和社会的极大进步，随着私有制和阶级的消亡，随着国家或政治集团间根本利害冲突的消失，战争才会最终失去存在的土壤和条件，退出人类历史的舞台。

二、战争的主要特点

（一）政治性

物质经济利益的对抗高度集中时会表现为政治对抗，而政治对抗的最高形式就是战争。如果说物质经济利益的对抗和积累播种下战争种子,那么政治对抗则是孕育战争种子的母体。战争是政治的继续,这是战争发生和发展的基本规律。这个由克劳塞维茨提出,被列宁充分肯定并加以深化的经典论断,至今还是马克思主义战争理论的基石。

(二)暴力性

战争的暴力性可从战争的目的、手段、结局三个方面理解。一是从目的上看,战争是迫使敌人服从我们意志的暴力行为,具有强制性。二是从手段上看,战争有一套特殊的组织、特殊的方法、特殊的过程,具有特殊性。三是从结局上看,战争会带来人员伤亡,造成大量物力、财力的损失,具有残酷性和破坏性。

(三)集团性

战争作为民族、国家、阶级和政治集团为解决无法调和的对抗性矛盾所采取的最高斗争形式,势必是一种高度组织化的集团性暴力行为,即以军队或民众武装为基本工具。在当代历史条件下,虽出现了某些新的暴力对抗形式,但仍然是以军队或民众武装为主体的,由此可见战争的集团性特点。

三、战争的发展历程

(一)原始社会后期的战争

人类在原始社会母系氏族时期已出现原始形态的部落与部落之间的战争。那时,人们在以血缘关系为纽带的共同体组织内生产和生活。在部落组织外部,人们在从事采集狩猎或原始农业活动中,或由于天灾、人口增长等原因引起的部落迁徙过程中,为了争夺赖以维持生存的土地、河流、山林等自然资源,出现了部落组织之间的冲突乃至战争。进入父系氏族时期,战争越来越多地嬗变为掠夺土地、财物或奴隶的手段。战争加速了原始社会的瓦解,促进了私有制、阶级和国家的形成。

(二)奴隶社会时期的战争

战争伴随着国家的形成与完备得到了发展。奴隶社会既有奴隶与奴隶主的尖锐对立,又有新生的奴隶制政权与旧氏族部落势力的对抗,还有奴隶主之间的斗争,后期则出现了新兴封建势力与维护奴隶制旧势力的冲突。这些矛盾的积累和发展,便形成了奴隶制时代的众多战争。奴隶社会进行战争的军队主要有车兵和步兵,后期出现了水军。战争样式主要是车战和步战,也有水战或海战。野战主要是敌对双方组成密集阵形,依靠冲杀格斗决定胜负。这个时期的筑城技术在战争中得到一定发展,城池、关隘要塞的攻防作战已相当普遍。

奴隶社会出现了许多总结战争经验的理论著述。中国商代的甲骨文已有较多战争活动的记载。西周及春秋时期的古籍《尚书》《周易》《诗经》《军政》《军志》《左传》等都记述了战争活动,提出了一些反映战争规律的理论。特别是孙武所著的《孙子兵法》,提出了许多至今仍具有强大生命力的驾驭战争的理论原则,被后人誉为"兵学圣典"。古希腊和古罗马的一些历史著作,记载了希波战争、伯罗奔尼撒战争、亚历山大东征等战争情况,蕴涵着一定的战争理论。

(三)封建社会时期的战争

封建社会的主要矛盾是地主阶级和农民阶级的矛盾,同时还存在地主阶级内部的矛盾,以及国家之间、民族之间的矛盾。这些矛盾的发展便导致了这一时期的各种战争。封建社会的战争规模已有很大发展,这既是社会经济发展和人口增长的结果,同时还与兵源的扩大有关。军队的构成有陆军和水军(海军),陆军中除车兵被逐步取代外,主要是步兵和骑兵,铁制的冷兵器长期是军队的基本装备。

10世纪,中国发明火药并应用于军事以后,战争即进入了火器与冷兵器并用的时代。作战方式主要有围绕攻城略地或守疆卫土而进行的骑战和步战,快速机动、远程奔袭、迂回包围等战法都有很大发展。筑城守备、攻城技术战术及工程部队也都有所发展。

中国封建社会战争频繁,积累了丰富的战争经验,推动了战争理论的繁荣。兵学著作《吴子》《孙膑兵法》《尉缭子》《司马法》《六韬》《三略》等,重点阐述战争观,战争指导法则及战争力量建设,提出了许多至今仍具有重要价值的理论观点,丰富和发展了战争理论。中世纪欧洲的战争理论著作为数不多,《将略》和《战争艺术》内容涉及战争力量建设、编成及战法运用等。

(四)资本主义社会时期的战争

17世纪中期以来,随着生产力的发展和资产阶级革命的发生,欧洲、美洲一些国家打破了封建制度的束缚,先后进入资本主义社会。资本主义在确立和发展过程中出现了一系列社会矛盾,如资产阶级要求打破旧制度与旧秩序和封建主维护旧制度与旧秩序的矛盾,资产阶级国家对外侵略和殖民掠夺同被侵略被掠夺国家的矛盾,资产阶级国家之间为争夺世界势力范围而产生的矛盾等。这些矛盾的发展经常会导致战争。随着封建制度的瓦解,资本主义工业时代的建立和发展,加速了社会经济和科学技术的发展,推动了军事技术的进步,为战争的发展变化提供了必要条件。铁路、轮船的出现,增强了军队的后勤补给和机动能力;枪炮等武器装备的不断改进,增大了射程和毁伤力;装甲列车、装甲战舰的出现和工程技术的发展,促进了军队作战能力的增强。资本主义国家实行义务兵役制,采用正规的军、师、旅、团、营、连编制,制定统一的操典、教范和号令,建立了庞大的陆军和海军。陆军中有步兵、骑兵、炮兵、工兵等。军队还建立了各级司令部和总参谋部。海军由舰队、基地、陆战队组成独立进行海上作战的体系,蒸汽铁甲舰逐步取代木帆船,并开始装备大口径远射程火炮,战争形态由此演变为热兵器战争。一些战略家从不同侧面对战争力量建设和运用进行了阐述,初步探索了新的战争理论,并在着重总结拿破仑战争经验的基础上,提出了较为系统的战争理论。

19世纪末至20世纪初,各主要资本主义国家先后从自由资本主义发展到垄断资本主义,进入帝国主义阶段。垄断资产阶级对广大劳动人民的剥削加深,帝国主义列强对殖民地人民掠夺和压迫的加剧,国际垄断资本集团之间争夺的激化,帝国主义国家之间经济、政治发展的不平衡和重新瓜分世界的斗争,使资本主义世界矛盾重重,阶级、民族和国家之间矛盾尖锐复杂,因而爆发了一系列战争。其中,第一次世界大战和第二次世界大战的规模、强度和影响,在世界战争史上是空前的。在第二次世界大战中,不但使用了大量的火炮、坦克、飞机、军舰等现代武器装备,还首次使用了导弹、原子弹和雷达技术。战争从热兵器战争发展到机械化战争,战争理论也获得了长足发展,出现了空中战争论、机械化战争论及总体战、闪击战等新的战争理论。

第二次世界大战后,形成了分别以美国、苏联为首的两大政治军事集团相互对抗的国际战略格局。两大政治军事集团的对抗与争夺,使人类社会笼罩在世界大战乃至核战争的阴影下。世界大战或核战争虽未发生,但局部战争或武装冲突频繁。20世纪50—70年代中期,与工业时代的大规模和集约化生产方式相适应,战争形态仍表现为机械化战争,但火力战的强度、机动战的速度、攻坚战的能力等都较第二次世界大战有了明显提高,战争的立体性、总体性和破坏性等有了很大增强。20世纪70年代中期以来,随着新技术革命在世界范围内蓬勃兴起,计算机技术、精确制导技术、航天技术、生物技术、新材料技术和海洋技术等越来越广地运用于军事领域,推动着战争形态新的演变。其主要特点是:战争行动节奏加快,战争力量的对抗表现为敌对双方体系与体系的较量,战争空间由陆地、海洋、空中向外层空间、电磁领域延伸和发展,前方后方界线模糊,军事和非军事机构融为一体,制陆权、制海权、制空权、制信息权和制天权交互为用,空地海天一体的机动战、电子—火力瘫痪战、海空封锁战、特种作战、精确作战等成为主要作战方式。这些特点集中地反映在海湾战争、科索沃战争、阿富汗战争和伊拉克战争中。显示出战争已由机械化战争开始向信息化战争过渡和嬗变。在战争理论上，一些军事大国提出了核战争理论、特种战争理论、低强度冲突理论、高技术局部战争理论、信息化战争理论等，代表作有基辛格的《核武器与对外政策》、格雷厄姆的《高边疆——新的国家战略》、索科洛夫斯基的《军事战略》等。

（五）无产阶级革命战争

无产阶级和资产阶级是同时产生、利益根本对立的阶级，资产阶级的残酷经济剥削和政治压迫，迫使无产阶级多次发动武装起义。1871年的巴黎公社起义，是无产阶级用武力推翻资产阶级统治、建立无产阶级专政的首次尝试。无产阶级登上政治舞台，在战争理论上同样有自己的卓越表现。马克思和恩格斯运用辩证唯物主义和历史唯物主义的理论研究战争，探索战争的本质和规律，深刻地阐明了无产阶级的战争观，阐述了无产阶级关于军队的学说和武装起义的理论，为被压迫阶级、被压迫民族的革命战争创立了科学的理论，为人类科学地研究和解决战争与军队问题奠定了坚实的理论基础。列宁深刻地分析了帝国主义的特点及其发展不平衡的规律，指出帝国主义是现代战争的根源，科学地阐明了战争与革命、战争与和平的基本原理，论述了无产阶级对待正义战争和非正义战争的态度，提出并实现了利用帝国主义链条上的薄弱环节，变帝国主义战争为国内战争，进而实现社会主义革命胜利的新论断。列宁继承和发展了马克思主义的战争理论，在实践上为无产阶级依靠革命战争取得并巩固国家政权提供了成功的范例。斯大林继承和实践了列宁关于无产阶级革命战争的理论，在领导苏联人民反法西斯的卫国战争中做出了重大贡献。

（六）中国人民革命战争

中国共产党领导的新民主主义革命的胜利，结束了中国半殖民地半封建社会的历史。以毛泽东为代表的中国共产党人，把马克思列宁主义普遍原理与中国革命的实际情况相结合，选择了在农村发动革命，以农村包围城市，最后夺取全国政权的道路，先后进行了土地革命战争、抗日战争和解放战争。中国人民革命战争是一场新型的人民战争，在广度和深度上超过了以往所有的区域性或全国性战争。经过长期的革命战争，中国共产党领导人民，以劣势装备打败了优势装备的敌人，赢得了战争的胜利。中华人民共和国建立后，中国人民又进行了抗美援朝战争和历次边境自卫反击战，为维护世界和平做出了积极贡献。在长期的革命战争中，中国共产党人以马克思列宁主义的战争理论为指导，吸取了中华民族丰富的战争理论遗产和西方资产阶级战争理论精华，集中人民群众的智慧，创立了符合中国革命战争规律的、以人民战争理论为核心内容的毛泽东军事思想，为取得中国革命的胜利提供了科学的思想武器，成为20世纪最具特色、最有影响的革命战争理论。

第二节 新军事革命

军事革命是军事领域各个方面、各个层次发生重大变化的一种社会现象，是社会变革的重要组成部分。军事革命的时机通常与生产力的发展状况和生产关系的变化相联系，并往往在社会变革中发挥先导作用。

一、新军事革命的内涵

自20世纪80年代末至90年代初，世界军事领域兴起了一场新的深刻变革，它被称为"新军事革命"，它是在信息技术、精确制导技术、航天技术、新能源技术、生物技术及隐形技术的推动下发生的，其本质体现在，更新武器装备、革新军队体制、创新军事理论、转变战争形态。

新军事革命基本内容包括：军事技术革命、武器装备革命、军事组织体制革命、军事理论革命和军队建设思想革命。其基本目标为：建立小型、高能量的信息化作战力量，实施有区别的精确作战。其中，建立小型化、高能量的信息化作战力量，是现代科学技术高度发展的物化结果，也是一种具有划时代意义的主观要求；实施有区别的精确作战，既是新技术革命的最终成果的表现形式，又是新军事革命追求的目标。新军事革命已成为塑造信息时代的新式装备、新型军队、新型战争等新的战争机器和新的战争机制，以及各国谋求未来战争主动权和维护世界和平的时代命题。

新军事革命的内涵十分丰富。但是受政治、经济、科技、历史、文化、民族、地理等因素的影响，又因各个国家的军事发展、文化底蕴和人的思维方式的不同，造成不同的国家和军队在不同的历史条件下，对军事革命的认识也有所相同。

二、新军事革命的发展演变

军事领域是社会形态的一个重要组成部分，军事革命是社会变革在军事领域的反映，受社会发展规律的支配，其发展演变过程如下。

20世纪中叶，以信息技术为核心的高技术群的飞速发展，人类社会由工业社会走向信息社会。20世纪50年代末，世界上出现集成电路，随后微电子技术开始渗透到人类社会生活和生产的各个领域，以信息技术、生物技术、新材料技术、新能源技术、空间技术和海洋技术为基础的新技术革命蓬勃兴起。新技术革命的成果，如光纤技术、激光技术、红外技术、束能技术、人工智能技术、精确制导技术、超导技术、隐身技术等在军事领域得到广泛运用，特别是微电子技术在军事领域的运用，引起军事技术的深刻变化，促进了武器装备的更新和变革，一场以信息技术为龙头的新军事革命悄然兴起。20世纪60年代，在美国、苏联和北约军队中，作战平台和武器系统逐步计算机化。20世纪70年代，以指挥控制、情报探测为内容的确保信息畅通的C^3I系统在军事上得到运用。

20世纪70年代末80年代初，美国军方通过总结越南战争和第四次中东战争的经验，提出"空地一体战"理论，标志着传统战争观念和作战理论变革的开始。在"以理论牵引技术"的思想指导下，美军制定了与"空地一体战"理论相适应的武器装备发展、体制编制和整合教育训练改革计划。从20世纪80年代开始，发达国家开始充分运用军事技术成果，新武器系统逐渐装备部队，军事作战理论和体制编制开始发生明显变化。

1991年爆发的海湾战争，表现了与以往战争不同的特点，显示了未来信息战争的雏形，标志着"军事领域发生的根本性变革的时代"已经到来。海湾战争前，军事领域进行的新军事革命，以军事技术革命为主体，是新军事革命的初级阶段。这一阶段，军事技术发展对军事技术革命和军事革命起了主导作用。海湾战争后，发达国家根据海湾战争反映出的新特点，为了谋求在未来世界战略格局中的有利地位，占领世界军事斗争先机，纷纷对军事战略进行调整，创造新的军事理论，制定新的战略战术，以新的军事理论指导军事技术和武器装备的发展，完善技术含量高的作战体系，通过模拟对抗训练和演习，实现理论的先导作用，推动新军事革命进入高级阶段。进入21世纪后，世界新军事革命开始加速，目前，正在以更快的速度向更广泛的领域加快发展，进入了全面质变阶段。

三、新军事革命的主要内容

新军事革命的本质和核心是信息化，其目的是建设信息化军队、打赢信息化战争。基本内容可概括为"四创新一转变"，即创新军事技术、创新编制体制、创新作战方式、创新军事理论、转变战争形态。

（一）创新军事技术

创新军事技术主要是实现武器装备的信息化，从近期世界上几场局部战争的过程看，武器装备的信息化可概括为侦察立体化、打击精巧化、反应高速化、防护综合化、夜幕单向化、武器电子化、指挥控制智能化、现装新型化。

1. 侦察立体化

侦察立体化，通俗地讲就是"眼观六路、耳听八方"。在未来战争中，新型信息化装备将使战场更透明，从大洋深处到茫茫太空，布满了天罗地网式的侦察监视系统。水下有声呐，地面有传感器，空中有侦察飞机，太空有侦察卫星。特别是侦察卫星，可以说是"站得高，看得远"，其侦察效果更加显著。例如，把侦察卫星定位到地球同步轨道上，一颗卫星就能同时看到太平洋两岸，监视地球表面42%的面积。

在现代战争战场范围广、情况变化快、地面防空火力强的情况下，其他侦察手段均受到一定的限制，侦察卫星却仍可畅行无阻。美国人说，"谁能控制太空，谁就能控制地球"。侦察是打击的前提，从一定意义上讲，高水平的侦察监视技术本身就是一种威慑力。

2. 打击精巧化

高技术武器装备强调在"精巧"二字上做文章。所谓"精"，就是要能够"攻其一点，不及其余"，尽量不引起不必要的附带毁损，通俗讲就是"指到哪儿打到哪儿"。精确打击在现代战争中的地位日益重要。根据推算，就杀伤破坏效果而论，爆炸威力提高1倍，杀伤力只能提高40%；而命中概率提高1倍，杀伤力却能提高400%。如在海湾战争中，当美国空军投下的制导炸弹在伊拉克电信大楼爆炸时，紧挨电信大楼的希拉德饭店却安然无恙，CNN的电视记者，透过饭店玻璃窗，向全世界进行电视实况报道。这种情况在狂轰滥炸的传统战争中，简直是不可思议的事情。统计显示，在越南战争中，所用精确制导弹药占总弹药数的比例仅为0.02%，海湾战争达8%，科索沃战争为35%，阿富汗战争为56%，伊拉克战争达68%。

在"求精"的同时，人们也在琢磨怎么借助高技术，在"巧"字上下工夫。美国人认为，要想最有效地削弱敌人的战斗力，致死不如致伤，致伤不如使其失能。这里讲的"失能"，既可以指武器，也可以指人员，这样的战争，"效费比"更高，副作用更小，"后遗症"更大。常用的方法有，用脆化剂使桥梁解体；用阻燃剂使汽油变稠，用特种胶把人员、车辆粘在地上；用超级润滑剂降低路面阻力，使飞机不能起降、车辆不能行驶；用碳纤维弹让电网短路；用计算机病毒让指挥系统瘫痪等。这样既能达到军事目的，又能减少毁损面。

3. 反应高速化

"兵贵神速"历来为兵家所追求，但传统武器装备因受技术条件限制，常常"欲速不达"。高技术武器装备在现代战争中的应用，使"兵贵神速"成为现实。在部队机动速度大大加快的同时，现代武器从发现目标到攻击目标的反应时间也大为缩短。当前，在信息化战争中，"被发现就意味着被命中"，如美国的"爱国者"，俄罗斯的"S-300"地空导弹系统的反应时间为15秒，我国的"红旗"系列地空导弹的反应时间为15~20秒。从一定意义上讲，反应时间的加快相当于距离的缩短、效能的提高，所以，谁的反应速度更快，谁就更易于发挥火力，撤离现场，消灭敌人而不被敌人所消灭。

4. 防护综合化

"保存自己，消灭敌人"是一切战争的基本原则。在现代战争中，进攻一方如果不能有效地保护自己，就可能出现"发难者先遭难"的结局。现在，当一架战斗机在重要地区300米以上高度飞行时，可能受到800~900部雷达的照射，其中可能有300~400部雷达以600~700个不同频率的波速进行搜索，有30~40部雷达跟踪飞机。在这种情况下，防护的地位显得特别重要。海湾战争中，F-117A隐身战斗轰炸机大出风头,且无一损伤,其奥妙之处,便是借助于外形设计和表面涂料,有效地实现了隐身的要求,其雷达反射面只有0.1平方米,和一顶钢盔差不多(见图4-1)。

5. 夜幕单向化

长期以来,夜幕是军事行动的天然障碍,是弱方偷袭强方的天赐良机。但是,由于夜视技术的迅速发展,这种情况发生了根本变化。目前,一些发达国家军队的战斗分队,已经普遍配备了高技术夜视器材,在高技术战争中,对于夜视器材水平不同的交战双方而言,"实际的明暗程度"

图4-1　F-117A隐形战斗机

是不一样的,其中水平高的一方拥有对夜暗的"单向透明":即你看不到他,他却可能看到你;你打不着他,他却可能打着你。有人甚至认为,没有夜战能力的武器装备是"残缺不全"的武器装备。近期几场带有高技术特征的战争,大都从夜间开始,这已引起世界各国的注意。

6. 武器电子化

在军事变革当中,各种武器装备向电子化方向发展,不仅战斗力大大提高,而且生存能力也更强了。例如,带电子战设备的轰炸机的作战生存概率可高达70%,不带者仅为15%;带电子战设备的作战飞机的损失概率仅为2%~3%,不带的为20%;水面舰艇装不装配电子战设备,其损失概率相差3倍。但是也应该认识到,现代战争双方对电子系统的依赖性很高,一旦电子系统遭受干扰或破坏,先进的武器也可能会沦为一堆废铁。

7. 指挥控制智能化

现代军事高技术的发展和应用,使武器装备的射程、威力、精度都几乎达到了各自的极限,交战双方的差别,在很大程度上取决于其对作战力量的指挥控制水平。尤其是自动化的指挥控制系统的应用,使军队指挥既快速又准确,它可以提出决策建议和行动方案供指挥员选择参考,以高技术为支撑的C^4I系统,既可供战略指挥(全国、全球,甚至外层空间)使用,也可供战役、战斗指挥使用,甚至单舰、单机、单车、单兵都可使用。

以海湾战争为例,在整个38天空袭期间,多国部队的空域管制人员必须根据空中任务分配指令,每天管理数千架次飞机的飞行活动,涉及122条空中加油航线、600个限航区、312个导弹交战空域、78条空中攻击走廊、92个空中战斗巡逻点、36个训练区和6个国家的民航线,总航线长达15万千米,要完成如此复杂的指挥控制任务,没有一个性能良好的计算机网络指挥控制智能化系统,简直是不可能完成的事情。当然,这里所讲的"控制智能化",是一个人机结合的概念,是让计算机"帮助"人进行控制,而不是"代替"人进行控制。

8. 现装新型化

高技术武器装备的性能虽然强大,但其售价也是相当昂贵的。因此,即使是发达国家,也不能随心所欲地研发和购置一切新型武器,而不得不把眼光转向那些现正服役甚至已经退役但尚有潜力可挖的武器装备,力求通过高新技术的改造,使之"返老还童"。比如,以美国的B-52战略轰炸机为例,从开始服役到现在,历时半个世纪,其间机载武器和电子设备改装过至少六次。研制B-52飞机的时候,着眼点是载弹量大,一次可装弹27吨,也可挂装核弹头。到越南战争时,对其进行了改装,实现了地毯式轰炸;现在经进一步改装,使该机能够装载24枚巡航导弹。另外,美国的"密苏里"号和"威斯康星"号列舰,先后参加过第二次世界大战和朝鲜战争,两起两落之后,又于1981—1988年间进行了现代化改装,拆除了四座双联装的127毫米火炮,增设了八座"战斧"巡航导弹发射装置及其他现代武器系统，并将舰尾进行调整，可以起降直升机。1991年1月17日，对伊拉克实施攻击的第一枚"战斧"巡航导弹便是从"威斯康星"号战列舰上发射的。

（二）创新编制体制

创新编制体制就是要求军队组织结构重组，建立与信息化军队相协调的体制编制。呈现以下4个方面的趋势。

1. 军队规模将进一步缩小

随着新军事革命的发展，未来战争将由高技术对抗逐渐代替人力的直接对抗，原来主要依靠体能、技能来使用机械化武器装备的部队，将被主要靠智能来使用信息化装备的部队所代替。因此，发达国家纷纷裁减军队的数量。从发展趋势看，大国军队的规模还将进一步缩减。其原因是较长时期内发生世界大战的可能性减小，高技术信息化军队的作战效能大大提高，同时，信息化军队建设费用昂贵，保持大规模的军队，财务压力巨大。

2. 军事力量结构将不断优化

未来信息化战争的技术密集和结构整体性特征，必然促使军事力量的组成比例发生新的变化。为了构建信息化军队，世界发达国家都在调整优化军事力量结构。在武装力量构成上，现役兵力的比例将下降，预备役兵力的比例将有较大幅度上升；在核力量和常规力量的对比上，常规力量的地位将上升，核力量的数量将相对下降；在陆、海、空三军兵力的对比上，陆军兵力所占比例将下降，海军、空军兵力比例将上升；在战斗部队与保障部队的比例上，战斗部队相对减少，保障部队增多；在保障部队中，技术保障兵力将增加，勤务保障兵力将减少；在技术兵力中，计算机网络和电子对抗等信息战兵力将增多，一般技术兵力将减少；在轻、重型部队的对比上，轻型部队比例上升，重型部队比例下降；在官兵比例上，军官比例将增加，士兵比例将减少；在军官的构成上，技术军官比例将增大，指挥和一般参谋军官比例将缩小；在士兵和士官的比例上，士兵比例将下降，士官比例将上升。此外，各国都在加强电子战部队建设，创建新的军兵种和部队。

3. 作战指挥体制将"扁平网络化"

为了适应信息时代和信息战的要求，发达国家的军队正在酝酿变"树"状体制为扁平形"网"状体制。这种指挥体制的结构特征是，外形扁平，横向联通，纵横一体。外形扁平要求纵向减少指挥层次，缩短信息流程。横向联通是指不仅平级单位之间直接沟通联系，各作战平台之间也能实时交换信息。纵横一体，就是实现信息流程最优化，流动实时化，信息的采集、传递、处理、存储、使用一体化。"网"状指挥体制的突出优点是生存率高。网络节点多，切断一条线，还可以通过迂回，形成多条通道。同时适应指挥决策分散化的要求，下级指挥员可以实时决策、实时指挥。

4. 部队编制将小型化、一体化、多能化

信息化条件下，适应作战编组灵活，多能的发展要求的小型化、合成化的军队编制表现出强大活力。如在伊拉克战争中，美英联军以师或旅进行作战编组，基层作战单元合成化程度大大提高，作战能力显著增强。

未来兵力编组的趋势是向多元一体化的方向变化，这种多元一体化的编组正从单一军种内的多兵种合成编组，向跨军种甚至全军种的联合编组过渡，最终将实现真正的陆海空一体化部队的形成。这将打破军种界限，不再以传统武器性能分别编组，而是以信息武器为神经骨干，根据不同的任务将使用各种武器的部队聚合在一起。部队编制多能化是指为了适应战争多样化的特点，针对不同时机、不同规模、不同对象的作战要求，建立不同使用范围和不同功能的部队。有适应打高强度战争的重型部队，也有适应打中、低强度战争的轻型部队，还有对付"亚战争行动"或"非战争行动"的反恐怖、反劫持、反走私或维持和平的特种部队等。

（三）创新作战方式

科学技术的发展，全新武器系统的应用，必须创新作战方式和方法，以适应新军事变革的需要，确保战争的主动权。新的作战方式主要体现在由机械化战争时代的接触式、线式等传统作战方式，转变为非接触式、非线式作战等更加灵活的作战方式。

非线性作战就是没有战线，没有前后方可言，不再以线性排兵布阵，因为未来的战争可能出现在世界的任何一个地方、任何一个角落、任何一个位置。2010年4月22日，美国的第一架空天飞机X37B进行了首飞，它是一种小型航天飞行器，飞行速度可达到30000千米/小时以上，这种速度别说拦截，就是雷达都很难发现它，它既可在太空中巡航，又可进入大气层执行攻击任务，它能在2小时以内飞行1.6万千米，携带约5.4吨炸弹或巡航导弹，从美国本土出发轰炸全球任何一个地方的目标。

非接触性的作战方式使用高技术远程火力对敌方军队进行间接打击，在脱离和避免与敌军短兵相接的情况下，杀伤敌方有生力量的作战方式，常见的用于非接触式作战的现代武器主要包括航空兵的战机和导弹武器。

此外，信息战、控制战、瘫痪战、隐形战、信息化攻击战、"虚拟现实"战、网络中心战、太空攻防战等许多新作战样式正在逐步酝酿发展。

（四）创新军事理论

自新军事革命开始以来，各国军事理论家和领导阶层对信息时代的军事理论进行了大量探索性研究，提出了许多新概念、新观点、新看法。

1. 国家安全观有了新变化

随着信息时代的到来，以及人类社会结构的日趋网络化，信息不仅将在社会生活的各个领域发挥越来越大的作用，而且将对传统的国家安全造成巨大的冲击，产生深远的影响。信息时代要求我们从更广的视野，更深的层面观察与处理国家安全问题。在军事安全方面，既要看到有形的挑战，又要注意无形的威胁。在政治思想安全方面，要打好政治领域的信息战，防止他国操纵政治舆论；在经济安全方面，要高度警惕敌方实施经济信息攻击和经济信息封锁；在文化安全方面，要采取得力举措，抗拒"文化侵略"等。

2. 战争观有了新内涵

在信息时代，战争形态向信息化和可控化的方向发展：新军事革命一方面使人类有意识地从技术上实现对战争的手段和过程加以控制，由机械化战争向信息化战争转变；另一方面使人类有意识地从政治上实现对战争的目的、效果加以控制，由绝对性全面战争向可控性局部战争转变。

战争观的新内涵主要包括以下5个方面。一是战争的内涵不断扩展。传统的战争是流血的战争；而未来的信息化战争，流血的战争与不流血的战争同时存在。二是战争的目的是迫使敌方屈服，信息化战争的目的是遏制敌方企图或使敌方屈服，实现目的以最小的代价为前提。三是战争的规模和进程受到制约，进入信息时代，战争时间大大缩短，信息化、网络化为战争在时间和空间上提供了精确打击和全纵深作战的手段，避免了无限制地使用暴力的持久对抗，战争指挥者有能力对战争规模和进程进行有效控制。四是战争的附带损伤减少。附带损伤是指与战争目标无直接关系或根本无关的破坏。在信息时代，战场实现了数字化和一体化，做到了精确侦察、精确定位、精确传递、精确指挥、精确机动、精确打击、精确评估，使作战实现了精确化，使非打击目标的附带损伤可以减小到很低的程度。五是战争的焦点是争夺制信息权。对信息系统的打击与反打击，赢得网络和电磁频谱控制权，成为控制战争全局的关键性因素。谁掌握了信息权，谁就取得了胜利的主动权。

3. 作战思想有了新发展

在信息时代，战争出现了陆、海、空、天部队一体化联合作战的新趋势，这就要求各军兵种和部队优劣互补、协同作战，形成强大的综合作战能力（见图 4-2）。这种时间、空间、网络交错的综合作战方式，势必会导致作战思想发生深刻的变化。例如，先进的 C^4KISR 系统把各种作战力量和作战要素联合成一个整体，当整体的一些关节点遭到破坏时，虽然作战力量和要素还存在，但整个作战系统已丧失了功能，因此，在信息时代，作战目标的选定不局限于毁损敌方的有生力量，而着眼于破坏敌方的作战系统结构，使敌方从整体上失去作战能力。这种超越打击、结构破坏的作战思想已经在海湾战争和科索沃战争中得到运用和检验。

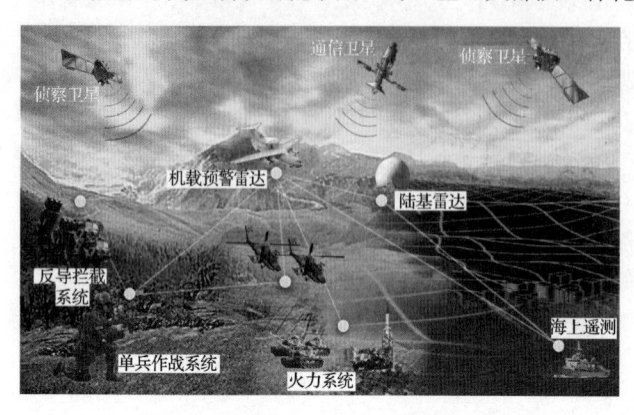

图 4-2 陆海空天电磁多维空间一体化联合作战示意图

（五）转变战争形态

战争形态的转变，即从机械化战争向信息化战争的方向转变，主要表现在 6 个方面。一是战场空间日益扩展。由之前的陆、海、空三维空间拓展到陆、海、空、天、电、网、心七维空间。二是战争节奏日益加快。第一次世界大战打了 4 年，第二次世界大战打了 6 年，而当代最近的几次战争，海湾战争 42 天（地面战争仅 4 天），科索沃战争 78 天，阿富汗战争 61 天，伊拉克战争 44 天。所以，战争节奏越来越快，所用时间越来越短。三是战略、战役、战术行动融为一体。例如，美国的"斩首行动"，既是战略性的，又是战役性的。2011 年，基地组织的头目本·拉登被美军袭杀，可以说美国从某种程度上在战术、战役乃至战略上都取得了胜利。四是制信息权成为争夺战场主动权的焦点。在战场上，谁掌握了信息优势，谁就掌握了话语权，就掌握了绝对的战场主动权。五是军队作战一体化程度日益提高。各军兵种横向联系非常紧密，整个军队横纵向均成为网状，作战效益显著提高。六是前方与后方的界线日趋模糊。航天航空技术、导弹技术的发展使前后方变得越来越模糊。

第三节　机械化战争

蒸汽机和内燃机的发明将人类带入了工业时代，也为军队的机械化创造了物质和技术基础。19 世纪初，蒸汽动力在军事领域的运用揭开了一场军事变革的序幕，机械化战争形态的幼芽开始在热兵器战争形态的胚胎中悄然孕育，到第二次世界大战时发展成熟。

一、机械化战争的内涵

机械化战争是指，主要使用机械化武器装备及相应作战方法进行的战争。机械化战争具有机动速度快、火力毁伤强、战场范围广、战争消耗大等特点，是工业时代战争的基本形态。

机械化战争是在内燃机出现以后，科学技术和经济迅速发展的基础上逐渐产生的。第一次世界大战期间，为打破敌对双方在阵地战中长期相持不下的僵局，英国军队自 1916 年起先后在索姆河战役和康布雷战役中使用了具有突击能力的坦克，并取得初步成果。1918 年，英国出现了装甲输送车，并组建机械化部队。随后，欧洲其他国家的军队也先后组建机械化步兵团、师或军，机械化武器装备的大量使用对军队的作战行动和军事学术的发展产生了重大影响。1918年5月，英国的富勒提出了，陆军以坦克为主体并辅之以飞机即可夺取战争胜利的思想。

第二次世界大战期间，坦克、装甲战车、自行火炮及其他机械化装备不断涌现并大量装备部队，使装甲兵成为陆军的主要突击力量；步兵也大量发展为机械（摩托）化部队。海军装备了航空母舰和潜艇，成为能在水下、水面、空中进行立体作战的合成军种。空军的发展极为迅速，许多国家陆续建立了空军联队、师、军或集团军。各主要军事强国将现代化的陆海空军队及其具有高度机动力、突击力的机械化作战平台大量运用于战争，徒步步兵、骑兵和其他兵种逐渐退出历史舞台，作战方式逐步由线式作战向纵深作战发展。在作战理论上，出现了杜黑的"空军制胜论"、富勒的"机械化战争论"、鲁登道夫的"总体战"等著名的机械化战争理论，特别是德国的"闪击战"理论，提出了以装甲部队在飞机和空降兵的协同下远程突袭，实施高速进攻的新的作战观念，成为第二次世界大战中德军作战的理论基础。与之相对应的苏联"大纵深战役"理论，首次提出实施方面军、集团军战役的观点，强调以杀伤兵器同时压制敌方的整体防御，在选定方向上突破，尔后使用机械化部队迅速扩张战果，将战术胜利发展为战役胜利，达成预定目的。这些理论在战争中得到充分运用，并取得了显著的效果。

1945年8月，美国在日本投下两颗原子弹，宣告核时代的到来。原子弹、导弹的出现，使机械化战争发展到了一个新的阶段。这一时期，美军建立了战略空军司令部，苏联组建了战略火箭军，英国、法国等国家也建立了有限的战略核部队。在常规力量建设上，苏、美等强国的陆军装备了威力强大的战役战术导弹和高性能火炮；空军装备了可携带导弹的新型作战飞；海军导弹舰艇、导弹核潜艇和海军航空兵成为主要突击力量。在常规战争理论方面，突出了局部战争对机械化部队运用理论的研究。20世纪70年代中后期至80年代中期，进一步形成核威慑条件下的常规战争理论。20世纪80年代，美军提出"空地一体作战"理论；苏军的"大纵深战役"理论又发展为"大纵深立体战役"理论，机械化战争理论得到进一步发展。

20世纪80年代中后期，以信息技术为核心的高技术飞速发展，并在军事领域广泛应用，引发了新的军事技术革命，使武器装备有了质的飞跃，也推动了军队体制编制、作战方法和军事理论的革命。以1991年海湾战争为标志，由精确制导武器、情报支援系统和电子战系统三者结合为主构成的信息作战系统及其他高技术在军事领域里的广泛运用，大大改变了机械化战争的面貌，统领战争舞台近一个世纪的机械化战争理论受到巨大冲击和挑战。

二、机械化战争的主要形态

机械化战争是使用机械化武器装备、按机械化作战的要求编组、运用机械化作战理论及方法进行的战争。在第一次世界大战中，飞机、坦克、航空母舰等机械化武器装备及相应的新兵种开始在战场上发挥作用，但由于性能和数量比较有限，其作用还局限于战术层面，地面作战的核心力量依然是步兵，海军作战仍是主力舰队的舰炮发挥作用，少量的坦克兵和航空母舰仍属于配合步兵或战列舰作战的辅助力量。随着机械化武器装备性能的提高和数量的增长，一些发达国家对未来战争的内涵和性质进行了深入探讨，初步形成了在陆、海、空等各个领域实施机械化战争的认识。特别是第二次世界大战，为工业化战争形态向机械化战争形态的彻底转变提供了巨大的推动力和绝佳的试验场。战争期间，德国、苏联等大陆型国家完成了向机械化陆战模式的转变，英、美等海洋或海陆综合型国家则实现了海、空及登陆等领域作战样式的创新。

（一）作战方式由传统陆战模式向机械化陆战模式的转变

德国和苏联是机械化陆战模式的创始者。第二次世界大战初期，德国机械化军队利用"闪击战"战法纵横欧洲大陆，显示出全新陆战模式的强大威力，在德国"闪击战"的示范效应下，盟国全力加强以装甲部队为核心的机械化军队建设,迅速完成了由传统陆战模式向机械化陆战模式的转变。在这个过程中,苏联借鉴德国"闪击战"的经验,建立完善了适应机械化战争需求的新的防御作战样式,补充、完善了"大纵深战役"理论,将机械化陆战模式推向一个新高度。

(二)作战空间由平面作战向三维立体化的作战模式转变

在第一次世界大战萌发的各种空战形式的基础上,多个国家空军空中力量及其作战理论的创新发展,为在第二次世界大战中实施防空作战、战略轰炸、近距离空中支援和空降作战等全方位空中战役提供了理论和实践基础,大大丰富并完善了空中领域的作战形式,经过两次世界大战的磨炼,空军在作战理论、军队建设和技术战术等方面得到进一步发展,真正实现了现代战争的三维立体化作战模式,完成了机械化战争的革命性变化。

(三)海洋战场由水面向空中和水下立体化作战方向发展

两次世界大战结束之后,科技和军事理论进一步发展,在第一次世界大战时期已经初露端倪的海战立体化趋势,在第二次世界大战中得到了进一步的发展和完善。随着海军航空兵与潜艇部队的建立和扩大,海战的战场从水面扩展到了空中和水下。航空母舰取代战列舰成为海军主力舰船,潜艇部队成为海上力量的重要组成部分,两栖登陆战发展成为陆海空军队联合作战的立体战争形式,而随着以敌商船队为主要攻击目标的"狼群"战术的出现,非军事目标也同样成为海战打击的对象。由此,海战不再仅仅是海军部队之间的战斗,而变成了交战双方人力、物力、生产能力等综合国力的较量。海战开始以一种与19世纪完全不同的模式出现在20世纪的战争舞台上。

(四)合成军队和诸军兵种联合作战成为机械化战争的重要作战方式

在第二次世界大战中,由于武器装备的发展和军兵种的增多,形成了现代意义的合成军队,并由此推动作战方式由合同作战向联合作战发展,诸军兵种的整体作战效能得以逐渐发挥,军队作战指挥方式出现重大变革。合成军队就是由诸军兵种共同组成的军队,是现代军队的基本组织形式,也是机械化军事革命中军事组织体制变革的主要内容。合成军队有四个基本特征,即有统一的编配比例和相对固定的建制、统一的军事领率机关、有共同遵守的条令和条例、运用联合作战理论原则指导和进行诸军兵种联合作战。合成军队的发展必然引起诸军兵种联合作战的发展。由低层次的合同作战到高层次的联合作战,是两次世界大战以来作战方式的一次重大变革。

(五)电子战成为战斗、战役中发挥重要作用的一种新的作战形式

随着电子技术的飞速发展和在军事领域的应用,第二次世界大战时期的电子战获得了巨大发展,与第一次世界大战时期的电子战相比,第二次世界大战中的电子战形式日趋多样化。在战争中,由于大量无线电导航设备的应用,作战飞机可以在夜间或能见度很差的情况下飞向目标,引导飞机安全着陆和遂行轰炸任务,大大提高了飞机的作战效能。但与此同时,多种无线电导航对抗装备和系统也相继产生并得到运用,由此便产生了无线电导航对抗这一新的电子战形式。随着技术的发展和战争的需求,电子战的样式也得到相应发展,出现了无线电导航对抗、雷达对抗、制导对抗和光电对抗等新的电子对抗形式。电子战也不再仅出现于个别战役和战斗中,而是广泛应用于各种作战形式,并对一些战斗和战役进程发挥了重要影响和作用。

(六)军队后勤系统产生重大变化,得到前所未有发展

随着战争规模的扩大,往往会引起军队后勤系统的相应变革,特别是第二次世界大战这样人类战争史上规模最大的战争,必然会引起军队后勤系统的重大变革。与以往的军队后勤相比,军队后勤系

统出现了后勤兵力规模明显扩大、军械和油料等专业勤务快速发展、后勤组织指挥机构的完善和统一、后勤保障方式的创新、后勤保障手段的改进等一系列前所未有的新变化和新发展，以满足机械化战争的巨大消耗，为赢得战争胜利奠定了坚实的物质基础。

三、机械化战争的特点

与热兵器战争相比，机械化战争有如下7个鲜明的特点。一是具有高速机动能力的飞机、坦克、军舰成为作战的主要装备。二是战争中军队的进攻能力大大增强，打破了防御的优势。由于坦克等装备的使用，使得依靠战壕进行坚守防御的优势不复存在，极大地改变了军队的作战方式。三是战场范围扩大，情况变化急剧。机械化装备的大量运用，军队的火力、突击能力、机动能力和整体作战能力空前增强，导致作战行动由陆地、海洋向空中扩展，前方与后方的界限模糊，战场情况瞬息万变，力量对比转化迅速，攻防转换频繁。四是立体作战、纵深作战成为重要作战方式，作战行动在多层次、全方位展开。陆空联合对战役布势全纵深的火力突击，大纵深迂回穿插和奔袭作战增多。五是合同作战、联合作战迅速发展。以陆军为主，诸军种、兵种协同配合的合同作战逐渐发展为诸军种联合作战，作战威力大为提高。六是破坏力强，消耗巨大。机械化武器装备对弹药、油料和其他物资的需求极大，武器装备损坏率高，人员伤亡增加，破坏严重，战争更加依赖于强大的经济、充足的人力物资、顺畅的交通运输和良好的后勤保障。七是对参战人员的素质要求不断提高，战场上保障人员大量增加。

四、机械化战争的代表战例

在第二次世界大战中，美、英、法等同盟国军队于1944年6月至7月在法国北部的诺曼底地区进行了世界战争史上规模最大的战略性登陆作战。这也是盟军进军欧洲的"霸王计划"的重要组成部分，目的是夺取集团军群登陆场，开辟欧洲"第二战场"，为发展对西欧的进攻并配合苏军最后击败纳粹德国创造条件。

（一）战役背景

1943年，斯大林格勒战役和库尔斯克会战后，苏军在苏德战场由防御转为反攻；美英盟军西西里岛登陆战役后攻入意大利半岛；意大利于同年9月投降，并于10月对德宣战；盟军在太平洋战场也已转入攻势；整个战争形势发生了有利于同盟国的根本性转变；11～12月，罗斯福、丘吉尔和斯大林在德黑兰会议上正式商定，1944年5月由美英盟军在法国北部地区登陆，同时在法国南部进行牵制性登陆。随后，美、英任命陆军上将艾森豪威尔为盟国欧洲远征军最高司令。

德军西线守军为伦德施泰特元帅指挥的B、G两个集团军群，共58个师（其中33个为机动能力较差的海防师）。为应对盟军登陆，希特勒早在1941年12月就下令以最快速度构筑"大西洋壁垒"，从挪威到西班牙的大西洋沿岸构筑一道由坚固支撑点和野战工事构成的、设有地雷场和水中障碍配系的永久性抗登陆防线。到1944年，"大西洋壁垒"远未完成，但仍属较难攻破的防线。设防重点在加来地区，诺曼底一带防御较薄弱。

（二）战役准备

为隐蔽战役企图，美、英对登陆地域的选择进行了周密分析与比较，认为加来地区距英海岸仅20海里，便于航渡和支援，但德军防御很强；诺曼底地区距英海岸64.8海里，缺少良港；但距英国的上船港口和空军基地较近，且德军防御薄弱。因此，最后选定奥恩河口至科唐坦半岛南端为登陆区域，由西向东分为5个登陆地段。

战役前的准备工作周密而充分。盟军以飞机和舰艇进行长时间侦察，查明了登陆地域内德军的防御体系，掌握了较完整的情报资料。在登陆前几个月内，战略空军和战术空军对法国北部和比利时的铁路枢纽、桥梁、公路及其他重要目标进行持续的大规模轰炸，塞纳河上24座桥梁被炸毁18座，使德军运输系统瘫痪，部队机动受到极大限制。登陆前三周，对诺曼底周围机场进行轰炸，使其85%遭破坏。登陆前一周，英军袭击德军远程雷达站并使其大部受损，因此盟军登陆时基本未遇到德空军的抵抗。盟军还采取一系列战役伪装措施：在英格兰东部虚设一个由巴顿中将任司令的"美第1集团军群"，原驻该处的部队调走后，营地仍伪装得和往常一样；在德机能侦察到的地方设置许多假登陆舰艇、坦克和滑翔机；飞机对加来地区的投弹要比诺曼底地区多一倍；登陆日前夜，小型舰只和飞机进行佯动，利用电子干扰器材模拟庞大登陆编队和机群。此外，还采取严格的保密措施。上述措施旨在使德军在登陆日前后都一直认为盟军将在加来登陆并将大量预备队部署在该地区，从而为登陆成功创造了有利条件。为保证大量后续大部队登陆，盟军还设计、制造了在登陆海滩由空心钢筋混凝土沉箱构成的人工港，并制定了铺设海底输油管计划。同时，在英国本土储备大量作战物资，部队反复进行符合实战要求的训练和陆海空三军模拟登陆联合演习。

（三）战役实施

1944年6月1日，登陆部队开始分别从英国南部15个港口上船。原定登陆日为6月5日，由于天气恶劣推迟了24小时。各登陆编队从上船港驶抵怀特岛东南会合区后，沿5条航线航渡，由扫雷舰作先导，火力支援舰和飞机担任掩护。通过海峡中心线后，各登陆编队的航道由一条变为两条，分别供快速和慢速舰船使用。

6月6日凌晨，美军第82、第101空降师和英军第6空降师第一梯队共1.7万人，乘1200架运输机分别在科唐坦半岛南端和奥恩河口附近伞降着陆，任务是夺取海滩堤道和主要桥梁，占领主要登陆地段翼侧要点，阻止德军增援和保障登陆部队突击上陆。5日午夜至6日5时，由2500架重型和中型轰炸机实施航空火力准备，投弹约1万吨，轰炸登陆地域及其附近地区，登陆舰艇抢滩前，由大量战斗机和战斗轰炸机对德军防御阵地进行轰炸和扫射。5时30分，100余艘火力支援舰队80千米登陆正面实施舰炮火力准备，随即转入火力支援，取得良好效果。

登陆部队按各自的登陆时间分别在5个登陆地段突击上陆，至9时基本突破德军阵地。6～7日，盟军上陆部队达17.6万人，车辆达2万台。至6月12日，各登陆地段连成正面80千米、纵深13～19千米的登陆场。17日，希特勒飞赴西线，命令伦德施泰特和隆美尔从巴约向海岸发起反击，分割盟军部队，并不惜代价守住瑟堡。18日，美登陆部队切断科唐坦半岛，21日，在舰炮火力支援下向瑟堡发起总攻，迫使德国守军于29日投降。

至7月初，美、英、加军已上陆100万人，车辆17万辆，补给品近60万吨。因登陆场过小，盟军展开扩大登陆场的作战。7月18日，美军攻占交通枢纽圣洛，分割德军B集团军群。美、英、加军抵达卡昂、科蒙、莱赛一线后，形成正面150千米、纵深13～35千米的登陆场。至7月24日，地面总攻的准备工作全部完成，攻占法国的第一阶段诺曼底登陆战役结束。此役，盟军伤亡12.2万人，德军伤亡和被俘11.4万人。

诺曼底登陆战役，对于盟军在西欧展开大规模进攻，加速纳粹德国的崩溃具有重大意义，为组织实施大规模登陆作战提供了有益经验。登陆成功的主要原因是：苏军在苏德战场胜利反攻，战争形势有利；战役前进行周密细致的准备；掌握制空权和制海权；成功地进行伪装与欺骗；正确选择登陆方向和时间；在主要方向集中优势兵力、兵器；陆海空三军协同作战以及严密组织各种战役保障和后勤保障；法国地下抵抗运动的有力配合。此外，德军防御薄弱，对登陆方向判断错误和指挥失误，致使塞纳河以北的部队不能适时调动和投入作战，这也是一个重要原因。盟军暴露出的主要问题是：部队攻击力不强，建立登陆场的速度较慢，加之受风暴影响，使战役计划完成推迟了43天。

第四节 信息化战争

人类社会已经进入了信息时代，进行战争的方式也发生了重大变化。信息化战争作为一个全新的战争形态，开始登上现代战争的舞台。

一、信息化战争的内涵

要了解何为信息化战争，首先需要厘清信息的概念。从狭义上讲，信息是"用来消除不确定性的东西"；从广义上讲，信息是客观事物存在、联系、作用和发展变化的反映，是自然界和人类社会活动中所产生的各种状态、消息和知识的总称。信息和物质、能量并称为当今人类社会生存发展的三大基本要素。物质为人类提供材料，能量为人类提供动力，而信息奉献于人类的则是知识和智慧。在社会生活中信息与物质、能量互依互动。

信息是现代战争成败的主导因素，准确获得战场信息并把信息及时用于决策和控制，就能主导战争。信息时代的战争，战争体系中各单元、各系统都依赖信息和信息系统的支持。没有及时充足的敌情、我情、战场环境信息，在战场上就会变成"瞎子"和"聋子"，注定挨打和失败。

目前，学术界一般认为，信息化战争是指，发生在信息时代，以信息为基础并以信息化装备为主要战争工具和作战手段，以系统集成和信息控制为主导，在全维空间内通过精确打击、实时控制、信息攻防等方式进行的瘫痪和震慑作战。简要地说，信息化战争广泛使用信息技术及其物化的武器装备，通过夺取信息优势和制信息权取得胜利而进行的战争。信息化战争可从以下几个方面来理解。

第一，信息化战争是信息时代的产物，是信息时代经济、技术、生产力水平和生产方式在战争领域的客观反映。在信息时代，有多种形态的战争，但信息化战争是最基本、最主要的战争形态。第二，战争工具决定战争形态，有什么样的战争工具，就会有什么样的战争形态，这是战争历史发展规律所决定的。信息时代战争工具的信息化、智能化和综合化，信息武器装备体系的形成，必然导致信息化战争的出现。第三，在物质、能量、信息等构成作战力量的诸要素中，信息起主导作用，信息能严格控制在战争中表现为火力和机动力的物质和能量。

在信息化战争时代，信息能力已成为衡量军队作战能力高低的首要标志。信息能力表现在信息获取、处理、传输、利用和对抗等方面，通过信息优势的争夺和控制加以体现。信息优势的实质就是，在了解敌方的同时阻止敌方了解己方情况，是一种动态的对抗过程。它已成为争夺制空权、制海权、陆地控制权的前提，直接影响整个战争的进程和结局。当然，人永远是信息化战争的主宰者。战争的筹划和组织指挥已从完全以人为主，发展到日益依赖技术手段的人机结合，并且对军人素质的要求也更高。从信息优势的争夺到最终转化为决策优势，更多的是知识、技术和智慧的竞争。

二、信息化战争的特征

较之其他战争形态，信息化战争呈现出鲜明的时代特征。

（一）信息资源主导化

信息对战争影响的关键是，要准确获得战场信息并把信息及时用于决策和控制。机械化战争起主导作用的是物质和能量，打的主要是"钢铁仗"和"火力仗"，在信息化战争中，信息是核心资源，是决定战争胜负的关键因素，信息化战争是以争夺战场制信息权为主行动的战争。信息成为部队战斗力的核心要素。

在未来战争中，对信息的争夺将发挥核心作用，可能会取代以往冲突中对地理位置的争夺，攻城略地已经成为机械化战争的历史。在信息化战争中，地理目标将趋于贬值，信息资源将急剧升值，制信息权必然成为凌驾于制空权、制海权和制陆权之上的战场对抗的制高点，拥有信息资源，握有信息优势，是取得战争胜利的先决条件。

（二）武器装备信息化

工业时代的战争，以机械化武器装备为物质基础；信息时代的战争，则以信息化装备系统为物质基础。信息化的武器装备系统又是以计算机技术为核心、以信息技术为基础的一体化的武器装备系统，其构成主要包括信息武器、单兵数字化装备和 C^4KISR 系统。

信息武器系统，包括软杀伤型信息武器和硬杀伤型信息武器。软杀伤型信息武器是指以计算机病毒武器为代表的网络攻击型信息武器和以电子战武器为代表的电子攻击型信息武器。硬杀伤型信息武器主要是指精确制导武器和各种信息化作战平台，信息化作战平台装有大量的电子信息传感设备，并与 C^4KISR 系统联网。它们集侦察、干扰、欺骗和打击功能于一体，既可实施战场探测，为精确打击和各种战场行动提供目标信息，还可实施信息攻防作战，是信息化战争的重要物质基础。

> **知识拓展**
>
> C^4KISR 系统是战场指挥、控制、通信、计算机、杀伤、情报、监视和侦察系统的简称，它把作战指挥控制的各个要素、各个作战单元黏合在一起，是军队发挥整体效能的"神经和大脑"。在信息化战争中，C^4KISR 系统是敌对双方的主要作战目标，围绕着 C^4KISR 系统展开的攻击和防御成为战争的重要作战行动。

（三）作战空间多维化

在机械化战争中，交战的舞台主要是在陆、海、空等物理空间展开，重点是在陆地、海洋和空中进行。而信息化战争中，虽然活动的依托仍然离不开物理空间，但决定战争胜负的因素主要取决于信息空间，主要包括网络空间、电磁空间和心理空间，高技术局部战争的实践表明，信息化战争的作战空间明显拓展，呈现出陆、海、空、天、电等多维一体化趋势。信息化战争作战空间的这种多维性和复杂性打破了传统的作战空间概念。

（四）作战节奏快速化

时间是战争的基本要素，随着计算机、电子通信、卫星技术和信息化装备的发展，信息化战争的作战节奏和作战速度将比机械化战争大大提高，持续时间明显缩短，呈现出迅疾、短促、快速的特征，其原因包括：一是战场信息流动加快，作战周期缩短；二是战争的突然性增大，时效明显提高；三是广泛实施精确作战，毁伤效能剧增。此外，数字化战场的建立、部队机动能力的提高、受经济能力和战争目的的制约等，都是促使作战时间迅疾短促、战争进程日趋缩短的重要原因。

（五）作战要素一体化

信息化战争作战要素一体化主要体现在以下几个方面。一是作战力量一体化。通过信息网络和信息技术，可以将处于不同空间位置的各种作战能力联结成一个有机整体，形成一体化作战力量。二是作战行动一体化。信息化战争中的主要作战样式，是两个以上的军种按照总的企图和统一计划，在联合指挥机构的统一指挥下共同进行的联合作战。三是作战指挥一体化。信息化战争中，集指挥、控制、通信、计算机、火力、情报、侦察和监视于一体的 C^4KISR 系统，使树状的指挥体制将逐渐被扁平化、网络化的指挥体制所代替。四是综合保障一体化。保障军队为遂行作战任务而采取的作战保障、后勤保障、装备保障、政治工作保障等各项保障措施实现了一体化。

（六）作战指挥扁平化

信息化战争的指挥体制趋向作战单元与指挥控制中心横向传递信息的"扁平化、网络化"结构，在纵向上，从最高指挥机构到基层分队所形成的逐级控制关系虽仍然存在，但是，单兵数字化指挥控制系统成了指挥体系的最小层次。在横向上，各指挥系统间的横向联系更加紧密，它不仅包括平地指挥机构之间的联系，还包含非同一层次间指挥机构的横向联系；不仅包括不同军兵种各层次指挥机构的联系，还包括同一军兵种平行指挥层次指挥机构间的联系，指挥控制近乎实时，效率大大提升。

（七）作战行动精确化

信息化战争中，在多层次、全方位、全时空的情报、侦察和监视网络的支持下，使用大量的精确制导武器，使各种作战行动的精确化程度越来越高。其主要体现为：一是精确侦察、定位控制，为实现精确打击提供前提和基础；二是高命中精度武器能够做到精确打击，这也是信息化战争精确化的核心内容；三是运用以信息技术为核心的高技术手段，能够精细而准确地筹划、实施保障，高效运用保障力量，使保障的时间、空间、数量和质量尽可能达到精确，最大限度地节约保障资源。

三、信息化战争的主要形态

（一）信息作战

信息化战争是基于信息系统的体系对抗，信息系统的安全稳定关系到体系作战能力的生成与发挥，制信息权直接关系到战场主动权乃至战争的进程与结局。着眼夺控战场信息优势，敌对双方通常首先展开信息作战行动并将其贯穿于战争始终，信息作战成为信息化战争最重要的作战样式。

信息作战，是敌对双方为夺取和保持战场制信息权，通过利用、破坏敌方和保护己方的信息、信息系统而进行的作战。信息作战是一种综合性的作战样式，从不同的角度有不同的分类。按层次分，有战略级信息作战、战役级信息作战和战术级信息作战；按杀伤机理分，有软杀伤信息作战和硬杀伤信息作战；按作战活动领域分，有情报战、电子战、计算机网络战、心理战、信息设施摧毁战；按任务性质分，有信息作战侦察、信息进攻和信息防御等。

（二）精确作战

信息化装备特别是精确制导武器的大量使用，促使军队的作战时空全维拓展、打击行动精确可控，引发作战方式深刻变革，世界近期局部战争实践深刻表明，通过对敌作战体系的首脑和要害部位实施精确打击，能够最大限度地瘫痪敌方作战体系，降低敌整体作战效能，精确作战正成为信息化战争基本的作战样式。

精确作战是基于信息系统的支撑，运用信息化装备实施的高精度作战行动。精确作战是一种综合性的作战样式，从不同的角度有不同的分类。按层次分，包括战略级精确作战、战役级精确作战和战术级精确作战；按行动空间分，包括陆上精确作战、海上精确作战、空中精确作战和太空精确作战；按主要环节分，包括精确目标选定、精确力量运用、精确综合打击、精确效果评估等。

（三）太空作战

太空作战也称太空战，是以军事航天力量为主，在外层空间进行对抗的活动。它包括外层空间的攻防行动，以及外层空间与空中、地面、海上之间的攻防行动。其中，外层空间的攻防行动是指敌对双方部署在太空的天基作战系统之间进行的攻防行动；外层空间同空中、地面或海上之间的相互攻防行动是指，敌对双方使用部署在太空的天基作战系统对对方的空中、地面、海上（水下）目标的攻击行动和对来袭的战略导弹（主要指陆地发射的洲际弹道导弹、潜艇发射的潜射弹道导弹和飞机发射的巡航导弹）的拦截行动，以及以地基作战系统对对方的航天器进行打击和对抗敌方天基作战系统的打击而进行的防天作战行动。

太空作战是在全新领域展开的作战样式。从作战行动空域划分，有利用天基武器攻击敌方航天器的天际对抗战，使用航天兵器突击敌方空中、地面、海上目标或利用地基武器截击敌航天器和战略导弹的天地对抗战，以及在陆战、海战、空战配合下，以太空为主战场围绕夺取制天权而进行的天地一体战等。从作战行动性质划分，有太空支援、太空进攻、太空防御等。

（四）特种作战

特种作战也称特种侦察作战，是为达成特定的作战目的，由特种部队或临时赋予特殊任务的其他部队进行的非正规作战。其中，特定的作战目的包括军事、政治、经济和心理上的目的，作战力量是特种部队或经过特殊训练的其他力量，作战目标是敌方战略、战役和其他要害目标，作战行动方式是非常规作战。

特种作战与其他作战一样，也可划分成多种样式。按作战目的和作用可分为战略特种作战、战役特种作战、战术特种作战；按作战背景可分为联合特种作战和军种特种作战；按作战地区自然环境可分为热带山岳丛林地特种作战、严寒地区特种作战、荒漠草原地特种作战、山地特种作战、海上（岛屿）特种作战、城市特种作战；按作战地区人文社会环境可分为境内特种作战、境外特种作战等；按作战任务可分为特种侦察、引导打击、破袭作战、夺控要点、营救作战等。

四、信息化战争的典型战例

（一）海湾战争

海湾战争是以美国为首的多国部队对伊拉克进行的一场战争。战争于1991年1月17日开始至2月28日结束，历时42天。海湾战争的直接起因是伊拉克入侵科威特，引起了国际社会的震动，各国纷纷对伊拉克表示不满或反对，使伊拉克在政治、外交上陷入孤立。联合国安理会多次召开会议讨论伊拉克入侵科威特问题，联合国第678号决议授权联合国成员国，如伊拉克在1991年1月15日前不从科威特撤军可使用"一切必要的手段"执行联合国通过的各项决议，从而为美国以联合国的名义组织多国部队出兵海湾，以武力解决海湾危机取得了"合法"的依据。

战略部署阶段，从伊拉克出兵科威特后至战争发起前，美军称"沙漠盾牌"行动。通过增兵，包括美国在内，共有39个国家在海湾地区部署了陆、海、空军队兵力近76万人，坦克3700辆，作战飞机1700架，舰艇200艘（包括7艘航母），其中美军43万人，装备有坦克200余辆，装甲车2000余辆、飞机1200架、直升机1500架、舰艇100余艘，并做好了各种临战准备，在科、沙和伊、沙边境一线与伊拉克军队形成了军事对峙，至此，战争一触即发。

在多国部队不断集结至海湾地区时，伊拉克为了实现守住科威特的总目标，确立了"持久战"的战略方针，企图"以拖待变"，立足大打、久打。为实现这一方针，扣留了大量西方国家人质，采用"人体盾牌"施压西方国家政府，同美国讨价还价，试图延长战争准备时间。为应对多国部队的进攻，伊拉克进行了大规模的战争动员，并在全国实行战时体制。战前，伊拉克军队地面部队总兵力为120万人，编有69～71个师和独立部队，5800辆坦克，510辆装甲输送车，3850门火炮。

战略空袭阶段，从1月17日至2月23日，美军称"沙漠盾牌"行动。空袭前一天，多国部队即开始对伊拉克境内的各种通信和防空警戒雷达系统实施全面的电子干扰，使其指挥失灵，雷达迷茫。1月17日凌晨，数百架作战飞机从美军驻沙特空军基地和航母上起飞，以F-117A隐身战斗轰炸机为先导,飞向伊拉克和科威特境内。17日1时30分,美军从红海向伊拉克境内发射了第1枚"战斧"式巡航导弹,这是多国部队在"沙漠风暴"行动中对伊拉克最早实施的火力攻击,开创了美军作战史上以巡航导弹实施空袭的先例。随后,美陆军9架AH-64攻击直升机在3架特种作战直升机的引导下,使用"狱火"导弹分别攻击并摧毁了伊拉克设在南部边境的2座预警雷达站,从此拉开了海湾战争的序幕。在前24小时内,多国部队空军共出动飞机1300多架次,美国海军发射了106枚"战斧"式巡航导弹。

这个阶段,多国部队的空中力量主要打击以下伊拉克目标:统帅部指挥设施;为军事系统供电的电力设施;指挥、控制和通信枢纽;战略和战术一体化防空体系;空军和机场;核生化武器和研究设施;"飞毛腿"导弹生产和储存设施;海军舰艇和港口设施;连接伊拉克军队和后勤供应中心的铁路和桥梁;驻守在科威特战区的共和国卫队等。

地面作战阶段,从2月24日至28日,美军称之为"沙漠军刀"行动。2月24日9时,部署在海湾的美海军陆战队及多国部队地面部队分3路发起攻击。中路由美军陆战队担任主攻,从科威特南部沙、科边境向科威特推进。东路美陆战队和阿拉伯联军由沙、科边境沿海地区向北推进。左路埃及、卡塔尔、沙特等国的部队从沙、伊、科边境向科境内进发,并有1个由30余艘舰船组成的两栖登陆编队在科威特以东海面佯动,牵制伊军。作战中,多国部队海军和空军提供空中支援,舰艇进行扫雷和舰炮攻击,美航空母舰编队共出动舰载机2万多架次,水面舰艇和潜艇发射"战斧"巡航导弹280余枚,支援地面进攻。27日晨,多国部队进入科威特城。地面作战历时约100小时,伊军战败。28日,伊拉克接受撤军和停火条件,海湾战争宣告结束。

海湾战争是第二次世界大战后较大规模的局部战争,是一场高技术、高强度的现代化战争。作战中,除核武器、化学武器、生物武器外,几乎使用了所有现代化的高技术武器,如侦察卫星、隐身技术等,首次使用了"战斧"巡航导弹和用于防空的"爱国者"导弹。美国海军兵力在战争中发挥了重要作用,海军飞机成为空袭的重要力量。美军大规模开展了电子战和情报战,长时间的空中突袭作战为其赢得战争胜利创造了条件。

(二)科索沃战争

长期以来,由于历史和文化上的原因,科索沃地区塞阿两族之间民族矛盾十分尖锐,阿族人一直要求脱离南斯拉夫联盟成立"科索沃共和国"并与阿尔巴尼亚合并,而塞族人则始终把科索沃视为本民族历史的发祥地,不愿意放弃对科索沃的主权,双方为此冲突不断。20世纪90年代,南斯拉夫的几个共和国相继脱离南斯拉夫而独立,这增长了阿族人独立的决心,阿族人分离活动趋于频繁、加剧。

1990年7月,面对科索沃严重动荡的形势,南联盟塞尔维亚共和国议会解散了主张分离的科索沃议会,并取消了科索沃的自治权。1992年5月,阿族人举行"全民公决",决定成立独立的"科索沃共和国",并进行议会选举,建立政府和议会,组建了由阿族人自己控制的非法武装组织"科索沃解放军"。1998年2月,"科索沃解放军"开始袭击塞族警察,为稳定科索沃社会局势,塞尔维亚警方采取了必要武力措施,打击"科索沃解放军"各类机构,阿族人随即进行了更多的暴力活动,以报复塞族人,导致科索沃局势急剧恶化,最终形成"科索沃危机"。

1999年3月中旬,北约向该地区部署作战飞机近400架,其中美机214架;在亚得里亚海部署了15艘军舰,其中美国军舰9艘;在马其顿和希腊部署地面部队1.4万人。针对北约战争威胁,南联盟采取全民动员、保存实力、长期抗战、以拖待变的方针,并制定了积极的防空和地面作战计划。

1999年3月23日,北约秘书长索拉纳在布鲁塞尔北约总部下达对南联盟进行突袭的命令。随后,第一枚"战斧"巡航导弹从部署于亚得里亚海的美国海军"冈萨雷斯"号驱逐舰上射向南联盟,标志着以美国为首的北约对南联盟的科索沃战争开始。北约为此次战争赋予"联盟力量"的代号,北约对南联盟发动的科索沃战争以空袭为主，历时78天，大体可分为四个阶段。

第一阶段自1999年3月24日北约发动首轮空袭开始，至3月27日北约完全夺取制空权为止，历时4天，此间进行了四轮空袭，北约共出动飞机1300多架次，发射巡航导弹400余枚，使用的精确制导武器高达98%，重点打击了南联盟军队的防空系统、空军基地、指挥控制中心和通信中心，以夺取制空权，同时削弱南联盟军队的指挥控制系统。然而，北约的空袭并未完全达到作战目的，南联盟军队防空设施虽遭到严重打击，但指挥系统仍在运转，南联盟军队通过机动防空等方式保存着有生力量，并且通过积极的防空作战，击落了2架北约战机，尤其是3月27日，使用萨姆-3型防空导弹击落了美军1架F-117A隐身战斗轰炸机。

第二阶段自3月28日开始，至4月4日为止，历时8天。在此阶段，北约作战的重点是打击南联盟军队的防空系统和其他军事目标，特别是科索沃及其附近地区的南联盟军警部队，削弱南联盟军队作战能力，同时扩大了打击范围，开始打击南联盟各类基础设施。第二阶段双方交战过程中，南联盟军队同样取得了一些战果，此间，他们击落了北约战机8架，俘获3名美军特种部队士兵。在南联盟军民的坚强抵抗下，北约原来在数日内解决科索沃危机的计划未能实现，不得不调整作战计划，延长对南联盟的打击时间，向战区增派更多的兵力。

第三阶段自4月5日开始，至5月27日为止，历时53天。这一阶段，北约每天出动的各种型号飞机达数百架次，并进一步扩大打击范围。从使用的弹药种类看，破坏杀伤力极强，包括了国际上禁止使用的贫铀弹、集束炸弹和石墨炸弹等。在运用高技术武器对南联盟实施空中远程非接触精确打击的同时，还十分注重特种战、心理战、电子战、情报战、网络战等。5月7日，美军使用精确制导炸弹攻击了中国驻南联盟大使馆，造成重大人员伤亡。此阶段，南联盟军民继续抵抗北约军队，共有16架北约战机被击落，与此同时，南联盟还积极通过外交途径，以争取国际社会的同情和支援。

第四阶段自5月28日开始，至6月10日为止，历时14天。这一阶段，北约在南联盟政府态度有让步迹象的情况下，根据外交谈判的需要适时调整了打击强度。5月28日至6月4日间，为了配合俄欧美三方斡旋及逼迫南联盟参加谈判，同时也为了取得科索沃战后事宜主导权，尽可能削弱南联盟的作战实力和战争潜力，北约以更强的火力打击南联盟。5月28日，北约实施了自战争爆发以来最为猛烈的一次空袭，共出动飞机792架次，摧毁了南联盟几十处军事目标及桥梁、电厂等基础设施，使多个大城市停电停水；31日，北约出动的飞机达到850架次。6月4日以后，在南联盟表示愿意进行谈判的情况下，北约缩小了火力打击范围，主要集中打击科索沃境内的南联盟军队的地面部队、警察部队、重型武器装备、防空阵地、机场等军事目标。6月5日至9日，南联盟与北约举行谈判，全面接受北约提出的各种条件、并准备从科索沃撤走军队。6月10日，南联盟军队按照协议开始大规模撤离科索沃。随即，北约欧洲盟军最高司令克拉克下令暂时停止对南联盟的军事行动，从而实际结束了78天的科索沃战争。

科索沃战争是继海湾战争之后又一场高技术局部战争，是历史上首次以空袭作战决定结局的战争，其主要特点是：空袭与反空袭成为基本的作战样式，地面部队仅起威慑作用；信息攻击、隐形突防、远程精确打击、空中轰炸等成为空袭作战的基本战法；战争的非对称表现突出，一方拥有绝对制空、制天、制海和制信息权，实现了"零伤亡"，另一方则完全是被动防御，损失惨重；信息战贯穿于战争全过程，对战争胜负起到了重要作用。这次战争表明，摧毁对方的战争潜力较之消灭其军事力量更为重要；在反空袭作战中，中低技术武器依然有所作为，科索沃战争是第二次世界大战结束后在欧洲爆发的第一场大规模局部战争，也是北约成立50年来首次未经联合国授权对北约防区外的主权国家实施的侵略战争。北约的侵略行径破坏了《联合国宪章》的基本原则，损害了联合国安全理事会的权威，助长了美国的霸权主义气焰，迟滞了世界多极化进程，给世界局势增添了不稳定的因素，招致大多数爱好和平国家的反对。

（三）阿富汗战争

"9.11事件"发生后，美国政府将恐怖袭击的组织者锁定为以本·拉登为首的"基地组织"，决意要将其捉拿归案，并要求庇护该组织的阿富汗塔利班政权交出拉登及其组织成员。由于阿富汗塔利班与拉登在政治、经济及意识形态上有着紧密的联系，因此，塔利班对美国的态度也相当强硬，拒绝交出拉登。在交涉未果的情况下，美国决定对塔利班和拉登发动代号为"持久自由行动"的军事打击，阿富汗战争由此爆发。阿富汗战争进程大致可分为三个阶段。

第一阶段：空袭与防空袭作战。2001年10月7日21时许，美军在对阿富汗的预警雷达等军事设施实施电子干扰后，AH-64"阿帕奇"直升机和MH-58"铺路爪"特种战直升机开始对塔利班武装的防空导弹和预警雷达站实施远程精确打击；美军的F/A-18和F-14舰载机，B-1B和B-52H远程轰炸机以及水面舰艇、潜艇则对塔利班政权"总统府"、国家广播电视大楼、机场、塔利班武装指挥中心、防空系统、通信设施、油库、弹药库，塔利班领导人住宅和"基地"组织训练营地等具有战略价值的目标实施打击。美军希望用大规模轰炸将"基地"组织成员和塔利班领导人赶出藏身之地，等他们的行踪暴露之后，再派武装直升机和特种部队进行"追杀"。面对美军的空中打击，塔利班武装和"基地"组织利用了阿富汗境内复杂的地形，隐藏于山区、农村、学校、清真寺，保存了有生力量，而拉登和奥马尔则在空袭中逃脱，防空袭起到了一定的效果。

第二阶段：攻占城市作战。2001年10月下旬起，美军在继续出动作战飞机对塔利班的前线和后方进行轰炸的同时，还支援"反塔联盟"实施城市进攻战。作战中，美军派遣特种部队编入反塔联盟，加强与空中力量的协同，以空中火力直接支援反塔联盟的作战行动。11月9日，反塔联盟的部队在美国及其盟国的支持下，经过数天激战，攻占了阿富汗北部战略重镇马扎里沙里夫。在随后的作战中，反塔联盟部队的地面攻势越来越猛烈，又先后攻下了喀布尔、昆都士、坎大哈和托拉博拉等4个塔利班武装据守的重镇和地区。至12月中旬，基本控制了阿富汗境内主要地区。面对反塔联盟的进攻，塔利班武装与"基地"组织进行了抵抗，消耗了部分反塔联盟的有生力量，为其部分兵力从城市向东部山区转移争取了时间。

第三阶段：山区搜剿作战。2001年12月中旬起，美军与反塔联盟在夺占阿富汗主要城市后，开始全面搜剿逃往阿东部山区的塔利班武装和"基地"组织残部。2002年2月下旬，美军实施开战以来最大规模的地面搜剿作战，并将行动取名为"蟒蛇行动"。此次行动自3月1日开始，历时半个月，美军以10多人伤亡、几十人受伤的代价，打死700多名塔利班武装和"基地"组织残存人员，俘虏约20人。"蟒蛇行动"后，美军为巩固战果，不给塔利班武装和"基地"组织残部以喘息之机，又相继实施了"水难行动""霍斯特搜剿行动"及后续系列搜剿行动，作战时间持续至2002年5月，通过这些搜剿行动，打击了塔利班武装和"基地"组织残部的力量。

阿富汗战争持续近6个月的时间，通过这场战争，美军推翻了塔利班政权，摧毁了"基地"组织，建立了阿富汗临时政府。但美军在这场战争中并未完全铲除塔利班和"基地"势力，尤其是本·拉登等"基地"头目多次逃脱美军的追捕，因此，对于美国来说这并非是一场完全胜利的战争。阿富汗战争以来，"基地"组织和塔利班武装的残余势力仍在阿富汗及其周边地区频繁进行袭击破坏活动，尤其是一些骨干成员逃往世界各地继续策划恐怖活动，给世界增添了许多新的不安定因素。这说明，以武力方式并不能从根本上消除恐怖活动产生的根源。

（四）伊拉克战争

2003年3月20日，美、英等国以伊拉克萨达姆政权拥有大规模杀伤性武器和支持恐怖主义为由，发动了以"伊拉克自由行动"为代号的伊拉克战争。战争中，美军基于先进的信息系统，依托数字化、网络化战场，以"震慑"理论为指导，将各个空间的各种参战兵力尽可能联合为一体，对伊军实施一体化联合作战行动,明显提高了作战效能,展示了信息化条件下美军作战形式的新变化。

美、英等国是在没有取得安理会授权的情况下,绕过联合国而发动伊拉克战争的。美国发动伊拉克战争的真正动机在于:在政治上推进其全球战略,谋求建立"单极世界",维护其霸权地位;在经济上获取伊拉克的石油,改变世界石油权力结构,强化美国在世界经济上的主导地位,推动其经济增长;在反恐问题上拔掉萨达姆这个"眼中钉",震慑、削弱伊斯兰反美势力,达成"绝对安全",消除"9.11"不利影响。伊拉克战争主要分为四个阶段。

第一阶段:"斩首行动"。2003年3月20日当地时间凌晨,美军从红海和海湾的4艘战舰和2艘潜艇上向巴格达发射了"战斧"式巡航导弹,同时使用F-117A隐身战斗轰炸机,向巴格达的选定目标发射了精确制导炸弹,以代号为"斩首行动"的远程精确火力打击拉开了伊拉克战争的序幕。

首日3个波次的袭击仅用了40多枚巡航导弹、2架F-117隐身战斗轰炸机,打击目标选择为对伊拉克具有影响力的政治与军事目标;在作战时机选择上也具有明显的突然性;在作战方式上没有像以往战争那样,从一开始就实施大规模空袭。美军的"斩首行动"并没有达成预期的目的。打击行动结束后,萨达姆身着戎装向全国发表电视讲话,谴责美国进攻伊拉克,呼吁伊拉克人民抵抗美国发动的战争。

第二阶段:"震慑行动"。2003年3月21日晚8点多,美英联军向巴格达、北部城市摩苏尔、石油重镇基尔库克和萨达姆的家乡提克里特等地发动了持续24小时的轮番轰炸。在此轮轰炸中,美英联军共出动飞机1500架次,其中700架次用于空袭,其余的是干扰、轰炸机护航、战场监视等。

在对伊拉克实施战略空袭的同时,美军还对伊拉克军队和民众不断进行心理作战。战争开始前,美军就通过各种手段对伊军高级将领和民众展开心理攻势,企图不战而胜。战争爆发后,更是加大心理作战的力度,采用的方式尽其高技术之可能,包括利用网络发送"E-mail 劝降炸弹"、空投心战传单、编播假新闻、散布假消息、实施舆论欺骗和恐吓利诱等,美军在这场战争中的心理作战具有时机早、手段多、投入大的特点。

美军在对战略目标空袭之后,为配合地面部队的作战行动,加紧了对伊军地面战术目标的打击力度,3月23日至24日的空中作战行动主要是为向巴格达前进的地面部队提供近距离空中支援,还企图将巴格达市内和周围的伊军"共和国卫队"吸引出来加以歼灭。

第三阶段:快速挺进巴格达。在此次战争中,美英联军打破美军以往依靠空中力量消灭对方有生力量后才出动地面部队的战法,而是采取远距离空中打击与地面作战几乎同时进行的战法。3月20日7时40分左右,在美英联军对巴格达近郊发动首轮空袭后2小时,美军第3机械化步兵师、海军陆战队第1远征队和英军"沙漠之鼠"第7装甲旅约6.5万人即开始从科威特向伊拉克发动地面进攻。

地面作战展开后,美军第3机步师先头部队约7000人和美军第7骑兵团一部迅速突破科威特与伊拉克边境,向北直插伊拉克腹地。一天长驱160千米,创造了惊人的地面部队推进速度。英军也同时投入战斗,并向巴士拉、乌姆盖斯尔港发起进攻。

在地面部队作战和向前推进过程中,各类侦察机和攻击机担负了对地侦察和攻击的任务,并通过网络与地面部队共享信息,做到及时发现,及时打击,空中、地面构成一体,形成"安全走廊",有效掩护了地面部队的行动。

3月24日,美英联军北上的三路进攻集团已经总体向北推进300~400千米。美军第3机步师第2旅作为先头部队,日夜兼程,穿过300千米的沙漠地带,跨越幼发拉底河,距巴格达只有60~80千米。美英联军在伊拉克的军事行动进展速度是海湾战争时的4倍。

4月3日,美英联军空中火力加强,不断对巴格达及外围伊拉克的"共和国卫队"进行空袭,同时地面部队也展开了对伊军据守各城的攻击。4月4日,美英联军加紧从中部向巴格达推进,进至距巴格达10千米处。至此,美军各部兵力从南、西、北三个方向对巴格达形成包围。

第四阶段：巴格达之战。巴格达之战并没有成为伊拉克军队大规模的城市保卫战，而只是一系列相对小的战斗，没有打成激战、恶战。巴格达战斗打响时，美英联军空军已经给伊军"共和国卫队"和其他部队以巨大毁伤，摧毁了伊拉克的大部分指挥和控制能力，给许多伊军造成了震慑，迫使他们停止机动和战斗，甚至自行解散。

伊拉克当地时间4月9日16时40分，一群美军坦克和装甲战车，在几乎没有遭遇伊拉克军队任何抵抗的情况下开进了巴格达市中心。随后，一座被视为权力象征的伊拉克总统萨达姆的巨型雕像被美军"放倒"。美军基本实现了此次战争的作战目标——攻占巴格达。

与以往战争相比，伊拉克战争呈现出许多新的特点。

首先，这场战争并未得到联合国的授权，开创了第二次世界大战后国家集团以武力推翻主权国家的先例。这严重践踏了国际法基本准则，是对联合国地位和权威的挑战，不仅给伊拉克造成了深重的灾难，也给世界格局和国际形势带来深远、严重的负面影响。

其次，这场战争呈现出信息化的明显特征，反映了高技术局部战争向信息化方向发展的明显趋势。战争中，美军不仅保持了空中信息优势，而且将最先进的武器装备投入战场，使用了相当数量的新型武器装备，甚至使用了唯一的陆军数字化师——第4机械化步兵师。信息化程度的提高，使美军将非接触、非线性、非对称作战作为战争的主要样式使用，实现了"战争力量一体化、网电一体化"，联合作战水平达到了前所未有的高度。

最后，美军注重舆论造势和心理瓦解，战争手段具有很强的综合性。美军认识到，信息不仅是战斗力的"倍增器"，而且本身具有战斗力。只不过这种战斗力的体现不是去"杀戮人的肉体"，而是"摧毁人的心灵"。在战争中，美军利用发达的信息系统，利用信息优势，实施了"斩首"、促变、劝降、现场直播战争实况等行动，坚持军事打击与心理威慑相结合，把军事打击作为心理威慑的着眼点，把心理威慑作为军事打击的着力点，通过节点摧毁和体系破坏，对伊军造成"攻心夺志"效果，使其陷入"战略休克"和"心理畏惧"，进而致其全面失败，大大缩短了战争持续时间，降低了战争消耗。

五、信息化战争的发展趋势

从世界范围看，战争形态正处在一个从机械化战争向信息化战争过渡的转型期。因此，在当前条件下，要准确地预测信息化战争的发展趋势还比较困难，然而，历史的发展有其自身的逻辑轨迹，运用历史唯物主义的方法，仍然可以大致地勾画出未来信息化战的发展趋势。

（一）战争的表现形式不断拓展

未来的信息化战争将在战争的暴力性、战争的层次及战争的主体等方面发生重大的变化，从而使传统的战争概念受到冲击，战争的表现形式有了很大的拓展。

1. 战争的暴力性减弱

传统的战争理论认为"战争是流血的政治"，但在未来的信息化战争中，由于各种经济活动和社会活动的高度计算机化、信息化和网络化，社会的经济生活和政治生活更多地依赖于各种信息系统，战争则有可能成为不流血或少流血的政治。像支撑社会经济和政治活动的金融系统、能源系统、交通系统、通信系统和新闻媒介系统等，都是以计算机为基础的信息网络系统，信息和信息系统既是武器，也是交战双方攻击的主要目标。只需通过网络攻击、黑客入侵和利用新闻媒介实施大规模信息心理战等"软"打击的方式，就可以破坏敌方的计算机信息网络，瘫痪敌方指挥系统，瘫痪敌国经济，制造敌方社会动乱，把战争意志强加给对方，以不流血的形式换取最大的政治和经济利益。在使用各种"硬"摧毁手段的作战中，进攻一方也不再以剥夺敌国的生存权利，或者完全占领敌方的领土等作为最终目标，而是注重影响对手的意志，尽可能地减少战争的伤亡，力争以最小的伤亡代价换取最大的胜利。

战争暴力性将会减弱，传统战争的暴力行动将被非暴力的"软"打击行动所替代。

2. 战争的层次更加模糊

在未来信息化战争中，战争的战略、战役和战术层次会逐渐模糊。一方面，战役或战术行动具有战略意义，由于大量信息化、智能化装备和系统的集中运用，武器装备的作战效能越来越高，精确打击和信息战等作战行动对敌方军事、政治、经济和心理的攻击威力越来越大，因而小规模的作战行动和高效益的信息进攻行动就能有效达成一定的战略目的。这使得战争进程更为短暂，战争与战役甚至战斗在目的上的趋同性更为突出。另一方面，作战行动将主要在战略层次展开，信息化战争不再是从战术突破到战役突破再到战略突破，而是战争一开始，打击的对象就将主要集中于关乎敌方政治、经济和军事命脉的重要战略目标，尤其是在信息化战争中起主导作用的战略信息战，它对敌方经济和政治信息系统的攻击，以及对敌方民众和决策者心理的攻击，更具有全纵深和全方位的性质。大规模的信息进攻和超视距的非接触作战将成为未来信息化战争的主要行动样式。

3. 战争的主体多元化

传统的战争主要发生在国家或政治利益集团之间，战争打击的目标主要是对方的军事力量和战争潜力，战争的主体是军队。而在信息时代，由于信息技术和信息系统高度发展，计算机网络联通了整个世界，使得整个世界的政治、经济、科技和文化的联系日益密切，国家的安全受到来自多个方面、多种势力的威胁，表现出易遭攻击的脆弱性。实施信息攻击的主体既可能是军队，也可能是社会团体，还可能包括恐怖组织、贩毒集团或宗教极端分子等。

随着科学技术的发展，使制造常规弹药易如反掌，制造核武器、化学武器和生物武器的技术也正在越来越多地被人们了解和掌握，这就使一些社会团体和组织不仅可以掌握和使用常规武器，而且也有可能掌握和使用核生化武器，以及掌握和使用计算机病毒等信息武器。因此，这种情况使国家安全面临着严峻的挑战，并使得发动和从事战争的主体呈现出多元化的特征。当战争爆发时，受到攻击的一方可能难以判明谁是真正的对手，也难以迅速做出有效的反应和反击。战争不仅会在国家与国家之间展开，而且也会在社会团体与社会团体之间、社会团体与国家之间、少数个人与社会团体之间展开。为了应对这种挑战，仅依靠军队的力量是不够的，还必须依靠社会的各种力量，进行广泛的全民战争。

（二）战争的威力极大提升

战争发展的历史从某种意义上说就是作战效能不断提升的历史。核武器的出现，使热兵器作战效能的发展走到了极限，人类对武器作战效能的追求，反而使得具有最大杀伤威力的核武器无法在实战中运用。然而人类并没有放弃对武器作战效能的追求，大量信息化武器和新概念武器的出现和运用，将使未来信息化战争具有亚核战争的威力。

一方面，信息化时代的军事技术将把常规作战效能推至高点。未来信息化战争的常规作战效能将是建立在军事工程革命、军事探测革命、军事通信革命和军事智能革命之上，建立在其已经完成或基本完成的基础之上。在这四大军事技术革命中，军事工程革命的起步最早。军事工程革命已经使传统武器装备跨越空间，速度基本达到物理极限。军事探测革命将使得侦察、探测的空域、时域和频域范围大大扩展，使对作战行动的感知、定位、预警、制导和评估达到几乎实时和精确的程度。军事通信革命将在未来信息化战争中实现军事信息的无缝链接和实时传输，使各指挥机构和部队、各侦察和作战平台之间达到在探测、侦察、跟踪、火控和指挥方面的信息畅通，真正实现实时指挥和控制。军事智能革命将真正实现作战指挥活动和作战武器装备的自动化和智能化。智能化指挥系统将使指挥控制活动的准确性和时效性大幅度提高，作战平台将集发现、跟踪、识别和自主发射为一体。智能化弹药将具有自动寻的和发射后不用管控的功能，远程打击的精度将达到米级，同时大量高度智能化的机器人将投放战场，使指挥活动和作战行动的效率极大提高。

另一方面，大量新概念武器的使用将使信息化战争的作战效能具有"亚核"效果。在信息化时代，随着科学技术的进一步发展，大量新概念武器会不断出现和应用于战争。这些新概念武器具有完全不同的杀伤力和破坏力，它们不以大规模杀伤对方人员的生命为目标，而是通过使对方的作战人员和武器装备丧失作战功能，或者通过改变敌国的生态和自然环境来达成战争目的。新概念武器中具有大面积破坏与毁伤效果的主要有次声波武器、电磁脉冲武器、激光武器和气象武器等。次声波武器具有洲际传送能力，并且可以穿透10多米厚的钢筋混凝土，因此作用范围极广。在高空施放的电磁脉冲弹可以在瞬间使大范围的电子设备丧失功能。在信息化战争中，大量新概念武器装备虽然不具备核武器那种大规模、大范围的物理杀伤和破坏作用，但它们所拥有的系统集成能力、战场控制能力、精确摧毁能力和能够达到战略目的的能力是核武器所无法相比的。从这个意义上说，信息化战争具备了"亚核"战争的威力。

(三) 军队将向小型化、一体化和智能化方向发展

在未来信息化战争中，伴随着新军事革命的演进，军队的发展趋势将是高度的小型化、一体化和智能化。

1. 军队的规模趋向小型化

在未来的信息化战争中，先进的信息化系统和远距离的投送能力为军队的小型化奠定了基础，由于军队的作战能力将呈指数增长，小规模的高度一体化和智能化的军队即可达成战略目的。因此，未来军队的组织体制在数量规模上将具有两个基本的发展趋向。一是军队的总体规模将大幅度缩小。随着军队的信息化程度和作战能力的不断提升，缩减军队规模将是必然的趋势，拥有庞大的常备军将成为历史。二是作战部队的建制规模将更加小型灵巧。未来军和师的编制将可能最终消亡，旅、营或更低级别的战术单位将成为主要的作战建制，并可能出现按作战职能编成的小型作战群或能够同时在陆、海、空等多维空间作战的一体化的小型联合体。为适应未来信息化战争的需要，一些技术密集、小巧精干的新型兵种作战单元也将相继出现并逐步增多。

2. 军队信息系统的构成趋向一体化

未来信息化战争是高度一体化的作战，未来军队编成的一体化，将主要表现为按照系统集成的观点，建立"超联合"的一体化作战部队。为此，未来军队信息系统的构成，将按照侦察监视、指挥控制、精确打击和支援保障四大作战职能，建成四个子系统。一是侦察监视子系统将所有天基、空基、陆基和海基侦察监视平台和系统连为一体，完成对作战空间全天候、全方位的实时感知。二是指挥控制子系统把所有战略级、战役级和战术级指挥控制和通信系统联为一体，将对作战空间的感知信息转变为作战决策和控制。三是精确打击子系统把陆海空天的信息和火力系统构成一体化的精确打击平台。四是支援保障子系统为作战行动提供实时精确的保障。这四个子系统的功能紧密衔接，有机联系，构成一体化的作战系统。按照这个思路构建的军队，将从根本上抛弃了工业化时代军队建设的模式，克服偏重发挥军种专长和追求单一军种利益的弊端，使作战力量形成"系统的集成"，从而能够充分发挥整体威力，实施真正意义上的一体化作战。

3. 军队的指挥与作战手段趋向智能化

信息化发展的高级阶段是智能化，因此信息化战争的发展趋势之一就是，实现指挥平台与作战手段的高度智能化。随着纳米技术的发展，军用微型机器人将大量地投放战场，执行侦察探测、信息传递、破袭敌电子设备和武器系统，以及杀伤敌作战人员等任务。其主要趋向为：一是指挥控制手段的高度自动化和智能化，其标志是 C^4KISR 系统的高度成熟与发展；二是大量智能化的武器系统和平台将装备军队，投入作战；三是许多作战行动将发生在智能化领域。

思考题

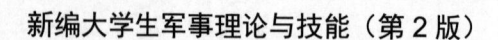

1. 战争的主要特点有哪些？
2. 新军事革命的主要内容有哪些？
3. 简述机械化战争的主要形态。
4. 机械化战争的主要特点有哪些？
5. 信息化战争的基本内涵是什么？
6. 信息化战争有哪些基本特征？
7. 试论述信息化战争的发展趋势。

第五章 信息化装备

学习目的：了解信息化装备的内涵、分类、发展及对现代作战的影响，熟悉世界主要国家信息化装备的发展情况，激发学生学习高科技的积极性，为国防科研奠定人才基础。

第一节 信息化装备概述

由于信息技术的飞速发展和广泛应用，使传统武器装备在杀伤力、防护力、机动力三大要素之外增加了一个全新的要素——信息力，从而出现了信息化装备。信息化装备是信息化战争赖以产生的物质基础，是新军事变革的前提条件。

一、信息化装备的内涵

借助于信息技术的渗透和耦合作用，信息化装备不仅杀伤力更大、防护力更强、机动力更高，而且更加综合化、体系化、智能化，彼此之间可以实现互联、互通、互操作。因此，对信息化装备的理解包括以下几个方面。

第一，信息化装备是一个历史发展的概念，不仅包括信息化阶段的信息战装备，也包括机械化阶段的电子战装备，不仅包括现阶段的信息作战装备，也包括未来发展的信息作战装备。

第二，信息化装备是与信息化战争紧密相关的，从一定意义上说，提出信息化装备的概念，只是为了适应信息化战争的需要。

第三，从信息化装备的关系属性来看，发展信息化装备的核心在于造成"于一方有利的不平衡状态"，使得己方具有收集、处理和传送不间断信息流的能力，同时利用或阻止敌方实施相同的能力。

第四，人们，尤其是美军所理解的信息化装备，不仅包括电子信息装备，也包括传统意义上的机械化装备（只不过更需要大量运用电子信息技术）。其中，物理摧毁常被理解成"利用作战力量摧毁或削弱敌方部队、信息源、指挥与控制系统和设施，它包括来自地面部队、海军和空军的直接与间接火力，以及特种作战部队的直接行动"。

综上所述，信息化装备是指，信息技术在装备技术构成中占主导地位信息要素在作战行动中支配物质能量要素的效能发挥，具有较高信息获取、传输、处理、存储、共享、管理、分发、对抗能力，以及数字化、智能化、网络化和一体化水平的武器、武器系统和军事技术器材的统称。

二、信息化装备的分类与特征

通常，信息化装备大体可分为"软杀伤"和"硬杀伤"两大类。具有"软杀伤"能力的信息武器和信息装备统一被称为"软杀伤"型信息化装备。主要包括网络战武器，电子战武器及心理战武器。

网络战武器最主要的功能是对目标信息系统实施恶意攻击和毁伤。它又被分为网络攻击应用武器和网络攻击基础武器两类。网络攻击应用武器的基本类型为"细菌""蠕虫""病毒""木马""炸弹""后门"等；网络攻击基础武器是实施网络攻击的平台，从这种意义上讲，任何联网的计算机或网络设备均可以成为网络战武器。主要包括战场信息获取系统、传输系统、处理系统、对抗系统等，其中以

109

信息传输系统为核心的计算机通信系统是最主要的。

电子战武器以电子信息技术为主要特征，其基本功能是实施电子对抗。为了达到战争目的，所使用的电子战武器（系统）是形形色色、多种多样的。但归结起来主要包括电子侦察与反侦察武器（系统），电子干扰与反干扰武器（系统）和电子支援系统。作为软杀伤型电子战武器可实现各种电子对抗、通信干扰、信息阻塞、雷达干扰、远距离干扰、自卫干扰、遮盖性干扰、欺骗干扰、红外干扰、金属箔条、诱饵、水声对抗、光电对抗、导航对抗、反辐射攻击等。

心理战武器是一种既古老又崭新的软杀伤型武器，主要用来摧毁敌方军队和民众及领导层的作战意志和破坏决策者的感知能力。心理战武器主要包括广播、电视、报刊、传单、集会、游行及计算机网络等。

在物理空间、信息空间和认知空间战场上，为达到信息化条件下"硬"对抗作战目的，所使用的各种武器装备被称为"硬杀伤"型信息化装备。它们主要包括动能武器、弹道导弹、巡航导弹、精确制导炸弹、反坦克导弹、自动火炮、精确制导鱼雷、精确制导水雷、反辐射武器、激光武器、高功率微波武器、离子束武器、电磁脉冲武器、生物炸弹、气象武器、地震武器、纳米武器、太阳武器、核生化武器，以及各种信息化综合武器平台，如电子化飞机、舰艇、坦克、直升机、无人机和导弹防御系统等。

三、信息化装备对现代战争的影响及发展趋势内涵

信息技术的飞速发展和广泛应用，已经并正在军事领域引起一系列革命性的变化。其中最直接、最突出的变化就是，大量信息化装备登上了现代战争舞台，对作战行动产生了巨大的影响。概括起来主要表现在侦察立体化、打击精确化、反应快速化、防护综合化、控测智能化五个方面。

（一）侦察立体化

现在，从大洋深处到茫茫太空，布满了天罗地网式的侦察监视系统：水下的声呐能够偷偷地寻觅军舰和潜艇的踪迹；地面的传感器能够警惕地注视人员与车辆的动静；空中的侦察飞机，天上的间谍卫星更是"站得高，看得远"。一架 E-3A 预警机，能够同时监视高空、低空、地面、海上的各种活动目标，当飞行高度为 9 千米时，可以探测到 500～650 千米远的高空目标、300～400 千米远的低空目标、270 千米远的巡航导弹；在无明显背景杂波条件下，可分辨出时速为 1.8 千米的海上目标，甚至可辨认出潜艇的潜望镜和通气孔；它可以同时跟踪 600 个目标，同时处理 300～400 个目标，同时识别 200 个目标。侦察卫星位置高、视野广，同样一架视角为 20°的照相机，装在 3 千米高的侦察飞机上，一张照片可以拍摄 1 平方千米的地面面积；如果放在 300 千米高的侦察卫星上，一幅照片囊括的范围可达 1 万平方千米，二者相差近 1 万倍！

侦察是打击的前提。从一定意义上讲，高水平的侦察监视技术本身就是一种威慑力。为了对毁伤效果进行有效的评估，美军要求每隔 72 小时把战区照片更新一遍。侦察能力的差异性决定了交战双方的不平等性，美国参谋长联席会议原副主席欧文斯说："如果交战的一方可以一天 24 小时，仅以 30 秒钟的延迟、在各种气象条件下、透过云层、在 10 厘米的误差以内非常精确地看到另一方，而他的对手不能，则他一定会赢。"

（二）打击精确化

精确打击武器与精确的信息支援系统有机结合，使得精确打击成为战争的重要形式。攻击精度越来越高，距离越来越远，精确打击在现代战争中的地位越来越重要。在过去的战争中，要想摧毁 100 千米外的一个目标是根本不可能的，就是在以 100 千米内也需要耗费大量的弹药。而在非接触作战行

动中，由于使用远程精确打击武器，彻底改变了传统的打击方法，"定点清除""斩首行动"就是其典型代表。在求"精"的同时，借助军事高技术特别是智能化技术，未来战争也开始在"巧"字上下功夫。例如，对于人，是击毙好还是击伤好；对于物，是粉碎好还是击废好。随着时代的发展，人们已经开始重新审视这些古老而又崭新的话题。美军观点认为，要想最有效地削弱敌人的战斗力，致死不如致伤，致伤不如使其失能。这里讲的"失能"，既可以指武器，也可以指人员。这样的战争效费比更高，后遗症更大。

正因为精确制导武器有如此奇效，所以世界各国群起而"攻"之，竞相研制和发展。20 世纪 70 年代，时任美军防务计划与工程项目领导的前国防部长佩里，曾经提出过著名的"三能力"，即看的能力——发现战场上所有高价值目标；打的能力——能直接攻击每个所看到的目标；毁的能力——"打就能中"，毁伤所攻击的每个目标。40 多年后的今天，美军的武器装备已经基本达到了上述要求，而其他国家也正在向这个方向努力。

（三）反应快速化

信息化装备配备在现代战争中，能够做到"兵贵神速"。例如，现代防空系统的反应时间是以秒计时的，如美制"罗兰特"地空导弹的反应时间为 8 秒；英制"长剑"地空导弹的反应时间为 6 秒；法制"西北风"地空导弹的反应时间为 5 秒，从一定意义上讲，反应的加快等效于距离的缩短，效能的提高，所以，谁的反应速度更快，谁就更易于发扬火力，撤离现场，消灭敌人而不被敌人所消灭。还有计算机控制的火控系统，能在 96 秒内操纵 4 门火炮摧毁 35 个分离的目标，而传统武器摧毁这些目标需要 2 小时。

如 1986 年的锡德拉湾之战，美国飞机从英国基地起飞，往返 1 万多千米，空中加油 4 次，飞抵利比亚上空，同时向的黎波里市和班加西城的机场、兵营、港口、雷达阵地倾泻了大批精确制导弹药，甚至直接把导弹打到卡扎菲总统住所，炸弹从窗户飞进卧室，这次空袭总计只有 17 分钟的时间，却在世界上开创了"外科手术式打击"的先河，难怪美国前国防部长科恩宣称："以往的哲学是大吃小，今天的哲学是快吃慢。"

（四）防护综合化

在战争中，为了获得胜利，交战双方总是力图通过各种手段获取对方的情报。现代先进的探测技术为侦察提供了科学的"千里眼，顺风耳"，而隐身技术又可使被探测一方采用"障眼法"金蝉脱壳。例如，美国的 B-1B 轰炸机与 B-52 轰炸机尺寸相近，但由于 B-1B 的外形设计有所改进，其雷达截面积只有 B-52 的 1/10；B-2 隐形轰炸机原本是一个机身长 21 米、翼展 55 米、高 5.2 米的庞然大物，但由于采用了巧妙的外形设计，显示在雷达荧光屏上只有飞鸟大小。

（五）控测智能化

现代技术特别是高技术的发展，使武器装备的射程、威力、精度都几乎达到了各自的极限，交战双方的差别，在很大程度上取决于他们对部队指挥和武器控制的水平。而要想驾驭信息化战争，单靠传统的指挥手段已经远远不够，必须借助于信息技术。近年来，美军不惜耗费巨资，加紧建设"全球信息栅格"，其中心目就是要把世界各地的美军官兵连接起来。"全球信息栅格"将同时具备计算、通信、信息表示和网络操作四种基本功能，可将信息畅通、及时地流向任何需要它的用户，达到"一名野战士兵"通过全球信息栅格，都可以获得"以前连高级指挥官都难以获得的态势信息"，从而实现指挥的智能化。

未来信息化装备将向着网络化、集成化、精确化、隐身化和智能化方向发展。即利用网络技术把各类侦察系统、火力系统、指挥控制系统、支援保障系统等武器装备联成一个有机整体,实现作战手段的整体联动。利用信息技术把功能较为单一的武器装备集成为具备情报侦察、通信、指挥控制、火力打击和电子对抗等多种功能于一体的武器系统。精确打击兵器将逐渐成为军队武器装备的主体。使各种新型武器装备具有对抗雷达、红外、声音及可见光探测的隐身特性,提高武器装备的战场生存率和隐蔽突防能力。充分利用人工智能技术,使武器装备不仅大幅度改造和提升物理功能,而且全面拓展其信息功能和智能控制能力,使武器装备由单纯的物质、能量载体转变为物质、能量与人脑功能的结合体。

第二节 信息化作战平台

作战平台是武器装备系统的重要组成部分,对赢得信息化战争的胜利仍然具有重要的作用,特别是信息化作战平台的发展越来越受到世界各国尤其是军事大国的青睐和重视。

一、信息化作战平台概述

信息化作战平台是指装有多种侦察和信息传感设备,与综合电子信息系统联网,能够及时而有效地获得敌方目标信息,控制各种武器系统实施快速、精确火力打击的武器装备。根据信息化平台运用范围的不同,信息化作战平台主要包括陆上信息化作战平台,海上(或水下)信息化作战平台、空中信息化作战平台或太空信息化作战平台等。

(一)陆上信息化作战平台

陆上信息化作战平台主要是指,大量采用信息技术的各类坦克、步兵战车、自行火炮、导弹发射装置等陆上作战平台,它是在原有机械化作战平台的基础上,嵌入了指挥控制、通信、侦察监视、敌我识别、导航定位和威胁预警与对抗等信息系统,实现了作战效能的大幅提升,它主要包括坦克、步兵战车、自行火炮和无人地面车辆等。

1. 坦克

坦克是由武器系统、防护系统、信息系统和越野机动平台组成的。坦克具有强大的直射火力、高度的越野机动性、良好的装甲防护力,是主要用于遂行地面突击或两栖突击任务的装甲战斗车辆。装备有数字式火控系统、定位导航系统、综合电子战系统、指挥控制系统、通信系统、威胁预警与对抗系统等信息系统。

(1)美国的M1A2SEP主战坦克。"艾布拉姆斯"主战坦克的最新型和最先进的型号,装备了二代热成像系统、车长独立热成像仪、真彩平面显示仪、数字化地形图、热控制系统和最新的数字化指挥、控制、通信装备。美国陆军现阶段最终的目标是将所有的M1系列坦克改进成为M1A2SEP型。SEP是系统组件的英文缩写,涉及观瞄、火控、武器、动力、通信、防护和车辆管理等多个方面。在火力方面,火炮防盾中加装了1挺12.7毫米机枪,配备M829E3加强型穿甲弹,主要武器为120毫米滑膛炮,最大速度68千米/小时。

(2)俄罗斯T-14主战坦克。该坦克装备全新2A82式125毫米滑膛炮,采用无人炮塔,车组3人,配有"耐寒"装甲制成的炮塔前置装甲防护区,配备自带雷达,作战指挥数字化系统,可在极端气候区作战。俄军计划代替服役多年的T-72坦克和T-90主战坦克。T-14是全球坦克生产历史上第一次拥有无人炮塔和车组人员隔离式装甲舱等功能,以及完全计算机化的主战坦克。T-14坦克全重为48吨,行驶速度为75~80千米/小时。

(3)德国豹2A7+主战坦克。该坦克采用大量的升级技术,战斗全重达67吨,适用于传统军事作战和城区作战。配备有 55 倍口径 Rh120-L55 滑膛炮，炮口初速度达到 1750 米/秒，使用钨合金弹，在常温状态下穿深达 700 毫米，而且精度相当高，射程为 2000 米，火控系统先进，反应时间为 6 秒；MG3A1 式 7.62 毫米并列机枪，射速为 1200 发/分；发动机功率为 1100 千瓦（1500 马力），最大行程为 550 千米，最大速度 72 千米/小时。

（4）日本 10 式坦克。该坦克以"新中期防卫力整备计划"为基础开发，采用了多种革命性新技术。10 式坦克自重 44 吨，装备 V8 发动机，最大速度约为 70 千米/小时，火控方面使用"猎-歼"式火控系统、射击门和稳线式火控；火力方面配备日本产 120 毫米 44 倍径滑膛炮，可只储存了 35 枚；其装甲方面较弱，正面装甲 LOS 只有 600 毫米左右，抗穿甲能力不超过 500 毫米。

法国的勒克莱尔主战坦克整合了传统的火炮、侦察车、履带式战车，以及特殊的电子和预警及控制系统平台所具备的能力，被誉为"全球第一种第四代主战坦克"。英国挑战者 2 主战坦克的炮塔防护采用的是第二代"乔巴姆"复合装甲，还装有一套核生化防护系统，是世界上防护力最好的坦克之一。

2. 步兵战车

步兵战车是装有武器系统、防护系统、信息系统等，具有较强的火力和较好的装甲防护力，主要用于承载步兵以乘车作战的方式遂行地面突击或两栖突击任务的装甲战斗车辆。装备有数字式火控系统、定位导航系统、综合电子战系统、指挥控制系统、战场管理系统、威胁预警与对抗系统等信息系统，如美国 M2A3 步兵战车装有数字式火控系统、改进到目标捕获系统、一体化导航系统，以及车长、驾驶员、班长用数字显示器等先进数字化设备，具有较强的识别能力和较高的命中率。

3. 自行火炮

自行火炮是同车辆底盘构成一体，靠自身动力运动的火炮，其上装备有专用火控计算机、定位定向系统、数字通信装备和自动瞄准系统等信息系统。如美国陆军的 M109A6"帕拉丁"155mm 自行榴弹炮，装备了由炮载弹道计算机与定位导航系统、火炮自动瞄准装置组成的自动化火控系统，以及单信道地面与机载无线电系统，可与先进野战炮兵战术数据系统（"阿法兹"系统）及其他的目标探测和武器系统连接，具有较强的快速反应能力。

4. 无人地面车辆

无人地面车辆主要用于未爆弹药处理、简易爆炸装置探测、预警侦察、安全巡逻、战场救护、扫雷和后勤保障等，美、英等国军队在阿富汗战争和伊拉克战争中部署的无人地面车辆达 1 万辆左右，在实战中发挥了重要作用。2007 年 6 月，美军配备有遥控武器系统的 3 辆武装型无人地面车辆在伊拉克战场投入实战试用，标志着无人地面车辆开始向武装型发展。

（二）海上（水下）信息化作战平台

海上（水下）信息化作战平台主要是指大量采用信息技术的各类水面舰艇和潜艇等海上（水下）作战平台。海上（水下）信息化作战平台嵌入的信息系统主要包括情报采集与处理系统、作战支持系统、舰载武器控制系统、舰载通信系统、舰载作战指挥控制系统和电子作战系统等，它主要包括航空母舰、驱逐舰、护卫舰、导弹快艇、登陆舰、潜艇和水下无人航行器等。

1. 航空母舰

航空母舰（航母）是以舰载机为主要武器，并作为其海上活动基地的大型水面战斗舰艇。航母装备有作战指挥、电子对抗、雷达、导航设备和综合通信系统等信息系统。它主要用于攻击敌舰船，袭击基地、港口设施和陆上目标，夺取作战海区的制空权和制海权，支援登陆和抗登陆作战等。例如，美军"布什"号核动力航母装备有电子对抗、雷达、卫星导航综合通信等系统，并将以往分散的作战平台整合成分布式的探测和攻击系统，提高了航母战斗群的整体作战效能。

"福特"号航母舷号 CVN-78，是美国第 78 艘也是最新一艘航母，其命名为纪念美国前总统杰拉

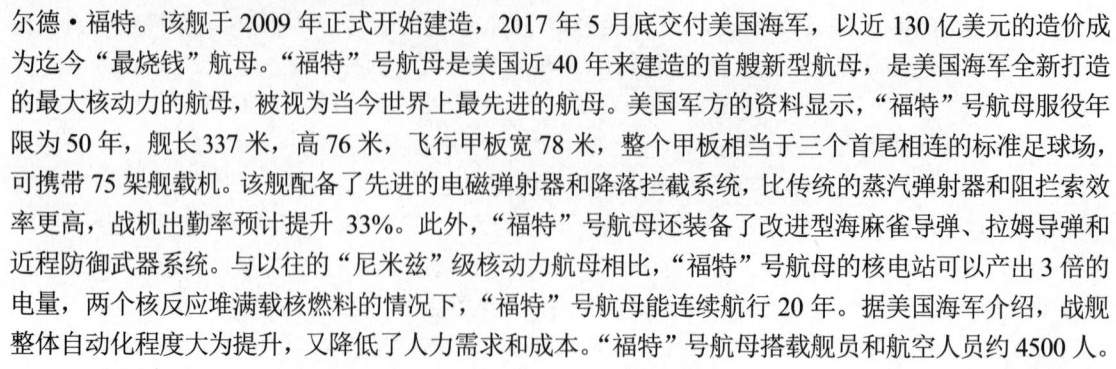

尔德·福特。该舰于2009年正式开始建造，2017年5月底交付美国海军，以近130亿美元的造价成为迄今"最烧钱"航母。"福特"号航母是美国近40年来建造的首艘新型航母，是美国海军全新打造的最大核动力的航母，被视为当今世界上最先进的航母。美国军方的资料显示，"福特"号航母服役年限为50年，舰长337米，高76米，飞行甲板宽78米，整个甲板相当于三个首尾相连的标准足球场，可携带75架舰载机。该舰配备了先进的电磁弹射器和降落拦截系统，比传统的蒸汽弹射器和阻拦索效率更高，战机出勤率预计提升33%。此外，"福特"号航母还装备了改进型海麻雀导弹、拉姆导弹和近程防御武器系统。与以往的"尼米兹"级核动力航母相比，"福特"号航母的核电站可以产出3倍的电量，两个核反应堆满载核燃料的情况下，"福特"号航母能连续航行20年。据美国海军介绍，战舰整体自动化程度大为提升，又降低了人力需求和成本。"福特"号航母搭载舰员和航空人员约4500人。

2. 驱逐舰

驱逐舰是装有导弹、舰炮、鱼雷、深水炸弹和直升机等武器系统，具有多种作战能力，能在中程、远程海域机动作战的中型水面战斗舰艇。驱逐舰装备有作战指挥系统、电子对抗、雷达、导航设施系统和武器射击指挥控制系统、声呐探测系统等信息系统。如美国"阿利·伯克"级驱逐舰装备有SPY-1D型相控阵雷达、NTDS-5作战数据系统和SLQ-32（V）2型电子战系统等舰载电子装备。其中，SPY-1D相控阵雷达天线由四块固定式辐射阵面构成，仅一部雷达就可以完成探测、跟踪、制导等多种任务。

3. 护卫舰

护卫舰是装有导弹、舰炮、鱼雷、深水炸弹和直升机等武器系统，能在近、中海机动作战的中小型水面战斗舰艇。护卫舰装备有作战指挥系统、电子对抗、导航设施系统和武器射击指挥控制系统、声呐探测系统等信息系统。例如，日本"爱宕"级护卫舰装备的终端，可与上级实时交换作战数据。该舰还装备有NOLQ-2综合电子战系统，可对信号辐射源进行收集、识别、测向、告警，并具有转发式干扰、应答式假目标干扰、噪声干扰和箔条干扰等功能。

4. 导弹快艇

导弹快艇是以反舰导弹为主要武器，用于近海作战的小型战斗舰艇。导弹快艇除执行攻击任务外，还可担负巡逻、警戒、反潜、布雷等其他任务。导弹快艇装备有搜索探测雷达、通信导航系统、电子对抗和武器射击指控系统等信息系统。例如，日本的"隼"级高速导弹巡逻艇，装有OPS-18-3型对海雷达、OPS-20型导航雷达、NOLR-9B型侦察雷达、OAX-2型红外线夜视装置和全球定位导航系统。

5. 登陆舰

登陆舰是输送登陆兵及其武器装备、物资到敌方岸滩实施直接登陆的作战舰艇。它包括坦克登陆舰、步兵登陆舰，以及人员登陆艇、车辆登陆艇、坦克登陆艇等。登陆舰装备有搜索探测雷达、通信导航系统和武器射击指控系统等信息系统。目前较先进的登陆舰有美军的"圣安东尼奥"级船坞登陆舰。

6. 潜艇

潜艇是用于水下活动和作战的战斗舰艇。其上装备有作战指挥系统、声呐探测系统和武器射击指挥控制系统等信息系统。例如，美国"俄亥俄"级潜艇装备的CCSMK2-3作战指挥系统、MK118鱼雷射击指控系统、AN/BQQ-6综合声呐系统以及高性能的观通设备，使潜艇能在复杂海情和噪声环境下进行战术态势评估与分析，指挥鱼雷实施攻击。

7. 水下无人航行器

水下无人航行器是一种依附于水面舰艇和潜艇，能从舰艇上布放（有的还可以从飞机或岸上布放）和回收的智能化装备。它能够携带多种传感器、专用机械设备或武器，遥控或自主航行，完成风险性较大的作战任务。例如，澳大利亚的"塞拉菲娜"是世界上体积最小的水下无人航行器，长40厘米，能下潜到5千米的海洋深处执行任务，还可在敌方海岸附近进行间谍活动，探测敌方水雷布设区域并根据指令，用自爆的方式将水雷摧毁。

（三）空中信息化作战平台

空中信息化作战平台是指大量采用信息技术的各类作战飞机和直升机等空中作战平台。其上通常装备有综合显示控制管理、目标探测、通信导航识别、电子战、精确制导武器管理等的综合航空电子信息系统。它主要包括战斗机、轰炸机、战斗轰炸机、近距支援飞机、武装直升机和无人机等。

1. 战斗机

战斗机是指主要用于拦截和摧毁敌空中目标、进行空战以夺取制空权的飞机。我国习惯上称之为歼击机，战斗机多装备有飞行控制系统、通信导航系统、火控系统和电子对抗系统等信息系统。例如，俄罗斯的苏-35战斗机装备的前视雷达，有12种不同的波形，可达到抗干扰及一定的隐身目的，机尾装备的NO14后视雷达，可发现尾追目标并引导火力攻击。该机还可挂装"游隼"光电瞄准吊舱，吊舱内装有红外摄像机、激光测距仪、目标跟踪部件等设备。

2. 轰炸机

轰炸机是以空地导弹、航空炸弹、航空鱼雷为基本武器，具有轰炸能力的作战飞机。轰炸机装备有飞行控制系统、通信导航系统、火控系统和电子对抗系统等信息系统，具有突击力强、载弹量大、航程远等特点。如美国B-2隐身轰炸机装备有NSS导航系统、APQ-50型电子对抗系统、AN/APQ-181型雷达，以及通信管理系统和各种显示系统，可提供自动导航和星座对位导航、雷达预警、侦测定位、干扰压制等功能。

3. 战斗轰炸机

战斗轰炸机是指主要用于突击敌战役战术纵深内的地面、海面目标，并具有空战能力的飞机。我国习惯上称之为歼击轰炸机。该类轰炸机装备有火控系统和探测、导航系统等信息系统。例如，俄罗斯苏-34战斗轰炸机采用数字式多余度电传操纵系统，具有主动控制功能，能提高攻击瞄准精度，减少机体变形和机组成员疲劳。该机还装备有"雷达综合瞄准系统"，探测距离可达200～250千米，能同时跟踪多个目标，并引导空空导弹同时对多个目标实施打击。

4. 近距支援飞机

近距支援飞机主要是指从低空、超低空抵进，突击敌战役、战术地幅内的中、小型目标，直接支援陆军、海军作战的飞机。我国习惯上称之为强击机，该类飞机装备有夜视系统和目标截获/识别系统、通信导航系统、火控系统和电子对抗系统等信息系统。例如，英国176"海鸥"攻击机装备有武器瞄准系统、导航和姿态参考系统、"蓝雌狐"雷达等，综合作战能力得到很大提升。

5. 武装直升机

武装直升机是装有机载武器系统，主要用于攻击空中、地面、水面及水下目标的直升机，该类直升机装备有夜视系统、目标截获/标识系统、通信导航系统、火控系统和电子对抗系统等信息系统。例如，美国AH-64"阿帕奇"武装直升机装备有飞行员夜视系统和目标截获/标识系统，以及被动式雷达、防红外探测装置和GPS导航定位系统等，可在夜间和恶劣天气条件下作战。

6. 无人机

无人机是由遥控设备或自备程序控制装置操纵的不载人的飞机。无人机主要包括机体、机上飞行控制系统、动力装置、有效载荷与数据链路，以及用于起飞和回收的装置。可分为侦察无人机、攻击无人机、反辐射无人机和运输无人机等。例如，美国"全球鹰"无人侦察机是一种高空长航时无人侦察机，具有雷达、电视、红外三种侦察方式。

（四）太空信息化作战平台

太空信息化作战平台主要是指能对敌方卫星和空中、海上、陆地目标实施攻击的太空作战平台。它主要包括两类装置：一类是可用于攻击敌方航天器的拦截歼击卫星系统，以及可实施对地、对海、对空攻击的卫星等；另一类是各类军用载人航天器，如载人飞船、航天飞机、空间站等。

1. 拦截歼击卫星系统

拦截歼击卫星系统主要包括武器载体型卫星、自爆摧毁型卫星和捕获型卫星。武器载体型卫星是指配置有导弹、火箭、激光武器、粒子束武器和微波武器等杀伤性武器，以损伤或摧毁目标卫星的卫星。自爆摧毁型卫星就是移动到目标卫星附近，利用自身爆炸产生的动能摧毁目标卫星的卫星，捕获型卫星就是可以"捕获"目标卫星的卫星。2007年3月，美国进行了"轨道快车"系统试验，一颗卫星利用机械手成功地对另一颗卫星实施了多次捕获与对接。

2. 军用载人航天器

军用载人航天器包括载人飞船、空天飞机、空间站等。载人飞船可以向空间站运送各种军事物资和人员，进行空间人员救护，对特定目标实施侦察与监视等。空天飞机是"航空航天飞机"的简称，是一种载人航天器与飞机结合成一体的飞行器，能够以极快的速度往返于地球表面与外层空间运送有效负荷。2010年4月22日，世界上第一架空天飞机X-37B从美国佛罗里达州卡纳维拉尔角升空进行首次试飞。空间站又称太空站、航天站或轨道站，是一种具备一定的试验或生产条件，可供航天员在固定轨道上居住和工作的，能够长期运行的大型空间平台，它平时作为载人空间基地、空间工厂、空间试验中心，战时则可以作为空间指挥所、空间基地和空间武器发射平台。

二、信息化作战平台的发展趋势

近几十年来，以信息技术为核心的现代高新技术大量地应用于武器装备之中，使得作战平台日新月异、层出不穷，并呈现出以下趋势。

（一）作战平台的信息化程度不断提高

在信息时代，作战平台的信息化是实现作战指挥自动化和战场数字化、争夺"制信息权"、实施精确打击的重要保障，对于提高武器装备系统的战斗力具有倍增器的作用。因为信息化作战平台效能的提高主要是依靠电子信息技术对目标的识别和精确制导，而不再完全依赖战斗部威力的增大。计算表明，爆炸威力提高一倍，杀伤力仅提高40%，但是命中率提高一倍，杀伤力则提高400%。因此，世界各国都把提高作战平台的信息化程度作为平台的发展目标，加速发展信息化作战平台。当今，以信息感知、信息传输和信息处理为主要内容的信息技术综合化，使得作战平台的发展重点由以提高平台的时速、航程、距离等物理性能为中心转向以提高作战平台的信息能力为中心。

（二）作战平台日趋多功能、一体化

随着作战平台的信息化程度不断提高，世界各国在发展作战平台上，不再追求平台型号品种的多样性，而是追求平台的一专多能，力求集发现、识别、跟踪、打击等多种能力于一身，从而最大限度地提高平台的作战效能。在空中作战平台的发展上，信息技术使得作战飞机越来越向着集歼击、轰炸、侦察和电子对抗于一体的方向发展。在海上作战平台的发展上也特别强调多功能一体化，航母作为海上大型机动平台，不仅可以作为作战飞机起落场，本身还具有较强的攻击和防护能力；核动力潜艇，不仅能发射潜对地弹道导弹，而且还能发射潜对舰、潜对空和潜对潜导弹及潜对地的巡航导弹，成为武器携带数量大、种类多的水下发射平台。此外，空间平台和地面作战平台也都向多功能一体化方向发展。

（三）空中作战平台向高隐身性和高机动性双优方向发展

在现代战争中，大量使用精确制导武器，使得作战平台的战场损伤大为增加。为了提高作战平台的战场生存能力，现在的各种作战平台正在向具有高隐身性和高机动性的双优品质方向发展。所谓高隐身性就是大量采用隐形技术研制和改装的作战平台，主要是通过降低作战平台的目标信号特征，与敌方的雷达、红外、电子、可见光、声波等侦察探测手段相对抗，使敌方难以发现、识别、跟踪和攻击，从而提高作战平台的战场生存能力。在提高平台隐身性的同时，各国并未放松发展高机动性作战平台。美国、俄罗斯、英国、法国和德国等先进国家都已拥有一批先进的高机动作战平台。美陆军的"未来作战系统"，空军的 F-22、F-35，海军的"弗吉尼亚"级核潜艇及军用空天飞机等都在发展之中，这些作战平台除具有良好的隐身性外，优异的机动性和敏捷性是这一代作战平台的主要特点。

（四）无人平台向侦攻合一方向发展

在阿富汗战争中，一个值得注意的重要变化就是，无人平台的任务已经由传统的侦察保障扩展到了侦察打击一体化。战争中，美军使用"捕食者"无人机开创了无人平台对地实施攻击作战的先河。美军利用配备"海尔法"反坦克导弹的"捕食者"无人机多次成功地打击了稍纵即逝的塔利班撤退中的移动目标。基于无人作战平台在近年来的出色表现，世界各国特别是军事强国越来越重视发展这种作战平台。目前，无人作战平台正在从遥控式、半自主式向全自主式，智能化方向发展，执行的任务也由执行单纯的侦察任务向执行侦察、监视、指挥、控制、毁伤评估和火力打击等综合任务方向发展。

（五）空间平台的军事功能日趋完善

空间作为聚集大量信息并以无国界限制的有利条件，正在成为提高武器系统作战效能的一个新的制高点。如今，空间平台已成为现代战争获取战略情报和战术情报的重要手段，能够为部队提供全天时、全天候、近实时的战场信息，是现代战场通信、导航和侦察监视系统的重要支援保障装备。随着航天技术的发展和应用，今后太空将出现攻防兼备的新型作战平台，如隐身卫星、抗毁加固卫星、诱饵卫星和杀手卫星等，另外，还可能出现反太空平台武器，如动能和定向能武器、空间作战飞行器和军用空天飞机等空间武器平台。不久的将来，以空间控制与反控制为焦点的空间作战平台的攻防对抗将不可避免。

三、信息化作战平台的应用

从近些年来发生的四场局部战争可以看出，先进的作战平台，特别是信息化作战平台在战争中的使用非常广泛，并表现出不同的使用特点，使近四场局部战争都以不同的面貌展现在世人面前。

（一）信息化作战平台在海湾战争中的应用

海湾战争是以多国部队的航空武器平台为主体、实施大规模空袭为主要特征的一场战争。在这场战争中，空中作战平台的使用贯穿了战争的全过程，对战争的胜利起到了至关重要的作用。例如，美国空军首次使用 F-117 隐身战斗机对伊拉克进行了空袭作战，并利用其隐身性有效地保护自身毫发无损，创造了世界航空作战史上的新纪录。

海湾战争的另一个突出的特点就是，历史上第一次广泛使用空间平台对战争进行全面的支援保障。战争期间，美军动用了 10 类共计 72 颗军用卫星，同时还征用部分在轨商用卫星，在盟军空间系统的配合下，构成了空间卫星侦察、空间卫星通信、空间卫星导航定位和空间卫星气象服务等四大空间作战支援保障系统。

（二）信息化作战平台在科索沃战争中的应用

科索沃战争是一场以空袭开始，又以空袭结束，没有地面作战的现代战争。战争期间，北约的参战飞机达67种共1058架，出动飞机3800架次，实施78天的昼夜连续不间断打击，以美国为首的北约军事集团仅靠空中力量和实施空中战役就取得了战争的胜利。

北约凭借着强大的信息平台实现了指挥控制系统的一体化，有力地保障了多兵种、多国家、多基地的联合作战，实现了对距科索沃数千千米甚至上万千米的舰艇、飞机的统一指挥，以及侦察监视、作战指挥、战损评估和战场救援等的协调一致。

（三）信息化作战平台在阿富汗战争中的应用

在阿富汗战争中，美国将陆、海、空、天各种侦察平台进行全方位结合，使整个战场变成单向透明的战场，从而为美军控制作战节奏，赢得整个战争的胜利奠定了基础。

同时，为了扩大情报侦察范围、提高精确打击效果，美军还实现了侦察系统与作战平台的结合。一方面，将侦察系统直接安装在作战飞机上；另一方面，美军还首次将导弹装备在RQ-1"捕食者"无人侦察机上，使其既可以长时间执行侦察监视任务，又可以在第一时间向可疑目标发起攻击。

（四）信息化作战平台在伊拉克战争中的应用

海湾战争以后，美国加强了对现役作战平台的信息化改进，重点提高陆战平台的信息化程度。这些信息化程度大大提高的地面作战平台在伊拉克战争中又被派上用场，成为美军地面进攻的急先锋。正是利用地面与空中平台之间、地面各平台之间这种有效的信息联通能力，美陆军敢冒被包围、分割的危险，向伊拉克首都巴格达进行突进，并在最短的时间内完成包围伊拉克首都的任务。同时，以网络为中心的C^4IKSR武器装备系统在伊拉克战争中通过了实战检验，发挥了极强的作战效能。

第三节 综合电子信息系统

综合电子信息系统是现代科学技术飞速发展并广泛应用于军事领域的重要实践，是实现军队现代化目标体系的重要组成部分，是提高军队整体作战效能的有效途径。随着人类社会进入信息时代，军队更加需要综合电子信息系统，因而也越来越依赖于综合电子信息系统，综合电子信息系统是打赢信息化战争必备的手段，是实施信息作战并与强敌对抗的重要武器系统。

一、综合电子信息系统概述

具体来说，综合电子信息系统是指为实现最优资源配置，提高作战能力，按军队信息系统一体化原则和综合集成技术而构建的多种使命、多种功能的电子信息系统。用于夺取信息决策优势和全维优势的主要装备，具有互操作能力、信息共享能力、态势一致理解能力、快速优化决策能力，能有效地支持协同作战和联合作战。综合电子信息系统由国家统一设计，充分考虑建设全军公用信息基础设施，实现信息资源的最优配置。

20世纪50年代至90年代末，世界各国建设了大量单使命和单军种、兵种一体化信息系统。在1991年的海湾战争中，美军由军种、兵种单独研制的信息系统暴露出系统不能互通、不具备互操作性等缺陷，凸显出建设全军一体化信息系统的必要。

1992年2月，美国参谋长联席会议提出了全军一体化信息系统的发展计划——"武士计划"，要求在全军发展有互操作能力的一体化信息系统，使指挥员和战斗员能在任何地方、任何时间获取及时、准确、完整和经过融合的所需的作战信息，最有效地完成作战任务。之后美军陆续提出发展全球指挥控制系统（GCCS）、国防信息系统网（DISN）和国防信息基础设施（DI1）等。1994年提出一体化 C^4I 系统，1996年提出 C^4ISR 系统，1999年提出全球信息栅格（GIG）。2001年，美国国防部向国会提出适用于全军的网络中心战报告。2004年2月发表了国防部体系结构框架1.0正式版本，作为美军全军一体化信息系统设计、演进的原则和指南。

通常，综合电子信息系统由预警探测系统、情报侦察系统、指挥控制系统、通信传输系统、导航定位系统等多种功能信息系统组成。这些功能信息系统将完成战略威慑、指挥控制、防空反导和精确打击等多种作战使命和任务。各种综合电子信息系统的使命不同，其功能组成也不完全相同，但综合电子信息系统绝不是多种信息系统的简单堆积，而是为达到全军信息系统整体作战能力最大和信息资源配置最优，必须自上而下进行整体论证，采用信息系统综合集成技术，包括系统的分解、设计、仿真、生产、集成、新技术嵌入等。

二、指挥控制系统

指挥控制系统是保障指挥员和指挥机关对作战人员和武器系统实施指挥和控制的信息系统，它是指挥信息系统的核心，主要包括指挥所信息系统、作战单元指挥和武器平台控制系统、指挥信息网和数据链。

指挥所信息系统是部署在各级指挥所内，由网络系统、计算机系统、显示控制系统等硬件设备及相关基础软件和应用软件组成，用于作战指挥与保障业务信息汇集、处理、分发的信息系统。

作战单元指挥和武器平台控制系统是用于武器平台控制或营以下作战分队及单兵指挥控制的信息系统，它可分为携行式系统和嵌入式系统，携行式指挥控制系统主要由便携式手持终端及其应用软件和相应的计算机网络、通信传输系统组成。如美军"陆地勇士"士兵系统就是一种典型的携行式指挥控制系统。

指挥信息网是指挥员及其指挥机关实施指挥所依托的军用信息网络，具有收集、传输、存储、处理、显示指挥信息等功能。

数据链系统是按规定的消息格式和通信协议，链接传感器、指挥控制系统和武器平台，可实时自动地传输战场态势、指挥引导、战术协同、武器控制等格式化数据的信息系统。

三、情报侦察系统

从广义上讲，情报侦察系统泛指与情报活动相关的各种要素相互联系、相互制约而构成的一个整体，包括情报侦察指挥机构、情报侦察人员、情报侦察对象、各种情报侦察工具和手段，以及支持情报侦察指挥机构对所属力量进行指挥控制的信息系统。从狭义上讲，情报侦察系统仅指支持情报侦察指挥机构和情报人员实时收集、处理、存储、分发、传输各类情报的信息系统，它主要包括地面、水面及水下、空中和太空侦察系统。

地面侦察系统主要包括侦察车、侦察站、地面战场传感器系统等。例如，美国的"角斗士"无人侦察车可以在任何天气与地形条件下执行侦察、核生化武器探测、突破障碍、反狙击手和直接射击等任务。

水面及水下侦察系统主要由侦察舰船和作战舰艇所配备的无线电侦察设备、雷达侦察机、预警探测雷达、声呐侦察设备、搭载的无人侦察艇以及相应的情报侦察处理设备组成。例如，美国攻击核潜艇上装备的近程/远程水雷侦察系统（NMRS/LMRS）是当前最先进的潜艇用无人侦察潜艇系统，能够达到22千米的搜索范围，续航时间达到40~48小时，每小时可以侦察3.86平方千米的水域。

空中侦察系统是利用各种空中飞行平台，包括固定翼飞机、直升机、无人机、浮空器和动力侦察飞翼等，装载各种侦察传感器，从空中侦察各种有价值目标的侦察系统，空中侦察任务主要由侦察飞机完成，包括有人驾驶侦察机、无人驾驶侦察机、侦察直升机。有人驾驶侦察机通常分为两类：一类是专用侦察机；另一类是由各型飞机改装的侦察机。

太空侦察系统是以航天器为平台，携带侦察设备对地面、水面、空中和太空目标执行军事侦察任务的侦察系统。按使用的平台是否载人，可以分为卫星侦察和载人航天侦察。卫星侦察是太空侦察与监视的主要方式，载人航天侦察通常以飞船、航天飞机、空间站等载人航天器为平台，搭载侦察载荷，执行太空侦察任务。

四、预警探测系统

预警探测系统是运用信息获取技术装备，为早期发现、定位、跟踪、识别来袭武器并发出相应警报而建立并持续运行的系统，它主要包括陆基、海基、空基和天基预警探测系统。

陆基预警探测系统是国家防空预警系统的一个重要组成部分，因陆基预警探测设备安装在地面上，故对其质量和体积没有特别严格的限制，是远程、超远程预警的最佳选择。系统主要设备是天波超视距雷达、防空警戒雷达、引导雷达及大型相控阵雷达。例如，美国"铺路爪"远程预警雷达，是一种典型的全固态大型相控阵雷达，探测距离达5000千米，主要担负战略防卫任务，可被用于从美国东西海岸监视大西洋和太平洋上战略导弹核潜艇发射的弹道导弹。同时也可用于对空间目标的监视，如监视和探测卫星、太空飞船等空间目标。

海基预警探测系统是将预警探测设备，主要是预警探测雷达和预警探测声呐，装载在海基平台上的预警探测系统，主要用于对海面（水下）和空中威胁目标的预警探测。海基预警探测系统的主体是各种舰载雷达，包括警戒雷达、引导雷达、搜索雷达、目标指示雷达、火控雷达、导航雷达和多功能雷达等。例如，美国"宙斯盾"级舰艇上的AN/SPY-58电子扫描技术多功能相控阵雷达能实施全方位搜索，搜索距离400千米，可同时跟踪监视400批来袭目标，并能自动跟踪100批最具威胁的目标。

空基预警探测系统是将预警探测设备（主要是预警侦察雷达）装载在空基平台（固定翼飞机、直升机、无人机和高空系留气球）上的预警探测系统，主要用于对低空和超低空飞行威胁目标的预警探测及同时引导拦截来自多方的威胁，常用的空基预警探测系统及设备主要有预警机、机载雷达预警探测系统和系留气球预警探测系统。如美国的E-3A"哨兵"预警机。

天基预警探测系统是将预警探测设备（主要是预警探测雷达和红外探测器）装载在天基平台（主要是卫星）上的预警探测系统，主要用于对战略弹道导弹和太空飞行器的预警探测。天基预警探测系统主要由星上探测系统、地面信息处理分系统和地面信息分发分系统三部分组成，星上探测系统主要是导弹预警卫星，装有红外探测器、X射线探测器和电视摄像机等侦察设备，用于探测弹道导弹发射和飞行方向，并将探测到的数据通过通信卫星及时传送到地面站进行处理，地面处理分系统负责对传回的数据进行分析处理，并由地面信息分发分系统向受到威胁的部队发出预警。典型的天基预警探测系统主要有美国的天基战略预警系统和天基红外系统。

五、通信系统

通信系统是由传输、交换、处理、终端等通信设备及辅助设施构成，用于保障军事信息活动的具有特定功能的有机整体，它主要包括通信枢纽、传输信道和用户终端三类。

通信枢纽是汇接、调度通信线（电）路和传递、交换信息的通信中心，是通信系统的基础。按保障任务和范围的不同，通信枢纽分为指挥所通信枢纽、辅助通信枢纽、干线通信枢纽和大型台站、转信台（站）等。

传输信道是将各通信枢纽、通信节点与通信用户终端有机连接，形成各种功能的网络，保障各种信息的传递，传输信道主要有短波通信、超短波通信、微波接力通信、长波（低频、甚低频）通信、卫星通信、散射通信、流星余迹通信等无线电传输信道和光纤通信、电缆通信等有线电传输信道，发展中的还有激光通信、毫米波通信等传输信道。

用户终端是指由通信用户直接操作使用，并为其提供通信业务的各类设备，主要包括话音、数据、文字、电报、传真、静态图像、活动视频等终端设备。

六、综合保障系统

综合保障系统是为军队作战提供支援保障的各类信息系统，是实现"精确保障"的物质基础。综合保障系统主要包括气象水文保障信息系统、测绘保障信息系统和卫星导航定位系统、后勤保障信息系统、装备保障信息系统、防险救生/工程/防化保障信息系统、教育训练保障信息系统等。

气象水文保障信息系统是为军队作战提供及时、准确的气象、水文、天文、潮汐、空间天气等信息，以保障己方顺利遂行作战行动的信息系统。测绘保障信息系统是为军队作战提供准确、有效测绘信息的信息系统。

卫星导航定位系统是以人造地球卫星为基准的无线电导航与定位系统。目前使用的卫星导航定位系统有美国的 GPS、俄罗斯的 GLONASS、中国的"北斗"系统及欧洲的"伽利略"系统，它们主要由空间、地面控制和用户三部分组成。

此外，还有以各种电子攻防武器为主要手段的电子战系统；以计算机网络为主要平台和对象的网络战系统；以各种信息技术装备和设备为主要手段，能对敌我双方人员的心理、决策和行动产生特定影响的心理战系统等。

第四节 信息化杀伤武器

信息化杀伤武器是指在物理空间、信息空间和认知空间战场上，为达到信息化条件下"硬"对抗作战目标，所使用的各种"硬杀伤"型信息化装备。本节重点介绍精确制导武器、核生化武器和新概念武器的发展趋势和战例应用。

一、精确制导武器

（一）精确制导武器概述

精确制导技术是 20 世纪 70 年代初提出来的制导技术新概念，是指按照一定规律控制武器的飞行方向、姿态、高度和速度，引导其战斗部准确攻击目标的军用技术。精确制导技术是精确制导武器的关键技术，支持精确制导武器的远距离高精度作战、夜间作战、全天候作战和复杂战场环境下作战。

精确制导技术催生出的精确制导武器，是第二次世界大战后军事技术最引人注目的进展之一。在 1991 年的海湾战争中，多国部队使用的精确制导武器为 9%，而在 2003 年的伊拉克战争中已达到 70% 左右，各种精确制导武器的迅速发展和广泛应用，对现代作战产生了巨大的影响。

（二）精确制导武器的分类

精确制导武器的命中精度主要依靠制导系统来保证。制导系统的工作过程就是发现和利用目标信息和特征的过程。由于可供利用的目标信息多种多样，从而也就决定了制导系统也要采取不同的技术途径和手段来获取这些信息和发出控制指令，因而也就有了各不相同的制导系统和制导方式。一般分为自主式制导、寻的式制导、遥控式制导和复合式制导等。

1. 自主式制导

自主式制导是根据武器内部或外部固定参考基准，导引和控制武器飞行的制导。其特征是有关目标信息是在制导开始以前就确定好的，制导过程中不需要提供目标的直接信息，通常也不需武器以外的设备配合。惯性制导、星光制导、多普勒制导、程序制导和地形匹配制导、地图匹配制导、GPS（全球定位系统）制导等都属于自主式制导。其中惯性制导是主要的一种，它的优点是不需要外部任何信息就能根据导弹初始状态、飞行时间和引力场变化确定导弹的瞬时运动参数，因而不易受外界干扰。地地导弹、潜地导弹部分采用自主式制导系统。

2. 寻的式制导

寻的式制导是由武器上的导引头感受目标辐射或反射的能量，自动跟踪目标并形成制导指令，导引和控制武器飞行的制导。寻的式制导的优点是精度非常高，多用于末端制导，适合打击运动目标，但制导距离不能太远。按感受目标信息的来源可分为主动、半主动和被动式寻的制导。

3. 遥控式制导

遥控式制导由设在武器以外的制导站引导和控制。制导站可设于地面、海上（舰艇）、空中（载机）。遥控制导的武器受控于制导站，飞行弹道可以根据目标运动情况而随时改变，因此，它适用于攻击活动目标，在地空、空地、空空和反坦克导弹上使用较多。根据导引信号形成情况，遥控制导系统可以分为指令制导和波束制导两大类。指令制导可分为有线电指令制导和无线电指令制导和电视指令制导。波束制导分为雷达波束制导和激光波束制导两类。

4. 复合式制导

复合式制导采用两种以上制导方式组合的制导。单一的制导系统可能出现制导精度不高、作用距离不够、抗干扰能力不强或不能适应飞行各阶段要求等情况，采用复合制导可以发挥各种制导系统的优势，取长补短，互相搭配，以解决上述问题。组合方式依导弹类别、作战要求和目标等不同而异。通常有"自主+寻的""自主+遥控""遥控+寻的"和"自主+遥控+寻的"等复合制导系统。

（三）精确制导弹药

精确制导弹药又称信息化弹药，是指采用精确制导技术，具有较高命中精度或直接命中概率大于50%的弹药，它主要包括各类导弹、制导炸弹和制导炮弹等。

1. 导弹

导弹是精确制导武器中研究最早、类别最多、生产和装备量最大的一类。按导弹发射点和目标位置，可分为地地导弹、地空导弹、岸舰导弹、潜地导弹、空地导弹、空空导弹和空舰导弹等。按作战任务，可分为战略导弹和战术导弹。按导弹射程，可分为近程导弹、中程导弹、远程导弹及洲际导弹。按导弹的弹道特征，可分为飞航式导弹和弹道式导弹。按攻击的目标，可分为反坦克导弹、反舰导弹、反雷达（反辐射）导弹、反卫星导弹、反导弹导弹等。

2. 制导炸弹

精确制导弹药也称为灵巧弹药，根据不同的作用原理可分为末制导弹药或末敏弹药。末制导弹药有寻的器和控制系统，在其弹道末段能根据目标和弹药本身的位置自行修正或改变弹道，直至命中目标，主要有制导炮弹、制导炸弹、制导雷等。末敏弹药不能自动跟踪目标，也不能改变飞行弹道，只能在被撒布的范围内利用其自身的探测器（寻的器）探测和攻击目标。末敏弹药通常由一些子弹药组成，子弹药被抛撒后，立即用其自身携带的探测器开始在小范围内探测目标，发现目标后，即可沿探测器瞄准的方向发射弹丸，对目标进行攻击，既有较大的毁伤面积，又有较高的命中精度。它是子母弹技术、爆炸成型弹丸技术和先进的传感器技术相结合的产物。

3. 制导炮弹

制导炮弹是用地面火炮发射，弹丸带有制导装置的炮弹，它主要用于攻击坦克、装甲车、反坦克导弹的发射装置、观察所、掩蔽部和火力发射点等小型目标。根据采用的制导技术，可分为激光制导炮弹、毫米波制导炮弹、红外成像制导炮弹和复合制导炮弹等。2007年5月，美国陆军在支援巴格达北部的军事行动中，首次使用M109A6"帕拉丁"自行榴弹炮向恐怖分子隐蔽地域发射了两枚"神剑"制导炮弹，直接命中了目标。

精确制导武器作为人类智慧的结晶，是技术发展到一定阶段的产物。当前，各国都十分重视精确制导武器的研发，精确制导武器的发展方向逐渐趋向于高技术、高精度、高效能。

（四）精确制导武器的应用

1. 精确制导武器已成为现代战场上的主要打击武器

1973年10月第四次中东战争期间，埃及和以色列展开了一场第二次世界大战后规模最大的坦克战，交战双方使用精确制导武器约20种。开战前3天，以军在西奈半岛损失坦克约300辆，其中被反坦克导弹击毁的约占77%。1982年英国与阿根廷的马岛战争中，英军用空空导弹击落阿军飞机66架，占阿军全部被击落飞机的83%。在海湾战争中，精确制导武器更是大显身手，充当了战场的主角，显示出了超常的作战能力，如"战斧"巡航导弹（见图5-1）从1000千米以外发射，精确命中并摧毁了严密设防的巴格达市目标。虽然海湾战争投入的精确制导武器数量仅占全部弹药消耗量的7%~8%，却完成了伊拉克被摧毁重要目标的80%以上。美军在海湾战争以后的历次战争中，使用精确制导武器的数量占全部弹药总量的比例不断上升，到2003年伊拉克战争时，这个比例已经达到68%。目前，几乎所有国家都或多或少地拥有水平不等的精确制导武器，可以说精确制导武器已经成了现代战场上主要的打击武器。

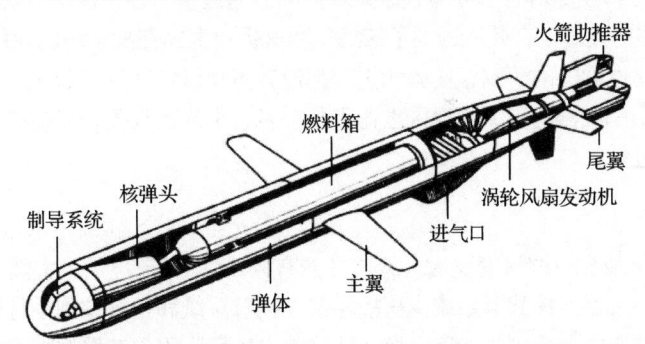

图5-1 美国"战斧"BGM-109G舰载巡航导弹结构图

2. 精确制导武器使作战样式发生深刻变化

精确制导武器在现代作战中的大量使用，给现代作战带来了许多新的变化，主要表现在使超视距、多模式、多目标精确打击成为可能。在海湾战争中，交战双方投入坦克8000多辆、装甲车8300多辆、兵力超过120万人。伊拉克还在科威特与沙特阿拉伯边界的科威特一侧和伊沙边界伊拉克一侧构筑了由"沙堤—反坦克火壕—蛇腹形铁丝网"和"混合雷场—障碍地带—坦克掩体"构成的纵深7~30千米的"萨达姆"防线。但地面战斗仅100小时就结束，且未发生大规模的坦克战或陆军的地面作战。其主要原因就是伊军的装甲部队被美军武装直升机、对地攻击机等发射的上万枚各类反坦克导弹所摧毁。使用精确制导武器可以实现"外科手术"式打击，使得对点目标攻击的附带杀伤和破坏降至尽可能小的程度，同时提高了全天候、全天时的作战能力。

3. 精确制导武器是改变军事力量对比的重要杠杆

现代战争表明，精确制导武器正在改变坦克、飞机、大炮、军舰等传统武器装备的军事价值，成为改变战争双方军事力量对比的重要杠杆。精确制导武器与电子战的密切配合，将是决定未来战争胜负的重要因素。拥有先进的精确制导武器和电子战实力的一方，可以战胜虽具有传统武器数量优势，而精确制导武器陈旧落后、缺乏电子战配合的一方。事实表明，精确制导武器改变军事力量平衡的作用越来越明显。精确制导武器还促进了常规威慑力量的形成。以对特定点目标的摧毁能力而言，部分精确制导武器的威力已经与小型核武器相差无几。

未来，精确制导武器必将得到更进一步的发展，其发展趋势主要有以下三个方向。一是制导技术向智能化转变。随着信息技术和计算机技术的发展，在制导武器上使用高性能计算机的可能性大增，利用成像传感器替代人眼，用微处理器和各种软件模拟人的分析、判断、决策过程，在一定范围内实现制导武器自动搜索、发现、识别目标并定位，自动采用适合的方式攻击目标。二是制导技术向高精度方向发展。在制导武器上广泛使用高精度制导技术的范围迅速扩大，激光制导、GPS制导、毫米波制导、红外寻的制导等技术将被运用到各种制导武器上。三是制导技术向复合制导方式发展。由于单一制导方式易被干扰，命中精度低，因此，许多国家都致力于发展复合制导的导弹，以提高导弹的抗干扰能力和直接命中精度。

二、核生化武器

大规模杀伤性武器就是现代物理学、现代生物学和现代化学的产物。科学技术的迅速发展，为大规模杀伤性武器的研制创造了物质条件，大规模杀伤性武器又称大规模毁灭性武器，通常包括核武器、生物武器和化学武器，简称核生化武器。大规模杀伤性武器的巨大杀伤力和破坏力也增加了其使用的局限性，早在1925年6月，在日内瓦国际会议上通过了《禁止在战争中使用窒息性、毒性或其他气体和细菌作战方法的协议书》，20世纪60年代以来，又陆续通过了《禁止核试验条约》和《核不扩散条约》等条约，这些条约的签署，有效地遏制了核战争和核生化武器在战争中的使用。但是，长期以来，世界各国对大规模杀伤性武器的研制、试验和生产都没有停止过，其性能和质量还在不断得到改进和发展，拥有大规模杀伤性武器的国家和地区也在不断增多。未来的战争仍将会在"核生化"等大规模杀伤性武器的威慑下进行。

（一）核武器

核武器是指利用核裂变或核聚变反应（或二者兼有），瞬间释放出的巨大能量产生爆炸，造成大规模杀伤或破坏效果的武器。核武器系统由核战斗部、投掷系统和指挥控制系统构成。核武器是迄今为止人类制造的杀伤破坏威力最大的武器。核武器的杀伤破坏作用是其爆炸瞬间释放的巨大能量及其转化为不同的杀伤破坏因素造成的。

1. 核武器的特点

第一，核武器能在最短的时间内以最少的兵力、兵器造成敌方人力、物力的巨大损失。据测算，一枚当量3万吨的原子弹在空中爆炸，几秒钟内就可使14平方千米范围内显露的敌人的有生力量丧失战斗力。

第二，核武器具有多种杀伤效果，其作用几乎是同时发生的，而且作用的持续时间有短有长，这就使得对核武器的防护相当困难。

第三，核武器的使用手段和使用方式多种多样，已形成完整的体系，一般根据不同的作战目的来选择。为杀伤大面积暴露的敌方有生力量，摧毁其野战工事、水面舰艇、较集中的技术装备等目标，使用核航弹、核导弹，实施空中爆炸；为摧毁坚固的地面目标，形成阻止敌人前进的弹坑或沾染区，采用地面爆炸；为利用核电磁脉冲迅速破坏敌方的雷达计算机指挥通信系统，在目标上空实施超高空爆炸；为破坏敌方地下永备工事、高级指挥机关、地下仓库，使用钻地核航弹、核导弹，实施地下爆炸；为破坏敌方潜艇、水雷网阵、港湾设施等，使用核导弹、核鱼雷、核深水炸弹等，实施水下、地下爆炸。

2. 核武器的防护

永备工事对核武器的各种效应都有较好的防护效果。工事内应安装密闭门、滤尘器、供电、供水系统及生活设施。野战工事对减弱冲击波、光辐射和早期核辐射也有良好的作用。各种战斗车辆对地面放射性沾染都有不同程度的削弱作用。在坦克内部镶嵌特殊的衬里，工事外（上）部加湿土均能有效地防护中子弹。

各类个人"三防"器材对核爆炸的瞬时杀伤因素一般无防护作用，但专用护目镜可以保护人眼，避免受核闪光的伤害。野战条件下的个人防护主要是利用地形地物，采取正确的动作，如卧倒、双目紧闭、立即跳落水中、迅速脱离核爆炸云迹区、跑往上风方向等。对放射性沉降物可以采用预先服用药物防护。例如，服用碘化钾减少放射性碘在甲状腺内的蓄积，服用双醋酚丁等缓泻药使进入人体的放射性物质迅速向体外排出等。

（二）生物武器

生物武器是指利用生物战剂以杀伤人员、牲畜和危害农作物为目的的武器、器材的统称。它包括生物战剂及其施放工具两部分，是一种大规模杀伤性武器。生物武器也称作"细菌武器"。

同常规武器及核、化武器相比，生物武器的杀伤破坏作用有其独特之处：一是传染性强，传染途径多，杀伤范围广，危害作用大；二是不易侦察检测，很难及时发现；三是危害时间长；四是无立即杀伤作用；五是杀伤效果受自然条件影响较大，如强烈的阳光（紫外线）持续照射能杀死大多数微生物。

目前，一些国家正在加强对生物战剂的探测技术和抗生物战剂的疫苗的研究。据报道，国外研制出一种车载近程侦检仪，利用紫外激光可侦测5千米以内的生物战剂气溶胶。从总体而言，对生物武器尚无有效的防御手段，美国军方认为：就探测和识别、对抗这些战剂的抗菌疫苗而言，我们并没有做好充分的准备。通常，用于核、化武器的集体防护和个人防护的器材，对生物战剂都有一定的防护作用。预防接种是反生物战的重要措施。人员受生物战剂感染后，利用潜伏期，服用抗生素药物，可防止发病或减轻症状。

（三）化学武器

化学武器是一种大规模杀伤性武器，是利用化学毒剂的毒害作用杀伤敌人的有生力量，拖延、困扰其军事行动的各种武器、器材的总称。

1. 化学武器的分类

化学武器按毒剂分散方式分为三种基本类型：一是爆炸分散型武器，主要有化学导弹、化学航弹、化学炮弹、化学火箭弹、化学地雷等；二是热分散型武器，主要有装填固体毒剂的手榴弹、炮弹及装填液体毒剂的毒雾航弹等；三是布洒型化学武器，主要有毒烟罐、气溶胶发生器、布毒车、航空布洒器和喷洒型弹药等。

化学武器按装备对象可分为步兵化学武器，炮兵、导弹部队化学武器和航空兵化学武器三类。它们分别适用于小规模、近距离攻击或设置化学障碍，快速实施突袭、集中化学袭击和化学纵深攻击，灵活机动地实施远距离、大纵深和大规模的化学袭击。

2. 化学武器的特点

化学武器是一种大规模杀伤性武器，与常规武器相比具有以下特点：一是杀伤范围广，扩散速度快，威力大；二是杀伤途径多；三是作用持续时间长；四是种类多、根据不同的需要选择使用化学武器，会达到不同的战略企图和战术效果；五是成本低，作战效费比高；六是受气象、地形条件影响较大。

3. 化学武器的防护

防化器材又称防化装备或三防装备，是用于防核武器、化学武器、生物武器袭击的侦察、防护、洗涤消毒、急救的各种器材装备的总称。

对化学武器的防护方式主要有以下几种：一是化学武器的集体防护主要是利用永备工事和野战工事；二是化学武器的个人防护主要是利用防护服（包括衣、裤、围裙、靴套等）、防毒面具进行防护；三是对于毒剂的突然袭击，战地人员只能因地制宜，利用地形、地物和现有器材（如口罩、湿毛巾、眼镜、手套等）进行简易防护；四是通过事前服用防毒药物，出现中毒症状时立即注射解毒针剂，用药物清洗皮肤、胃肠等方式进行药物防护。

三、新概念武器

新概念武器是指在工作原理和杀伤机制上有别于传统武器名、能大幅度提高作战效能的一类新型武器。目前，正在探索和发展中的典型新概念武器主要有定向能武器、动能武器、高超声速武器和非致命武器等。这些新概念武器为武器装备的发展开辟了崭新的领域，在一定程度上代表了未来武器装备的发展方向。

（一）定向能武器

定向能武器又称为束能武器，是利用各种束能产生的强大杀伤力的武器。它是利用激光束、粒子束、微波束、等离子束、声波束的能量，产生高温、电离、辐射、声波等综合效应，采取束的形式，而不是面的形式向一定方向发射，用以摧毁或损伤目标的武器系统。定向能武器按照其被发射能量载体类别可以分为激光武器、粒子束武器和微波武器。

1. 激光武器

激光武器是利用强大的定向发射的激光束直接毁伤目标或使之失效。它是利用高亮度强激光束携带的巨大能量摧毁或杀伤敌方飞机、导弹、卫星和人员等目标的高技术新概念武器。强激光武器有着其他武器无可比拟的优点，强激光武器具有速度快、精度高、拦截距离远、火力转移迅速、不受外界电磁波干扰、持续战斗力强等优点。根据激光功率的大小和武器用途的不同，激光武器可分为激光干扰与致盲武器、战术激光武器、战区激光武器和战略激光武器，其中后三者为高能激光武器。

2. 粒子束武器

粒子束武器是利用加速器把质子和中子等基本粒子加速到数万至 20 万千米/秒的速度，并通过电极或磁集束形成非常细的粒子束流发射出去，用于轰击目标。按粒子是否带电可分为带电粒子束武器和中性粒子束武器。带电粒子束武器在大气层内使用，中性粒子束武器在大气层外使用，主要用于拦截助推段和中段飞行的洲际弹道导弹。

3. 微波武器

微波武器又称为射频武器或电磁脉冲武器，它是利用高能量的电磁波辐射去攻击和毁伤目标的。由于其威力大、速度快、作用距离远，而且看不见、摸不着，往往伤人于无形，因此，被军事专家誉为高技术战场上的"无形杀手"。微波武器与激光武器、粒子束武器相比，其波束更宽，作用距离更远，受气候影响更小。而且只需大致指向目标，不必像激光武器、粒子束武器那样精确跟踪、瞄准目标，便于火力控制，从而使敌方对抗措施更加困难和复杂化。

（二）动能武器

动能武器是能发射超高速飞行的具有较高动能的弹头，利用弹头的动能直接撞毁目标，可用于战略反导、反卫星和反航天器，也可用于战术防空、反坦克和战术反导作战。动能武器目前主要是电磁炮。

电磁炮是利用电磁发射技术制成的一种先进动能杀伤武器。与传统大炮将火药燃气压力作用于弹丸不同，电磁炮是利用电磁系统中电磁场产生的洛伦兹力来对金属炮弹进行加速，使其达到打击目标所需的动能，与传统的火药推动的大炮相比，电磁炮可大大提高弹丸的速度和射程。自20世纪80年代初期以来，电磁炮引起了世界各国军事家们的关注，在未来武器的发展计划中，电磁炮已成为越来越重要的部分。

（三）非致命武器

非致命武器是指为达到使人员或装备失能，并使附带破坏最小化而专门设计的武器系统。按作用对象，非致命武器可分为反装备（基础设施）非致命武器和反人员非致命武器两大类。

1. 反装备（基础设施）非致命武器

以战场基础设施和武器装备为攻击目标，其基本杀伤机制是通过对目标撒放、施放或涂刷特种化学战剂，使武器装备失去作战效能的这类武器统称为反装备（基础设施）非致命武器。目前，国外发展的用于反装备的非致命武器主要有超级润滑剂、材料脆化剂、超级腐蚀剂、超级粘胶及动力系统熄火弹等。

超级润滑剂是采用含油聚合物微球、聚合物微球、表面改性技术、无机润滑剂等作为原料复配而成的摩擦系数极小的化学物质。它主要用于攻击机场跑道、航母甲板、铁轨、高速公路、桥梁等目标，可有效地阻止飞机起降和列车、军车前进。

材料脆化剂是一些能引起金属结构材料、高分子材料、光学视窗材料等迅速解体的特殊化学物质。这类物质可对敌方装备的结构造成严重损伤并使其瘫痪。可以用来破坏敌方的飞机、坦克、车辆、舰艇及铁轨、桥梁等基础设施。

超级腐蚀剂是一些对特定材料具有超强腐蚀作用的化学物质。美国正在研制一种代号为C+的超级腐蚀剂，其腐蚀性超过了氢氟酸。

超级粘胶是一些具有超级强黏结性能的化学物质。国外正在研究将它们用作破坏装备传感装置和使发动机熄火的武器，以及将它们与材料脆化剂、超级腐蚀剂等复配，以提高这些化学武器的作战效能。

动力系统熄火弹是利用阻燃剂来污染或改变燃料性能，使发动机不能正常工作而熄火的武器，美国在这方面已取得重大进展，研究开发了一批高性能阻燃器，这种新概念武器被视为遏制敌方坦克装甲车集群的有效手段之一。

2. 反人员非致命武器

以战场人员为攻击目标，其基本杀伤机制是通过对战场人员播撒化学失能战剂、照射低强度激光或播发次声波等方法，造成战场人员精神、视觉、听觉障碍，躯体功能失调和身体的不良反应，并造成巨大的心理威胁，使作战人员失去执行正常任务和进行正常思维的能力，并最终使对方丧失战斗力的这类武器统称为反人员非致命武器。这类武器可使敌方战斗减员，使敌方造成沉重的伤员负担。目前国外正在研究的反人员非致命武器主要有化学失能剂、刺激剂、黏性泡沫等。

化学失能剂能够造成人员的精神障碍、躯体功能失调，从而丧失作战能力。最近，国外又在研究强效镇痛剂与皮肤助渗剂合用，它能迅速渗透皮肤，使人员中毒而失能。刺激剂是以刺激眼、鼻、喉和皮肤为特征的一类非致命性的暂时失能性药剂。在野外浓度下，人员短时间暴露就会出现中毒症状，脱离接触后几分钟或几小时症状会自动消失，不需要特殊治疗，不留后遗症。若长时间大量吸入可造成肺部损伤，严重的可导致死亡。黏性泡沫属于一种化学试剂，喷射在人员身上立刻凝固，束缚人员的行动。美军在索马里行动中使用了一种"太妃糖枪"，可以将人员包裹起来并使其失去抵抗能力。它可以作为军警双用途武器使用，目前美国已开发出了第二代肩挂式黏性泡沫发射器。

（四）基因武器

基因武器是指利用基因工程技术研制的新型生物战剂，它是在基因工程的基础上，用类似工程设计的办法，按人们的需要通过基因重组，在一些致病细菌或病毒中接入能对抗普通疫苗或药物的基因，或者在一些本来不会致病的微生物体内接入致病基因而制造成生物武器，尤其是随着合成生物学的发展，可实现人工设计与合成自然界并不存在的生物或病毒等。它能改变非致病微生物的遗传物质，使其产生具有显著抗药性的致病菌，利用人种生化特征上的差异，使这种致病菌只对特定遗传特征的人们产生致病作用，从而有选择地消灭敌方有生力量。

基因武器与其他现代化武器比较，除不易防御和被害后难治疗等特点外，还有成本低、易制造、使用方便、杀伤力大等优势。基因武器可以用人工、普通火炮、军舰、飞机、气球或导弹进行施放，可以投在对方的前线、后方、江河湖泊、城市和交通要冲使疾病迅速传播。将一种超级出血热菌的"基因武器"投入对方水系，会使水系流域的居民多数丧失生活能力，这要比核弹杀伤力大几十倍。一旦基因武器投入未来战争，将使未来战争发生巨大变化。

（五）单兵数字化装备

单兵数字化装备是指士兵在数字化战场上使用的个人装备，也称信息士兵系统（它由单兵计算机和无线电分系统、综合头盔分系统、武器分系统、综合人体防护分系统和电源分系统组成）。信息化的士兵装备既是战场网络系统的一个终端，也是基本的作战单元，具有人机一体化的远程传感能力、攻击和生存能力，能够实时实地为炮兵和执行空地作战任务的飞机提供数字化的目标信息（见图5-2）。在阿富汗战争中，美空军准确无误地对地面目标实施攻击，就是得益于特种作战部队装备的士兵信息系统将整个战场数字化网络连为一体，为其提供了及时准确的目标数据。单兵数字化装备的出现和运用，意味着陆军作战效能将出现革命性变化。

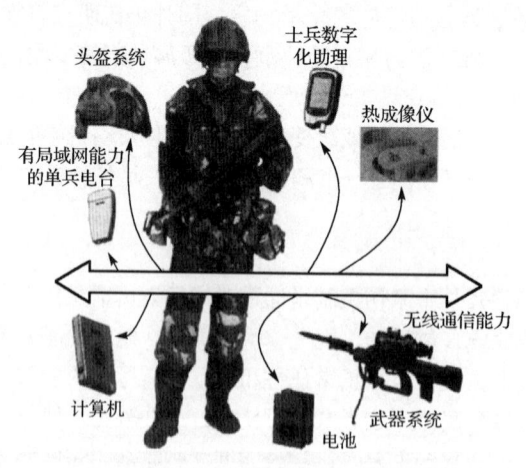

图5-2 单兵数字化装备

除上述的几种新概念武器外，气象武器、地震武器、飓风武器等环境武器和微型飞行器、军用机器人等无人作战平台也是新概念武器的研究内容。可以预见，随着新概念武器的研制和应用，势必会对未来战争产生新的影响。

思考题

1. 简述信息化装备对现代战争的影响。
2. 陆上信息化作战平台有哪些？
3. 海上（水下）信息化作战平台有哪些？
4. 空中信息化作战平台有哪些？
5. 什么是综合电子信息系统？
6. 什么是精确制导武器？主要有哪些制导方式？
7. 什么是核生化武器？对其主要防护措施有哪些？
8. 什么是新概念武器？其主要类型有哪些？

第六章 共同条令教育与训练

学习目的：了解中国人民解放军三大条令的主要内容，掌握队列动作的基本要领，养成良好的军事素养，增强组织纪律观念，培养学生令行禁止、团结奋进、顽强拼搏的过硬作风。

第一节 共同条令教育

条令，是中央军事委员会以简明条文形式发布给全军的命令，是军队战斗、训练、工作、生活的法规和准则。《中国人民解放军内务条令》《中国人民解放军纪律条令》和《中国人民解放军队列条令》统称共同条令，也称为三大条令。

一、共同条令概述

《中国人民解放军内务条令》《中国人民解放军纪律条令》和《中国人民解放军队列条令》是全体军人必须遵守执行的法规，是我军建立正规生活、巩固纪律、培养优良作风、保证部队完成训练和作战等各项任务的根本法典。

中国人民解放军是人民的军队，是中华人民共和国的武装力量，是人民民主专政的坚强柱石，肩负着巩固国防、抵抗侵略、捍卫祖国的历史重任。我军的性质和任务要求其必须有高度统一的组织纪律和行动，中国共产党的广大干部、战士来自祖国的四面八方和社会各个不同阶层，在生活习惯、文化水平、人生经历、道德素养等方面的差异较大，如果没有一个从生活到工作，从管理到训练，统一、严格的行动准则予以规范，军队就会失去应有的凝聚力和战斗力，也就不可能完成以军事训练为中心的各项工作任务，作为军人也就不可能成为一名优秀的干部、战士。

共同条令依据我军性质、宗旨，以立法的形式规定了军队日常活动，包括战备、训练、工作、生活等最基本的行动规范，它是全体军人必须遵照执行的法规，是我军建立正规生活、巩固纪律、培养优良作风、保证部队完成训练和作战等各项任务的根本法典。因此，军队的各项工作和军人的一切行动都必须以条令为准绳，并达到条令所规定的标准。只有全面认真地贯彻执行条令，才能更好地维护我军内部良好的上下级关系、军内外关系和正规的工作秩序、生活秩序，才能严格履行职责，搞好行政管理，才能培养优良作风，增强纪律性，巩固和提高战斗力，提高我军质量建设的水平。

按照教育部、总参谋部、总政治部颁发的《普通高等学校军事课教学大纲》的要求，在普通高等学校开展学生军训工作，进行中国人民解放军共同条令教育训练，对于增强学生的组织纪律性，树立良好形象，提高学生综合素质，培养"四有新人"，加强和维护校园正常的学习、生活和工作秩序，促进校园文明建设，将起到积极的推动作用。

二、《中国人民解放军内务条令》简介

《中国人民解放军内务条令》是规定军人基本职责、军队内部关系和日常生活制度的法规，是军队生活的准则、行政管理的依据。《中国人民解放军内务条令》由军队最高领导人或领导机关颁发，全军执行。其目的在于建立和维护团结统一的内部关系、紧张有序的生活秩序、严整的军容、优良的作风和严格的组织纪律，以巩固和提高战斗力，保证作战及其他任务顺利进行。

2025 年新修订的《中国人民解放军内务条令》主要完善军人宣誓、军人职责、内外关系、军容风纪、礼节等基本规范；优化值班、内务设置、请假销假、留营住宿等日常制度；充实常态战备、军事训练管理、智能电子设备使用管理、海外任务部队（分队）管理等措施办法。《内务条令》共 13 章 311 条，主要内容包括：总则，军人宣誓，军人职责，内部关系，礼节，军容风 f 纪，与军外单位和人员的交往，日常制度，常态战备，军事训练，日常管理，国旗、军旗、军徽的使用管理，国歌、军歌的奏唱，附则。

三、《中国人民解放军纪律条令》简介

《中国人民解放军纪律条令》是中国人民解放军维护纪律、实施奖惩的基本法规，适用于中国人民解放军现役军人和单位（不含企事业单位），以及参战、支前的预备役人员。《中国人民解放军纪律条令》是规定军队纪律的法规。其目的在于培养军人高度的组织性、纪律性，巩固和提高部队战斗力，保证部队训练、战备、作战等任务的顺利进行。

2025 年新修订的《中国人民解放军纪律条令》主要区分战时、平时和重大非战争军事行动，完善军队功勋荣誉表彰制度；优化军纪处分项目，充实细化处分条件，规范容错免责具体情形、检举控告和申诉有关程序。《纪律条令》共 8 章 193 条，主要内容包括：总则、纪律的主要内容、功勋荣誉表彰、处分、特殊措施、检举控告和申诉、首长责任和纪律监督、附则。

四、《中国人民解放军队列条令》简介

《队列条令》是规范全军队列动作、队列队形和队列指挥的军事法规，是我军队列生活的准则和队列训练的基本依据，是全军官兵必须共同遵循的行为规范。适用于中国人民解放军军人和单位（不含企业事业单位），以及参战和被召集参加军事训练、担负战备勤务、执行非战争军事行动任务的预备役人员。

2025 年新修订的《中国人民解放军队列条令》主要新增新型枪械操持、司号员操号等基本规范；充实陆上阅兵、海上阅兵和码头阅兵、空中阅兵实施规范；丰富拓展仪式种类。《队列条令》共 8 章 100 条，主要内容包括：总则，队列指挥，单个军人的队列动作，分队、部队的队列规范，国旗的掌持、升降和军旗的掌持、授予与迎送，阅兵，仪式，附则。

第二节 分队的队列动作

一、基本队列动作

队列动作是对单个军人和部队所规定的队列训练、队列生活和日常生活的制式动作，也是战斗行动的基础。

1. 立正

立正是军人的基本姿势，是队列动作的基础。军人在宣誓、接受命令、进见首长和向首长报告、

回答首长问话、升降国旗、迎送军旗、奏唱国歌和军歌等严肃庄重的时机和场合，均应当立正。

口令：立正。

要领：两脚跟靠拢并齐，两脚尖向外分开约 60 度；两腿挺直；小腹微收，自然挺胸；上体正直，微向前倾；两肩要平，稍向后张；两臂下垂自然伸直，手指并拢自然微曲，拇指尖贴于食指第二节，中指贴于裤缝；头要正，颈要直，口要闭，下颌微收，两眼向前平视，如图 6-1 所示。参加阅兵时，下颌上仰约 15 度。

2. 跨立

跨立即跨步站立，主要用于训练、执勤和舰艇上分区列队等场合，可以与立正互换。

口令：跨立。

要领：左脚向左跨出约一脚之长，两腿挺直，上体保持立正姿势，身体重心落于两脚之间；两手后背，左手握右手腕，拇指根部与外腰带下沿或者内腰带上沿同高；右手手指并拢自然弯曲，拇指贴于食指第二节，手心向后。携枪时不背手，如图 6-2 所示。

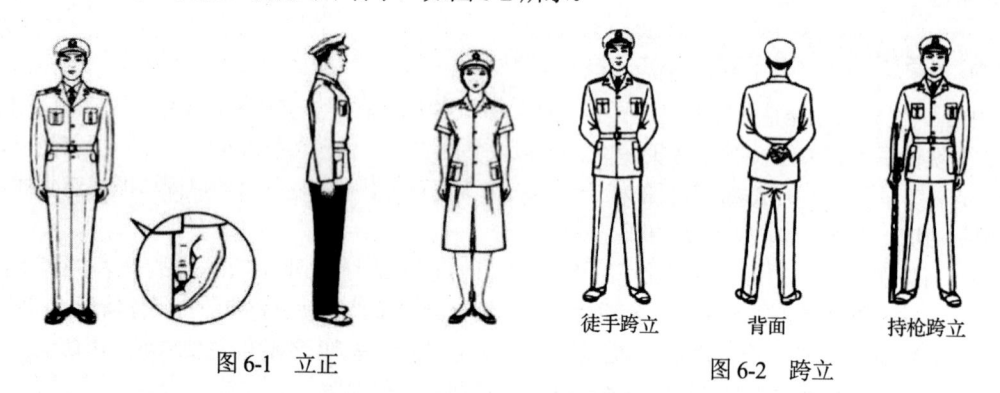

图 6-1 立正

徒手跨立　　背面　　持枪跨立

图 6-2 跨立

3. 稍息

口令：稍息。

要领：左脚顺脚尖方向伸出约全脚的三分之二，两腿自然伸直，上体保持立正姿势，身体重心大部分落于右脚；携枪（持筒）时，携带的方法不变，其余动作同徒手；稍息过久，可以自行换脚，动作应当迅速。

4. 停止间转法

（1）向右（左）转

口令：向右（左）——转。

半面向右（左）——转。

要领：以右（左）脚跟为轴，右（左）脚跟和左（右）脚掌前部同时用力，使身体协调一致向右（左）转 90 度，身体重心落在右（左）脚，左（右）脚取捷径迅速靠拢右（左）脚，成立正姿势。转动和靠脚时，两腿挺直，上体保持立正姿势。

半面向右（左）转，按照向右（左）转的要领转 45 度。

（2）向后转

口令：向后——转。

要领：按照向右转的要领向后转 180 度。

5. 行进

行进的基本步法分为齐步、正步和跑步，辅助步法分为便步、踏步、移步和礼步。

（1）齐步

齐步是军人行进的常用步法。

口令：齐步——走。

要领：左脚向正前方迈出约 75 厘米，按照先脚跟后脚掌的顺序着地，同时身体重心前移，右脚照此法动作；上体正直，微向前倾；手指轻轻握拢，拇指贴于食指第二节；两臂前后自然摆动，向前摆臂时，肘部弯曲，小臂自然向里合，手心向内稍向下，拇指根部对正衣扣线（双排扣中间位置），并高于最下方衣扣约 5 厘米（上衣下摆扎于裤内时，高于内腰带扣中央约 5 厘米；扎外腰带时，与外腰带扣中央同高），离身体约 30 厘米；向后摆臂时，手臂自然伸直，手腕前侧距裤缝线约 30 厘米。行进速度每分钟 116—122 步。

（2）正步

正步主要用于分列式和其他礼节性场合。

口令：正步——走。

要领：左脚向正前方踢出约 75 厘米，腿要绷直，脚尖下压，脚掌与地面平行，离地面约 25 厘米，适当用力使全脚掌着地，同时身体重心前移，右脚照此法动作；上体正直，微向前倾；手指轻轻握拢，拇指伸直贴于食指第二节；向前摆臂时，肘部弯曲，小臂略成水平，手心向内稍向下，手腕下沿摆到高于最下方衣扣约 15 厘米处（上衣下摆扎于裤内时，高于内腰带扣中央约 15 厘米处；扎外腰带时，高于外腰带扣中央约 10 厘米处），离身体约 10 厘米；向后摆臂时，左手心向右、右手心向左，手腕前侧距裤缝线约 30 厘米。行进速度每分钟 110—116 步。

（3）跑步

跑步主要用于快速行进，如图 6-3 所示。

口令：跑步——走。

要领：听到预令，两手迅速握拳（四指蜷握，拇指贴于食指第一关节和中指第二节），提到腰际，约与腰带同高，拳心向内，肘部稍向里合。听到动令，上体微向前倾，两腿微弯，同时左脚利用右脚掌的蹬力跃出约 85 厘米，前脚掌先着地，身体重心前移，右脚照此法动作；两臂前后自然摆动，向前摆臂时，大臂略垂直，肘部贴于腰际，小臂略平，稍向里合，两拳内侧各距衣扣线（双排扣中间位置）约 5 厘米；向后摆臂时，拳贴于腰际。行进速度每分钟 170—180 步。

图 6-3 跑步

（4）便步

便步用于行军、操练后恢复体力及其他场合。

口令：便步——走。

要领：用适当的步速、步幅行进，两臂自然摆动，上体保持良好姿态。

（5）踏步

踏步用于调整步伐和整齐，如图 6-4 所示。

停止间口令：踏步——走。

行进间口令：踏步。

图 6-4 踏步

要领：两脚在原地上下起落（抬起时，脚尖自然下垂，离地面约 15 厘米；落下时，前脚掌先着地），上体保持正直，两臂按照齐步或者跑步摆臂的要领摆动。

（6）移步（5步以内）

移步用于调整队列位置。

① 右（左）跨步

口令：右（左）跨×步——走。

要领：上体保持正直，每跨1步并脚一次，其步幅约与肩同宽，跨到指定步数停止。

② 向前或者后退

口令：向前×步——走。

后退×步——走。

要领：向前移步时，应当按照单数步要领进行（双数步变为单数步）。向前1步时，用正步，不摆臂；向前3步、5步时，按照齐步走的要领进行。向后退步时，从左脚开始，每退1步靠脚一次，不摆臂，退到指定步数停止。

6. 立定

口令：立——定。

要领：齐步、正步和礼步时，听到口令，左脚再向前大半步着地，脚尖向外约30度，两腿挺直，右脚取捷径迅速靠拢左脚，成立正姿势。跑步时，听到口令，继续跑2步，然后左脚向前大半步（两拳收于腰际，停止摆动）着地，右脚取捷径靠拢左脚，同时将手放下，成立正姿势。踏步时，听到口令，左脚踏1步，右脚靠拢左脚，原地成立正姿势；跑步的踏步，听到口令，继续踏2步，再按照上述要领进行。

7. 步法变换

① 步法变换，均从左脚开始。

② 齐步、正步互换，听到口令，右脚继续走1步，即换正步或者齐步行进。

③ 齐步换跑步，听到预令，两手迅速握拳提到腰际，两臂前后自然摆动；听到动令，即换跑步行进。

④ 齐步换踏步，听到口令，即换踏步。

⑤ 跑步换齐步，听到口令，继续跑2步，然后换齐步行进。

⑥ 跑步换踏步，听到口令，继续跑2步，然后换踏步。

⑦ 踏步换齐步或者跑步，听到"前进"的口令，继续踏2步，再换齐步或者跑步行进。

8. 行进间转法

（1）齐步、跑步向右（左）转

口令：向右（左）转——走。

要领：左（右）脚向前半步（跑步时，继续跑2步，再向前半步），脚尖向右（左）约45度，身体向右（左）转90度时，左（右）脚不转动，同时出右（左）脚按照原步法向新方向行进。

半面向右（左）转走，按照向右（左）转走的要领转45度。

（2）齐步、跑步向后转

口令：向后转——走。

要领：左脚向右脚前迈出约半步（跑步时，继续跑2步，再向前半步），脚尖向右约45度，以两脚的前脚掌为轴，向后转180度，出左脚按照原步法向新方向行进。

转动时，保持行进时的节奏，两臂自然摆动，不得外张；两腿自然挺直，上体保持正直。

9. 敬礼、礼毕和单个军人敬礼

敬礼分为举手礼、注目礼和举枪礼。

（1）敬礼

① 举手礼

口令：敬礼。

要领：上体正直，右手取捷径迅速抬起，五指并拢自然伸直，中指微接帽檐右角前约 2 厘米处（戴卷檐帽、无檐帽或者不戴帽时微接太阳穴，戴圆边帽时微接帽墙近太阳穴处，约与眉同高），手心向下，微向外张（约 20 度），手腕不得弯曲，右大臂略平，与两肩略成一线，同时注视受礼者。

② 注目礼

要领：面向受礼者成立正姿势，同时注视受礼者，并目迎目送，右、左转头角度不超过 45 度。

③ 举枪礼

举枪礼用于阅兵式或者执行仪仗任务。

口令：向右看——敬礼。

要领：右手将枪提到胸前，枪身垂直并对正衣扣线，枪面向后，离身体约 10 厘米，枪口与眼同高，大臂轻贴右肋；同时左手接握表尺上方，小臂略平，大臂轻贴左肋；同时转头向右注视受礼者，并目迎目送，右、左转头角度不超过 45 度。

（2）礼毕

口令：礼毕。

要领：行举手礼者，取捷径将手放下；行注目礼者，将头转正；行举枪礼者，将头转正，右手将枪放下，使托前踵轻轻着地，同时左手放下，成持枪立正姿势。

（3）单个军人敬礼

要领：单个军人在距受礼者 5—7 步处，行举手礼或者注目礼。

徒手或者背枪时，停止间，应当面向受礼者立正，行举手礼，待受礼者还礼后礼毕；行进间（跑步时换齐步），转头向受礼者行举手礼，并继续行进，左臂仍自然摆动，待受礼者还礼后礼毕。

携带武器（除背枪）等不便行举手礼时，不论停止间或者行进间，均行注目礼，待受礼者还礼后礼毕。

10. 坐下、蹲下、起立

（1）坐下

① 徒手坐下

口令：坐下。

要领：左小腿在右小腿后交叉，迅速坐下（坐凳子时，听到口令，左脚向左分开约一脚之长；女军人着裙服坐凳子时，两腿自然并拢），手指自然并拢放在两膝上，上体保持正直。

② 携便携式折叠写字椅坐下

要领：听到"放凳子"的口令，左手将折叠写字椅提至身前交于右手，右手反握支脚上横杠，左手移握写字板和座板上沿，两手协力将支脚拉开；尔后上体右转，两手将折叠写字椅轻轻置于脚后，写字板扣手朝前，恢复立正姿势；听到"坐下"的口令，迅速坐在折叠写字椅上。

使用折叠写字椅的靠背或者写字板时，应当按照"打开靠背"或者"打开写字板"的口令，调整折叠写字椅和坐姿；组合使用写字板时，根据需要确定组合方式和动作要领。

③ 背背囊（背包）坐下

要领：听到"放背囊（背包）"的口令，两手协力解开上、下扣环，握背带；取下背囊（背包），上体右转，右手将背囊（背包）横放在脚后，背囊（背包）正面向下，背囊口向右（背包口向左），恢复立正姿势；听到"坐下"的口令，迅速坐在背囊（背包）上。携枪放背囊（背包）时，先置枪（架枪），后放背囊（背包）。

（2）蹲下

口令：蹲下。

要领：右脚后退半步，前脚掌着地，臀部坐在右脚跟上（膝盖不着地），两腿分开约 60 度（女军人两腿自然并拢），手指自然并拢放在两膝上，上体保持正直。蹲下过久，可以自行换脚，如图 6-5 所示。

（3）起立

口令：起立。

要领：全身协力迅速起立，左脚取捷径靠拢右脚（蹲下时，右脚取捷径靠拢左脚），成立正姿势或者成持枪、肩枪立正姿势。

11. 脱帽、戴帽

（1）脱帽

口令：脱帽。

图 6-5　蹲下

要领：立姿脱帽时，双手捏帽檐或者帽前端两侧，将帽取下，取捷径置于左小臂，帽徽朝前，掌心向上，四指扶帽檐或者帽墙前端中央处，小臂略成水平，右手放下。

坐姿脱帽时，双手捏帽檐或者帽前端两侧，将帽取下，置于桌面（台面）前沿左侧或者膝上，使帽顶向上、帽徽朝前，也可以置于桌斗内。

（2）戴帽

口令：戴帽。

要领：双手捏帽檐或者帽前端两侧，取捷径将帽迅速戴正。

（3）携枪时，用左手脱帽、戴帽。

（4）需夹帽时（作训帽、圆边帽、贝雷帽除外），双手捏帽檐或者帽前端两侧，取捷径将帽取下，左手握帽墙（戴卷檐帽时，将四指并拢，置于下方帽檐与帽墙之间），小臂夹帽自然伸直，帽顶向左，帽徽朝前。

12. 宣誓

口令：宣誓。

宣誓完毕。

要领：听到"宣誓"的口令，身体保持立正姿势，右手握拳取捷径迅速抬起，拳心向前，稍向内合；拳眼约与右太阳穴同高，距离约 10 厘米；右大臂略平，与两肩略成一线；高声诵读誓词。

听到"宣誓完毕"的口令，将手放下。

13. 整理着装

整理着装，通常在立正的基础上进行。

口令：整理着装。

要领：两手从帽子开始，自上而下，将着装整理好（必要时，也可以相互整理）；整理完毕，自行稍息；听到"停"的口令，恢复立正姿势。

二、分队、部队的队列规范

1. 基本队形

队列的基本队形为横队、纵队、并列纵队；需要时，可以调整为其他队形。

2. 列队的间距

队列人员之间的间隔（两肘之间）通常约 10 厘米，距离（前一名脚跟至后一名脚尖）约 75 厘米；需要时，可以调整队列人员之间的间隔和距离。

3. 分队的队形

（1）班的队形

班的基本队形，分为横队和纵队；需要时，可以成二列横队或者二路纵队。

班通常按照身高列队，必要时按照战斗序列列队。

（2）排的队形

排的基本队形，分为横队和纵队。

排横队，由各班的班横队依次向后排列组成。

排纵队，由各班的班纵队依次向右并列组成。

排长的列队位置：横队时，在第一列基准兵右侧；纵队时，在队列中央前。

（3）连的队形

连的基本队形，分为横队、纵队和并列纵队。

连横队，由各排的排横队依次向左并列组成。

连纵队，由各排的排纵队依次向后排列组成。

连并列纵队，由各排的排纵队依次向左并列组成。

连指挥员的列队位置：横队、并列纵队时，位于一排长右侧；纵队时，位于一排长前。

（4）营的队形

营的基本队形，分为横队、纵队和并列纵队。

营横队，由各连的并列纵队依次向左并列组成。

营纵队，由各连的连纵队依次向后排列组成。

营并列纵队，由各连的连纵队依次向左并列组成。

营指挥员的列队位置：横队、并列纵队时，位于营部右侧；纵队时，位于营部前。

（5）旅的队形

旅的基本队形，分为营横队的旅横队、营并列纵队的旅横队和旅纵队。

营横队的旅横队，由各营的营横队依次向左并列组成。

营并列纵队的旅横队，由各营的营并列纵队依次向左并列组成。

旅纵队，由各营的营纵队依次向后排列组成。

军旗位置：掌旗员和护旗兵成一列。横队时，在旅指挥员右侧；纵队时，在旅指挥员前。

三、队列动作

（一）集合、离散

1. 集合

集合，是使单个军人、分队、部队按照规范队形聚集起来的一种队列动作。集合时，指挥员应当先发出预告或者信号，如"全连注意"或者"×排注意"，然后，站在预定队形的中央前，面向预定队形成立正姿势，下达"成××队——集合"的口令。所属人员听到预告或者信号，原地面向指挥员成立正姿势；听到口令，跑步到指定位置面向指挥员集合（在指挥员后侧的人员，应当从指挥员右侧绕过），自行对正、看齐，成立正姿势。

（1）班集合

口令：成班横队（二列横队）——集合。

要领：基准兵迅速到班长左前方适当位置，成立正姿势；其他人员以基准兵为准，依次向左排列，自行看齐。

成班二列横队时,单数人员在前,双数人员在后。

口令:成班纵队(二路纵队)——集合。

要领:基准兵迅速到班长前方适当位置,成立正姿势;其他人员以基准兵为准,依次向后排列,自行对正。

成班二路纵队时,单数人员在左,双数人员在右。

(2)排集合

口令:成排横队——集合。

要领:基准班在指挥员前方适当位置,成班横队迅速站好;其他班成班横队,以基准班为准,依次向后排列,自行对正、看齐。

口令:成排纵队——集合。

要领:基准班在指挥员右前方适当位置,成班纵队迅速站好;其他班成班纵队,以基准班为准,依次向右排列,自行对正、看齐。

(3)连集合

口令:成连横队——集合。

要领:队列内的连指挥员或者基准排,在指挥员左前方适当位置,成横队迅速站好;各排和连部成横队,以连指挥员或者基准排为准,依次向左排列,自行对正、看齐。

口令:成连纵队——集合。

要领:队列内的连指挥员或者基准排,在指挥员前方适当位置,成纵队迅速站好;各排和连部成纵队,以连指挥员或者基准排为准,依次向后排列,自行对正、看齐。

口令:成连并列纵队——集合。

要领:队列内的连指挥员或者基准排,在指挥员左前方适当位置,成纵队迅速站好;各排和连部成纵队,以连指挥员或者基准排为准,依次向左排列,自行对正、看齐。

(4)营集合

营集合,通常规定集合的时间、地点、方向、队形、基准分队以及应当携带的武器、器材和装具等事项。

各连按照规定,由连值班员整队带往营的集合地点,随即向基准分队取齐,然后,跑步到距主持集合的营值班员5—7步处报告人数,营值班员整队后,向营首长报告人数;也可以由连首长整队带往集合地点,直接向营首长报告。

营长以口令指挥集合时,参照本条第一项有关规定实施。

(5)旅集合

旅集合,参照营集合的规定实施。

2. 离散

离散,是使列队的单个军人、分队、部队各自离开原队列位置的一种队列动作。

(1)离开

口令:各营(连、排、班)带开(带回)。

要领:队列中的各营(连、排、班)指挥员带领本队迅速离开原列队位置。

(2)解散

口令:解散。

要领:队列人员迅速离开原列队位置。

（二）整齐、报数

1. 整齐

整齐，是使列队人员按照规定的间隔、距离，保持横向、纵向平齐的一种队列动作。整齐分为向右（左）看齐、向中看齐和向前对正。

口令：向右（左）看——齐；向前——看。

要领：基准兵不动，其他人员向右（左）转头（持枪时，听到预令，迅速将枪稍提起，看齐后自行放下；持120反坦克火箭筒时，听到预令，左手握提把，右手握握把，提起发射筒，看齐后自行放下），眼睛看右（左）邻人员腮部，前四名能通视基准兵，自第五名起，以能通视到本人以右（左）第三人为度；后列人员，先向前对正，后向右（左）看齐；听到"向前——看"的口令，迅速将头转正，恢复立正姿势。

口令：以×××为准，向中看——齐；向前——看。

要领：当指挥员指定"以×××为准（以第×名为准）"时，基准兵答"到"，同时左手握拳高举，大臂前伸与肩略平，小臂垂直举起，拳心向右；听到"向中看——齐"的口令后，其他人员按照向左（右）看齐的要领实施；听到"向前——看"的口令后，基准兵迅速将手放下，其他人员迅速将头转正，恢复立正姿势。

一路纵队看齐时，可以下达"向前——对正"的口令。

2. 报数

口令：报数。

要领：横队从右至左（纵队由前向后）依次以短促洪亮的声音转头（纵队向左转头）报数，最后一名不转头；数列横队时，后列最后一名报"满伍"或者"缺×名"；连集合时，由指挥员下达"各排报数"的口令，各排长在队列内向指挥员报告人数，如"第×排到齐"或者"第×排实到××名"。

必要时，连也可以统一报数。

要领：连实施统一报数时，各排不留间隔，要补齐，成临时编组的横队队形。报数前，连指挥员先发出"看齐时，以一排长为准，全连补齐"的预告，尔后下达"向右看——齐"口令，待全连看齐后，再下达"向前——看"和"报数"的口令，报数从一排长开始，后列最后一名报"满伍"或者"缺×名"。

（三）出列、入列

单个军人和分队出列、入列，通常用跑步，5步以内用齐步（1步用正步，不摆臂），或者按照指挥员指定的步法执行；然后，进到指挥员右前侧适当位置或者指定位置，面向指挥员成立正姿势。

1. 单个军人出列、入列

（1）出列

口令：×××（第×名），出列。

要领：出列军人听到呼点自己姓名或者序号后应当答"到"，听到"出列"的口令后，应当答"是"。

位于第一列（左路）的军人，按照本条上述规定，取捷径出列。

位于中列（中路）的军人，向后（左）转，待后列（左路）同序号的军人向右后退1步（左后退1步）让出缺口后，按照本条的上述规定从队尾（纵队时从左侧）出列；位于"缺口"位置的军人，待出列军人出列后（连并列纵队，待出列军人行至本排左侧时），即复原位。

位于最后一列（右路）的军人出列，先退1步（右跨1步），然后，按照本条有关规定从队尾出列。

(2) 入列

口令：入列。

要领：听到"入列"的口令后，应当答"是"，然后，按照出列的相反程序入列。

2. 班（排）出列、入列

(1) 出列

口令：第×班（排），出列。

要领：听到"第×班（排）"的口令后，由出列班（排）的指挥员答"到"，听到"出列"的口令后，由出列班（排）的指挥员答"是"，并用口令指挥本班（排），按照本条有关规定，以纵队形式从队尾（位于第一列的班取捷径）出列。

(2) 入列

口令：入列。

要领：听到"入列"的口令后，由入列班（排）指挥员答"是"，并用口令指挥本班（排），以纵队形式从队尾（位于第一列的班取捷径）入列。

（四）行进、停止

横队和并列纵队行进以右翼为基准，纵队行进以左翼为基准（一路纵队行进以先头为基准）。

1. 行进

指挥员应当下达"×步——走"的口令。听到口令，基准兵向正前方前进，其他人员向基准翼标齐，保持规定的间隔、距离行进。纵队行进时，排、连通常成三路纵队，也可以成一、二路纵队。行进中，需要时，用"一二一"（调整步伐的口令）、"一二三四"（呼号）或者唱队列歌曲，以保持步伐的整齐和振奋士气。

2. 停止

指挥员应当下达"立——定"的口令。听到口令，按照立定的要领实施，分队的动作要整齐一致；停止后，听到"稍息"的口令，先自行对正、看齐，再稍息。

（五）队形变换

队形变换，是由一种队形变为另一种队形的队列动作。

1. 横队和纵队的互换

横队变纵队：

停止间口令：向右——转。行进间口令：向右转——走。

纵队变横队：

停止间口令：向左——转。行进间口令：向左转——走。

要领：停止间，按照单个军人向右（左）转的要领实施；行进间，按照单个军人向右（左）转走的要领实施。分队动作要整齐一致；队形变换后，排以上指挥员应当进到规定的列队位置。

2. 停止间班横队和班二列横队，班纵队和班二路纵队互换

(1) 班横队变班二列横队

口令：成班二列横队——走。

要领：变换前，先报数。听到口令，双数人员左脚后退1步，右脚（不靠拢左脚）向右跨1步，左脚向右脚靠拢，站到单数人员之后，自行对正、看齐。

(2) 班二列横队变班横队

口令：间隔1步，向左离开。成班横队——走。

要领：听到"间隔1步，向左离开"的口令，取好间隔；听到"成班横队——走"的口令，双数人员左脚左跨1步，右脚（不靠拢左脚）向前1步，左脚向右脚靠拢，站到单数人员左侧，自行看齐。

（3）班纵队变班二路纵队

口令：成班二路纵队——走。

要领：变换前，先报数。听到口令，双数人员右脚右跨1步，左脚（不靠拢右脚）向前1步，右脚向左脚靠拢，站到单数人员右侧，自行对正、看齐。

（4）班二路纵队变班纵队

口令：距离2步，向后离开。成班纵队——走。

要领：听到"距离2步，向后离开"的口令，取好距离；听到"成班纵队——走"的口令，双数人员右脚后退1步，左脚（不靠拢右脚）左跨1步，右脚向左脚靠拢，站到单数人员之后，自行对正。

3. 连纵队和连并列纵队的互换

（1）连纵队变连并列纵队

停止间口令：成连并列纵队，齐步——走。行进间口令：成连并列纵队——走。

要领：连指挥员或者基准排踏步，其他排和连部逐次进到连指挥员或者基准排左侧踏步并取齐，然后，听口令前进或者停止。

连、排指挥员位置的变换方法：听到口令，连长左脚继续踏1步，右脚向右前1步，进到政治指导员前方仍踏步，政治指导员继续踏步，副连长向前2步（未编有副政治指导员时，副连长向左前2步），进到连长左侧，副政治指导员向左前1步，进到政治指导员左侧，排长、司务长进到预定列队位置，继续踏步并取齐。

（2）连并列纵队变连纵队

停止间口令：成连纵队，齐步——走。行进间口令：成连纵队——走。

要领：连指挥员或者基准排照直前进，其他排和连部停止间和行进间均踏步，待连指挥员或者基准排离开原位后，各排按照排长的口令、连部和炊事班按照司务长的口令依次跟进。

连、排指挥员位置的变换方法：听到口令，连长向左前1步，进到副连长前方踏步，政治指导员向前2步，进到连长右侧继续踏步，副政治指导员向右前1步，进到副连长右侧继续踏步（未编有副政治指导员时，副连长右跨半步并踏步），排长、司务长进到预定列队位置继续踏步，取齐后照直前进。

4. 营横队（营并列纵队）和营纵队互换

（1）营横队（营并列纵队）变营纵队

停止间口令：成营纵队，齐步——走。行进间口令：成营纵队——走。

要领：营指挥员或者营部照直前进，各连按照连长的口令变为连纵队，依次跟进；营并列纵队变为营纵队，营指挥员或者营部照直前进，各连按照连长的口令依次跟进。

（2）营纵队变营横队（营并列纵队）

停止间口令：成营横队（营并列纵队），齐步——走。行进间口令：成营横队（营并列纵队）——走。

要领：营指挥员或者营部踏步，各连依次进到营部左侧变为连并列纵队踏步，并向基准分队取齐，然后听口令前进或者停止。营纵队变为营并列纵队，营指挥员或者营部踏步，各连依次进到营部左侧踏步，并向基准分队取齐，然后听口令前进或者停止。

（3）营指挥员位置的变换方法，参照本条第三项有关规定实施。

5. 旅的队形变换

旅的队形变换，参照营队形变换的规定实施。

（六）方向变换

方向变换，是改变队列面对的方向的一种队列动作。

1. 横队和并列纵队方向变换

停止间，通常是左（右）转弯或者左（右）后转弯，必要时可以向后转。

停止间口令：左（右）转弯，齐步（跑步）——走，或者左（右）后转弯，齐步（跑步）——走；向后——转，齐步（跑步）——走（当需要向后转走时，应当先下"向后——转"的口令，待方向变换后，再下"齐步——走"或者"跑步——走"的口令）。

行进间口令：左（右）转弯——走，或者左（右）后转弯——走。

要领：一列横队方向变换时，轴翼人员踏步，并逐渐向左（右）转动；外翼第一名人员用大步行进并同相邻人员动作协调，逐步变换方向（愈接近轴翼者，其步幅愈小），其他人员用眼睛的余光向外翼取齐，并保持规定的间隔和排面整齐，转到90度或者180度时踏步并取齐，听口令前进或者停止。

数列横队和并列纵队方向变换时，第一列轴翼人员停止间用踏步、行进间用小步，外翼人员用大步行进，保持排面整齐，边行进边变换方向，转到90度或者180度后，听口令前进或者停止；后续各列按照上述要领，保持间隔、距离，取捷径进到前一列转弯处，转向新方向跟进。

2. 纵队方向变换

停止间，通常是左（右）转弯，或者左（右）后转弯，必要时可以向后转。

停止间口令：左（右）转弯，齐步（跑步）——走，或者左（右）后转弯，齐步（跑步）——走；向后——转，齐步（跑步）——走（按照横队和并列纵队向后转走的方法实施）。

行进间口令：左（右）转弯——走，或者左（右）后转弯——走。

要领：一路纵队方向变换，基准兵在左（右）转弯时，按照单个军人行进间转法（停止间，左转弯走时，左脚先向前1步）的要领实施，在左（右）后转弯时，用小步边行进边变换方向，转到90度或者180度后，照直前进；其他人员逐次进到基准兵的转弯处，转向新方向跟进。

数路纵队方向变换时，按照数列横队和并列纵队方向变换的要领实施。

（七）分队、部队敬礼

1. 停止间敬礼

要领：当首长行至距本分队（部队）适当距离时，指挥员下达"立正"的口令，跑步到首长前5—7步处敬礼。待首长还礼后礼毕，再向首长报告。报告完毕，待首长指示后，答"是"，再敬礼。待首长还礼后礼毕，尔后跑步回到原来位置，下达"稍息"口令或者继续进行操练。

2. 行进间敬礼

要领：由带队指挥员按照单个军人行进间敬礼的规定实施，队列人员按照原步法行进。

四、阅兵

1. 阅兵分类

按照阅兵活动的主要空间，阅兵分为陆上阅兵、海上阅兵和码头阅兵、空中阅兵。

2. 阅兵指挥

阅兵，分为上级首长检阅和本级首长检阅。当上级首长检阅时，由本级军事首长任阅兵指挥；当本级军政主官检阅时（通常由一名主官检阅，另一名主官位于阅兵台或者受阅部队中央前方适当位置面向部队），由副部队长或者参谋长任阅兵指挥。

第六章 共同条令教育与训练

3. 阅兵程序（以陆上旅阅兵程序为例）

（1）迎军旗

迎军旗，在阅兵式开始前进行。

（2）阅兵式

① 阅兵式准备

旅阅兵式的队形，通常为营横队的旅横队，或者由旅首长临时规定。

② 阅兵首长接受阅兵指挥报告

当阅兵首长行至本旅队列右翼适当距离时或者在阅兵台就位后（当上级首长检阅时，通常由旅政治委员陪同入场并陪阅），阅兵指挥在队列中央前下达"立正"的口令，随后跑到距阅兵首长5—7步处敬礼，待阅兵首长还礼后礼毕并报告："×××（职务）同志，××第×旅列队完毕，请您检阅"。报告后，左跨1步，向右转，让首长先走，尔后在其右后侧（当上级首长检阅时，旅政治委员在旅长右侧）跟随陪阅。

③ 阅兵首长向军旗敬礼

阅兵首长行至距军旗适当位置时，应当立正向军旗行举手礼（陪阅人员面向军旗，行注目礼）。

④ 阅兵首长检阅部队

当阅兵首长行至旅机关、各营部、各连及保障分队队列右前方时，旅机关由副旅长或者参谋长、各营部由营长、各连由连长、保障分队由旅指定的指挥员下达"敬礼"的口令；听到口令后，位于指挥位置的军官行举手礼，其余人员行注目礼，目迎目送首长（左、右转头不超过45度），阅兵首长应当还礼，陪阅人员行注目礼；当首长问候："同志们好！"或者"同志们辛苦了！"，队列人员应当齐声洪亮地回答："首——长——好！"或者"为——人民——服务！"；当首长通过后，指挥员下达"礼毕"的口令，队列人员礼毕。

⑤ 阅兵首长上阅兵台

阅兵首长检阅完毕后上阅兵台，阅兵指挥跑步到队列中央前，下达"稍息"口令，队列人员稍息。当上级首长检阅时，旅政治委员陪同首长上阅兵台，然后跑步到自己的列队位置。

（3）分列式

旅分列式队形由旅阅兵式队形调整变换，或者由旅首长临时规定。分列式程序如下：

① 分列式准备

旅分列式，应当设4个标兵。一、二标兵之间和三、四标兵之间的间隔各为15米，二、三标兵之间的间隔为40米。标兵应当携带自动步枪，并在枪上插标兵旗。

② 标兵就位

分列式开始前，阅兵指挥在队列中央前，下达"立正""标兵，就位"的口令；标兵听到口令，成一路纵队持枪（托枪、挂枪）跑步到规定的位置，面向部队成立正姿势。

③ 调整部队（分队）为分列式队形

标兵就位后，阅兵指挥下达"分列式，开始"的口令，尔后，跑步到自己的列队位置；听到口令后，各分队按照规定的方法携带武器（掌旗员扛旗），旅、营指挥员分别进到旅机关和营部的队列中央前，各分队指挥员进到本分队队列中央前，下达"右转弯，齐步——走"的口令，指挥分队变换成分列式队形。

④ 开始行进

变换成规定的分列式队形后，旅机关由副旅长或者参谋长下达"齐步——走"的口令；听到口令后，旅指挥员、旅机关人员齐步前进，其余分队依次待前一分队离开约15米时，分别由营长、连长及保障分队指挥员下达"齐步——走"的口令，指挥本分队人员前进。

143

⑤ 接受首长检阅

各分队行至第一标兵处，将队列调整好；进到第二标兵处，掌旗员下达"正步——走"的口令，并和护旗兵同时由齐步换正步，扛旗换端旗（掌旗员和护旗兵不转头），此时，阅兵首长和陪阅人员应当向军旗行举手礼；副旅长或者参谋长和各分队指挥员分别下达"向右——看"的口令，队列人员听到口令后，可以呼喊"一、二"，按照规定换正步行进，并在左脚着地的同时向右转头（位于指挥位置的军官行举手礼，并向右转头，各列右翼第一名不转头）不超过45度注视阅兵首长，此时，阅兵台首长应当行举手礼。

进到第三标兵处，掌旗员下达"齐步——走"的口令，并与护旗兵由正步换齐步，同时换扛旗；其他分队由上述指挥员分别下达"向前——看"的口令，队列人员听到口令后，在左脚着地时礼毕（将头转正），同时换齐步行进。

当上级首长检阅时，旅长和旅政治委员通过第三标兵后，到阅兵首长右侧陪阅；各分队通过第四标兵，换跑步到指定的位置。

⑥ 标兵撤回

待最后一个分队通过第四标兵，到达指定位置后，阅兵指挥下达"标兵，撤回"的口令，标兵按照相反顺序跑步撤至预定位置。

（4）阅兵首长讲话

分列式结束后，阅兵指挥调整好队形，请阅兵首长讲话。讲话完毕，阅兵指挥下达"立正"口令，向阅兵首长报告阅兵结束。当上级首长检阅时，由旅政治委员陪同阅兵首长离场。

（5）送军旗

送军旗，在阅兵首长讲话后或者分列式结束后进行。

第三节 现地教学

现地教学是指在课堂教学之外，根据教学内容需要，在现地结合自然实景、实情、实物等进行的教学。大学生军训期间的现地教学，除了指在训练场上进行的各种科目的军事技能训练，还包括有组织、有计划地进行的走进军营参观，走进爱国主义教育基地学习和学唱军营歌曲等活动。这些现地教学，是大学生军训期间促进军事技能训练、提升训练激情和增强爱国爱军情怀的有益形式。

一、走进军营

2017年10月12日，经中央军委批准，中央军委办公厅印发了《中国人民解放军军营开放办法》，这是新形势下发挥军队资源优势推动全民国防教育普及深入的重要举措，为各部队规范有序组织军营向社会开放提供了基本遵循办法。

《中国人民解放军军营开放办法》对于依法推进军营向社会开放工作，充分展示人民军队强军兴军新面貌和新一代革命军人良好形象，进一步增进人民群众对人民军队的热爱，在全社会营造关心国防、热爱军队、尊重军人的浓厚氛围，激发广大官兵投身强军兴军伟大实践的政治热情，具有重要意义和作用。大学生军训期间和整个在校学习期间，都应当充分利用军营开放日开展走进军营参观的现地教学活动，激发大学生热爱国防、热爱军队的情怀。

《中国人民解放军军营开放办法》规定：军营开放单位应当在国庆节、建军节、国际劳动节、全民国防教育日、全民国家安全教育日、抗日战争胜利纪念日、烈士纪念日、军兵种成立纪念日期间组织向社会开放，也可以根据驻地国防教育工作需要组织向社会开放。军营开放单位向社会开放，主要包括军史馆、荣誉室等场所，部队可以公开的军事训练课目和武器装备，基层官兵学习，生活，文化活动等设施。开展军营开放活动，部队应当做好保密工作，事先拟订保密方案，开展必要的防护伪装，采取针对性技术管控措施，加强对参观人员的保密教育提醒，参观活动结束进行必要的安全检查，严防失泄密问题发生。

学校组织学生走进军营参观学习，应事先加强纪律教育、保密知识和意识教育，做好充分的组织计划与协调工作，着眼培育大学生的家国情怀和爱军尚武精神，让大学生零距离感受我军优良传统和作风，感受国防和军队改革发展的巨大成就，感受官兵聚力强军、聚焦打赢的昂扬战斗精神，进一步增强大学生对国防和军队建设的信心，增进对人民子弟兵的感情，强化大学生国家安全意识和国防观念。

二、走进爱国主义教育基地

2019年11月，中共中央、国务院印发了《新时代爱国主义教育实施纲要》（以下简称《纲要》）。《纲要》指出：爱国主义是中华民族的民族心、民族魂，是中华民族最重要的精神财富，是中国人民和中华民族维护民族独立和民族尊严的强大精神动力。新时代加强爱国主义教育，对于振奋民族精神、凝聚全民族力量，决胜全面建成小康社会，夺取新时代中国特色社会主义伟大胜利，实现中华民族伟大复兴的中国梦，具有重大而深远的意义。

《纲要》指出要丰富新时代爱国主义教育的实践载体，建好用好爱国主义教育基地和国防教育基地。截至2019年9月，全国爱国主义教育示范基地总数达473个，基本覆盖了从中国共产党成立到解放战争胜利各个历史时期的重大历史事件、重要人物和重要革命纪念地。

高校应在大学生军训期间和整个在校学习期间，经常组织大学生集体走进爱国主义教育基地进行学习参观活动，大学生也应当自觉走进爱国主义教育基地接受爱国主义教育。在学习参观实践中培养爱国之情、砥砺强国之志、实践报国之行，使爱国主义成为坚定信念、精神力量和自觉行动。

三、学唱军营歌曲

军营歌曲即军歌，是反映部队官兵战争时期的战斗生活、和平时期的训练生活，反映官兵精神面貌、激发战斗精神的军队生活歌曲或队列歌曲。优秀的军营歌曲，总是能将我军特有的战斗精神中所包含的政治信念和职责使命、思想情感和作风气节、意志斗志和决心信心，以优美动听的音乐和朗朗上口的唱词为载体，准确而充分地表达出来。从这个意义上讲，高唱军歌，已不再是纯粹的娱乐行为，也不再仅仅属于个人喜好的范畴，它已经被赋予了凝聚军心、鼓舞斗志、激发士气的特殊功能。

军营生活离不开军歌，不管是铿锵有力的进行曲，还是饱含深情的军旅抒情歌曲，抑或是体现军人内心情思的军营民谣，都是军人情感的寄托和日常文化生活的重要组成部分。学唱军歌是大学生军训的一项重要内容。在军训期间，组织学唱军歌，不但能够激发训练热情，而且能够让学生更深入了解和感受军事文化。

第七章 射击与战术训练

学习目的：了解轻武器的战斗性能，掌握射击动作要领，进行体会射击；学会单兵战术基础动作，了解战斗班组攻防的基本动作和战术原则，培养学生良好的战斗素养。

第一节 轻武器射击

一、轻武器概述

轻武器质量轻、体积小、便于携带、使用方便，是军队中装备数量最多的武器，主要包括枪械和手榴弹、枪榴弹、榴弹发射器、火箭发射器和无坐力发射器，此外还有轻型燃烧武器和单兵导弹等。轻武器主要装备对象是步兵，也广泛装备于其他军种和兵种，主要作战用途是杀伤有生力量，毁伤轻型装甲车辆，破坏其他武器装备和军事设施。

（一）轻武器的优势

与其他武器比较而言，轻武器具有以下优势。
（1）质量轻、体积小，多数能单独使用，可由单兵或战斗小组携行。
（2）使用方便，开火迅速，火力猛烈。
（3）环境适应能力强，可以在恶劣的条件下作战，人能达到的地方轻武器就能达到，特别适于敌后斗争使用。
（4）品种齐全，可以按任务要求进行装备，杀伤人员，击毁装甲，防卫低空，纵火焚烧，施放烟幕，毒气等均可使用轻武器。
（5）结构简单，易于制造，成本低廉，适用于大量生产、大量装备。

（二）轻武器的战术功能

轻武器具有其他武器不可替代的战术功能，主要表现如下。
（1）进攻战斗中实施近距离火力突击和支援近距离步兵突击。
（2）防御战斗中在较远距离上狙击或压制进攻之敌，在近距离内遏止和粉碎敌步兵的冲击。
（3）在特种环境中（如丛林、山岳、城镇等）作战使用。
（4）在反装甲的梯次火力配系中，步兵使用的火箭发射器、无坐力发射器，以及破甲枪榴弹和反坦克手榴弹是近距离的火力骨干。
（5）毁伤低空飞行目标（如直升机、低空飞行的飞机等），杀伤降落中的伞兵。
（6）是游击作战、警戒、巡逻、侦察和自卫的必备武器等。

二、轻武器的性能、构造与保养

自动步枪、冲锋枪、班用机枪是步兵分队在近战中歼敌的主要武器；手枪是近距离歼敌的自卫武器。它们构成了轻武器的主要系列。本章主要以 95 式自动步枪为例讲解。

（一）轻武器的性能与构造

95 式自动步枪是中国研制的第二种小口径步枪，也是解放军第一种大规模列装部队的小口径突击步枪。该枪采用了无托结构，具有长度短、质量轻、造型美观，射击精度好，便于操作等优点。

95 式自动步枪口径 5.8 毫米，弹匣容量 30 发，全长 746 毫米，全重 3.25 千克；初速 930 米/秒，单发射速 40 发/分，连发射速 100 发/分；有效射程 400 米，最大射程 600 米，如图 7-1 所示。

95式步枪主要诸元
口径 ———— 5.8毫米
发射方式 ——— 单发，连发
全枪长 ———— 746毫米
枪管长 ———— 495毫米
全枪质量 ——— 3.25千克（含空弹匣）
弹匣容弹量 —— 30发
瞄准基线长 —— 325毫米
初速 ———— 930米/秒

主要特点　全长缩短，质量减轻，但枪管却有足够的长度。是目前世界上同类无托步枪中质量最轻的，全枪长度位居最短的以色列TAR-21步枪之后，名列第二，但枪管则比以色列TAR-21步枪长

图 7-1　95 式步枪

（二）轻武器的构造

95 式自动步枪由枪管、导气装置、护盖、枪机、复进簧、击发机构、枪托、机匣、弹匣、瞄准装置、刺刀等组成，还有一套附件，如图 7-2 所示。

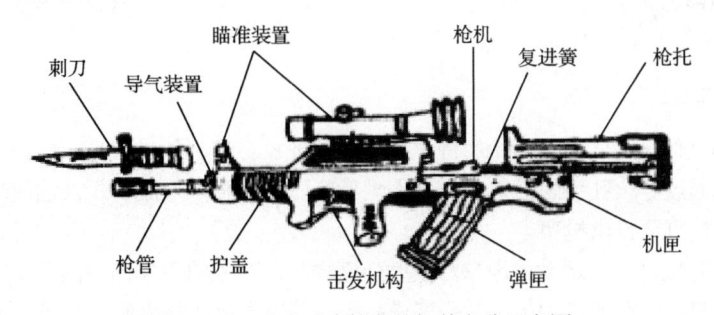

图 7-2　95 式自动步枪各部机件名称示意图

（三）轻武器的保养

1. 爱护武器

爱护武器是军人的重要职责，必须做到勤检查，勤擦拭，不碰摔，不生锈，不损坏，不丢失，使武器、子弹经常保持完好状态。使用武器必须按操（携）枪要领进行，不得违章操作。

行军、作战和训练时，应尽量避免碰撞和沾上污物，注意防止机件和子弹生锈，防止灰沙进入枪内，严禁随意拆卸武器各部件和强敲硬卸。使用武器后，应折回刺刀，松回击锤，关上保险，游标定在常用表尺分划上。

2. 擦拭上油

训练、演习、实弹射击后,应适时地用干布和油布进行擦拭上油。擦拭前,应有组织地进行验枪、验弹并应分解武器,准备擦拭用具。擦拭时,应先擦拭枪膛和其他细小部件,后擦拭检表面,擦拭干净后,用布条或鬃刷涂油。擦拭后,应拉送枪机数次,检查是否结合正确,并松回击锤,关上保险。

3. 检查

一是检查金属部分是否有污垢、锈痕和碰伤,木质部分有无裂缝和碰伤,各部机件号码是否一致,瞄准装置是否弯曲和松动等。二是检查枪膛是否有污垢、生锈和损伤。三是装上数发教练弹、拉送枪机数次,检查送弹、闭锁、各部件机能是否正常。

4. 故障与排除

射击中,若发生故障,则通常拉枪机向后,重新装弹继续射击。如果仍有故障,则应迅速查明原因予以排除,若排除不了,则应迅速向指挥员报告。

(四) 子弹

子弹由弹头、弹壳、底火和发射药组成(见图 7-3)。弹头,用以杀伤敌人有生力量;弹壳,用以容纳发射药,安装弹头和底火;底火,用以点燃发射药;发射药,用以产生火药气体,推送弹头前进。

子弹分为普通弹、曳光弹、燃烧弹、穿甲燃烧弹。普通弹用以杀伤敌人有生力量;曳光弹主要用以试射、指示目标和作信号,弹头头部为绿色;燃烧弹主要用以引燃物体,弹头头部为红色;穿甲燃烧弹主要用以射击飞机和轻装甲目标,并能在穿透装甲后引燃汽油,弹头头部为黑色并有一道红圈。

另外,还有空包弹、教练弹等辅助弹。空包弹主要用于演习,没有弹头,弹壳口收口压花并密封。教练弹主要用于练习装弹、退弹、击发等动作,外形和质量与普通弹相似,弹壳上有三道凹槽,无发射装药,底火用橡皮制成。

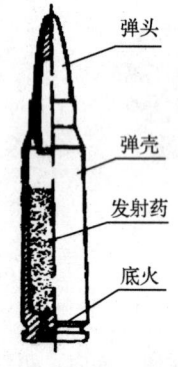

图 7-3 子弹示意图

三、简易射击学理

(一) 发射与后坐

发射是指火药气体压力将弹头从枪膛内推送出去的现象。其具体过程是:击针撞击子弹底火,使起爆药发火,火焰通过导火孔引燃发射药,产生大量气体,在膛内形成高压,迫使弹头脱离弹壳。沿膛线旋转加速前进,直至推出枪口。

后坐是指发射时枪械向后运动的现象。发射药燃烧时,产生的气体同时向各个方向挤压。挤压膛壁的压力被膛壁所阻;向前的压力推动弹头前进;向后的压力抵压弹壳底部枪机,使枪向后运动,从而形成后坐。后坐对于单发射击影响较小,但对于连发,因连续射击后产生的后坐力,使枪发生移动,改变了瞄准线,所以影响较大。因此,在连发射击时,射手必须掌握一定的连发射击规律和据枪要领,只有这样才能提高命中精度。

(二) 弹道

弹道是指弹头脱离枪口在空气中飞行的路线。弹头在飞行中,一面受地心引力的作用,逐渐下降;一面受空气阻力的作用,越飞越慢。这两种力的作用,使弹头的飞行路线形成一条不均等的弧线,升弧较长较直,降弧较短较弯曲,如图 7-4 所示。

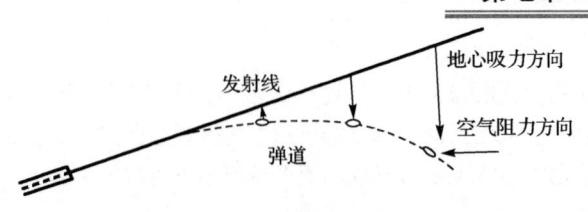

图 7-4　弹道的形成

直射是指瞄准线上的弹道高在整个表尺距离内不超过目标高的发射，这段射击距离叫直射距离。直射距离的大小是根据目标的高低与弹道的低伸程度决定的。目标越高，弹道越低伸，直射距离就越长；目标越低，弹道越弯曲，直射距离就越短。通常情况下，半自动步枪和冲锋枪对人头目标的直射距离为 200 米，对人胸目标为 300 米，对半身目标为 400 米。在射击过程中，对在直射距离内的目标可以不变更表尺分划，瞄准目标下沿射击，以增大射速，提高射击效果。

（三）危险界、遮蔽界和死角

危险界是指弹道高没有超过目标高的一段距离。目标暴露得越高，地形越平坦，弹道越低伸，危险界就越大，目标就越容易被杀伤；目标暴露得越低，地形越复杂，弹道越弯曲，危险界就越小，目标就不易被杀伤。

遮蔽界是指从弹头不能射穿的遮蔽物顶端到弹着点的一段距离。死角是指目标在遮蔽界内不会被杀伤的一段距离。遮蔽物越高，目标越低，死角就越大；反之，死角越小。危险界、遮蔽界和死角有很大实用意义，是作战隐蔽自己和选择有利射击位置必须考虑的因素，如图 7-5 所示。

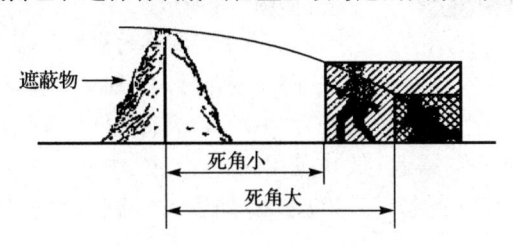

图 7-5　危险界、遮蔽界和死角

（四）选定表尺分划和瞄准点

1. 瞄准具的作用

弹头在飞行中，受地心吸力和空气阻力的作用，逐渐下降和越飞越慢。为了命中目标，必须将枪口抬高。各个距离上枪口抬高多少，在表尺上刻有相应的分划，只要按照目标的距离装定相应的表尺分划瞄准射击，就能命中目标。

2. 选定表尺分划和瞄准点的方法

为使射准确命中目标，射击时，射手应根据目标距离、目标大小和弹道高，选定适当的表尺分划和瞄准点。

（1）目标距离几百米，装定表尺具，瞄目标中央。

（2）目标距离不是百米整数时，通常选定大于实距离的表尺分划，适当降低瞄准点。

（3）目标在 300 米距离内，通常装定表尺"3"；小目标瞄下沿，大目标瞄中央。

（五）外界条件对射击的影响及修正

射击通常在自然环境中进行，风、阳光、温度等自然条件都会使射弹产生偏差。射手在观察时，应根据射弹击起的尘土、水花的位置，曳光迹和目标状况的变化等情况，判断射弹是否命中目标或偏差量的大小,并进行修正。

修正方向偏差时,可用改变瞄准点的方法进行修正。射弹偏右,瞄准点向左修;射弹偏左,瞄准点向右修。修正高低偏差时,可用提高、降低瞄准点或增减表尺分划的方法进行修正。射弹偏高时,降低瞄准点或减小表尺分划;射弹偏低时,提高瞄准点或增大表尺分划。

1. 风的影响及修正

在各种外界条件下,风对射弹的影响较大。风力越大,距离越远,射弹偏差就越大。射击时,为了准确地命中目标,必须根据子弹受风影响的偏差量,将瞄准点或横表尺向风吹来的方向修正。修正时,以横方向的和风修正量为准,强风加一倍,弱风减一半。修正量从目标中央算起,横表尺修正后瞄准点不变。纵风会使射弹打高或打低,但风速小于 10 米/秒时,影响就较小,在 400 米内不必修正。如果对远距离射击时,可稍降低或提高瞄准点。修正时,应注意风向风力的不断变化,灵活运用。

2. 阳光对瞄准点的影响及克服方法

在阳光下瞄准时,缺口部分产生虚光,形成三层缺口。若用虚光瞄准,射弹就会偏向阳光照来方向;若用黑实部分瞄准,射弹就会偏向阳光照来的反方向。因此,射手应多在不同方向的阳光照射下练习瞄准。练习时,可采取遮光瞄准、不遮光检查,或者不遮光瞄准、遮光检查的方法,反复区别,去伪存真,用真实部分进行瞄准。瞄准时间不宜过长,以免眼花而产生偏差;平时应注意保护好瞄准具,不使其磨亮发光,如图 7-6 所示。

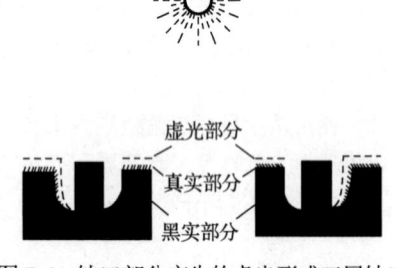

图 7-6 缺口部分产生的虚光形成三层缺口

3. 气温对射弹的影响及修正

气温变化时,空气密度也随之改变,因而影响射弹的飞行速度。气温高,空气稀薄,射弹受到的空气阻力就小,因而就打得远(高);气温低,空气稠密,射弹受到的空气阻力就大,因而就打得近(低)。使用武器时,应当根据当时当地的气温矫正武器的射效。一般以 15℃为标准,若气温差别不大,在 400 米内对射弹命中影响较小,不必修正。

四、武器操作

(一)验枪

验枪是一项保证安全的重要措施。使用武器前后及必要时,均应验枪,认真检查弹膛和教练弹中有无实弹。验枪时,严禁枪口对人。

口令:"验枪";"验枪完毕"。

动作要领:听到"验枪"的口令后,以右脚掌为轴,身体半面向右转,左脚顺势向前迈出一步(两脚约与肩同宽),同时右手放开枪背带,枪自然下落,移握大握把,将枪向前送出,左手接握下护盖,枪托夹于右肋与右大臂之间,枪口约与肩同高。左手大拇指打开保险,移握弹匣,大拇指按压弹匣卡笋,卸下弹匣,弹匣口向上交给右手握于大握把左侧,左手食指或中指向前扣住机柄。

当指挥员检查时,拉枪机向后,验过后,自行送回枪机,装上弹匣,扣扳机,关保险,左手移握下护盖。

听到"验枪完毕"的口令后,左手反握护盖,右手移握右肩前背带,身体半面向左转,在右脚靠拢左脚的同时,两手协力恢复肩枪姿势。也可左手反握护盖,将枪倒置于胸前,上背带环约与肩同高,右手挑起背带,身体半面向左转,在右脚靠拢左脚的同时,两手协力将枪送上右肩,恢复肩枪姿势。

(二) 向弹匣内装子弹

左手握弹匣，使弹匣口向上，弹匣后连接凸起向前，右手将子弹放于受弹口，两手协力将子弹压入弹匣内。

(三) 卧姿装退子弹及定位表尺

口令："卧姿——装子弹""退子弹——起立"。

动作要领：听到"卧姿——装子弹"的口令后，右手移握提把，使枪口向前（背带从肩上脱下），左脚向右脚尖前迈出一大步，左臂伸出，掌心向下，手指稍向右，按照膝、手、肘的顺序顺势卧倒。以身体左侧、左肘支持全身。右手将枪向目标方向送出，左手掌心向上托握下护盖，枪面稍向左，枪托着地，同时左脚从右腿下穿过，两腿伸直，略成剪刀状。稍向左侧身（使用瞄准镜时，右手解开镜袋扣，取出瞄准镜将其安装在镜座上并锁紧，摘下瞄准镜护盖），然后，枪面稍向左，枪托着地，右手卸下空弹匣（弹匣口朝后）交给左手握于护盖右侧，解开弹袋扣，取出并换上实弹匣，将空弹匣装入弹袋内并扣好。右手掌心向上，虎口向前，食指或中指打开保险，食指或中指拉机柄，送子弹上膛，关上保险（使用机械瞄准具时，右手拇指和食指转动表尺转轮，使所需分划位于上方）。然后，右手移握大握把，全身伏地，两脚分开约与肩同宽，身体右侧与枪身略成一线，目视前方，准备射击。

听到"退子弹——起立"的口令后，稍向左侧身，右手卸下实弹匣交给左手，打开保险，慢拉机柄向后，从膛内退出子弹，送回机柄，将退出的子弹捡起，压入弹匣内，解开弹袋扣，取出并换上空弹匣，把实弹匣装入弹袋内并扣好，扣扳机，关保险，使枪面向左（使用瞄准镜时，右手盖上瞄准镜物镜护盖，卸下瞄准镜装入镜袋内并扣好；使用机械瞄准具时，表尺转至"3"），右手移握提把，将枪收回，同时左小臂向里合，屈左腿于右腿下。以左手和两脚撑起身体，右脚向前一大步，左脚再向前一步，左手反握上护盖，将枪倒置于胸前，右手挑起背带，在右脚靠拢左脚的同时，两手协力将枪送上右肩，恢复肩枪姿势。

(四) 据枪、瞄准、击发

据枪、瞄准、击发是互相联系和互相影响的动作。稳固的据枪，正确一致的瞄准，均匀正直的击发，三者正确地结合，是准确射击的关键。因此，必须刻苦练习，熟悉掌握。

1. 据枪

卧姿据枪时，下护木放在依托物上，左肘向里合，右手握枪颈，食指第一节靠在扳机上，大臂略成垂直，手协同将枪确实抵于肩窝，头稍前倾，自然贴腮。

2. 瞄准

瞄准时，应首先使瞄准线自然指向目标。若未指向目标，不可迁就而强扭枪身，必须调整姿势。需要修正方向时，卧姿可左右移动身体或两肋，跪、立姿可左右移动膝或脚。需要修正高低时，可前后移动整个身体或两肘里合、外张，也可适当移动左手托枪的位置。

瞄准时，左眼闭，右眼通视觇孔（缺口）和准星，使准星尖位于觇孔（缺口）中央（并与缺口上沿平齐），准星尖对准瞄准点。觇孔（缺口）和准星位置不正确会造成瞄准误差。准星偏右，弹着偏右；准星偏左，弹着偏左；准星偏高，弹着偏高；准星偏低，弹着偏低。

3. 击发

击发时，用右手食指第一节均匀正直向后扣压扳机（食指内侧与枪应有不大的空隙），余指力量不变。当瞄准线接近瞄准点时，开始预压扳机，并减缓呼吸。当瞄准线指向瞄准点或在瞄准点附近轻微晃动时，应停止呼吸，果断地继续增加对扳机的压力，直至击发。击发瞬间应保持正确一致的瞄准。

若瞄准线偏离瞄准点较远或不能继续停止呼吸时，则应既不松开也不增加对扳机的压力，待修正瞄准或换气后，再继续扣压扳机。

（五）射击中的常见问题及纠正方法

1. 抵肩、贴腮位置不正确

射击时，射手若不能正确地抵肩、贴腮，就会产生偏差。在通常情况下，抵肩过低易打低；抵肩过高易打高。贴腮用力过大易打左高。纠正时，要反复体会正确的抵肩位置，并通过他人摸、推的方法检查抵肩位置是否正确；强调贴腮要自然。

2. 两手用力不当

射击时，射手为了命中目标，往往以强力控制枪的晃动，造成肌肉紧张，导致用力方向不正、姿势不稳，使枪产生角度摆动，增大射弹散布。纠正时，应强调据枪时正直向后适当用力，使用力与后坐方向一致，实施点射时，应保持姿势稳固，据枪力量不变。

3. 击发时机掌握不好

无依托射击时，有的射手常为捕捉瞄准点，造成勉强击发或猛扣扳机。纠正时，应强调首先选择好瞄准点，瞄准线的指向在瞄准点附近轻微晃动时，适时击发。练习时，可让射手反复体会在保持准星与缺口平正关系的基础上，自然指向瞄准点。不断摸索枪的晃动规律、掌握击发时机。

4. 停止呼吸过早

射击时停止呼吸过早，易造成憋气，使肌肉颤动、据枪不稳或猛扣扳机。纠正时，应使射手反复体会在瞄准线指向瞄准点或在瞄准点附近轻微晃动时，自然停止呼吸的要领。在剧烈运动后，无法按正常情况停止呼吸时，应进行深呼吸后再停止呼吸。

5. 耸肩、眨眼和猛扣扳机

射击时，由于射手过多地考虑枪响时机、点射弹数、射击成绩等原因，造成心情紧张，产生耸肩、眨眼和猛扣扳机等错误动作，影响射弹命中。纠正时，应强调按要领操作，把主要精力、视力集中在准星与缺口的正确关系上，达到自然击发。

6. 枪面倾斜

瞄准时，如枪面偏左（右），射角减小，枪身轴线指向瞄准点左（右）边，射击时，弹着偏左（右）下。纠正时，强调射手据枪应保持枪面平正。

五、实弹射击

实弹射击是对射击训练效果的检验。轻武器实弹射击时，应遵循相关的组织原则、实施程序和安全规则。

（一）实弹射击的安全规则

1. 对射击场地的要求

射击场必须具备可靠的靶档和确保安全的靶壕及掩蔽部，并应避开高压线。在实弹射击前，必须仔细搜索靶场警戒区，设置警戒旗。必要时，应预先将射击开始和结束的时间、危险区域及射击场有关信号，通知当地有关单位。

2. 对参加实弹射击人员的要求

（1）实弹射击前，射击场指挥员必须向全体人员明确规定各种信号、记号及与警戒、观察人员的联系方法，并要求全体人员严格执行规定。

（2）射手在使用武器前、后必须验枪，无论枪内有无子弹，都不得将枪口对人，严禁将装有实弹的武器随意乱放或交给他人。

（3）没有指挥员的口令，射手不得向枪内装填子弹。

（4）报靶时，严禁射手在射击地线摆弄武器或向靶区瞄准。

（5）在射击过程中，射击不得超出安全射界，射手在看到靶壕的白旗或听到停止射击的口令后应立即停止射击，关上保险或双手离枪，听候指挥员的命令。射击中若发生了枪械故障，射手应立即停止射击，关上保险或双手离枪，举手向指挥员报告，枪械故障由军械员处理。

（6）示靶人员听（看）到准备射击信号后应迅速隐蔽，未经射击场指挥员许可不得随便出靶壕。若靶壕内发生特殊情况，须立即停止射击时，应出示白旗或用其他方法向指挥员报告。

（二）实弹射击的一般规定

（1）实施实弹射击时，射手使用的武器必须经过射效矫正方可使用，不合格的武器严禁使用。

（2）射手进到出发地线后，指挥员令发弹员发给射手子弹，接着发出准备射击的信号，待靶壕竖起红旗或用其他规定的方法发出可以射击的信号后，下达向射击地线前进的口令。射手进入射击地线后，按指挥员的口令做好射击准备。指挥员按规定时间发出开始射击的口令或显示目标的信号，射手即行射击。

（3）射手打错靶算脱靶，被打错者若当时能判明打错的弹着，即扣除。若不能判明打错的弹着，应扣除超过发射数的弹着，胸环靶扣除环数最少的弹着。

（4）对胸环靶射击，命中环线算内环，跳弹命中靶子不算成绩。

（5）射击中若发生故障，若属射手操作的原因，则应自行排除后继续射击；若属武器弹药和靶子的原因，若扣除排除故障的时间，补发弹药后继续射击，如果条件允许，也可重新射击。

（6）射击完毕后退子弹起立，原地验枪，关上保险。指挥员指挥射手向右翼排头靠拢，再由右翼排头下口令带到指定位置坐好，同时指挥员发出报（检）靶信号。

第二节 战术

战术是指指导和进行战斗的方法。战术反映战斗的规律，是军事学术的组成部分，从属于战略、战役，又对战略、战役的发展产生一定的影响。

一、战斗的基本类型

战斗是指敌对双方兵团、部队、分队（单机、单舰）在较短的时间和较小的空间内进行的有组织的武装冲突，是夺取战争胜利的主要手段。战斗的目的是歼灭或击溃敌人，攻占或扼守地区和目标。战斗从属于战役，但战斗又有其独立性，依据情况和需要，可独立进行。战斗的理论和实践属于战术范畴。

战斗的基本类型分为进攻和防御。另外，根据战斗展开的空间、地形、气象条件及参加战斗的军种、兵种的不同也有不同的分类。例如，地面战斗、海上战斗和空中战斗；一般地形、气象条件下的战斗和特殊地形、气象条件下的战斗；昼间战斗和夜间战斗；单一兵种战斗和诸军种、兵种的协同战斗等。这里主要介绍战斗的基本类型。

（一）进攻战斗

进攻战斗是指主动攻击敌人的战斗。其目的是歼灭敌人，攻占重要的地区或目标。

1. 进攻战斗的优势

与防御战斗相比，进攻战斗的优势主要体现在以下几个方面。

一是进攻者掌握行动的主动权。

二是进攻者可以预先做好战斗准备。

三是进攻者可以形成兵力兵器对比的优势。

四是进攻者可以在敌人意想不到的时间、地点，捕捉或创造战机，采取敌人意想不到的战法，达到出其不意的战斗效果。

五是有利于提高进攻者的士气，增强突击能力。

2. 进攻战斗的原则

进攻战斗应把握以下基本原则。

一是周密进行侦察，并对各种情况进行分析，做出正确的判断。

二是集中使用兵力。

三是正确部署兵力，形成和保持强大的突击力，尽量避免和减少敌火杀伤。

四是统一计划火力，突然、迅速、准确、猛烈地打击敌人。

五是突然发起攻击，在敌人意想不到的时间和地点，采取敌人难以预料的战术手段，攻其备，打敌措手不及。

六是灵活指挥，始终保持战斗主动权。

七是密切协同，主动配合与相互支援，以整体威力打击敌人。

八是充分准备。

九是加强战斗保障。

十是坚决勇猛突击，连续作战，坚决、彻底消灭敌人。

3. 现代进攻战斗

现代进攻战斗是指在使用现代技术，特别是高技术武器装备条件下进行的诸军种、兵种合同战斗，将在激烈的电子对抗中，全方位、全纵深、全高度同时展开，具有更大的坚决性、突然性、快速机动性和速决性。现代进攻战斗的主要方法是集中优势兵力、火力和器材，采取袭击、强攻或袭击与强攻相结合的方法，选敌弱点，突然攻击，迂回包围，穿插分割，纵深立体打击，速战速决。

（二）防御战斗

防御战斗是指抗击敌人进攻的战斗，其目的是扼守阵地，大量杀伤、消耗敌人，争取时间，为转入进攻或保障其他方向的进攻创造条件。

1. 防御战斗的优势

与进攻战斗相比，防御战斗的优势主要体现在以下几个方面。

一是能够依托有利的地形和阵地条件进行战斗。

二是可以建立严密的火力配备体系，增大火力杀伤效果。

三是防御者能够实施有效的伪装。

四是便于利用有利地形，灵活机动兵力和武器。

五是防御者能够以逸待劳。

这些优势如果能够灵活机动地巧妙利用，特别是善于充分发挥阵地的优势和积极顽强的战斗精神，就可弥补兵力和武器的不足，达到守住阵地、重创敌人的目的。

2. 防御战斗的任务

通常，防御战斗是被动的，其主要任务如下。

第一，保卫重要地域或目标。

第二，迟滞、消耗、钳制、吸引敌人，创造歼敌的有力战机或掩护主力进攻。

第三，阻敌增援、突围或退却。

第七章　射击与战术训练

第四，巩固占领的地区，抗击敌人反冲击或保障主力侧翼安全。

第五，掩护主力集中、机动或休整。

3. 现代防御战斗

现代防御战斗是指在使用现代技术，特别是高技术武器装备条件下，在激烈的电子对抗中进行的全纵深、全方位的立体战斗。

主要方法是集中兵力、火力和器材，扼守主要防御方向和要点；正确部署兵力，周密组织火力，形成攻防兼备、以攻助守的防御态势；注重削弱和打击敌空中突击力量，特别是以多种手段和方法打击敌武装直升机；善于利用地形，巧妙布设阵地、构筑工事和设置障碍物；采取各种防护和保障措施，构成全纵深、全方位、立体、有重点、稳固的防御体系；善于依托阵地，把严密防护与积极打击、顽强抗击与积极的攻势行动、正面抗击与侧后袭击及阵地内的伏击结合起来；在抗击敌地面进攻的同时，注重破坏、打击敌人整体进攻结构，灵活机动地运用兵力、火力、障碍物和进行电子对抗，各个击破敌人的进攻。

二、战斗的行动样式

战斗中有不同的行动样式。进攻战斗中，主要有开进、展开、突破、袭击、遭遇、伏击、钳制、包围、迂回、穿插分割、追击等战斗行动样式；防御战斗中，有坚守、出击、反击、反冲击、突围、退却等战斗行动样式。

1. 开进

开进即军队由集结地域或待机地域，向准备战斗的地区前进的行动。目的是为了适时展开和进入战斗。

2. 展开

展开是部队由行军队形、疏开队形、集中状态等转变为作战部署或战斗队形的行动。目的是为了占领有利地区和地形，形成临战态势，以利适时投入交战。

3. 突破

突破是在敌防御阵地或防线中打开缺口的行动，是进攻作战的关键阶段和重要任务。目的是为向纵深发展进攻、分割围歼敌人创造条件。

4. 袭击

袭击是指乘敌不意或不备，突然进行的攻击，是进攻作战的基本方法之一，也是游击战的主要战法。目的是打敌措手不及，快速歼敌。从使用兵力和作战规模区分，有战术袭击、战役袭击和战略袭击；按场合和方式的不同，有奇袭、强袭、急袭、奔袭、伏击和袭扰等。

5. 遭遇

遭遇是指敌对双方军队在运动中相遇发生的战斗，双方都力求用进攻行动歼敌于运动之中。遭遇战斗分预期遭遇战斗和不预期遭遇战斗。遭遇战斗的基本原则是争取主动，先机制敌。

6. 伏击

伏击是指预先将兵力兵器隐蔽配置在敌必经道路的翼侧，待敌进入预定地区，突然攻歼敌人的战斗。它是对运动之敌袭击的一种样式，分为待伏和诱伏。

7. 钳制

钳制是指以兵力火力吸引和拖住敌人的作战行动，也称牵制。目的是使敌分散力量，顾此失彼，保障己方主力作战。钳制分战略钳制、战役钳制和战术钳制。钳制通常以部分兵力在次要方向上实施，方法灵活多样，主要手段是攻击。

8. 包围

包围是指军队向攻击目标翼侧或后方的机动。分为一翼包围、两翼包围和四面包围；在现代条件下，还有垂直包围、两栖包围等样式。目的是与正面部队配合，对敌形成围攻的部署，是进行歼灭战的重要手段。

9. 迂回

迂回是指绕向敌人后方的机动。其目的是攻击敌人的薄弱部位，或者断敌退路，阻敌增援，协同正面部队和包围部队围歼敌军某一集团。迂回按性质和范围分为战略迂回、战役迂回和战术迂回。

10. 穿插分割

穿插分割是指进攻军队从敌人正面的间隙或从打开的口子插到敌人防御纵深处，把敌人分割开的行动。

11. 追击

追击是指追歼退却之敌的战斗，是扩大成果、彻底歼灭敌人的决定性行动。快速、勇猛地追击，可以迫使敌人不能进行有组织的抵抗而被歼灭于运动之中。追击方式，有沿着与敌军退却方向平行的道路迅速超过敌人的平行追击，有紧随退却敌军之后的跟踪追击。两者紧密结合的追击，则是更有效的手段。

12. 坚守

坚守是指牢固地守住防御阵地的行动。

13. 出击

出击是指防御军队离开自己的阵地，主动向敌人发起的一定规模、一定距离攻击的行动。

14. 反击

反击是指防御军队破坏敌人进攻的行动，可分为阵地外和阵地内反击，兵力反击和火力反击等。

15. 反冲击

反冲击是指防御战斗中对突入阵地之敌实施的冲击，是消灭突入之敌，恢复阵地，稳定防御的一种积极手段。

16. 突围

突围是指突出敌人包围的行动，目的是保存力量，以利再战。突围有地面突围、空中突围和海上突围。

17. 退却

退却是指军队放弃所占领的阵地或地区，向后转移的行动。退却是防御的继续，也称撤退，目的是为了保存力量，争取主动，待机歼敌。

三、单兵战术基础动作

士兵要想在战场上有效躲避敌人火力杀伤和消灭敌人，就必须熟练掌握和能够灵活地应用战术基础动作。下面主要介绍几种基本的单兵战术动作。

（一）持枪

持枪是士兵在战斗中携带枪支的动作和方法。持枪时要做到便于运动、便于卧倒、便于观察、便于射击。在不同的地形条件下，士兵根据敌情和任务可灵活采取不同的持枪动作。

1. 单手持枪

动作要领：右臂微曲，右手虎口正对上护盖握枪（背带上挑压于拇指下），用五指的握力将枪身固定，枪身轴线与地面约成45°角，枪身距身体约10厘米。左臂自然下垂，运动时自然摆动。

2. 单手擎枪

动作要领：右手正握握把，食指微接扳机，将枪置于身体的右侧，枪口向上，机匣盖末端贴于肩窝，枪身微向前倾，枪面向后，右大臂里合，枪托贴于右肋（枪托折叠时除外），背带自然下垂，目视前方，左手自然下垂或攀扶，运动时自然摆动。

3. 双手持枪

动作要领：左手托握下护盖或握弹匣弯曲部，右手握握把，食指微接扳机，将枪身置于胸前，枪口向前，枪身略成水平，背带自然下垂或挂在后颈上。

4. 双手擎枪

动作要领：在单手擎枪的基础上，左手托握下护盖或弹匣弯曲部，枪身略低，枪口对向前上方，背带自然下垂或压于左手下，身体与射向约成30°角。

（二）卧倒与起立

在战场上，士兵如突遭敌火力射击，应迅速卧倒，防止火力杀伤。卧倒分三种基本动作：徒手卧倒与起立、双手持枪卧倒与起立、单手持枪卧倒与起立。

1. 徒手卧倒与起立

徒手卧倒动作要领：卧倒时，左脚（也可右脚）向前迈一大步，同时身体前倾，按手、膝、肘的顺序卧倒；卧倒后，两手掌心向下放置于头部的两侧或交叉于胸前。

徒手起立动作要领：左小臂屈回并侧身，而后用臂、腿的协力撑起身体，右脚向前迈一大步，左脚顺势跟进。也可以双手撑起身体，同时左（右）脚向前迈步起立，而后继续前进。

2. 双手持枪卧倒与起立

双手持枪卧倒动作要领：卧倒时，左脚向前迈一大步，上体前倾，重心前移，按左膝、左肘、左小臂的顺序着地。然后转体，在全身伏地的同时，双手协力将枪向目标方向送出。地面松软时也可按双膝、双肘、腹部的顺序扑地卧倒。

双手持枪起立动作要领：应首先观察前方情况，而后迅速收腹、提臀，用肘、膝支起身体，左脚先上步，右脚顺势跟进，双手持枪继续前进。

3. 单手持枪卧倒与起立

单手持枪卧倒动作要领：卧倒时，左脚（也可右脚）向前迈一大步，同时身体前倾，按手、膝、肘的顺序卧倒，右手同时将枪向目标方向送出，左手接握下护盖或弹匣弯曲部，全身伏地据枪射击。持筒时的动作与此大体相同。

单手持枪起立动作要领：右手移握上护盖收枪，同时左小臂屈回并侧身，而后用臂、腿的协力撑起身体，右脚向前迈一大步，左脚顺势跟进，继续携枪前进。

（三）前进

1. 直身前进、屈身前进

（1）直身前进

直身前进通常是在距敌较远，地形隐蔽，敌观察、射击不到时采用的运动方法，要领是：目视前方，大步或快步前进。

（2）屈身前进

屈身前进是在遮蔽物略低于人体时采用的运动方法。要领是：目视前方，上体前倾，头部不要高出遮蔽物，两腿弯曲，大步或快步前进。

2. 匍匐前进

匍匐前进，是士兵在战场上，遭敌火力威胁，且发现附近有地形和遮蔽物可利用时，采取匍匐前进的运动姿势向其靠近，以减少敌火力杀伤。根据地形和遮蔽物的高低，可采取低姿匍匐、高姿匍匐、侧身匍匐和高姿侧身匍匐等姿势。

(1) 低姿匍匐

低姿匍匐是身体平趴于地面并降低至最低程度的运动方式，一般是在前方遮蔽物高约 40 厘米时采用。低姿匍匐携自动步枪的方法有两种：一种是右手掌心向上，虎口卡住机柄，五指握枪身和背带，将枪置于右小臂内侧；另一种是右手食指卡握枪背带上环处并握枪管，余指抓背带，机柄向上，将枪置于右小臂外侧。行进时，身体正面紧贴地面，头稍微抬起，屈回右腿，伸出左手，用右脚的蹬力和左手的扒力使身体前移，然后再屈回左腿，伸出右手，用左腿的蹬力和右手的扒力使身体继续前移，依次交替前进。

(2) 高姿匍匐

高姿匍匐一般是在前方遮蔽物高约 80 厘米时采用。持枪前进动作是，左手握护盖，右手握枪颈，将枪横托于胸前，枪口离地，用两肘和两膝支撑身体，然后，依次前移左肘和右膝，如此交替前移。有时，也可采取低姿匍匐携枪方法。

(3) 侧身匍匐

侧身匍匐是在前方的遮蔽物高约 60 厘米时所采用的一种运动方式，其特点是运动的速度稍快，但姿势偏高。携自动步枪运动时，右手前伸握护盖将枪收回，同时侧身，使身体左大腿外侧着地，左小臂前伸着地，左大臂支撑身体，左腿弯曲，右脚收回靠近臀部着地，以左大臂的扒力和右脚的蹬力带动身体前移。

(4) 高姿侧身匍匐

如果前方遮蔽物高 80～100 厘米时，也可采取高姿侧身匍匐。要领是：左手和左小腿外侧着地，以左手的支撑力和右脚的路力使身体前移。

无论采取哪种匍匐姿势，运动到预定位置或适当的距离，都应迅速卧倒隐蔽，视情况出枪射击。

3. 跃进、滚进

(1) 跃进

跃进通常是在距敌较近，通过开阔地或敌火力控制区时采用。跃进前，应先观察敌情和地形，选择好路线和暂停位置，而后起立快速前进。运动中，通常是单手持枪（也可双手持枪），枪口朝前上方，并注意继续观察敌情。前进的距离掌握在 15～30 米为宜。当进至暂停位置或运动中遇到火力威胁时，应迅速就地隐蔽或卧倒，做好射击和继续前行的准备。

(2) 滚进

滚进是在卧姿时，为避开敌人观察、射击而左右移动或通过棱线时采用的运动方法。

动作要领：在卧倒基础上滚进时，将枪关上保险，左手握枪于表尺上方，右手握枪颈附近或两手握上护木，枪面向右，顺置于胸、腹前抱紧，两臂尽量向里合，两脚腕交叉或紧紧并拢，全身用力向移动方向滚进。

直（曲）身前进中需要滚进时，应左（右）脚向前迈一大步，左手在左（右）脚外（内）侧着地，身体尽量下塌，右手将枪挽于小臂内，枪面向右，身体向右（左）转，在右（左）臂、肩着地同时，向右（左）滚进。滚进时，右（左）腿伸直，左（右）腿微曲，滚进距离较长时可两腿夹紧。滚进适当位置时，若需射击，则应迅速出枪，成卧姿射击姿势。

（四）手语

手语在战场通信中被大量使用，使得战场更加信息化与透明化。未来通信设备将装备到单兵一级，使得指挥官能够直接与一线战斗的士兵随时保持通信联系，但在战场上有很多时候是不能大声喧哗的，而且工具通信在很多时候有着易被窃听、干扰等缺点。所以要牢牢记住手语命令，它会帮助你建立无声的沟通桥梁。

手语按照在遂行作战任务中所表达的具体含义，一般可分为数字手语、专指手语、命令手语和告知手语等。

数字手语是指用手指的变换来表达不同数码的一种简易通信方法，分为直接表示法和代密表示法。直接表示法是以 5 个手指的变换来直接表示 0~9 每个数码，简便直接，在日常生活中几乎每个人都在使用。代密表示法主要通过不同的数字手语组合表示通信内容。

专指手语是指用手指的指向变换来指示不同的人或事物的一种简易通信方法。通常用来表达"你、我、他，你们、我们、他们，这里、那里，或者某人某物"等。从表达方式上讲，专指手语的表达类似于数字手语，也是以象形的方式来表述的，因而具有表述内容直接和令人一目了然的特点。

命令手语是指将上级的命令，通过手型的变换和手臂屈伸、摆动等动作传达给下级的一种简易通信方法，要求受令者接到指令后必须接受，并马上执行。因而它具有权威性和不可否决的特点。

告知手语是指用手型的变换和手臂的屈伸、摆动等动作向对方或上级示意收到信号情况的一种简易通信方法，是同级之间或下级对上级传达的指令予以回应的通信方式，接收者仅做出回应，具有平等性的特点。

（五）利用地形、地物

利用地形、地物的目的在于"隐蔽身体，发扬火力"。利用地形时，要做到"三便于、三不要、一避开"。"三便于"，即便于观察和射击，便于隐蔽身体，便于接近和变换位置；"三不要"，即不要妨碍班（组）长的指挥和邻兵火器的射击，不要几个人拥挤在一起以免增大伤亡，不要在一地停留过久；"一避开"，即避开独立、明显、易燃、易倒塌的物体和难以通行的地段。

利用地形、地物时，应根据敌情和遮蔽物的高低取适当姿势，迅速隐蔽地接近，由下而上地占领，周密细致地观察，不失时机地出枪（筒）。对不便于射击的位置，应加以改造。在一地不要停留过久，视情况灵活地变换位置。

1. 对堤坎、田埂的利用

利用堤坎、田埂时，由于堤坎、田埂有纵向、横向和高低之分，应根据地物的高低采取不同（跪、蹲、坐、立）姿势。如横向坎要利用背敌面隐蔽身体，纵向坎要利用弯曲部、残缺部或顶端的一侧隐蔽身体，以其上沿做射击依托。对土坎最好利用残缺部，对堤坎利用凹陷部。根据坎的高度可取卧、跪、立等姿势射击。

2. 对土堆的利用

利用较大土堆时，身体一侧紧贴在土堆的背敌斜面上；当土堆较小时，也可纵向卧倒，头紧靠土堆。对独立土堆通常利用其右侧，视情况也可利用其左侧或顶端射击。双土堆可以利用其鞍部射击。对空射击时，通常利用其后侧或顶端。

3. 对土（弹）坑、沟渠的利用

利用土（弹）坑、沟渠时，通常利用其前切面（前沿）和底部隐蔽身体，纵向沟渠利用其壕壁或拐弯处隐蔽身体，其上沿作为射击依托。根据敌情和坑的深浅、大小，可采取跳、滚、匍匐等方法进入。在坑里可采取卧、跪、立、仰等姿势实施射击。

4. 对树木的利用

利用树木，可以有效防敌直瞄和间瞄火力的杀伤。通常利用其背敌面隐蔽身体，依其右后侧作为射击依托。利用大树时（直径 50 厘米以上），可采取卧、跪、立等姿势；利用小树时，通常采取卧姿利用根部。

5. 对墙壁、墙角和门窗的利用

利用墙壁时，根据其高度取适当姿势。对矮墙可利用顶端或残缺部作为射击依托。当墙高于人体时，可将脚垫高或挖射击孔。利用墙角时，通常利用其右侧作为射击依托。射击时，左小臂外侧紧靠墙角，取适当姿势。利用门时，通常利用其左侧，右臂依靠门框进行射击。利用窗时，通常利用其左侧下角，也可利用其右侧下角或下窗框射击。

（六）在敌火力下运动

战士在敌火力下运动时，应根据敌情、任务，善于利用地形，灵活地采取不同的运动姿势和方法，正确处理各种情况，迅速隐蔽地接近敌人或实施机动，以灵活的战斗动作保护自己、消灭敌人。

1. 通过各种地形时的动作

（1）通过距敌较远的开阔地时，通常应持枪（筒）快步通过，距敌较近、敌火力封锁较严时，应乘敌火力中断、减弱、转移和被我火力压制等有利时机跃进通过。

（2）通过道路时，一般应选择拐弯、涵洞、树木等隐蔽地点迅速通过。若敌火力威胁不大，可不停地快跑通过；若敌火力封锁较严，应先向隐蔽地接近并周密观察道路情况和敌火力规律，而后突然跃起，快速通过。

（3）通过隘路、山垭口时，若敌火力威胁不大，可快步通过；若敌火力封锁较严，应隐蔽观察敌人封锁规律，乘敌火力间歇、中断、减弱等有利时机，沿隐蔽的一侧快跑或跃进通过，尽量减少停留时间。

（4）通过较大的纵向冲沟时，应沿一侧的斜坡前进，尽量不要走沟底，以便观察和处理情况；遇有横向冲沟应快速通过；遇有断绝地应绕行或与友邻战士协同搭人梯通过；当敌火力封锁时，应利用冲沟两侧的沟岔、弹坑等跃进通过。

（5）通过乱石地、灌木林、沼泽地时，应周密观察，保持前进方向，并与友邻战士协同配合及早发现情况，做好对突然出现之敌射击的准备。

（6）通过高地时应尽量利用高地两侧运动，不要从顶端通过。当必须通过顶端又无地物隐蔽时，动作力求迅速。

（7）通过街道时，应沿街道两侧隐蔽地逐段前进，接近拐弯处之前，应先察看对面街区，再迅速进到拐弯处，观察下一段的情况后继续前进。当需横穿街道时，应先观察左右和对面街区的情况，然后迅速通过。

2. 遭受敌各种火力时的动作

当敌机轰炸时，战士应按上级命令快速前进；或者立即利用地形隐蔽，待炸弹爆炸后继续前进；也可利用敌机投弹间隙迅速前进。

当遇到敌零星炮火袭击时，应注意听、看，快速前进，若判断炮弹可能在附近爆炸，则应立即卧倒，待炮弹爆炸后继续前进；当遭敌猛烈炮火袭击时，应趁炮火爆炸的间隙，利用弹坑和有利地形逐次跃进；当通过敌炮火封锁区时，战士应观察敌炮火封锁的规律，利用敌射击间隙快跑通过。如果封锁区不大，也可绕过。

当遭敌步枪火力封锁时，战士应利用地形隐蔽；抓住敌火力中断、减弱、转移等有利时机迅速前进；也可采取迷惑、欺骗和不规律的行动，转移敌视线，突然隐蔽地前进；或者以火力消灭敌人后迅速前进。

遇敌雷区和定时炸弹时，战士应迅速报告上级并进行标示，按照班（组）长的口令排除或绕行。对敌设置（投放）的电子侦察器材，应迅速排除。

3. 遭敌化学、生物武器袭击时的动作

当战士接到化学武器袭击警报时，或者遭敌化学武器袭击时，应立即穿戴防护器材，或者就地利用器材进行防护；当遇敌染毒地段时，应穿戴防护器材迅速通过，或者根据指示绕过。

当敌对我施放生物战剂气溶胶时，应戴防毒面具或简易防护口罩、自制防护眼镜等，做好对呼吸道、面部和眼睛的防护；当敌投掷带菌媒介物时，应戴手套、穿靴套、披上斗篷或穿上雨衣，扎紧袖口、领口、裤脚口，以防生物战剂气溶胶污染和带菌昆虫叮咬皮肤。如果有掩蔽工事，则应立即进入工事进行防护。

（七）冲击准备和冲击

战士冲击时，必须具有一往无前的精神，以压倒一切敌人的英雄气概，根据不同的冲击目标、地形及任务，灵活地采取不同的冲击行动，勇敢地冲入敌阵，坚决消灭敌人。

1. 冲击准备

战士占领冲击出发的阵地后，应根据情况构筑工事，注意观察和伪装，看清冲击目标、冲击路线、通路位置，记住班（组）、自己的任务和信（记）号。听到"准备冲击"的口令，应迅速做好如下工作：装满子弹（火箭弹），准备好手榴弹和爆破器材；整理好装备，系好鞋带，扎好腰带和子弹袋，装备尽量靠后，以免妨碍冲击动作；做好跃起或跃出工事的准备，掩蔽物较高时，应挖好踏脚孔。做好准备后，向班（组）长报告，"×××冲击准备完毕"。

2. 冲击

（1）通过通路时的动作

战士听到"冲击前进"的口令或看到冲击信号时，应迅速跃起或跃出工事，最大限度地利用我方火力掩护，迅猛地向指定目标冲击前进。当接近通路时，应按班（组）长规定的顺序，迅速进入通路。当通路纵深较小时，应利用我方炮火掩护快跑通过；当通路纵深较大时，应在我方炮火掩护下分段逐次跃进通过。

（2）向敌步兵冲击的动作

通过通路后，近至投弹距离时，应自行按班（组）长的口令，向堑壕内投弹，乘手榴弹爆炸的瞬间，勇猛冲入敌阵地，以抵近射击和拼刺消灭敌人，并不停地向指定目标冲击前进。当几个敌人同时向自己逼近时，应首先消灭威胁大的敌人，然后各个消灭；当敌人与友邻战士格斗时，应主动支援；当敌人逃跑时，应以火力追歼。机枪手和火箭筒手应迅速抢占敌前沿的有利地形，以猛烈的火力压制、消灭敌人。

（3）打、炸敌运动坦克时的动作

战士打、炸敌运动坦克时，应根据班（组）长的命令，预先在敌坦克必经道路的翼侧，利用地形、工事，待机打、炸或以火力追击将其摧毁。火箭筒手应迅速判明其运动方向、距离和速度，适时占领发射阵地，做好射击准备，待敌坦克进至有效射击距离时，抓住有利时机，以突然准确的火力将其击毁。对敌逃跑坦克应迅速以火力追击。

爆破手应根据不同的情况，采取不同的行动方法。当敌坦克接近沟渠、堑（交通）壕时，应迅速沿沟、壕进至其将要越过的地点，快速布设防坦克地雷，阻、炸敌坦克，并乘其通过时，投挂爆破器材将其炸毁；当坦克接近土坎、土堆时，应进至其背敌斜面隐蔽待机，乘敌坦克爬坡、减速、转向和不便观察射击的有利时机，利用地形隐蔽迅速接近，投挂爆破器材将其炸毁；当敌坦克沿道路运动时，应提前在其必经之路快速布设防坦克地雷、压发炸药包，或者在道路翼侧待机，用爆破器材将其炸毁；当敌坦克企图在近距离对我碾压时，战士应敏捷地采取直角转弯的动作躲避，并与邻兵密切协同，伺机以爆破器材将其炸毁。

（4）打、炸敌坚固火力点时的动作

战士打、炸敌坚固火力点时，可担任爆破或掩护任务。担任爆破任务时，可根据敌火力点的性质、种类、射向及与其他火力点的联系，选好接近路线、爆破点、返回路线和隐蔽位置，在我火力掩护下，或者乘敌火力中断、减弱之机，隐蔽迅速地向其翼侧或后侧接近，将其炸毁。遭敌射击时，应迅速投掷手榴弹或发烟手榴弹，并在爆炸的瞬间或烟幕的掩护下，突然靠近，将其炸毁。担任掩护任务时，应选择有利地形，以准确的火力消灭邻近的暴露目标，封锁射孔并随时准备接替爆破手的任务。火箭筒手可按班（组）长的口令，占领有利地形，以准确的火力将其击毁。

（5）消灭敌步兵的动作

在阵地内消灭敌人，应充分利用掩体、堑壕拐弯处和壕内纵射设备，以抵近射击、投弹、白刃格斗将其消灭。也可移动壕内障碍物堵塞堑壕、交通壕，阻敌沿壕扩张，并乘敌克服障碍的有利时机，将其消灭。当敌步兵从两翼同时进入壕内时，战士应灵活机动，充分运用各种手段，主动与邻兵协同，先打威胁大的，后打威胁小的。当敌我胶着在一起，来不及装弹或弹药用尽时，应利用地形、工事，以小镐、小锹、刺刀消灭敌人。

四、分队战术

我军在长期的革命战争中，吸取古今中外战术上有益的内容，总结自己的作战经验，形成了一套战术原则，比较全面地反映了以劣势装备战胜优势装备之敌的战斗规律。我军战术原则可归纳为以下几个方面。

（一）目的明确

保存自己、消灭敌人，是战斗的基本目的，也是战斗的基本原则，是其他一切战术原则的根据。一切战斗行动，都是为保存自己、消灭敌人而进行的。在这里消灭敌人是主要的，保存自己是第二位的，因为只有大量消灭敌人，才能更有效地保存自己；无论在哪种场合或环节，分队的战斗行动，都应力求尽可能少的损失，消灭尽可能多的敌人。但在特殊情况下，当战斗全局需要时，分队则应不惜牺牲一切，以换取全局的胜利。

（二）知彼知己

知彼知己是正确指导战斗的基础。对敌人，除根据上级的情报进行研究外，在受领战斗任务后，必须迅速组织并亲自侦察，切实查明当面敌人的兵力部署，判明敌人的行动性质、企图及可能采取的战斗行动样式，找出敌人的强点和弱点，力求"明于知彼"；对自己，作为分队指挥员应确切了解上级的意图及对本分队的支援，了解友邻的情况，做到"明于知己"；将敌我情况和地形、天气情况等联系起来综合判断，比较完成任务的有利条件，制定出能"扬己之长、击敌之短"的克敌制胜的战斗行动方案；战斗中，应不断掌握敌我情况的变化，适时修正或定下新的决心，确定新的行动方案，力求使自己的战斗行动符合变化的客观情况。

（三）集中兵力、火力

集中兵力、火力，各个歼灭敌人，是分队克敌制胜的基本战斗方法。在现代高技术战争条件下，无论进攻或防御，分队都应集中自己的优势兵力、火力，打击一个主要目标，求得先打击或消灭敌人的一部分，钳制其另一部分；然后再转移兵力、火力打击另一部分敌人，以达到各个歼灭敌人的目的。

（四）主动灵活

善于观察战场情况与态势，主动、灵活地指挥分队的战斗行动，是指挥战斗的基本要求。现代战争战场情况复杂，情况变化急剧。分队指挥员必须以敏锐的观察力、判断力，不断地观察战场情况，判断敌我情势，及时发现、利用敌人的弱点和错误，在上级总的意图下，积极大胆地机动兵力、火力，不失时机地打击敌人。当情况急剧变化，又与上级中断联络时，应勇于负责，采取适当的战术行动，克敌制胜。当处于被动时，应及时果断地采取有效措施，迅速扭转被动局面，恢复主动。

（五）出敌不意

出敌不意的行动，可以改变敌对双方优劣形势，使敌人丧失优势和主动，以小的代价夺取大的胜利。在现代高技术战争条件下，需周密侦察，掌握其行动规律；发现敌人的弱点，采取有效的伪装和保密措施，实施兵力、火力、电子佯动，欺骗、迷惑敌人，造成敌人的错觉和大意，隐蔽己方的行动意图；利用夜暗、不良天气或有利地形，隐蔽、迅速地接近敌人，在敌意想不到的时间和地点，集中优势兵力、火力突击和电子干扰，乘敌混乱和协调失灵之际，不失时机地歼灭敌人。

（六）密切协同

各军种、兵种、部队在统一计划下，按目的、时间、地点协调一致地行动，充分发挥整体威力，合力打击敌人，是夺取战斗胜利的关键。在现代高技术战争条件下，参战部队必须贯彻统一的战术思想，实行集中统一的指挥；指挥员在熟识军种、兵种特长和各部队战斗力及各种武器装备的性能和使用方法的基础上，根据上级意图，合理部署兵力，恰当区分任务，实施正确的指挥；部队必须正确理解上级意图，坚决贯彻上级决心，严格执行协同计划，遵守协同纪律，主动配合，相互支援。

（七）勇猛顽强、近战及夜战

勇猛顽强、近战及夜战是我军的优良传统、作风和战法，在现代战斗中仍是战胜敌人的重要因素。现代战斗激烈、紧张、艰苦，对人的精神、意志提出了很高的要求。因此，在战斗中必须发扬勇猛顽强、不怕牺牲、不怕疲劳、连续作战、独立战斗的作风，在任何情况下，都能勇往直前，压倒一切敌人，即使只有一个人，也要顽强地坚持战斗到底。

夜战及近战，不仅能限制和减弱敌军技术装备优势的发挥，而且适宜发挥我军的特长。在进攻战斗中，分队要善于利用地形，迅速隐蔽地接近敌人，突然发起冲击，以近战火力和爆破器材摧毁敌坦克，消灭敌步兵。防御时，分队应善于利用地形、工事，严密伪装，隐蔽人员和火器，减少敌火力对我的损伤，保存战斗力，待敌迫近时，以突然猛烈的近战火力和勇敢的反冲击，击毁敌坦克，消灭敌步兵，顽强地守住阵地，挫败敌人的进攻。

（八）全面保障

分队的战斗行动，除由上级采取措施予以保障外，还要自身组织好战斗物资和技术保障。分队的战斗保障，包括侦查（观察）、警戒，防核、生化及燃烧武器袭击，以及通信联络、工程作业和伪装等。分队的物资技术保障包括供给（给养、弹药、油料、武器、器材）、卫生、技术维修等勤务。

分队具体战术行动属实战训练内容，这里不详细论述。

第八章　防卫技能与战时防护训练

学习目的：了解格斗、防护的基本知识，熟悉卫生、救护基本要领，掌握战场自救互救的技能，提高学生安全防护能力。

格斗是以踢、打、摔、拿、击、刺等技击动作为主要内容，按攻防进退等规律进行的以克敌制胜为目的的实用性技能。它是把掌握的技击方法和体内积蓄的力量一同迸发出来在短兵相接中战胜敌人。它具有悠久的历史传统和广泛的群众基础，是一个实用的并受广大部队官兵喜爱的军事项目。

第一节　格斗基础

一、格斗常识

（一）格斗训练的目的意义

格斗是以克敌制胜为目的，以技击动作为主要内容，以套路和搏击为基本形式的军事体育项目，它是近战歼敌的有效手段，对提高单兵作战能力具有重要的积极意义。

军体格斗训练是提高部队战斗力的重要方法，格斗训练不仅能培养迅速、准确、协调勇猛、顽强的个人战斗风格和单个人员完成各项艰巨任务的能力，而且对部（分）队、班（组）集体行动的战斗作风有较大的影响。单个人员的战斗素质是部队整体战斗力的基础。对单个人员进行严格的格斗训练，可以养成不怕苦、不怕死、机智勇敢、有自信力、主动配合的良好战斗作风，这对提高整体战斗集团的素质，提高部队战斗力有很大的促进作用。因此，在部队有系统地开展和普及格斗训练，不仅是练练拳脚，掌握一些技能和方法，更重要的是通过格斗训练这一必要的形式，培养英勇顽强的战斗精神。

通过军体格斗训练，能增强官兵体质，全面提高指战员的体能，增强士兵在单独对敌时与敌搏斗的勇气；增强与敌人遭遇时与其搏斗的信心；尤其是在夜间巡逻或在必须悄然行动的情况下，它更是一种有效的克敌制胜的手段。它既适用于前线部（分）队，也适用于后方人员对付敌人可能的渗透、空降和游击队。

（二）攻击部位

与敌格斗时，正确选择攻击部位是取得良好攻击效果的前提。攻击部位可分为人体的要害部位和人体的薄弱部位。人体要害部位是指受到打击和控制能够致命的部位。人体薄弱部位是指受到打击和控制后，人体丧失或降低抵抗能力，能够致伤或致残的部位。在格斗时，熟悉和了解人体的要害和薄弱部位，不仅能够正确选择打击目标，提高拳脚的杀伤力，而且可以对自身的要害和薄弱部位采取有效的手段进行防护。

1. 人体要害部位及攻击方法

（1）太阳穴：位于眼角向后一寸凹陷处，其皮下组织和颅骨较薄，有静脉和一条大动脉通过，颅神经丛集中于皮下，距离大脑较近，受到重击后可造成骨折，损伤内部血管，引起颅内出血而压迫大脑，或者使血液流通受阻，大脑因缺血、缺氧而造成死亡。

攻击方法：拳打、肘击、脚踢。

（2）后脑：位于大脑半球后下方。构成后脑的最主要部分是小脑，小脑是一个重要的运动调节中枢，小脑的机能是保持身体平衡，调节肌肉的紧张度和协调肌肉的运动。因此，当小脑受到打击时可造成人体平衡失调，如站立不稳；肌肉的收缩力下降，如站立或行走时，身体向一侧倾斜；肌肉收缩的程度与运动目的失控，如行走时抬腿过高。当后脑受到重击时，可导致颅内压增高，形成脑病而死亡。

攻击方法：肘击、脚踢。

（3）耳后穴：位于下耳郭的后方。此处颅骨较薄，内部有静脉、动脉通过。受到重击后可使内部血管破裂，引起颅内出血，造成死亡。

攻击方法：拳打、肘击。

（4）喉：位于颈前部中间，向上开于口咽腔的喉部，向下与气管相连。喉既是呼吸通道，又是发声器官。喉主要由甲状软骨，环状软骨和会厌软骨构成，辅助结构是韧带和肌肉，甲状软骨是其中最大的一块软骨，就是我们所说的喉结。整个喉部的皮下组织较薄缺少有力的防护，其内部的结构也较为薄弱，当喉受到击打或勒锁时，轻则呼吸受阻，不能发声，剧烈疼痛，重则造成骨折，损伤气管，窒息死亡。在喉的两侧有颈动脉通过，当颈动脉受到卡压时，会造成大脑缺血缺氧，直至死亡。

攻击方法：指插、掌砍、肘击、臂锁。

（5）颈关节：即颈椎，位于颈部后侧人体的纵向中心线上，共由七块椎骨组成。向下低头时，外凸较为明显的是第七颈椎，也称为隆椎，通常用来识别和定位椎骨。颈椎是连接人体躯干和头颅的主要关节，可以前伸、后屈、向四周转动，活动非常灵活。颈椎中有椎动脉，椎静脉和脊神经通过，是大脑神经支配全身运动的通道。当颈椎受到打击时，轻则错位折断，使人瘫痪致残，重则死亡。如果使用交错力突然旋转颈部，使颈椎超过活动范围，可导致立即死亡。

攻击方法：掌砍、脚踩、肘砸、手拧。

（6）心脏：位于胸腔下部，2/3位于人体纵向中心线的左侧，1/3在右侧。心脏的大小与本人的拳头相近，胸椎和肋骨构成胸腔，保护心脏，外部又有一层坚实的胸大肌，因此人体对心脏的防护很强。心脏是血液循环的动力器官，通过有节律的收缩推动血液在血管中流动。当心脏受到严重伤害时，可导致立即死亡。

攻击方法：刀刺。

（7）裆部：人体生殖器官的位置所在。裆部是男子要命的部位，不但防护能力差，而且在格斗中极易受到攻击。睾丸是构成生殖器官的主要部分，有一层致密的结缔组织膜，称为睾丸白膜，由于其坚韧厚实，并且缺乏弹性，在受到外力撞击时会产生剧烈疼痛。睾丸的交感神经丛与肠神经丛和输尿管神经丛有着密切的联系。因此当睾丸受到外伤时，同时也会伴有腹痛。睾丸一旦受到重击，会破裂，导致休克、死亡。

攻击方法：爪抓、掌撩、脚踢、膝顶。

（8）后腰：指两肾部位。肾脏位于腰部，腹腔后壁，脊柱的两旁。肾的形状像蚕豆，是成对的器官。成年人的肾长约10厘米，宽约5厘米，厚约4厘米，女性的肾稍小于男性。肾脏属于泌尿系统，是产生尿液的器官，对体内环境的平衡稳定起着重要的作用。腰部的防护能力很薄弱，当肾脏受到外力的撞击时，可导致肾功能障碍，影响人体正常的新陈代谢而危及生命。

攻击方法：脚踢。

（9）腹部：位于胸腔剑突以下部位。腹腔的内脏器官较多，右上腹有肝、胆，左上腹有脾脏，剑突下方稍靠左是胃。腹部神经末梢丰富，感觉非常敏感，受到打击后可产生剧烈疼痛或使人休克，如果腹部受到重击，可使内脏破裂，导致死亡。

攻击方法：拳打、脚踢、膝顶、膝跪。

2. 人体薄弱部位及攻击方法

（1）眼：是感觉器官，由眼球和其他附属结构构成，如眼睑、结膜、泪器和眼肌。眼眶和眼睑对眼球起到保护作用，但眼的结构很薄弱，承受不住外力的打击。在格斗中一旦受到打击，会产生疼痛，失去视觉，使人丧失抵抗能力。

攻击方法：指戳、拳打、脚踢、头撞。

（2）鼻：是呼吸通道的开始部分，也是嗅觉器官，由鼻、鼻腔和鼻旁窦构成。鼻是由骨和软骨构成支架，外部的皮肤不但薄而且松弛，其皮下组织较薄，鼻内有丰富的动脉血管，正面和侧面都很薄弱，承受力很弱。在受到打击的情况下，轻则酸疼，重则流血不止，鼻骨骨折，影响呼吸。

攻击方法：拳打、脚踢、肘击、头撞。

（3）下颌：俗称"下巴"，其主要结构是下颌骨。下颌骨的下颌关节与颞骨下颌窝相连，在张嘴的情况下从侧面打击，容易造成脱臼。由下向上重击下颌时，可使头部快速向后摆动，身体因突然失去平衡而跌倒，也可使大脑受到强烈震荡而导致休克。

攻击方法：拳击、膝顶、肘挑。

（4）耳：是听觉器官，分为外耳、中耳、内耳。外耳和中耳是声音的传导装置，内耳不但可以感受听觉，而且还具有感受人体在空间的位置、方向和维持身体平衡的作用。当外耳的鼓膜和中耳的听小骨受到损伤时，会产生剧烈的疼痛，使人体立即失去抵抗能力并导致耳聋。内耳受到损伤时，不但会失去听觉，而且难以维持身体的平衡，还会造成恶心，甚至休克。

攻击方法：拳击、掌拍。

（5）肩关节：由肩胛骨的关节盂和肱骨头连接而成。肩关节是人体活动范围最大，最灵活的关节，可做伸、展、收、内旋、外旋和环转运动。肩关节的弱点是关节囊薄而松弛，韧带少而弱，只有一条非常粗壮的韧带在肩的上方保护肩关节，对防止肱骨向下脱位起着很重要的作用。因此，肩关节的稳固在很大程度上依靠周围肌肉的收缩。肩关节的最薄弱点在关节的下方，肩关节的脱位多发生于此。格斗中如果肩关节遭受重击或用力向左、右、后方扳拧，可使肩关节脱臼或韧带、肌肉拉伤，导致臂部失去运动功能。

攻击方法：手别、手压、手扳、脚踩。

（6）肘关节：由肱骨下端和尺骨、桡骨上端构成。关节囊内包裹着肱尺、肱桡和桡尺三组关节，因此也称为复关节。肘关节可作屈、伸、旋前、旋后运动。肘关节两侧强韧，后部较为薄弱，尤其是尺骨上端的鹰嘴部位，运用反关节技术击打，可使其骨折，造成伤残。向两侧猛力地扳拧、踢打都可造成其脱臼或骨折。

攻击方法：拳砸、手别、手扳。

（7）腕关节：由桡骨下端的腕关节面和尺骨下端的关节盘组成关节窝，舟骨、月骨、三角骨组成关节头共同构成。腕关节可作屈、伸、收、展和环转运动。关节囊周围有韧带保护，但不够强韧，周围肌肉薄弱。格斗中运用反关节技术实施控制，可造成其挫伤、韧带撕裂、骨折、脱臼。

攻击方法：推卷、左右折。

（8）腋窝：位于肩关节的下方。腋窝内部有一条粗大的神经经过，外部的肌肉和皮下组织都较为薄弱，保护性能较差。在大臂向上抬起的情况下对其实施打击，会伤及内部神经，产生剧烈疼痛，使臂部失去运动功能，甚至致残。

攻击方法：脚踢、拳打。

（9）肋骨：肋骨与胸椎构成胸廓，对内部的脏器起保护作用。人体共有十二对肋骨，后四对肋骨称为软肋。肋骨的一般形态呈弓状弯曲，骨骼细小，在受到外力击打的情况下，容易造成骨折或呼吸困难，使人体失去抵抗能力。在断骨刺破内脏或外力穿透外层肌肉、骨骼，强烈震荡内脏的情况下，会致人死亡。

攻击方法：脚踢、拳打、膝顶、肘击。

（10）腰椎：位于后腰部正中央，向上与胸椎相连，向下与骶骨相连。腰椎共5块，借助韧带、关节盘和椎间关节相互连接在一起。相邻两块椎骨的活动范围较小，腰椎向后形成生理弯曲，称为腰曲。腰曲是人在发育过程中，随着站立、行走逐渐形成的，对缓冲震动和维持身体平衡起到很大的作用。拳脚的力量都是经过腰部传导或发出的，因此腰部一旦受到打击，轻则全身活动受限，失去抵抗能力，重则致残。

攻击方法：脚踩、膝跪。

（11）膝关节：主要由股骨下端、胫骨上端和髌骨构成。膝关节是人体最大、最复杂的一个关节。膝关节周围肌肉较少，但两侧和后面的韧带较为强韧，由于股骨和胫骨较长，膝关节作为枢纽，在人体行走、跳跃等运动中承受人体大部分重量，负荷较大。膝关节不但在受到攻击的情况下容易骨折或韧带断裂，在格斗练习中也容易因慢性劳损而造成运动障碍。

攻击方法：踹、踩、踢、别压。

（12）脚背：主要由舟骨、骰骨、楔骨、跖骨、趾骨构成生理弯曲，称为足弓。脚骨中除了趾关节和跖趾关节可做伸屈运动，其余关节活动的范围都很小。脚骨的关节很多，依靠强韧的韧带牢牢地固定在一起。脚背的主要韧带是距舟背侧韧带和位于足弓的跖长韧带、跟舟跖侧韧带。脚背的皮肤松弛，皮下组织薄弱，保护能力较差，受到打击可造成韧带拉伤、骨折或错位，会严重影响运动。

动攻击方法：脚踩。

二、格斗基本功

格斗由拳打、脚踢、摔打等搏击、散打的基本动作组成。练习格斗，能使全身各部位得到比较全面的活动，尤其是上下肢肌肉的爆发力，各关节的灵活性和柔韧性，以及快速的反应能力都能得到提高。此外，格斗还有自卫和制敌的作用。

（一）手型

拳：四指并拢握紧，拇指扣在食指的第二节上（见图8-1）。

掌：四指并拢伸直，拇指弯曲紧扣于虎口处。分立掌、横掌、八字掌、插掌四种（见图8-2）。

图8-1 拳 　　　　　　　　8-2 立掌、横掌、八字掌、插掌

勾：五指第一节捏拢在一起，屈腕（见图8-3）。

爪：五指的第一、二关节向掌心方向弯曲并用力张开。分虎爪、鹰爪两种（见图8-4）。

图8-3 勾 　　　　　图8-4 爪

（二）步法

1. 马步

两脚平行拉开（约本人脚长的 3 倍），脚尖正对前方，屈膝半蹲，膝部不超过脚尖，大腿接近水平，全脚掌着地，身体重心落于两腿之间，挺胸、塌腰，两拳握于腰间，拳心向上（见图 8-5）。

2. 弓步

两拳抱于腰间，拳心向上，左（右）脚向前上步，左（右）腿屈膝半蹲，右（左）腿在后挺直，脚尖里扣（见图 8-6）。

3. 虚步

两脚前后分开（约为本人脚长的 2.5 倍），前脚掌着地，腿微屈。后腿屈膝半蹲，脚尖外撇 45°，全脚掌着地，体重大部分落于后脚。左脚在前为左虚步，右脚在前为右虚步（见图 8-7）。

4. 仆步

两脚左右分开，一腿全蹲，脚尖外展，另一腿伸直平仆，脚尖里扣，两脚全部着地，上体挺胸塌腰。仆左腿为左仆步、仆右腿为右仆步（见图 8-8）。

图 8-5 马步　　图 8-6 弓步　　图 8-7 虚步　　图 8-8 仆步

（三）拳法

1. 格斗势

身体稍左转时右脚向右后撤一步，略比肩宽，右膝微屈，右脚尖外斜 45°，脚跟稍抬起；左脚尖稍里扣，重心落于两脚之间；两臂在胸前前后拉开，左臂微屈，左掌心向右下，指尖朝右上，指尖高与下颌齐；右臂弯曲，肘尖自然下垂，右拳位于右腮处，身体侧立，下颌微收，收腹含胸，目视前方（见图 8-9）。

2. 直拳

直拳是直线攻击的拳法，主要用于攻击敌面部及胸、腹部。直拳包括左直拳和右直拳。

左直拳的动作要领：在格斗势的基础上，右脚蹬地，身体稍向右转，左膝内扣，同时小臂内旋，拳心向下，拳向前直线击出，拳略高于肩，手臂迅速完全伸直，着力点在拳面；右拳护于颌前，目视攻击方向（见图 8-10）；击出后，迅速将拳直线收回，成格斗势。

右直拳的动作要领：在格斗势的基础上，右脚蹬地，身体向左转髋转体，右膝内扣，右脚跟提起外摆，同时小臂内旋，拳心向下，拳向前直线击出，拳略高于肩，手臂迅速完全伸直，着力点在拳面；左拳护于颌前，目视攻击方向；击出后，迅速将拳直线收回，成格斗势。

动作要求：左直拳发力短促突然，右直拳迅猛力重。

3. 摆拳

摆拳是横向攻击的拳法，主要用于攻击敌头部侧面、颈部。摆拳包括左摆拳和右摆拳。

左摆拳的动作要领：在格斗势的基础上，右脚蹬地，身体向右转髋转体，左膝内扣，左臂稍外张后快速向右摆击，左肘弯曲约130°，拳心向内，拳面向右，略与腮同高，拳不超过身体中线，上体转身不超过90°，着力点在拳面；右拳护于下颌前，目视攻击方向（见图8-11）；击出后，迅速将拳收回，成格斗势。

右摆拳的动作要领：在格斗势的基础上，右脚蹬地，身体向左转髋转体，右膝内扣，右脚跟提起外摆，右臂稍外张后快速向左摆击，右肘弯曲约130°，拳心向内，拳面向左，略与腮同高，拳不超过身体中线，着力点在拳面；左拳护于下颌前，目视攻击方向；击出后，迅速将拳收回，成格斗势。

动作要求：转体带拳摆击迅猛，攻击力量大，身体重心稳。

4. 勾拳

勾拳是由下向上攻击的拳法，主要用于攻击敌下颌及腹、肋部。勾拳包括左勾拳和右勾拳。

左勾拳的动作要领：在格斗势的基础上，上体稍向左下转，左腿微屈，重心稍下沉，左臂弯曲约90°；随即左脚掌蹬地，扣左膝，挺身向右转髋转体，带动左拳由下向前上方（前方）勾击，勾击高度约与下颌（腹、肋）同高，着力点在拳面，拳不超过头部右侧；右拳护于颌前，目视攻击方向；击出后，迅速将拳收回，成格斗势。

右勾拳的动作要领：在格斗势的基础上，上体稍向右下转，右腿微屈，重心稍下沉；右臂弯曲约90°，随即右脚掌蹬地，扣右膝，右脚跟提起外摆，挺身向左转髋转体，带动右拳由下向前上方（前方）勾击，勾击高度约与下颌（腹、肋）同高，着力点在拳面，拳不超过头部左侧；左拳护于颌前，目视攻击方向（见图8-12）；击出后，迅速将拳收回，成格斗势。

动作要求：转体带拳勾击迅猛，发力短促。

图8-9　格斗势 　　　图8-10　左直拳 　　　图8-11　左摆拳 　　　图8-12　右勾拳

（四）腿法

腿法是以脚掌、脚跟、脚背、小腿胫部末端为着力点，在远距离对敌躯干部及头、腿部进行攻击的技法。腿法有横踢、侧踹、前蹬、弹踢四种。

1. 横踢

横踢是横向攻击的腿法，主要用于攻击敌腹、肋、腰、头部和腿部。横踢包括左横踢和右横踢。

左横踢的动作要领：在格斗势的基础上，右脚前垫步，重心移至右脚，右腿支撑，微屈，身体稍向右转的同时，左腿展髋屈膝，大小腿夹角约130°，边侧抬边向右方弹击，脚背绷直，着力点在脚背或小腿胫部末端；踢腿时，支撑腿以前脚掌为轴跟随转动，脚跟斜向前。上体挺腰侧倾，右拳护于颌前，左拳自然下摆，目视攻击方向（见图8-13）。击出后，膝关节挺直瞬间，迅速屈膝收腿落步，成格斗势。

右横踢的动作要领：在格斗势的基础上，重心移至左脚，左腿支撑，微屈，左膝左脚外摆，身体向左转的同时，右腿展髋屈膝，大小腿夹角约130°，边侧抬边向左方弹击，脚背绷直，着力点在脚背或小腿胫部末端；踢腿时，支撑腿以前脚掌为轴跟随转动，脚跟斜向前。上体挺腰侧倾，左拳护于颌前，右拳自然下摆，目视攻击方向。击出后，膝关节挺直的瞬间，迅速屈膝收腿落步，右脚后撤一步，成格斗势。

动作要求：左横踢起腿快，弹击快；右横踢大腿抢摆，小腿弹击，连贯迅猛。

2. 侧踹

侧踹是直线攻击的腿法，主要用于攻击敌腹部及胸、头部。侧踹包括左侧踹和右侧踹。

左侧踹的动作要领：在格斗势的基础上，右脚前垫步，重心移至右脚，右腿支撑，微屈，左腿展髋扣膝，勾脚尖，大小腿略成90°，脚掌正对攻击目标，上体侧后仰，左脚展髋伸膝向前方直线踹出，腿充分伸直，着力点在脚跟；踹腿时，支撑腿以前脚掌为轴跟随转动，脚跟斜向前。上体挺腰侧倾，右拳护于颌前，左拳自然下摆，目视攻击方向。击出后，膝关节挺直的瞬间，迅速屈膝收腿落步，成格斗势。

右侧踹的动作要领：在格斗势的基础上，重心前移，左腿支撑，微屈，右腿展髋扣膝，勾脚尖，大小腿略成90°，脚掌正对攻击目标，上体侧后仰，右脚展髋伸膝向前方直线踹出，腿充分伸直，着力点在脚跟；踹腿时，支撑腿以前脚掌为轴跟随转动，脚跟斜向前。上体挺腰侧倾，左拳护于颌前，右拳自然下摆，目视攻击方向（见图8-14）。击出后，膝关节挺直的瞬间，迅速屈膝收腿落步，右脚后撤一步，成格斗势。

动作要求：左侧踹提膝踹出快；右侧踹提膝转体踹出连贯迅猛。

图8-13　左横踢　　　　　　　　　　图8-14　右侧踹

3. 前蹬

前蹬是直线攻击的腿法，主要用于攻击敌腹部及胸部。前蹬包括左前蹬和右前蹬。

左前蹬的动作要领：在格斗势的基础上，右脚前垫步，重心移至右脚，右腿支撑，微屈，上体微后仰，左腿提膝上抬，勾脚尖，脚向前上方直线蹬击，着力点在脚跟。蹬击时，上体保持格斗势，目视攻击方向（见图8-15）。击出后，迅速收腿落步，成格斗势。

右前蹬的动作要领：在格斗势的基础上，重心前移，左腿支撑，微屈，上体微后仰，右腿提膝上抬，勾脚尖，脚向前上方直线蹬击，着力点在脚跟。蹬击时，上体保持格斗势反势，目视攻击方向。击出后，迅速收腿落步，右脚后撤一步，成格斗势。

动作要求：提膝上抬蹬击连贯，猛蹬快收。

4. 弹踢

弹踢是由下向上攻击的腿法，主要用于攻击敌下颌、裆部或持凶器的手臂。弹踢包括左弹踢和右弹踢。

左弹踢的动作要领：在格斗势的基础上，右脚前垫步，重心移至右脚，右腿支撑，微屈，上体微后仰，左腿提膝上抬，压脚尖。随即以大腿带动小腿向前上方纵向弹击，脚背绷直，着力点在脚背。

踢击时，上体保持格斗势，目视攻击方向。击出后，迅速收腿落步，成格斗势。

右弹踢的动作要领：在格斗势的基础上，重心前移，左腿支撑，微屈，身体稍向左转的同时，右腿提膝上抬，压脚尖。膝法是以膝盖为着力点，在近距离对敌腹、裆部进行的随即以大腿带动小腿向前上方的纵向弹击，脚背绷直，着力点在脚背。踢击时，上体保持格斗势反势，目视攻击方向（见图 8-16）。击出后，迅速收腿落步，右脚后撤一步，成格斗势。

动作要求：提膝快，弹击猛，踢击准。

图 8-15　左前蹬　　　　　　图 8-16　右弹踢

三、捕俘拳

捕俘拳是特种兵的一种拳法，一共有 16 步，每一招约由两个动作组成。出拳动作干脆，没有装饰性。有多种步伐，以拳、步、挡、削进攻敌人要害，猛烈攻击以致敌人不会反击。动作要领及图解如下。

预备姿势：当听到"捕俘拳——预备"的口令后，在立正的基础上，两脚迅速并拢，同时两手握拳，两臂微屈，拳眼向里，距胯约 10 厘米，头向左甩，目视左方（见图 8-17）。

1. 挡击冲拳

要领：起右脚原地猛力下踏，左脚向左侧跨出一步，右拳提到腰际，拳心向上，在左转身的同时，左臂里格上挡，拳心向前，右拳从腰际旋转冲出，拳心向下，左拳位于额前约 20 厘米，成左弓步（见图 8-18）。

要求：踏脚时要全脚掌着地，有爆发力。

2. 拧臂绊腿

要领：左拳变掌切击右拳背，右拳收回腰际，右脚前扫；左手挡、抓、拧、拉收回腰际，同时右脚后绊，右拳猛力旋转冲出（见图 8-19）。

要求：前扫、后绊要协调有力，重心要稳。

图 8-17　预备姿势　　图 8-18　挡击冲拳　　图 8-19　拧臂绊腿

3. 叉掌踢裆

要领：上右脚成右弓步，同时两拳变掌沿小腹向上架掌护头；两掌变勾猛向后击，同时起左脚，大腿抬平，脚尖绷直，猛力向前弹踢，并迅速收回（见图8-20）。

要求：两大臂夹紧，猛力后击，猛踢快收，重心要稳。

4. 下砸上挑

要领：两手变拳，左拳由上猛力下砸，与膝同高，同时左脚向前跨步，成左弓步，右拳由裆前上挑护头，拳心向前，起右脚，大腿抬平，脚尖绷直，头向左甩（见图8-21）。

要求：起身要快，重心要稳。

图8-20　叉掌踢裆　　　　　图8-21　下砸上挑

5. 下蹲侧踹

要领：上体正直下蹲，右脚猛力下踏，两小臂上下置于胸前，左臂在上，拳心向下，右臂在下，拳心向上，迅速起身，两拳交错外格，起左脚大腿抬平，脚尖里勾，向左猛踹，并迅速收回（见图8-22）。

要求：踏脚要有爆发力，下蹲、起身要快。

6. 顺手牵羊

要领：左腿向前方落地屈膝，两拳变掌在前方成抓拉姿势；两手向右后猛拉，同时右脚前扫（见图8-23）。

要求：后拉、前扫要协调有力，重心要稳。

图8-22　下蹲侧踹　　　　　图8-23　顺手牵羊

7. 上步抱膝

要领：右脚向前落地的同时，左手变拳，小臂上挡；左转身屈膝下蹲，两手变掌合力后抱，掌心相对，略低于膝，右肩前顶，成右弓步（见图8-24）。

要求：转体、合抱要协调一致。

8. 插裆扛摔

要领：左手向上挡抓，右手前插，掌心向上；左手由右下拧拉，大臂贴肋，小臂略平，拳心向上，同时右臂上挑,右肩上扛,身体稍向右转,右拳与头同高,拳心向前,重心大部分落于右脚,成右弓步(见图8-25)。

要求:下拉、上挑、转体要协调一致。

图8-24 上步抱膝　　　　　　图8-25 插裆扛摔

9. 下拨勾拳

要领:左拳下拨后摆,左转身的同时,右拳由后向前猛力上击,拳心向内与下颌同高,同时右脚向右自然移动,成左弓步(见图8-26)。

要求:转身要快,勾拳要猛。

10. 卡脖掼耳

要领:右脚掂步,左脚抬起,脚掌与地面平行,在左脚落地的同时,右脚上步成右弓步,左拳变八字掌置于胸前,右拳后摆;向左转体成左弓步的同时左手下按,右拳由后向前下猛力横击(见图8-27)。

要求:踏步有力,转体、卡脖、拳击要协调一致。

图8-26 下拨勾拳　　　　　　图8-27 卡脖掼耳

11. 内外挂腿

要领:在起身的同时,左脚向右踏步,右脚前扫,两手合掌与右肩前;两手向左肩前猛力拧拉,上体稍向左转,同时右脚后绊,成左弓步(见图8-28)。

要求:跳步、合掌、前扫要协调一致,重心要稳。

12. 踹腿锁喉

要领:右脚向右前方掂步,左脚向右跃起,然后起右脚,大腿抬平脚尖里勾,两臂弯曲,置于胸前,右掌在前左掌在后,掌心向下;右脚侧踹,在落地的同时右手沿敌脖横插。左手抓握右手腕,右手变拳猛力后拉、下压,成右弓步(见图8-29)。

要求:踹、锁动作要协调一致。

173

图 8-28　内外挂腿　　　　　　图 8-29　踹腿锁喉

13. 内拨冲拳

要领：上左脚右转身成右弓步，左臂顺势内拨护于腹前，右拳收于腰际，拳心向上，左拳里拨后摆，右拳以蹬腿、扭腰、送胯之合力旋转冲出，成左弓步（见图8-30）。

要求：冲拳要有爆发力

14. 抓手缠腕

要领：两拳变掌，左手抓握右手腕；右掌上挑外拨，身体稍向右转，两臂用力后拉并扣压于腰际，成右弓步（见图8-31）。

要求：抓挥要快而有力。

图 8-30　内拨冲拳　　　　　　图 8-31　抓手缠腕

15. 砍脖提裆

要领：左手砍脖，右手抓裆，在右手后拉上提的同时左手猛力向前下推压，成左弓步（见图8-32）。

要求：上提、推压要协调一致。

16. 别臂下压

要领：右转身成右弓步的同时两手变拳，右小臂上挡，上左脚成左弓步的同时，左臂微屈向前上方插掌并变拳。右手抓握左手腕，向右转体，两手下拉别压，成右弓步（见图8-33）。

要求：拉、压、转体要协调一致。

结束姿势：左脚靠拢右脚，恢复立正姿势。

图 8-32　砍脖提裆　　　　　　图 8-33　别臂下压

第二节 战场医疗救护

战场医疗救护是指战时条件下对伤员的急救和护理。及时而有效地救治伤员，可减少伤员痛苦，降低致残率、死亡率，为后送抢救打下良好的基础。

一、救护基本知识

战场医疗救护具有随机性强、时间紧急、环境条件差等特点。实施救护时，必须从这些特点出发，遵循救护的原则与要求，采取及时有效的救治动作。

（一）战场救护的原则

战场救护必须遵守以下六条原则。

1. 先复苏后固定

遇有心搏、呼吸骤停又有骨折的伤员，应首先用口对口呼吸和胸外按压等技术使心肺复苏，直至心跳、呼吸恢复后，再进行固定。

2. 先止血后包扎

遇有大出血又有创口的伤员，首先立即用指压、止血带或药物等方法止血，再进行创口消毒、包扎。

3. 先重伤后轻伤

遇有垂危的和较轻的伤员时，应优先抢救危重伤员，后抢救轻伤员。

4. 先救治后运送

遇到各类伤员，要按战伤救治原则分类处理，待伤情稳定后才能后送。

5. 急救与呼救并重

在遇有成批伤员又有多人在现场的情况下，要紧张而镇定地分工合作，急救和呼救同时进行，以较快地争取到急救外援。

6. 搬运与医护的一致性

搬运与医护应协调配合，做到任务要求一致，协调步调一致，完成任务的指标一致。运送途中，要减少颠簸，注意保暖，最大限度地减少伤员痛苦，减少死亡率，安全到达目的地。

（二）战场救护的基本要求

救护伤员时，不准用手和脏物触摸伤口，不准用水冲洗伤口（化学伤除外），不准轻易取出伤口内异物，不准送回脱出体腔的内脏，不准用消毒剂或消炎粉敷伤口。

1. 头面部伤

头面部受伤时，应保证呼吸道畅通，清除口内异物，将伤员衣领解开，采取侧卧或俯卧姿势，防止吸入呕吐物，并妥善包扎和止血。

2. 胸（背）部伤

胸（背）部伤往往伴有多根肋骨骨折，除用敷料包扎外，还应用绷带绕胸（背）部包扎固定。

3. 腹（腰）部伤

腹（腰）部伤要立即用大块敷料和三角巾包扎。伴有内脏伤时，不能喝水、吃东西、吃药，应尽快后送。

4. 四肢伤

除手指或脚趾伤必须包扎外，包扎其他四肢伤口时，要把手指或脚趾露出，以便随时观察血液循环情况，采取相应措施。

二、个人卫生

个人卫生是集体卫生的基础。讲究个人卫生可以防止疾病传播，提高士兵的健康水平。为圆满完成战备训练、施工生产等各项任务，适应未来复杂、艰苦的战争环境，要求军人必须注重健康，养成良好的卫生习惯。

（一）个人卫生的要求

军人这一特殊职业要求士兵必须有强健的体魄，为此，《中国人民解放军内务条令（试行）》对个人卫生提出了总的要求，应做到：饭前便后要洗手，不吃不清洁的食物，不喝生水，不暴饮暴食，防止病从口入，实行分餐制，行军或外出时要自带饮食用具，不用公用脸盆和毛巾，防止疾病传播，不随地吐痰，不随地大小便，不乱扔果皮、纸屑和其他废物，保持室内和环境卫生清洁；勤洗澡、勤洗发、勤剪指甲、勤洗晒衣服被褥，不在禁烟场所吸烟，保持军人良好风貌。

（二）个人卫生的内容

1. 皮肤的卫生

清洁健康的皮肤对全身各器官都有保护作用，因此要保持皮肤清洁，经常洗澡，提倡淋浴和冷水擦澡。

2. 头发的卫生

头发过长，既不卫生，又不利于战场行动，受伤后容易感染，因此要保持头发整洁，定期理发，不蓄胡子，梳子和刮胡刀不与他人公用。

3. 手和脚的卫生

养成饭前便后洗手的习惯，经常修剪指甲和保持干净。不要用牙咬指甲。保持脚的清洁和干燥，尽可能每天洗脚换袜子。要穿大小合适的鞋子。

4. 口腔和脸部的卫生

经常刷牙漱口，保持口腔卫生。要养成经常洗脸的习惯，以保持脸部卫生。洗漱用具不与他人公用，冬天提倡用冷水洗脸，干毛巾擦脸，以提高御寒能力。

5. 眼、耳、鼻的卫生

擦眼、鼻时要用干净的手帕，不要用手抠鼻子。擤鼻涕时要左右鼻孔交替进行，并注意不要用力过猛。清洁外耳道时不要用树枝和火柴等尖、硬物，可用手帕的一角捻起来清理。不要在光线不足或强光的地方看书，防止近视。执行任务时，遇有风沙，可戴风镜。

6. 饮食的卫生

搞好饮食卫生是防止病从口入的关键。平时要养成饭前洗手的习惯，不喝生水，不吃变质食物；就餐时，不暴饮暴食，要保持食量的基本平衡，减少胃肠负担；各类瓜果要洗净后再食用，积极预防各种消化系疾病和传染疾病发生；搞好饮水消毒，需要饮用地表水（江水、河水、溪水等）时，应首先进行净化处理再饮用。

7. 衣服和卧具的清洁

衣服和卧具脏了要换洗。若不能换洗，则应定期打开抖一抖，并在阳光下晒一会。这样可以大大减少衣服和卧具上的细菌。

三、意外伤的救护与心肺复苏

意外伤是指人员在军事训练中发生的意外损伤，掌握军事训练意外损伤的预防措施及应急处理办法，不但能防止损伤的发生，缓解伤情恶化，减轻痛苦，还可为进一步就医提供方便。

（一）常见意外伤的种类及救护

1. 挫伤

挫伤是外力直接作用于身体所致的闭合性损伤。其症状特征是：皮肤无裂口，局部青紫，皮下瘀血、肿胀、压痛，以四肢多见，轻度挫伤一般不做特殊处理，伤后早期予以冷敷，两天后可做热敷，重度挫伤应进行冰敷处理并注意休息。

2. 扭伤

扭伤是由于外力使关节活动超过正常范围，造成的关节附近韧带部分纤维断裂，多发生于踝、腕、腰、膝等部位，受伤部位常呈现肿胀、瘀斑、功能障碍、压痛等症状。早期应冷敷治疗，局部可做理疗或热敷。

3. 擦伤

擦伤是指皮肤的表皮擦伤，轻者只涂少量红药水即可，如果伤口出现流黄水现象，可涂紫药水。擦伤创面较重时，应由医生处理。

4. 刺伤

刺伤是指长而尖的器物刺入人体引起的损伤。伤口多为小而深。损伤器物较小，刺伤不靠近主要器官，当时可拔出异物，用碘酒或酒精消毒后，用纱布包扎好伤口；如果当时无把握判断是否刺伤主要器官，或者刺入物较大，一般不要立即拔除，应到医院处理，以免发生危险。锈蚀钉子的刺伤，处理伤口后，应注射破伤风抗生素。

5. 肌肉拉伤

肌肉拉伤通常是由于肌肉过度拉紧导致肌纤维撕裂而引起的。伤后局部肿胀、疼痛、肌肉紧张或痉挛、活动受限，损伤早期可用冷敷、抬高伤肢等方法处置，疼痛较重者可进行理疗、按摩，4天后可进行适当的功能锻炼。

6. 脱臼

脱臼是指关节脱位。伤后会出现关节周围肿胀、剧烈疼痛、关节变形、功能障碍。无论何处关节脱臼，均应保持固定，不可活动和揉搓，并急送医疗单位处理。

7. 骨折

骨折有两种，一种叫闭合性骨折，特点是皮肤没有伤口，断骨不与外界相通；另一种是骨头的断端穿出皮肤，有伤口，因此叫开放性骨折。骨折后要进行包扎和固定，并及时送医治疗。

（二）预防意外伤的一般措施

1. 严格操作规程

要按照规定的动作要领和操作规范进行训练，既要有勇猛顽强的作风，又要有扎实细致的态度，做到动作快捷而准确，还要注意遵守训练纪律，保证训练场所秩序。

2. 遵循训练规律

要按照自身的接受能力和训练程度参加训练，克服争强好胜或信心不足等不良心理。既不急于求成，又不畏手缩脚，按照循序渐进的原则确定训练强度和难度。

3. 做好准备活动

训练前的身体准备活动要充分并具有针对性，一般不少于10分钟，切不可走过场，不然就会因肌肉僵硬，身体的灵活性和协调性差而造成训练损伤，训练结束后应做好整理活动。

4. 掌握保护方法

要学会自我保护和互相保护的方法，特别是在一些难度高、危险性大、动作复杂、不易掌握的科目训练中，更要注意做好保护，以防止意外事故发生。

5. 坚持训前检查

训练前，要主动认真地检查器械、设备有无损坏，安装是否稳固。训练场地内如果有石块、砖瓦等容易造成人员损伤的物体，要及时进行清除。

（三）心肺复苏

1. 人工呼吸

气与血是生命之本，抢救伤员时应首先查明其是否有呼吸，可通过观察胸部是否有起伏或将棉絮贴于鼻孔看是否有摆动来判断。若呼吸已停止，则必须迅速采取口对口方式进行人工呼吸抢救。

具体方法是：先使伤员仰卧，清理其口中堵塞物，以保持呼吸道通畅，然后托起伤员下颌，使其头部后仰，将口腔打开；用一手捏住伤员鼻孔，另一手放在颈下并上托，深吸一口气，对准伤员口部用力吹入，然后迅速抬头并同时松开双手；听有无回气声响，若有则表示呼吸道通畅。如此反复进行，每分钟16~20次。若心跳停止，则应与心脏按压同时进行，每按压心脏4~5次后吹气一口，吹气应在放松按压的间歇中进行（见图8-34）。

2. 胸外心脏按压

当发现伤员失去知觉时，要立即检查其心脏是否跳动。用手指在喉结两侧接触颈动脉，感受有无搏动，若无搏动则应紧急采取胸外心脏按压法抢救。

具体方法是：先使伤员仰卧在地上或硬板床上，找准按压部位，将左手掌根放在伤员胸骨下1/3处，右手掌压在左手背上，然后用力向下按压，使胸骨下陷3~4厘米，再放开。如此反复进行。胸外心脏按压的频率应大于100次/分钟，持续时间视效果而定，但一般不少于30分钟。如为单人救护，每做胸外心脏按压30次，做人工呼吸2次；如为双人救护，一人每按压胸骨30次，另一人做人工呼吸2次，协调配合，交替进行，交换用时小于5秒（见图8-35）。

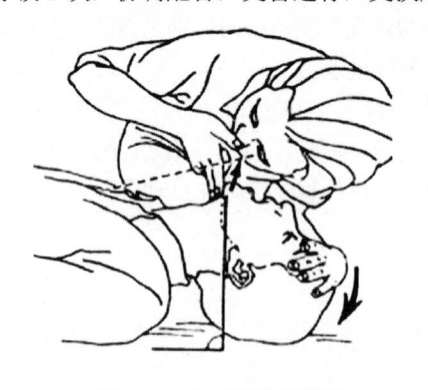

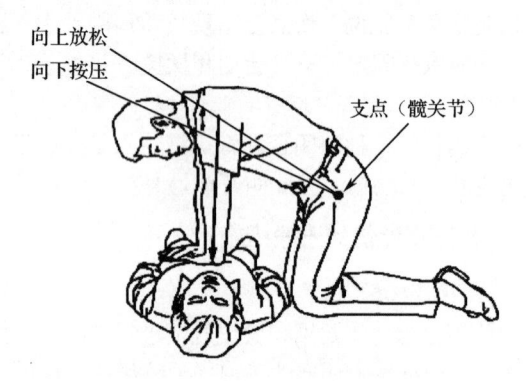

图8-34 人工呼吸示意图　　　　图8-35 胸外心脏按压示意图

注意，在进行人工呼吸和胸外心脏按压时，救护人员要胆大心细，按操作规程和动作要领实施，不要盲目进行救护，以免造成不必要的伤害。

四、战场自救互救

战场救护包括自救和互救两个方面,是保存战斗力的重要工作。救护技术主要包括心肺复苏、止血、包扎、固定、搬运等。

(一)止血

血液是维持生命的重要物质,当人体受到外伤时,首要工作是在现场立即采取有效的止血措施,防止伤员因大出血引起休克,甚至死亡。

1. 出血的种类

如果是毛细血管出血,则血色鲜红,血液从整个伤口创面渗出,不易找到出血点,在血小板的作用下,常可自动凝固止血,危险性小。如果是静脉出血,则血色暗红,血流较慢呈持续状,不断流出,其危险性较动脉出血少。如果是动脉出血,则血色鲜红,出血呈喷射状,与脉搏节奏相同,危险性大。

2. 处理方法

一是加压包扎法。即用消毒纱布覆盖伤口,再用绷带加压包扎,以压住出血的血管达到止血效果。二是指压法。即在出血部位的上方,用拇指或其余四指把该动脉管压迫在临近的骨面上,以阻断血液的来源。一般当动脉出血时,在紧急情况下先用指压法止血,其适用于头部、颈部和四肢的动脉出血。三是止血带法。它只适用于在四肢动脉大出血的止血。用橡胶带扎缚在伤口近心端的动脉上,也可用绷带、三角巾、软布带等代替。扎止血带的松紧度要适宜,上肢出血时,止血带扎在上臂,但不要扎在中1/3处;下肢出血时,止血带应扎在大腿并靠伤口的近心端。扎上止血带后,上肢每隔30分钟或下肢每隔1小时必须放松一次,每次放松1~3分钟,以免引起肢体坏死。

(二)包扎

1. 包扎方法

外伤包扎方法主要有环形包扎法、螺旋形包扎法和"8"字形包扎法。头部三角巾包扎法:将三角巾底边在前,顶角在后,将底边从前额绕至枕后,压住顶角并打结(见图8-36)。手足三角巾包扎法:三角巾平铺,将脚平放在三角巾的中央,底边横放手腕部。先将三角巾顶角向上反折回,再将三角巾两底角向手指背交叉围绕一圈,在腕背打结(见图8-37)。

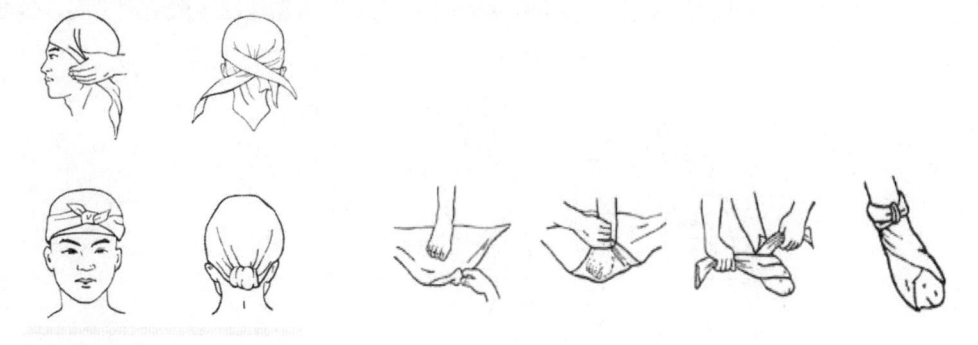

图8-36 头部三角巾包扎法 图8-37 手足三角巾包扎法

2. 包扎注意事项

一是动作要迅速准确,不能加重伤员的疼痛、出血和污染伤口。二是包扎应松紧适度,以固定沙垫、止血,防移动且不影响血液循环为好。三是包扎四肢应露出手指和脚趾,以便检查皮肤的颜色,防止包扎过紧影响血流。四是包扎是为了固定肢体,绷带的结应打在未受伤的一侧,绷带包扎应从伤处的远端开始。

(三) 固定

在活动中由于不小心、注意力不集中等因素,可能会导致骨折、关节严重损伤、肌肉拉伤等。骨折、关节严重损伤和大面积软组织损伤需要进行及时、正确的固定,以预防休克,防止伤口感染,避免神经、血管、骨骼等再遭损伤,同时有利于搬运,送就近的医院治疗。野外固定物有:2～3厘米厚的木板、竹竿、竹片、树枝、木棍、硬纸板等。

1. 骨折的症状

一般伴有疼痛、肿胀、畸形、骨擦音、功能障碍、大出血等。

2. 骨折固定的方法

前臂骨折固定:用两块木板,一块放前臂上,另一块放背面,但其长度超过肘关节,然后用布带或三角巾捆绑托起后将前臂挂在胸前。

股骨骨折固定:用两块木板将大腿小腿一起固定于伤肢的内、外两侧,外侧的长夹板上达腋下,下至足跟部;内侧的夹板上至大腿根部,下达足跟,然后用宽带固定夹板并在外侧打结。

3. 骨折急救原则和注意事项

对骨折处进行固定时,应注意以下几点:一是伤口有出血现象时,应先止血、包扎,后固定;四肢骨折时,应由上而下固定,固定时要露出手指或脚趾,以便观察血液循环情况;固定材料不应直接接触皮肤,应垫以棉、布等物;离体断肢应包好,随伤员一起保管,以便再植;固定松紧要适宜。对四肢固定时应先绑骨折断处的上端,后绑骨折端处的下端,如捆绑次序颠倒则会导致再度错位。上肢固定时肢体要屈着绑,下肢固定时肢体要伸直绑。

(四) 搬运

搬运伤病员的方法是急救的重要技术之一。搬运的目的是使伤病员迅速脱离危险地带,安全迅速地送往医院治疗,是对伤员生命的维护和延续,以免造成伤员残废。搬运的方法应根据当地、当时的器材和人力而定。常用的搬运方法有徒手搬运和担架搬运。

1. 徒手搬运

徒手搬运适用于伤势较轻且运送距离较近的伤者。单人搬运法有抱持法、背法和驮法(见图8-38)。双人搬运法可采用椅式、轿式和拉车式(见图8-39和图8-40)。三人搬运法一般适用于胸、腰椎骨折的伤者(见图8-41)。

抱持法　　背法　　驮法

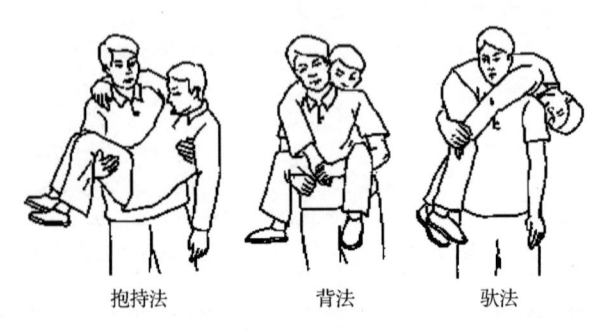

图 8-38　单人搬运法

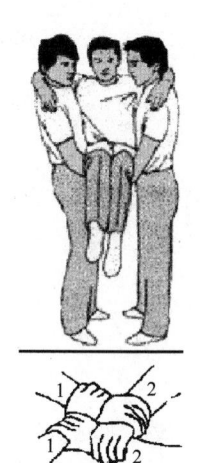

图 8-39　轿式　　　　图 8-40　双人拉车式　　　　图 8-41　三人平托式

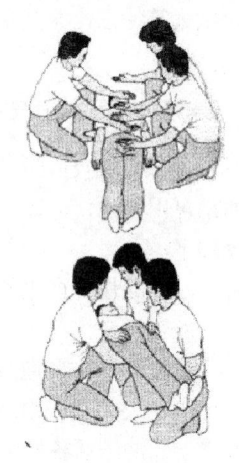

2. 担架搬运

担架搬运适用于伤势较重，不宜徒手搬运，且转运距离较远的伤者。在野外没有现成的担架但必须担架搬运伤者时，可自制担架。搬运的注意事项：一是移动伤者时先检查伤者的头、颈、胸、腹和四肢是否有损伤，若有损伤应先做急救处理，再根据不同的伤势选择不同的搬运方法；二是伤情严重、路途遥远的伤者要做好途中护理，密切注意伤者的神志、呼吸、脉搏及伤势的变化；三是上止血带的伤者要记录上止血带和放松止血带的时间；四是搬运脊椎骨折的伤者，要保持伤者身体的固定，颈椎骨折的伤者除了身体固定，还要有专人牵引固定头部，避免移动；五是用担架搬运伤者时，一般头略高于脚，休克的伤者则脚略高于头，行进时伤者的脚在前，头在后，以便观察伤者情况。最后，当用车辆运送时，床位要固定，以防止启动、刹车时晃动使伤者再度受伤。

第三节　核生化防护

防护是指士兵在作战中为防备敌方各种武器的杀伤，而采取的有效保存自己的战斗行动。因此，士兵要想在战斗中生存，就必须了解防护基本知识，学会利用地形、工事、器材等一切有利条件来进行有效防护的方法，使自己免遭伤害。

一、防护基本知识和技能

士兵只有熟悉各种常规武器，核生化武器的杀伤破坏途径及战场次生核生化危害的主要特点，才能够在战场上灵活地采取各种防护措施，有效地保护自己。

（一）常规武器及其杀伤破坏途径

常规武器就是除核、生物、化学武器等大规模杀伤破坏性武器之外的其他武器，如各种轻武器、火炮、炸弹、火箭弹、导弹等。常规武器主要是通过火力来杀伤人员、摧毁武器装备、破坏工事和其他设施。所谓火力，就是指各种弹药经发射、投掷或引爆后所产生的杀伤力和破坏力。

常规武器火力又分为地面火力和空中火力。其中，地面火力又包括轻武器火力和炮兵火力，轻武器火力主要以各种枪支射弹来杀伤人员。如自动步枪、冲锋枪和各种轻、重机枪等，它具有方向性强、速度快，但火力威力相对较弱的特点。而炮兵火力和空中火力主要是以各种炮弹、炸弹、火箭弹、导弹的弹片和爆炸震浪威力来杀伤人员、毁坏工事、破坏各种设施等，它具有火力猛、精度高、射程远、覆盖面积大等特点，尤其是各种导弹和制导的炮弹、炸弹等精确制导武器，造成的杀伤和破坏程度更大。

（二）核武器及其杀伤破坏途径

核武器是利用原子核反应瞬间放出的巨大能量起杀伤破坏作用的武器，包括原子弹、氢弹、中子弹。核武器通常可用导弹、火箭、大口径火炮、飞机发射或投掷，也可制成核地雷、核鱼雷使用，其杀伤破坏途径如下。

第一，冲击波是核爆炸产生的高速高压气浪，能直接或间接造成人员脑震荡、骨折、内脏破裂和皮肤损伤。

第二，早期核辐射，主要造成人员的放射性损伤。

第三，光辐射主要可造成眼睛、皮肤、呼吸道烧伤，还可引燃各种物体，形成大范围火灾。

第四，核电子脉冲破坏各种电子设备的特有因素，使电子元器件、电子设备失灵、失效以至损坏，使自动化指挥控制系统发生混乱，产生不可估量的后果。

第五，放射性污染能在较长时间内对人员形成累积性伤害，影响军队作战能力和行动。

上述几种因素不仅杀伤破坏作用不同，而且作用时间长短不一，短的在核爆炸的瞬间，长的可达几天至几十天，甚至更长时间。

（三）化学、生物武器及其杀伤破坏途径

战争中用来毒害人员、牲畜的化学物质叫作军用毒剂。装有毒剂的各种炮弹、炸弹、火箭弹、导弹、毒烟罐、手榴弹等统称化学武器。化学武器是以化学毒剂的毒害作用使人员中毒而失去战斗力的一种战斗武器。化学毒剂有神经性毒剂、糜烂性毒剂、失能性毒剂、窒息性毒剂和刺激性毒剂。化学毒剂的种类不同，其危害也不一样。化学毒剂释放后，可形成气态、雾态、液滴状、粉末状，人员接触或吸入后立即中毒，如果不及时防护和抢救就会失去战斗力或在短时间内死亡。战场上敌人最常使用的毒剂主要是神经性毒剂，包括沙林、梭曼、VX等毒剂。

在战争中用来伤害人员、牲畜，毁坏农作物的致病微生物和细菌所产生的毒素叫作生物战剂。装有各种生物战剂的炸弹、炮弹和气溶发生器、布洒器等统称生物武器。生物武器主要通过生物战剂来伤害人员和牲畜。按战剂对人员的伤害程度可分为失能性战剂和致死性战剂。

化学毒剂和生物战剂对人员的伤害途径如下。

第一，吸入中毒，即战剂污染的空气经呼吸道吸入人体内部引起人员中毒。

第二，误食中毒，即人员误食（饮）染毒的食物（水）引起中毒。

第三，接触中毒，即人员接触染毒物体，经皮肤、黏膜、伤口或蚊虫叮咬进（侵）入人体引起中毒。

化学武器既可以用于战略后方，也可以用于战场前线，尤其是对一些战役要点使用的可能性更大。生物武器通常用来作为战略性武器袭击后方城市、军事基地、港口、车站及重要交通枢纽，特别是对人口密度大、文化知识落后、卫生条件差的地区具有明显的伤害效果。

（四）战场次生核生化的危害

次生核生化危害是指在战争中使用常规兵器打击军用或民用核化设施（如核电站）而引发的核、生物或化学危害。未来高技术局部战争，战场次生核生化危害是一个不可回避的现实问题，士兵必须了解核生化设施遭袭产生的危害特点。

1. 核设施遭袭后的危害

核设施遭袭后的危害，主要是指核设施遭袭被毁后释放的放射性核素（主要有碘、铯、锶等）通过烟羽外照射、吸入内照射、食入内照射等途径对人员所造成的危害。放射性核素及其物理化学特性不同，对人员的照射途径也有所不同。

碘进入人体的途径主要是随饮食摄入和随污染空气被吸入的。它是事故早期危害较大的主要核素。铯主要通过食物链进入人体，可造成全身性和肺部照射。锶主要通过食物链进入人体，主要对脊髓和骨组织进行照射。它也是事故晚期危害较大的主要核素之一。

辐射对人体的作用是一个非常复杂的过程。人体从吸收辐射能开始，到产生生物效应直至机体损伤或死亡为止，要经过许多不同性质的变化。这些变化彼此不同，又相互制约，有的发展迅速，有的发展迟缓，可延续数年。

2. 化学工业设施遭袭后的危害

化学工业设施遭袭后的危害，同样是指其遭袭后泄漏的有毒有害物质对人员造成的危害。化学工业设施遭袭后泄漏的有毒有害物质，按其毒理作用主要分为：呼吸系统毒物，包括氯气、氨、硫化氢、二氧化硫、甲醛等；神经系统毒物，包括苯、有机磷杀虫剂、甲苯、磷及其化合物、四氯化碳、甲醇等；血液系统毒物，包括一氧化碳、氰化物、苯胺、煤气、液化石油气等。

有毒有害物质进入人体引起中毒的途径：一是吸入中毒，即染毒空气经呼吸道进入人体而引起的伤害；二是接触中毒，即皮肤、人眼及伤口接触有毒有害物质而引起的伤害；三是食入中毒，即通过饮食污染的食物和水等引起的中毒。

有毒有害物质对人体的伤害特点如下：一是局部的刺激和肌体腐蚀；二是阻止氧的吸收和输运；三是抑制体内酶系统的活力；四是破坏神经系统。

3. 贫铀弹使用后的危害

贫铀弹是指以贫铀为主要原料制成的导弹、炸弹、炮弹、子弹等。贫铀弹爆炸后的危害：一是来源于其爆炸后弹体在高温反应中形成的放射性气溶胶随风飘散，污染空气、地面、水源和物体；二是来源于其爆炸后形成的带放射性微尘污染的弹片。

贫铀弹对人员的放射性危害途径：一是吸入伤害，即带有放射性微尘的空气经呼吸系统吸入而伤害人体，这是贫铀弹对人员放射性危害的主要途径；二是食入伤害，即人员食入受贫铀弹放射性微尘污染的水、食物而造成人体伤害；三是接触伤害，即贫铀弹爆炸时带有放射性的弹片嵌入人的肌体，造成人体伤害。此外，人员接触贫铀弹放射性微尘污染的物体，也会对人员造成伤害。

人员受贫铀弹放射性伤害后，其外部表现症状有脱发、肌体疲惫、体温升高、关节肿胀、肌肉疼痛、震颤、记忆力减弱、睡眠失常、体重骤减、呕吐、腹泻、食欲减退、手足出血、新生儿畸形等。

4. 民用生物设施遭袭后的危害

民用生物设施遭袭后的危害主要是指民用生物设施（如生物实验室、制剂室等）遭袭后所释放的病毒、细菌、毒素、菌等微生物侵入人体对人体造成的危害。

民用生物设施遭袭后一般通过消化道、皮肤及呼吸道三种途径侵入人体从而造成危害。食入伤害，即误食（饮）受污染的食物、水源等可以经过消化道侵入人体形成伤害；吸入伤害，即微生物通过呼吸道进入人体形成伤害；接触伤害，即微生物直接经皮肤、黏膜、伤口或昆虫叮咬进入人体形成伤害。微生物进入人体后，能破坏人员的生理功能而发病，会出现发热、头痛、全身无力、上吐下泻、咳嗽、恶心、呼吸困难、局部或全身疼痛等症状。

二、防护装备的使用

个人防护装备是用于个人免受毒剂、生物战剂和放射性灰尘伤害的器材，包括呼吸道防护器材、皮肤防护器材和个人急救器材等。

（一）呼吸道防护器材

呼吸道防护器材是指用于保护人员的呼吸器官、眼睛及面部皮肤免受毒剂、细菌及放射性灰尘直接伤害的个人防护器材。这里重点介绍我军主要装备的过滤式防毒面具的种类、性能和使用方法。

1. 主要类型

过滤式防毒面具主要类型有 FMJ03 型、69 型、FMJ05 型、FMJ08 型。

（1）FMJ03 型防毒面具（原 65 型）

FMJ03 型防毒面具是没有导气管的头藏式通话面具，由过滤元件、面罩、面具袋等组成。

（2）69 型防毒面具

69 型防毒面具是头盔式通话面具，主要由面罩、滤毒罐、面具袋等部分组成。

（3）FMJ105 型防毒面具（原 87 型）

FMJ05 型防毒面具是头戴式面具，由滤毒罐、面罩、面具袋及附件组成。

（4）FMJ08 型防毒面具

FMJ08 型防毒面具是我军新一代面具，由滤毒罐、面罩、面具袋及附件组成。该面具提高了面罩的耐毒剂液滴渗透性能和耐洗消性能，且增加有饮水装置，可进行饮水或进食流食。

2. 携带与使用方法

（1）携带面具

携带面具通常是左肩右肋，面具袋上沿与腰带取齐。运动时，可将面具移至身体的右后方。

（2）气密性检查

戴好面具后，用右手堵住进气口，同时用力吸气，若感到堵塞不透气，则说明面具气密性良好，若感觉漏气，则应先检查佩戴是否正确，然后检查呼气活门有无异物及面具有无损坏，根据情况处理后再重新检查。

（3）戴、脱面具的要领

立姿戴面具的要领：当听（看）到"化学警报"信号或"戴面具"的口令时，立即停止呼吸，闭嘴闭眼，迅速将面具袋移至右前方，打开袋盖，右手握住面具袋底，左手迅速取出面具，两手分别握住面具两侧的中、下头带，拇指在内撑开面罩；身体微向前倾，下颌微伸出，将面罩套住下颌，用拇指和食指夹住军帽帽檐，两手稍用力向上后方拉头带，迅速戴上面具；两手对称地调整头带，使面具与脸部密合，然后深呼一口气，睁开眼睛，戴好军帽。

脱面具要领：当听（看）到"解除化学警报"信号或"脱面具"的口令后，左手脱下军帽，右手握住面具下部，向下向前脱下面具，戴上军帽，然后将过滤器朝外装入面具袋内。

注意事项：一是戴面具时，停止呼吸和闭嘴是为了防止吸入染毒空气；闭眼是为了防止毒剂伤害眼睛，深呼一口气是为了排除面罩内的染毒气体；二是持枪戴（脱）面具时，应先成肩枪或夹枪姿势，然后按立姿戴（脱）面具的要领戴好（脱下）面具，再取枪成为原来的姿势；三是卧姿戴面具时，应先将枪置地，身体转向右或用两肘支撑上体，左手脱帽，按立姿要领戴好面具。

（二）皮肤防护器材

皮肤防护器材是指保护人员皮肤免受毒剂、生物战剂和放射性灰尘等通过皮肤引起伤害的个人防护器材。

1. 皮肤防护器材的种类

目前，我军现装备的皮肤防护器材主要包括防毒斗篷、防毒手套、防毒靴套和防毒服等。

（1）FDP03 型防毒斗篷（原 81 型）

FDP03 型防毒斗篷用以防护毒剂液滴、生物战剂、放射性灰尘降落或飞溅到人体、装具和单兵武器上，它对各种毒剂液滴的防毒时间为 2 小时以上；对毒剂蒸汽只能减轻伤害，不能达到完全防护，FDP03 型防毒斗篷分为 A 型和 B 型两种。A 型为无袖式，适合全副武装的步兵用于保护全身和所携带的武器装备；B 型为带袖披肩式，适合炮兵和其他特种兵用以保护全身。

（2）FST04 型防毒手套（原 81 型）

PST04 型防毒手套外面涂丁基胶乳，衬里为棉织物，因而佩戴时吸汗，感觉柔软舒适，FST04 型防毒手套是五指手套，分大、中、小三个号。注意选配时应稍大一些，选号偏小时，手指弯曲费力，长时间戴用将影响手部的血液循环。

（3）FXT02 型防毒靴套（原 81 型）

PXT02 型防毒靴套不分左右脚。靴底以维纶布为基布，双面覆有橡胶，并且靴底边缘从靴帮的前端、左侧、右侧、左后部、右后部共 5 个部位突出，在 5 个突出部位均加工有圆孔，用于穿入系绳。该防毒靴套分大、小两个号。大号质量约为 260 克，适合套入 42 码及其以上的解放鞋穿着；小号质量约为 240 克，适合套入 41 码及其以下的解放鞋穿着。

（4）FFF01 型防毒服和 FFF02 型防毒服（原 82 型）

FFF01 型防毒服和 FFF02 型防毒服均为透气式防毒服，具有防毒、透气和散热的功能，可用于防止雾滴状和蒸气状毒剂接触皮肤引起伤害，又可作为普通军服穿着，必要时还可作为战斗服使用，与防毒斗篷、防毒手套、防毒靴套和过滤式面具配套使用，构成一套全身防护器材。

2. 皮肤防护器材的使用

为使防护器材最大限度地发挥作用，保存部队战斗力，使用皮肤防护器材应做到：良好的气密性，尤其要注意头、颈、袖口的气密性；良好的适应性，尤其应适应较强劳动条件下长期工作；良好的毒情观念，尤其要注意脱防护器材时不染毒、不沾染。使用皮肤防护器材时，穿脱通常按照斗篷、靴套、手套的顺序进行，脱下的器材经洗消、保养后，包装备用或统一销毁。

（三）个人急救器材

个人急救器材主要有个人急救包和个人防护盒两种。个人急救包是个人战场上的急救器材，包内装有 85 号预防片、85 号神经毒剂急救针、抗氰胶囊、抗氰急救自动注射针、二巯基丙醇软膏、军用毒剂消毒手套等。个人防护盒也是一种战场个人急救器材，盒内装有神经性毒剂预防片——复方 70 号防磷片，11 号注射针或 80 型急救针、粉剂，个人消毒手套，抗氰急救针（4-DMAP 注射液）和 85 号抗氰预防片。

（四）个人防护器材的保管

个人防护器材属于个人专用专管。保管时应注意：一是个人使用的面具，可在背带调节环处（或统一规定）注明姓名、号码，不准在面具上做记号；二是器材应统一放在干燥的专用柜内，不要堆压；三是器材用后应擦拭干净、晾干，禁止在阳光下暴晒或火烤；四是不常用的器材，橡皮部分应撒上一层薄而均匀的滑石粉，滤毒罐应拧下密封保管；五是面具不要随意拆卸、涂油和水洗，特别要注意保护通话膜和呼气活门；六是器材不得坐压或当枕头，袋内不得存放其他物品；七是避免与酸、碱、盐等物品混存堆放。

三、对核武器的防护

(一) 核袭击时的行动

1. 人防工程防护

对核袭击的最好防护措施是进入人防工程。当听到核袭击警报后,应关闭门窗,切断电源,熄灭炉火,然后携带个人防护用品及生活必需品,按预先方案有秩序地进入人防工程掩蔽。正在道路上的行人车辆及在公共场所的人员应听从指挥,迅速到附近的人防工程内掩蔽。

2. 室外防护

核袭击来临时,对于来不及进入人防工程和其他掩蔽场所的人员,发现闪光不要惊慌奔跑,不要观看火球,应立即就近利用地形地物(如矮墙、花坛、土堆、深坑、桥洞等),横向爆心卧倒进行防护。如果地形、地物较小,则应重点保护头部,尽量避开高层建筑物及易燃、易爆物品。处在开阔地的人员,应迅速背向爆心卧倒,双手交叉垫于胸下,两肘前伸,脸部尽量夹于两臂之间,闭眼、闭口、腹部微收,停止呼吸,两腿伸直并拢。巨大响声过后,迅速戴上防毒面具或口罩,掸掉身上尘土,进行必要的皮肤防护,就近寻找人防工程掩蔽。

3. 室内防护

室内人员发现核爆炸闪光后,应立即靠墙根、屋角或在床下、桌下卧倒或蹲下进行防护。注意避开玻璃门窗或高大框架,以免玻璃碎片或重物倒下造成间接伤害。

(二) 核袭击后的行动

1. 对放射性灰尘进行防护

核爆炸后,蘑菇云中的放射性物质会对人员造成伤害,为防止放射性灰尘沉降随呼吸进入人体或降落到皮肤上,核爆炸时未能进入人防工程、处于沾染区的人员,要及时戴好防毒面具或口罩,或用毛巾捂住口鼻,扎好裤口、袖口、领口,或用雨衣、塑料布、床罩等身边容易得到的物品把暴露的皮肤遮盖起来,或直接躲进可掩蔽的装备或建筑物内,尽量减少在室外活动;在室内的人员,应立即关好门窗,贴上封条,堵住孔口,密封食品、饮水,进入地下室或建筑物中心房间;位于人防工程内的人员,不能立即出工程,应根据核爆后对地面沾染情况的调查,分别在工程内停留1~3个昼夜,甚至更长时间。在工程遭破坏的情况下,应该在有关人员的指导下选择正确的撤离路线和个人防护方法。

2. 迅速撤离沾染区

当瞬时杀伤因素作用过后,仍需在放射性沾染区行动时,由于空气、地面都有沾染,所以要戴防尘口罩,注意保护皮肤,防止携带物品受到沾染。严禁在沾染区内吃东西和喝水,应尽快离开沾染区。撤离时要注意防化专业队做出的标记,避免扬尘,绕过水洼,不能触摸电线,避开可能倒塌的建筑物和燃气可能泄漏的地方,条件允许时尽量转移到危险小或能防辐射的工程中去。与此同时,应服用抗放射性药物或抗菌药物。

3. 消除放射性沾染

当人员遭受放射性物质沾染时,要尽快洗消。头部、颈部要用清水和肥皂进行擦洗,鼻、口、喉用水漱净,要擦洗耳窝。如果条件允许,被严重沾染的人员应使用肥皂、洗涤剂等进行全身淋浴。无水时,可用干净毛巾、纱布等干擦,从上到下,顺一个方向进行。擦拭一次将毛巾、纱布翻一次,防止已消除部位被重新沾染。清洗用过的水和污物要集中处理,并做好标志。

消除衣服上的放射性灰尘的方法是自己或相互拍打和抖动。要领是:小心解开领口、袖口或裤口,脱下外罩衣裤，不摘面具，人员背风站立，抓住受沾染服装的两肩或裤腰，按上提要轻、下甩要重的原则用力向下抖动。然后挂在树上，按照自上而下、先外后里的顺序拍打；消除靴子上的放射性灰尘可用抹布或旧衣服蘸水擦拭，用刷子刷；胶鞋等可以用水洗；面具可用蘸肥皂水的棉球擦拭其外表面。消除完毕后摘下面具、手套。

　　对被沾染的粮食进行消除，如果包装完好，可采用扫除、拍打的方法；如果未包装好，应将沾染层铲除；对被沾染的蔬菜、水果进行消除，主要是采用清水冲洗和剥皮的方法；对饮水沾染的消除，可以采用土壤净化、过滤或吸附凝沉的方法进行净化处理；对被沾染道路、地面的消除可视具体情况，采用铲除、铺盖或用水冲洗等方法。误食了受沾染的食物和水，可遵照医嘱尽快采取催吐、洗胃、利尿等消除方法。

第九章　战备基础与应用训练

学习目的： 了解战备规定、紧急集合、徒步行军、野外生存的基本要求、方法和注意事项，学会识图用图、电磁频谱监测的基本技能，培养学生分析判断和应急处置能力，全面提升综合军事素质。

第一节　战备规定

战备是军队为了应付可能发生的战争或军事突发事件而在平时进行的准备和戒备行动及工作。士兵作为部队的主体，担负着作战和应付突发事件的各项任务，必须牢固树立战备观念，了解战备常识，搞好战备的各项训练，以保证一旦遇有紧急情况能在最短的时间内准备好，并以最快的速度投入战斗，圆满地完成任务。所以，士兵要了解有关战备的规定及要求，掌握一些如紧急集合、徒步行军、乘坐车辆等能够保证战备行动完成的动作和方法。

战备规定的内容主要有战备教育、战备管理、战备方案、战备检查、战备值班、战备等级的转换、"三分四定"等，士兵要重点掌握战备等级的转换和"三分四定"两项内容。

一、战备的主要内容

（一）等级战备

等级战备是对军队战备程度划分的级别，是军队战备规定的重要内容。等级战备按照戒备程度，由低级到高级分为三级战备、二级战备、一级战备。

（二）战备等级的转换

战备等级有相应的标准和要求。我军三级战备规定：部队接到进入三级战备的命令后，必须立即展开战备等级转换，停止人员探亲、休假、疗养、退役，召回在外人员；启封、检修、补充装备和物资器材；组织针对性战备教育和训练；加强战备值班；研究掌握敌情有关情况，修订完善战备计划；展开阵地准备和有关保障，做好开设指挥所的准备；在规定时限内完成战备等级转换。

（三）"三分四定"

"三分"，就是将个人的物资分为携行、前运、后留三部分，分别放置。携行物资就是紧急情况时自己随身带的必备物资；前运物资就是有些物资对个人很需要，但自己携带不了，需要上级单位帮助运走的物资；后留物资就是不需要带走的个人物资（自己买的，不是部队发的东西），留在营房里，由上级统一保管。

"四定"，即定人、定物、定车、定位。定人，根据战备行动方案，确定每个士兵在可能出现的紧急情况中所担负的任务，归谁指挥，可能的行动等内容；定物，确定士兵紧急出动时携带物资的数量、种类，主要规定武器装备的携带方法；定车，确定士兵紧急出动时所乘坐的车辆（几号车）；定位，确定士兵乘坐车辆的具体位置及在行进中可能担负的任务。

"三分四定"是战备工作的重要内容，每个士兵平时要严格按规定做好各项工作，保证一旦有紧急情况就可以立即出动。

二、战备的要求

（一）日常战备的要求

（1）部（分）队必须高度重视战备工作，严格执行战备法规制度，紧密结合形势任务，经常进行战备教育，增强战备观念，建立正规的战备秩序，保持良好的战备状态。

（2）部（分）队应当制定完善战备方案，经常组织部属熟悉方案内容，进行必要的演练。编制、人员、装备、战场和形势任务等情况发生变化时，应当及时修订战备方案。

（3）部（分）队各类战备物资，应当区分携行、前运、后留，分别放置，并做到定人、定物、定车、定位。战备物资应当结合日常训练、正常供应周转和重大战备行动，进行更新轮换，使其处于良好的状态。战备物资不得随意动用；经批准动用的，应当及时补充。后留和上交的物资，应当建立登记和移交手续。前运和后留物品应当统一保管，并按照有关规定注记清楚。

（4）部（分）队应当按照规定保持装备完好率、在航率和人员在位率，保持指挥信息系统常态化运行，保证随时遂行各种任务。

（二）节日战备的要求

各级应当按照战备工作有关规定，周密组织节日战备。

（1）节日战备前，各级应当组织战备教育和战备检查，制定战备方案，修订完善应急行动方案，落实各项战备保障措施。

（2）节日战备期间，各级应当加强战备值班。担负战备值班任务的部（分）队，做好随时出动执行任务的准备。

（3）节日战备结束后，各级应当逐级上报节日战备情况，组织部（分）队恢复经常性戒备状态。

第二节　紧急集合

紧急集合，就是在紧急情况下迅速进行的集合，是应付突发情况的一种紧急行动。如发现和遭到敌人的突然袭击，受到火灾、水灾、地震、台风等自然灾害威胁，上级赋予紧急任务或发生重大意外情况等。士兵一般是根据上级的紧急战备号令实施紧急集合。士兵一旦接到紧急集合的信号或命令时，应立即按规定着装，携带齐武器装备和器材，迅速到达规定地点集合。

一、紧急集合要领

（1）部（分）队应当根据上级的紧急战备号令，或者在下列情况下实行紧急集合：发现或遭到敌人的突然袭击；受到火灾、水灾、地震、台风等自然灾害威胁或袭击；上级赋予紧急任务或发生重大意外情况。

（2）部（分）队首长应当预先制定紧急集合方案。紧急集合方案通常规定下列事项：紧急集合场的位置，进出道路及其区分；警报信号和通知的方法；各分队（全体人员）到达集合场的时限；着装要求和携带的装备、物资、粮秣数量；调整勤务的组织和通信联络方法；值班分队的行动方案；警戒的组织，伪装、防空和防核、防化学、防生物及防燃烧武器袭击的措施；留守人员的组织、不能随队伤病员的安置和物资的处理工作。

（3）部（分）队接到紧急集合命令（信号），应当迅速而有秩序地按照紧急集合的有关规定，准时到达指定位置，完成战斗或机动的准备。

（4）部（分）队首长根据情况及时增派或撤收警戒；督促全体人员迅速集合；检查人数和装备；采取保障安全的措施；指挥部（分）队迅速执行任务。

（5）为锻炼提高部（分）队紧急行动能力，检查战斗准备状况，通常连级单位每月、营级单位每季度、旅（团）级单位每半年进行1次紧急集合。紧急集合的具体时间由部（分）队首长根据任务和所处环境等情况确定。

（6）舰（船）艇部队、航空兵部队和导弹部队的部署操演、实兵拉动、战斗值班（战备）等级转进、战斗演练，按照战区、军兵种有关规定执行。

二、紧急集合训练

紧急集合分为全副武装紧急集合和轻装紧急集合两种。全副武装紧急集合是根据当时部队所处的战备等级状态而确定的。此时，人员的负荷量，携行的装备和器材均按战备方案及上级的规定执行。轻装紧急集合是在执行临时性的紧急任务时所采取的一种方式。着装时，为减轻士兵的负荷量，通常不背背包（或携带单兵生活携行具），以提高部队的快速机动能力。紧急集合的程序分为四步，着装、整理携行生活器材、装具携带和集合。下面主要以步兵为例讲解。

（一）着装

通常着作训服。昼间进行紧急集合时，一般按当时的训练着装进行。如果上级重新规定着装，士兵应立即换装，夜间实施紧急集合时，士兵应迅速起床，按照帽子（冬季戴皮、棉帽时，披装后再戴）、上衣、裤子、袜子、鞋子（双层床上层的士兵打完背包再穿鞋子）的顺序进行穿戴。

（二）整理生活携行具

没有装备生活携行具时，应打背包，背包宽30～35厘米，竖捆两道，横压三道。米袋捆于背包上端或两侧；雨衣、大衣通常捆于背包上端，大衣袖子捆于背包两侧；鞋子横插在背包背面中央或竖插两侧；锹（镐）竖插在背包背面中央，头朝上。

装备有生活携行具时，应按以下顺序进行。

（1）迅速结合背架。

（2）按规定将物品分别装入主囊、侧囊和睡袋携行袋。

（3）组合背架和军需装备携行具。

（三）装具携带

没有装备战斗携行具的携带装具方法如下。

（1）全副武装：背手榴弹袋，左肩右肋；背挎包，右肩左肋；扎腰带（机枪手先背弹盒）；披弹袋；背防毒面具，左肩右肋；背水壶，右肩左肋；背背囊（背包，火箭筒副射手背背具）；取枪（筒）和爆破器材。

（2）轻装：只是不背背囊（背包），将铁（镐）头朝下背于右肩，系绳绕腰间与背绳系紧；米袋右肩左肋；雨衣（冬季带大衣时，将大衣袖子留在外面卷紧捆好，再将袖口对接扎紧）左肩右肋，其他装具的披带同全副武装。

装备有战斗携行具的携带装具方法如下。

应首先按要求将各功能模块组装好,然后将战斗携行具披挂于身上,取手中武器。

(四)集合

士兵披装完毕后,迅速跑步到班集合地点,向班长报告。全班到齐后,班长带领全班迅速赶到排集合场,并向排长报告。

士兵在紧急集合时要做到:迅速、肃静、确实、完整、安全、便于行动,这就要求每名士兵在平时应按规定放置武器、弹药、装具和衣物,这样在紧急集合时便于拿取和穿着,行动才不会慌乱。

第三节 行军拉练

行军是军队沿指定路线进行的有组织的行动,通常在夜间或能见度不良的条件下实施。其目的是为了转移兵力,争取主动,形成有利态势,创造对己方有利的条件。

一、行军的种类及基本要领

(一)行军的种类

行军按任务分为正常行军和战备行军;按行军时间分为昼行军和夜行军;按行进方式分为徒步行军、乘车行军和两者结合的混合行军;按行军强度分为常行军、急行军和强行军。

行军速度应根据敌情、任务、地形地貌和天气情况而定。常行军是按正常时间和速度实施的。徒步日行程为30~40千米;时速昼间为3~5千米;夜间为3~4千米。乘车日行程为150~250千米;时速昼间为20~30千米;夜间为15~20千米。急行军是以较快的速度实施的行军,一般在执行紧急任务时采用,要求减少休息时间,轻装,提高行进速度。强行军是加快行军速度、加大日行程的一种行军,它是在执行特别紧急任务,如奔袭、追击、迂回穿插、退却时采用的行军方式。

(二)徒步行军的基本要领

要根据任务、地形、道路、敌情和部队编成,决定行军的类型和方式。无论采取什么类型和方式,都要严密组织计划,进行合理部署,全面组织警戒,对空防御和物资保障,加强指挥。

行军前,要仔细检查武器、装备是否完好、齐备,鞋袜是否合适。如果鞋子稍大可在鞋前填些碎布或软纸,如果是新鞋则应在行军前先穿几天,以避免行军中脚起泡。为了防止脚起泡,最好在行军前用热水烫烫脚。行军中如果发现磨脚,可在小休息时整理鞋袜;已经起泡的,应及时找卫生员治疗。行军时,佩戴装具以不妨碍呼吸和动作为原则,如背包带子不要太紧和太松,圆锹不要撞击两腿,腰带上的物品要有次序,不要一边多一边少。

行军时不宜多喝水,以免大量出汗引起身体疲乏;喝水时应让水在嘴里多停留些时间;多用鼻子呼吸,可减轻口渴的程度。行军中,要充分利用休息时间恢复体力;如果稍微落后,可通过加快步频、加大步幅逐渐赶上。行军中必须严格遵守上级规定、行军秩序和纪律;迅速传递口令;牢记各种信号和这些信号发出后的动作;注意保持高度的警惕,做好应对突发情况和战斗的准备。

二、行军的组织准备

(一)研究情况,编制行军计划

指挥员应根据受领的行军命令,组织有关人员研究任务,在地图上分析敌情和行军路线,情况允许可到现地向群众了解社情和路况等,综合分析后确定行军序列,制定防护措施和各种情况的处置方案。

（二）做好思想动员

行军前，指挥员应根据本分队所负担的任务，结合分队的思想情况，深入进行思想动员；同时要教育士兵模范遵守行军纪律，服从命令听指挥，不得擅自离队、丢失装具和食物，不喝生水、不违反群众纪律等，保障分队顺利完成行军任务。

（三）下达行军命令

指挥员向分队下达行军命令时，应进行明确分工，正职要亲自负责行军的组织指挥。同时明确如下情况：敌情；本分队的任务、出发时间（通过出发点的时间）、行军路线、里程、大休息的地点、到达时间和地点；分队集合地点、行军序列；友邻的行军路线；行军警戒、通信联络信（记）号或口令、着装规定；完成行军准备的时限，明确起床、开饭、集合的时间；指挥员在行军中的位置；摩托化行军时，还应明确车辆情况、车辆分配、各车的车长及观察（联络）员、登车时间和地点等；单独组织行军时，还应明确具体尖兵班（车）的编成、任务、运动路线（与车队的距离）、联络方法、可能与敌遭遇的地点和各分队的行动等。

（四）组织好行军保障

行军保障主要包括行军警戒、运动保障、警备调整、对空防御和对核、化学、生物武器的防护，以及组织先遣队、设营队、收容队等，具体内容如下。

（1）调查行军路线，尤其在夜间或其他能见度不良的条件下行军，要研究、熟悉地形特征，做好利用地图按方位角行进的准备。

（2）指定1~2名战士为观察员，负责对地面、对空观察。

（3）指定值班分队及火器，负责对空防御。

（4）明确遭敌核、化学武器，以及敌航空兵、炮兵火力袭击时的行军方法，规定伪装方法及伪装纪律。

（5）组织以简易通信、徒步通信、无线电通信相结合的多种通信手段，确保通信联络畅通。

（6）做好物资器材准备，主要包括武器、弹药、器材、装具、给养饮水和药品等。准备的数量以能保障战斗、生活，又不过多增加战士的负荷量为原则，通常携带粮食3日份（其中1日份为热食）和必要的饮水。

（7）做好妥善安置伤病员的准备。

（8）进行着装检查，包括鞋袜的整理、背包的捆绑、装具的佩戴等。

摩托化行军和履带行军时，应根据敌情、任务和行程确定给养物资的携行量和保障方法，并明确随车携行规定的油料基数和加油方法。

三、行军的管理与指挥

（一）掌握好行军方向和速度

行军前要在图纸上认真研究行军路线、出发点、大休息地区及到达地区，分析沿途地形特点并熟记明显地形、标志，还可利用地图和按方位角行进，也就是通过使用行军路线图，识别路标、信号等方法掌握行军路线。

行军中，到达岔路口、转弯点、桥梁、居民地等明显方位物附近时，应判明站立点。当发现迷失方向或走错路时，应立即停止，待判明后再前进；当与友邻相遇或超越另一路纵队时，应加强调整勤务，以防部队混乱、拥挤、堵塞或走错方向。

行军速度应尽量保持匀速，以免增加部队的疲劳度，造成行军队形拥挤或松散。根据任务、敌情的变化，结合行军时间、行程、行军能力、道路状况、天气变化等情况，也需适时调整行军速度。

队形间距：徒步行军时，连与连之间为100米左右；单独行军时，尖兵班与连队之间昼间为500～700米，夜间为200～300米。

（二）适时组织休息

为保持部队的体力和持续行军能力并及时检查车辆，在行军途中，应适时组织部队大、小休息。

小休息，通常开始行军30分钟后进行小休息，时间为15分钟，而后每行进50分钟休息一次，每次约10分钟。休息时，应靠路边，面向路外侧，保持原来的队形，督促战士整理鞋袜和装具。休息地点一般选择在地形隐蔽、向阳的地方，尽量避开居民地、桥梁、隘路、道路交叉点等。

大休息，通常在完成当日行程一半以上时进行大休息。大休息应离开道路进入指定地区，休息时间为两小时左右。休息时，应明确出发时间、派出警戒。必要时，可占领附近有利地形，加强对空观察，并做好战斗准备。组织野炊，安排好伤病员，督促驾驶员检查车辆，组织分队在规定地区休息。夜间休息时，人员不准随意离队，武器、装具要随身携带。出发前，应清点人数、检查装备、补充饮（用）水。

（三）果断处置各种情况

遇敌空袭时，应指挥分队迅速向道路的一侧或两侧疏散隐蔽（乘车时要下车），并指定火器射击低飞敌机。当空袭情况不严重或行军任务紧迫时，分队则应疏散队形，增大距离，加快速度前进。

遭敌核、化学武器袭击时，应指挥车辆就近利用地形防护，人员迅速穿戴防护衣罩，下车就近隐蔽防护。

通过受染地段时，指挥分队尽量绕过受染区。当时间紧迫又无法迂回时，应增大距离，以最快的速度通过。通过人员除穿戴好防护衣罩外，还应对武器和携带物品进行防护。通过后，车辆应及时洗消检查，人员口服抗辐射药物，喝足开水，排除大小便。

四、特殊条件行军

（一）山林地行军

在山林地行军时，为避免迷失方向、节省体力、提高行进速度，尽量在条件好的道路行进，力求有道路不穿林翻山；若没有道路，可选择在纵向的山梁、小溪边缘，以及树高林稀、空隙大、草丛低疏的地形行走。疲劳时，应用慢步来休息，而不停下来。行进中不小心滑倒时，应立即面向山坡，张开双臂伸直双腿，使身体尽量上移，以降低滑行速度。

（二）江河行军

江河是山区和平原地区经常遇到的障碍。遇到河流不要草率入水，要仔细观察后再确定渡河的地点和方法。山区河流通常水流湍急，水温低，河床坎坷不平。涉渡时，为了保持身体平衡，应当用一根棍子支撑在水的上游方向；集体涉渡时，可三人或四人一排，彼此环抱肩部，让身体最强壮的位于上游方向。

（三）高寒地区行军

高寒地区空气稀薄，人员易疲劳，易出现高原反应；天气寒冷，容易冻伤；雪覆盖地面，容易迷路；积雪厚时，通行困难。乘车行军因气温过低，车辆不易发动，耗油量较大，通信装备性能下降，道路工程保障难度也大。因此行军时，应准备好防冻的装具和被服，仔细研究行军路线，做好雪地按地图和按方位进行的准备，注意掌握方向，适当减慢速度。

（四）热带丛林行军

热带丛林地带的地形复杂，多陡山深谷，草深林密，河多流急，道路少而崎岖，天气多变，炎热潮湿，多雨多雾多毒虫，疫病易流行，对行军的影响大。因此，应加强对道路的侦察和保障，加强对车辆的技术保障，采取防暑和防虫的措施。

五、宿营

宿营是军队行军或战斗后的临时住宿，目的是使部队得到休息和整顿，车辆得到检查和保养，为继续行军或战斗做好准备。宿营分为舍营（利用居民房舍住宿）、露营（在房舍外露宿或用帐篷住宿）或两者结合。

（一）宿营地的选择

宿营地应根据敌情、地形、任务和行军编成而定。通常，宿营地的选择需要做到"四有""三避开""二不要""一注重"。

"四有"即有良好的地形，便于疏散隐蔽；有良好的避风地点，如凹地、高地一侧的台地上和小居民地等，便于防寒取暖；有充足的水源，便于饮水、用水；有良好的进出道路，便于机动展开和迅速投入战斗。"三避开"即避开明显独立目标，如大的集镇、交通枢纽，便于防敌空袭；避开山洪水道、油库、高压电和易崩倒的危险地点；避开严重的污染地和传染区。"二不要"即不要在雪线以上地点宿营，以防人员冻伤和遭风暴袭击；不要在深谷、悬崖下宿营，以防泥石流、冰川、雪崩、山洪等自然灾害。"一注重"即宿营时应选择比较干燥，地势较高，通风良好，蚊蝇较少的地方。

（二）宿营的组织

1. 提前准备

宿营前，应当派出设营组。设营组通常由指挥员指定的人员率各分队代表、必要的警卫分队和卫生人员组成，负责现地区各分队的宿营位置和紧急集合、紧急疏散场的区分及露营警戒部署，选择指挥观察所和停车场位置；调查当地社情、疫情、水源和水质等情况，分配水源，组织警戒，引导分队进入。敌情威胁较大时，应当先搜索后进驻。

2. 宿营方式

宿营方式可分为露营和舍营，也可两者结合。露营时，人员可以利用制式和就便器材，或者挖掩体宿营，也可以在车辆上露营；车辆应当离开道路，隐蔽在便于进出的地点。冬季选择在避风向阳的位置，夏季应当避开山洪水道和易坍塌的位置，并视情况构筑人员、车辆掩体，并严密伪装。宿营时，尽量在居民地边缘区，并离开重要交叉路口、桥梁和有明显方位物及街区。人员配置在房屋内，车辆配置在建筑物外面便于隐蔽的地点，并严密伪装，露营和舍营相结合时，应将救护所配置在房舍内。

3. 组织警戒

进入宿营地后的第一件大事就是要迅速指定对空观察哨和对空（地）值班分队。根据情况向有敌情顾虑的方向派出班哨、步哨、游动哨、潜伏哨，在宿营地内派出警戒哨，乘车行军宿营时，应加强对车辆的警戒。

4. 加强管理

宿营后，要加强对宿营的管理。尽快卸载、卸装、打扫卫生，露营需架设帐篷、挖厕所。明确饮水、用水的方法；明确做饭、开饭地点。检查、维修、保养车辆；擦拭武器，整理装具，补充弹药，准备器材；安排好伤病员，穿刺脚泡、烤晒衣服；军官要深入排班，检查督促分队尽快休息，加强查铺查哨。

在宿营过程中，要认真执行"三大纪律八项注意"，开展拥政爱军活动；动员群众、注意封锁消息，搞好保密工作，特别是为了防止敌侦察和空袭，应采取各种措施严密伪装宿营地。

（三）特殊条件下的宿营

1. 山间林地宿营

在山间林地宿营时，必须仔细勘察地势地形，一定要避开滚石、滚木及风化的岩石，谨防塌方、落石、洪水和雪崩等自然灾害，应选择在道路、林中界道或林缘附近宿营，注意采取防火和防虫措施。

2. 沙漠、戈壁、草原地宿营

在沙漠、戈壁、草原地宿营时，各分队的配置应疏散开，一定要靠近水源，但也要避开明显方位物，还应采取防风、防沙措施。

3. 高寒山地宿营

高寒山地隐蔽伪装困难，受地空打击和地面袭扰威胁大；同时人员易出现高原反应和冻伤、雪盲，产生非战斗减员；加之高寒地区多是少数民族聚居区，社情复杂，民风独特，因此在高寒山地宿营时，应进行群众纪律、民风民俗及少数民族政策和尊重少数民族生活习惯教育。宿营时，要充分考虑地形地物，并采取各种有效手段，结合现地环境，进行切实巧妙的伪装，必要时，可设置假营地迷惑敌人，以达到伪装目的。

4. 热带丛林地宿营

营地需设置在便于排水的高地上，要清理营地周围的杂草，挖一道排水沟，撒一层草木灰，以防蛇虫。床铺应离地面30～50厘米，若打地铺，可用树枝、树叶或细竹垫铺，尽量不要用杂草，临睡前要先在地上敲打，捕除爬上来的昆虫，醒来时应首先观察身体周围，避免附近的蛇虫叮咬。

5. 雷雨天宿营

雷雨天不要在低洼的水源附近建立营地，以防止突如其来的洪水，特别是雨季，不仅要关注河流上游地区的气候、水文状况，还需注意流水量、水流浑浊情况及流水声音的变化。一旦感觉异常，就要立即离开。

第四节　野外生存常识

野外生存是指在食宿无着的特殊环境中生存与自救的活动。现代战争的残酷性、复杂性和连续性，增加了军人在孤立无援的敌后，或者生疏的荒野丛林等特殊环境完成战斗任务的可能性，因此，为了自身生存与安全，军人必须学会野外生存的方法与技能。

无论军人还是学生，即使在非作战的特殊情况下，如旅游、探险等活动中，有时也会陷入荒岛、丛林、深山、大漠等困境之中。在这种情况下，野外生存知识掌握越多，生存概率就越大。下面主要介绍一些简单的野外生存常识。

一、野外判定方向

野外生存首先要学会判定方位的方法，尤其在没有地形图和指北针等制式器材的情况下，掌握一些利用自然特征判定方向的方法才不至于迷失方向。

首先，在野外迷失方向时，切勿惊慌失措，而要立即停下来，要冷静地回忆一下所走过的道路，想办法按一切可能利用的标志重新找到方向，然后再寻找道路。最可靠的方法是"迷途知返"，退回到原出发地。

其次，如果在山地迷失方向，则应先登高远望，判断应该向什么方向走。通常朝地势低的方向走，这样容易碰到水源，一般顺河而行最为保险，这一点在森林中尤为重要。这是因为道路、居民点常常是滨水临河而筑的。当遇到岔路口，道路多而令人无所适从时，首先明确要去的方向，然后选择正确的道路。若几条道路的方向大致相同，无法判定，则应先走中间那条路，这样可以左右逢源，即便走错了路，也不会偏差太远。

最后，野外的一些地物和植物特征是良好的方向标志，增加这方面的知识有助于快速地辨别方向。一是根据地物特征：一般建筑的门通常向南开，还有突出地物向北一侧基部较潮湿并可能生长低矮的苔藓植物。二是根据动物生活特征：如蚂蚁的洞口大都是朝南的。三是根据地表特征：一般岩石上布满苍苔的一面是北侧，干燥光秃的一面为南侧。四是植物生长特征：一般北侧山坡，低矮的蕨类和藤本植物比阳面更爱生长；单个植物的向阳面枝叶较茂盛，向北的树干可能生长苔藓；我国北方的许多树木树干的断面可见清晰的年轮，向南一侧的年轮较为稀疏，向北一侧的年轮较为紧密。

二、野外寻找水源

（一）寻找水源的方法

1. 利用身体本能寻找水源

一听：多注意山脚、山涧、断崖、盆地、谷底等是否有山溪或瀑布的流水声，有无蛙声和水鸟的叫声等。特别是在凌晨或有雾的早晨，要注意倾听。如果能听到这些声音，就说明离水源的地方不远了。二嗅：尽可能地嗅到潮湿气味，或者因刮风带过来的泥土腥味及水草的味道，然后沿气味的方向走，寻找水源。三看：观察动物、植物、气象、气候及地理环境等也可以找到水源。根据地形，判断地下水位的高低。如山脚下往往会有地下水。

2. 利用外部环境寻找水源

夏季的地面久晒不干的地方；秋季凌晨出现薄雾，晚上露水较重的地方；冬季地表面隙缝处有白霜的地方；春季解冻早的地方及降雪后融化快的地方地下水位较高。另外，夏季蚊虫聚集，且飞成圆柱形状的地方一定有水；有青蛙、大蚂蚁、蜗牛出没的地方也有水；燕子飞过的路线和衔泥筑巢的地方，都是有水源和地下水位较高的地方。

3. 直接从植物中获取水源

如果在南方，那么野芭蕉就是很好的水分来源，只要用刀将其从底部迅速砍断，就会有干净的液体从茎中滴出，可直接饮用。如果能找到野葛藤、葡萄藤、仙人掌、猕猴桃藤、五味子藤等植物，也可从中获取饮用水。另外，在春天树木要发芽之时，还可从桦树、山榆树等乔木的树干及枝条中获取饮用水。注意，千万不要饮用那些带有乳浊液的藤或灌、乔木的汁液，谨防有毒。此外，从植物中获取的饮用"水"容易变质，最好即取即饮，不要长时间存放。

4. 自制取水装置

自制简便装置取水的方法有以下几种。

方法一：先用一个塑料袋套在树枝上，将袋口扎紧。因为温差的原因，树中会蒸发出水分，等到水分越来越多时，就可以取下来饮用。

方法二：用塑料布收集露水。从半夜到天明这段时间，气温逐渐下降，积少成多，可解干渴之急。

方法三：在干旱沙漠地区可在相对潮湿的地面挖一大约宽90厘米，深45厘米的坑，坑底部中央放一集水器，坑面悬一条拉成弧形的塑料膜。光能升高坑内潮湿土壤和空气的温度，蒸发产生水汽，水汽与塑料膜接触遇冷凝结成水珠，下滑至器皿中。

（二）获取饮用水的方法

在野外找到了水源后，最好不要急于狂饮，应就当时的环境条件，对水源进行必要的净化消毒处理，以避免因饮水而中毒或染上疾病，下面介绍几种简单可行的处理方法。

1. 渗透法

当水源不干净时，在离水源 1～2 米处向下挖一个小坑，让水从沙、土的缝隙中自然渗出，然后，轻轻地将已渗出的水取出，放入盒或壶等存水容器中。注意，不要搅起坑底的泥沙，要保持水的清洁干净。

2. 沉淀法

将找到的水收集好后，可放入少量的明矾或捣烂的木棉枝叶、仙人掌、核桃仁，搅拌均匀后沉淀 30 分钟。这样，便能得到较为干净的水了。

3. 过滤法

当找到的水源有泥沙，混浊，有异物漂浮，且水源周围的环境又不适宜挖坑时，可找一个塑料袋或棉制单手套、手帕、衣袖、裤腿等，先将底部刺些小眼儿，再自下向上依次填入 2～4 厘米厚的细沙，压紧按实。然后将水慢慢地倒入自制的简易过滤器中，等到过滤器下面有水流出时，即可用容器将过滤后的水收集起来饮用。

4. 海水淡化法

在海边可以用锅煮海水来收集蒸馏水的方法使海水淡化。煮海水时，在锅盖内侧铺上毛巾，将蒸馏水的水珠吸附在毛巾上，然后拧入大贝壳或其他容器内。这样反复制作，就可得到所需要的可饮用淡水。冬季，可将海水放在一个容器中冻结，冻冰后的冰块也可充当饮用的淡水。

通常，除泉水和井水（地下深井水）可直接饮用外，不管河水、湖水、溪水、雪水、雨水、露水，还是通过渗透、过滤、沉淀而得到的水，最好都应进行消毒处理后再饮用。就是在存水容器中，加入净水药片，搅拌摇晃，静置几分钟，即可饮用。一般情况下，一片净水药片可对 1 升的水进行消毒。如果没有净水药片，可以用随身携带的医用碘酒或漂白剂代替净水药片对水进行消毒，只是放置的时间更长些（20～30 分钟）。如果以上的消毒药物都没有，也可以使用食醋。在净化过的水中倒入一些醋汁，搅拌后，静置 30 分钟，即可饮用，只是水中有些醋的酸味。如果水中有重金属盐或有毒矿物质，野外探险者可用浓茶与水同煮，但切记沉淀物不能喝。

三、野外获取食物

野外生存获取食物的途径主要有两种：一种是猎捕野生动物；另一种是采集野生植物。猎捕野生动物首先要知道动物的栖息地，掌握动物的生活规律，然后采取压捕、套猎及射杀等方法进行猎捕。这需要在专家指导下经过较长时间的训练和实践后才能真正掌握。下面仅简单介绍可食用昆虫和可食野生植物的种类、食用方法。

目前，世界上人们可以食用的昆虫有蜗牛、蚯蚓、蚂蚁、知了、蟑螂、蟋蟀、蝴蝶、蝗虫子、蚱蜢、湖蝇、蜘蛛、螳螂等。人们对吃昆虫虽然不习惯，甚至感到厌恶，但在万不得已的情况下，为维持生命，保持战斗力，继而完成任务，不妨一试。但应注意，要煮熟或烤透，以免昆虫体内的寄生虫进入人体，导致中毒或得病。

可食野生植物包括可食的野果、野菜、藻类、地衣、蘑菇等。我国地域广大，适合各种植物生长，其中能食用的就有 2000 种左右。我国常见的可食野果有山葡萄、蓝莓、蓝靛果、茅莓、沙棘、火棘、桃金娘、胡颓子、乌饭树、余甘子等，特别是野栗子、椰子、木瓜更容易识别，是应急求生的上好食物。常见的野菜有苦菜、蒲公英、鱼腥草、马齿苋、刺儿菜、荠菜、野苋菜、扫帚菜、菱、莲、芦苇、青苔等。但是，一般人需要在专家指导下，经过一定时间的训练才能掌握这些知识，这里介绍一种最简单的鉴别野生植物有毒无毒的方法，供紧急情况下使用。通常将采集到的植物割开一个小口子，放进一小撮盐，然后仔细观察原来的颜色是否改变，通常变色的植物不能食用。

同时，在野外不要单一依赖最易获取的食物。对于长期生存来说，饮食中营养成分均衡是至关重要的。因此，饮食种类必须多样化，以保持合理均衡的营养比例，同时还能保证日常生理活动所需消耗的能量。其中必须包括的营养成分有蛋白质、碳水化合物、脂肪、矿物质和其他微量元素及维生素等。

四、野炊

（一）选择野炊位置

野炊位置通常应选择在隐蔽条件好，附近有良好水源，如背敌的山坡、沟坎、水渠、森林、居民地等，并且卫生状况良好，能够避开厕所、粪坑和化学沾染，有一定的地幅，便于展开和减小敌火力杀伤的地区。

（二）取火

1. 透镜取火法

用放大镜，如果没有放大镜可用望远镜或瞄准镜、照相机上的凸透镜代替，冬季还可用冰块磨制。在明亮的阳光下，通过透镜聚集太阳的光线，使之照射在准备好的引火物上，便可点燃引火物。用放大镜（凸透镜）透过阳光聚焦照射易燃的引火物（腐木、布中抽出的纱线、撕成薄片的干树皮、干木屑等）取火，为人所熟知。利用放大镜取火最为迅速的是照射汽油、酒精和枪弹的发射药或导火索，可在1～2秒内点燃引火物。另外，在手电筒反光碗的焦点上放引火物，再将反光碗向着太阳也能取火。

2. 枪弹引火法

取一枚子弹，先将弹丸拔出来，倒出三分之二的发射药，撒在干燥易燃的枯草或纸上，把弹壳空出来的地方塞上纸或干草，然后推弹壳入膛，用枪口贴近撒了发射药的引火物射击，即可引燃引火物取火。

3. 击石取火法

击石取火法是人类最早发明的取火方法。找一块坚硬而棱角锋利的石头做"火石"，上面垫上引火物，用小刀的背或小片钢铁向下敲击"火石"，使火花落到预先准备好的干燥的棉絮、纱线、草屑火种上。当火种开始冒烟时，缓缓地吹气或扇风，使其燃起明火。应当注意的是，石头击出的火花必须有一定的热量和持续时间才能点燃火种。

4. 钻木取火法

首先，找到合适的木材做钻板，干燥的白杨、柳树等都是不错的选择，因为它们的质地较软。再找到合适的树枝做钻头，相对较硬的一些就可以，条件不像钻板一般苛刻。然后，把钻板边缘钻出倒"V"形的小槽，最后，在钻板下放入枯树叶等易燃的引火物，以手用力钻动，或者用较硬木条向前推动，直到火星将引火物点燃。另外，还有弓弦钻木法（见图 9-1），就是用强韧的树枝或竹子绑上鞋带、绳子或皮带，做成一个弓。在弓弦上缠一根干枯的木棍，用它在一小块硬木上迅速地旋转。这样会钻出黑粉末，最后这些黑粉末会冒烟而生出火花，点燃引火物。

图 9-1 弓弦钻木法

（三）组织野炊

组织野炊时，指挥员应派出警戒，明确野炊的位置、方式、隐蔽伪装措施、时间、要求及注意事项。

锅灶设置可采取自备野炊灶、就地挖灶和就地垒灶三种方法。

（1）自备野炊灶：即使用自备野炊灶具有展开快、做饭快、撤收快的特点，但容易暴露目标，炊事人员行军负荷大。

（2）就地挖灶：可根据不同要求，分为散烟灶和蔽光灶，均由烧火槽、灶门、灶膛和烟道四大部分组成。构筑蔽光灶时应注意，灶门的大小要合理；烧火槽周围应用土加高，使之侧视不易看到火光；烧火槽上方可用就便器材遮盖，防止空中发现火光；烟道可只设置一条，但末端应用松土堵塞，防止火星外冒。

（3）就地垒灶：在冻土地等挖灶困难或来不及挖灶的情况下，可利用土、石块等就地垒灶。垒灶野炊时容易暴露目标，因此，应加强观察、警戒，随时做好战斗和转移位置的准备。

五、野外常见伤病的防治

（一）昆虫叮咬、蜇伤

在野外为了防止昆虫的叮咬，人员应穿长袖衣和裤。扎紧袖口、裤脚，皮肤暴露部位要涂擦防蚊药，不要在潮湿的树荫和草地上坐卧。宿营时，条件允许可烧点艾叶、青蒿、柏树叶、野菊花等驱赶昆虫。被昆虫叮咬后，可用氨水、肥皂水、烟油、盐水、小苏打水涂抹患处。如果被蝎子、蜈蚣、毒蜘蛛等毒虫蜇伤，伤口红肿、疼痒，并伴有恶心、呕吐、头晕等症状，要先挤出毒液，然后除用氨水、肥皂水、烟油等涂擦伤口外，还可将马齿苋捣碎，将汁冲服，渣打外敷；也可将蜗牛洗净捣碎涂在伤口上；此外，蒜汁对蜈蚣咬伤也有疗效。

蚂蟥是危害很大的虫类。遇到蚂蟥叮咬时，不要硬拔，可用手拍或用肥皂液、盐水、烟油、酒精滴在其前的吸盘处，让其自行脱落。然后压迫伤口止血，并用碘酒涂擦伤口以防感染。部队行进中，应经常查看有无蚂蟥爬到脚上。在鞋面上涂些肥皂、防蚊油，可防止蚂蟥上爬。涂一次的有效时间为4～8小时。此外，将大蒜汁涂抹于鞋袜和裤脚，也能起到驱避蚂蟥的作用。

（二）中暑

中暑是因为高温环境或受到烈日的暴晒而引起的疾病。连续大强度的野外活动会由于身体大量出汗、盐分流失过多，身体出现疲劳，而在水分得不到及时补充和降温的情况下发生中暑。其症状是突然头晕、恶心、昏迷、无汗或湿冷、面部潮红或苍白、瞳孔放大，发高烧。发病前，常感到口渴头晕，浑身无力，眼前阵阵发黑。

中暑处理方法：立即在阴凉通风处平躺，解开衣裤带，使全身放松，多喝含盐的凉开水，再服解暑药物，在头部和胸部冷敷。如果衣服被汗湿则应更换干衣服，如果昏迷不醒，可掐人中穴、合谷穴使其苏醒。对于中暑的预防，除了要带上一些治疗中暑的药品，同时应当注意行进中的遮阳及降温，可以将一块湿手巾顶在头上，适当多喝些水，适度敞开衣服或穿短衣裤。

（三）冻伤

冻伤的破坏由两方面造成，一是体液结冰破坏细胞，二是冻伤的组织阻碍局部血液循环造成血液淤积，最终导致大范围组织坏死。冻伤多是在不注意时发生的，因此有经验的人会有意识地活动脚趾手指，手脚有麻木感后立刻采取措施让麻木的肢体暖和过来。暴露皮肤的冻伤在有风时可以在不到一分钟内发生，刚冻伤的组织是白色（缺血）或紫红（瘀血）发硬的，因此同伴要经常相互检查。

冬天要注意保护好脚、手、耳朵等部位，以免被冻伤，手可以戴手套。脚部除了穿合适、保暖的鞋袜，还可以在脚尖处塞一点干辣椒，促进血液循环，耳朵可以用全罩式头套或头巾、连衣帽等包起来，以起到保暖作用。手脚轻微冻伤可以把其放在温暖的内衣里来处理。身体冻僵时，恢复冻伤部位的血液循环是救治的第一目标。因此不要立即抬进温暖的室内，应先摩擦肢体，做人工呼吸，待伤者恢复知觉后,再到较温暖的地方抢救。

(四)昏厥

昏厥俗称昏倒,昏厥是一时性脑缺血、缺氧引起的短时间意识丧失现象。野外昏厥多是由于摔伤、疲劳过度、饥饿过度等原因造成的。夏季在野外活动易发生热昏厥,主要表现为脸色突然苍白,脉搏微弱而缓慢,呼吸快而浅,可能伴有下肢和腹部的肌肉抽搐,甚至失去知觉。遇到这种情况,不必惊慌,先让患者躺下,一般过一会儿就会苏醒。患者醒来后要充分休息,多喝热水。

(五)扭伤

关节活动超出了正常范围,使关节周围的组织拉伤或撕裂称为扭伤。多发生在足、踝、膝、腰等部位。扭伤后活动受到限制,行动很不方便,会影响团队活动的顺利进行。因此,野外活动前应做好热身活动,在活动中注意力要集中,运动量要适宜,动作幅度要循序渐进,尽量避免扭伤的发生。

扭伤的主要症状是局部红肿、胀痛、活动功能障碍,皮下出血,可立即或在数小时后形成瘀血肿块。严重扭伤会伤及肌腱、神经等,影响运动技能。一般处理方法是先确定受伤程度(患部外观是否正常,如肌肤破裂、骨头外露或异常突出),然后根据 RICE 原则处理。Rest(休息):停止运动。Ice(冰敷):可抑制毛细孔的扩张,降低出血程度。Compression(包扎):有固定、止血的功能。Elevation(抬高):抬高患部。然后根据需要决定是否请医生来或送医院治疗。其中冰敷最重要,因为冰敷可以降低伤者疼痛的程度。

(六)溺水

溺水者面部肿胀,结膜充血,口鼻充满泡沫,肢体冰冷,昏迷。因胃内积水而上腹部胀大,甚至呼吸、心跳停止。一般的处理方法为:首先在溺水者脱离水后,立即打开口腔,清除口、鼻内的分泌物和其他异物,并松开裤带、领扣和衣服,迅速地进行倒水,然后迅速地施行人工呼吸;若心跳已停止,则必须同时进行胸外心脏按压。

(七)毒蛇咬伤

在我国已发现的毒蛇有 50 余种,常见的有 10 余种,在野外被毒蛇咬伤而死亡的发生概率在动物伤害中的比例是最高的。防止毒蛇咬伤的方法是进入草丛前应先用棍棒驱赶毒蛇;穿越丛林时应穿好长袖上衣,长裤及鞋袜,随时注意观察周围情况,及时排除隐患;遇到毒蛇不要慌张,应采用左、右拐弯的走动来躲避追赶的毒蛇,或者站在原处面向毒蛇,注意来势左右避开,寻找机会进行自卫。

被毒蛇咬伤的伤口处通常有两个较大和较深的牙痕;若无牙痕,并在 20 分钟内没有局部疼痛、肿胀、麻木和无力等症状,则为无毒蛇咬伤,只要对伤口清洗、止血、包扎即可。若有条件再送医院注射破伤风针。

被出血性毒蛇咬伤的主要症状是:伤口灼痛、局部肿胀并扩散,伤口周围有紫斑、瘀斑、水泡,有浆状血由伤口渗出,皮肤或皮下组织坏死、发烧、恶心、呕吐、七窍出血,有血痰、血尿、血压降低、瞳孔缩小、抽筋等。被咬后 6~48 小时内可能导致伤者死亡。

被神经性毒蛇咬伤的主要症状是:伤口疼痛、局部肿胀、嗜睡、运动失调、眼睑下垂、瞳孔散大、局部无力、吞咽麻痹、口吃、流口水、恶心、呕吐、昏迷、呼吸困难甚至呼吸衰竭。伤者可能在 8~72 小时内死亡。

通常,被毒蛇咬伤后 10~20 分钟后,其症状才会逐渐呈现。被咬伤后,争取时间是最重要的。首先需要找一根布带或长鞋带在伤口靠近心脏上端扎紧 5~10 分钟,以缓解毒素扩散。但为防止肢体坏死,每隔 10 分钟左右,放松 2~3 分钟。应用冷水反复冲洗伤口表面的蛇毒,然后以伤口为中心,用消过毒的小刀将伤口的皮肤切成十字形,再用两手用力挤压。

六、野外求救

当意外地陷入困境时，因地制宜地利用各种方法来求救，有时能取得良好的效果。

（一）利用声音求救

有时陷入低洼的地方、密林中、塌陷物内，或者遇大雾、暗夜等情况时，间断性地呼救是十分必要的。也可就地取材，利用哨声、击打声呼救。

（二）利用烟火、光求救

在大漠、荒岛、丛林等处遇险时，可点燃树枝、树皮、树叶、干草等，白天加湿，用烟作为求教信号；夜间用火，向可能获救的方向点三堆火，用火光传送求救信号。不过在森林中不可用点燃烟火的方法，以免引起森林大火，在森林中求救时通常用棍棒击打树干，最好是击打桦树，击打桦树时声音洪亮且传播极远。

另外，白天还可用镜子、眼镜、玻璃片等借阳光反射，向空中救援飞机发出求救信号，通常光信号可达约 20 千米的距离。

（三）利用求救信号求救

利用求救信号求救，就是利用当今高科技的一些产品发出求救信号。现代科学的发展，各种现代化的工具如手机、计算机、卫星电话等都可以十分方便快捷地发出求救信号。还有，最广为人知的是"SOS"国际通用的求救信号。如在草地、海滩、雪地等开阔地，可将青草割成"SOS"形状，或者挖出"SOS"形状、踩出"SOS"形状。"SOS"形状应尽可能大一些，醒目一些。

第五节　识图用图

一、地图的基本知识

地图是地球表面的缩写，它是按照一定的投影方法和比例关系，用特定的图示符号、颜色和文字注记，将地球表面的自然地理特征和社会经济要素，经过一定的制图综合，测绘于平面图纸上的图。

（一）地图的特点

1. 有一定的数学法则

地球是一个极不规则的自然球体，它的表面是一个复杂的、起伏不平的曲面。而地图则是一张平面图纸，要把这个曲面展绘成平面图形，就必须通过一定的数学法则（采用适当的投影方法和一定的比例关系）才能将地球表面的自然和社会现象描绘到平面图纸上，这样才能在地图上进行长度（距离）、角度、高度、面积和坐标等的量读和计算。

2. 有特定的图示符号

地面上的物体种类繁多，形状、大小不一，有些物体能依比例表示，有些物体不能依比例表示，有些是无形事物，为了将其恰当地表示在地图上，就必须采用特定的图示符号，才能使地图清晰醒目，便于识别和使用。

3. 有规定的颜色

地球表面各种物体的自然色彩是十分丰富的，由于技术等原因，在地图上不可能原模原样地表示出来，为了增强地图的地理景观和艺术感，规定在地图上以与自然相类似的颜色表示。例如，森林用绿色，水系用蓝色，地貌用棕色等。

4. 有规定的文字、数字注记

物体的名称、质量和数量等，在实地有的是看不见的，在地图上用符号也是难以表达的，为了提高地图的表现力和使用价值，在地图上以规定的字体和大小，用文字和数字予以注明，使看不见的现象变成看得见的实体。

5. 经过一定的制图综合

由于地球表面的自然和社会现象是无穷的，测绘时，不可能也没有必要全部表示在地图上，因此，制图时就必须按照制图规范，对那些数量较多的物体，按其重要程度进行取舍；对那些形态比较复杂的物体，按其质量状况进行简化，以保证地图更加清晰易读，这种方法称为地图综合。

（二）地图的种类

根据地图显示内容的不同，地图可分为普通地图和专门地图两大类。

1. 普通地图

普通地图就是人们常见的通用的地图。它综合地反映地球表面地理景观的外貌，比较全面地表示自然条件、社会经济要素，以及人类改造自然的成果。普通地图一般表示的内容有水系、居民地、道路、地貌、土壤植被、境界，以及经济现象、文化标志等；其具体内容的详简程度，则由地图的比例尺决定。

地形图是按一定的比例尺表示地物、地貌平面位置、形状和高程的正射投影图。地形图是普通地图的一种，它是国家经济建设、国防建设和军队作战、训练不可缺少的重要地形资料。根据需要和用途，每个国家都有自己的比例尺系列，并且具有很强的连续性。我国地形图比例尺系列为1∶1万、1∶2.5万、1∶5万、1∶10万、1∶20万、1∶50万和1∶100万七种。

1∶1万、1∶2.5万比例尺地形图为实测图，显示内容详细、准确。对重要城市和要塞、基地、重点设防地区和可能的预设战场测制。它们主要供团以下分队研究地形和组织战斗时使用，另外，还用于国防工程设计和国家经济建设勘察、设计。

1∶5万比例尺地形图也是实测图，是师、团两级组织训练和指挥作战的基本用图。在地图上可以进行量测和计算，确定炮兵射击诸元等。

1∶10万比例尺地形图多数为编绘图，少数地区，如草原、戈壁地区是经实地调查测绘的。它主要供装甲、机械化部队和师、集团军指挥机关组织战斗时使用，还可供炮兵射击、空降兵选定着陆场使用。它也是合成军队的基本用图。

1∶20万、1∶50万比例尺地形图主要供集团军以上的指挥机关编制战役计划、研究兵力部署、指挥陆空大兵团协同作战时使用。

1∶100万比例尺地图主要供陆海空军及战略导弹部队研究战役方向，进行战略、战役规划和部署，解决战略、战役方面的作战任务时使用。

2. 专门地图

专门地图又称专题地图或主题地图。它是以普通地图为底图，着重表示某一个专题内容的地图，如地质图、地貌图、水文图、人口图、交通图、历史图等。随着国民经济建设、国防建设和科学文化日益增长的需要，专题地图的内容越来越广泛，品种越来越多。

（三）图上距离的量算

在地图的使用中，经常需要量算图上距离，量算方法有以下几种。

1. 用直尺量算

用直尺量算距离时，先用米尺从地图上量取所求两点间的长度，然后乘以该图比例尺分母，即得相应的实地水平距离。

2. 在直线比例尺上比量

在直线比例尺上量距离时，先用两脚规（或直尺、纸条）量出两点间的长度，并保持其弧度，再到直线比例尺上比量，比量时，先使两脚规的一脚落在尺身的整千米数上，再使另一脚落在尺头上，即可直接读出两点间实地水平距离。

3. 用里程表量读

在地图上量取弯曲路段或曲线距离时，使用指北针上的里程表比较方便。量读时，先使指针归0（指针对准盘内0处），然后手持里程表，将滚轮放在起点上（使指针按顺时针方向），沿所量线段滚至终点，指针在相应比例尺分划圈上所指的千米数即所求实地距离。

4. 坡度改正

在地图上测两点间的距离，都是水平距离，而实地总是起伏不平的。因此，实际距离往往大于水平距离。也就是说，实际距离与水平距离之间有一个差值，将其差值尽量缩小，使之更接近实地距离，称为坡度改正。

计算实地距离的公式是：实际距离=水平距离+水平距离改正数。例如，从地图上量得山地两点间水平距离为5千米，如改正比为20%，则实地距离为5（千米）+5（千米）×20%=6（千米）。在实际应用中，为加快作业速度，可根据地形类别采用经验法进行坡度改正；一般在平原地形参照10%～14%；丘陵地形参照15%～19%，山地地形参照20%～30%。

（四）地物符号

地面上的地物，在地图上是用统一规定的符号并结合注记表示的，这些规定的图形符号称为地物符号。它是构成地图的重要因素，是地图的语言。

1. 地物符号的图形特点

地物符号的图形，依其形状，主要有以下3个特点。一是图形与地物的平面形状相似。一般用以表示实地较大的地物，如居民地、森林、河流、湖泊等。二是图形与地物的侧面形状相近。这类符号的图形与地物的侧面形状相近，所以称为侧形图形，一般用以表示实地较小的独立地物，如突出树、烟囱、水塔等。三是图形与地物的有关意义相应。这类符号的图形是按照会形、会意的方法构图的，所以称为象征图形，具有形象和富有联想的特点，如变电所、矿井、气象台（站）等。

2. 地物符号的分类

按符号与实地地物的比例关系，地物符号可以分为四类。

（1）依比例尺符号（又称为轮廓符号）。这类符号一般用于表示实地面积较大的地物，如大居民地、森林、江河、湖泊等，其外部轮廓是按比例尺缩绘的，内部文字注记是按配置需要填绘的。在地图上可了解其分布、形状和性质，量算出相应实地的长、宽和面积。

（2）半依比例尺符号（又称为线状符号）。这类符号一般用于表示实地的窄长线状地物，如道路、土堤、通信线等，其转折点、交叉点位置是按实地精确测定的，其长度是按比例尺缩绘的，而宽度不是按比例尺缩绘的。因此，在地图上只能量测位置和相应的实地长，而不能量取宽度和面积，地物的转折点、交叉点可作为方位物和明显目标。

（3）不依比例尺符号（又称为点状符号）。这类符号一般用于表示实地上一些对部队战斗行动有影响或有方位意义的地物，如突出树、亭、塔、油库等，因其实地面积较小，不能按比例尺缩绘，只能用规定的符号表示。在地图上可了解实地地物的性质和位置，但不能量取大小。

(4) 说明和配置符号。主要用来说明补充上述 3 种符号不能表示的内容。说明符号是用来说明某种情况的，如表示街区性质的晕线，表示江河流向的箭头等。配置符号是用来表示某些地区的植被及土质分布特征的，如草地、果园、疏林、道旁行树、石块地等。说明和配置符号只表示实地地物的分布情况，并不表示地物的真实位置和数量。

二、地貌判读

地貌主要是指地球表面高低起伏的变化形态，如山地、丘陵地、平原、谷地等，它和水系一起是构成地图上其他要素的自然基础。

（一）等高线

等高线是由地面上高程相等的各点连接而成的曲线。用等高线表示地貌，能精确地反映地面的高低、斜坡形状和山脉走向。

1. 等高线表示地貌的特点

第一，在同一条等高线上各点的高度相等，每条等高线都是闭合曲线。第二，在同一幅地图上或同一等高距的条件下，等高线多，山就高；等高线少，山就低；凹地则与此相反。第三，在同一幅地图上或同一等高距条件下，等高线间隔密，实地坡度陡；等高线间隔稀，实地坡度缓。第四，地图上等高线的弯曲形状与相应实地地貌形状相似。

2. 等高距的规定

相邻两条等高线间的实地垂直距离称为等高距。等高距的大小，在很大程度上决定地貌表示的详略，等高距越小，等高线越多，地貌表示得就越详细；等高距越大，等高线越少，地貌表示得就越简略。

3. 等高线的种类和作用

等高线按其作用不同，分为以下 4 种。

一是首曲线，又称为基本等高线，是按规定的等高距，由平均海水面起算而测绘的细实线，线粗 0.1 毫米，用以显示地貌的基本形态。

二是计曲线，又称为加粗等高线，规定从高程起算面起，每隔 4 条首曲线（即 5 倍等高距的首曲线）加粗描绘一条粗实线，线粗 0.2 毫米，用以数计地图上等高线与判读高程。

三是间曲线，又称为半距等高线，是按二分之一等高距描绘的细长虚线。用以显示首曲线不能显示的某段微型地貌，如小山顶、阶坡或鞍部等。

四是助曲线，又称为辅助等高线，是按四分之一等高距描绘的细短虚线。用以显示间曲线仍不能显示的某段微型地貌。

间曲线和助曲线只用于局部地区，所以它不像首曲线那样一定要各自闭合；除描绘山顶和凹地的曲线各自闭合外，表示鞍部时，一般只对称描绘，并终止于适当位置；表示斜面时，一般终止于山脊两侧。对于独立山顶、凹地及不易辨别斜坡方向的等高线还要绘出示坡线。示坡线是与等高线相垂直的短线，是指示斜坡的方向线，绘在曲线拐弯处，其不与等高线连接的一端指向下坡方向。

（二）地貌识别

1. 山的各部形态

地貌的外表形态尽管千差万别，多种多样，但它们都是由某些基本形态组成的，这些基本形态是山顶、凹地、山背、山谷、鞍部和山脊等，若能熟识这些基本形态，则识别等高线图就比较容易了。

（1）山顶、凹地

山的最高部位称为山顶。山顶依其形状可分为尖顶、圆顶和平顶 3 种。比周围地面低下，且经常无水的低地，称为凹地。大面积的低地称盆地，小面积的低地称凹（洼）地。

(2) 山背、山谷

山背是从山顶到山脚的凸起部分，很像动物的脊背。下雨时，雨水落在山背上向两边分流，所以最高凸起的棱线又称为分水线。山谷是相邻山背、山脊之间的低凹部分。由于山谷是聚水的地方，因此最低凹入部分的底线又称为合水线。

(3) 鞍部、山脊

鞍部是相连两山顶间的凹下部分，其形如马鞍状，故称鞍部。山脊是数个山顶、山背、鞍部相连所形成的凸棱部分。

各种山地形态等高线图如图9-2所示。

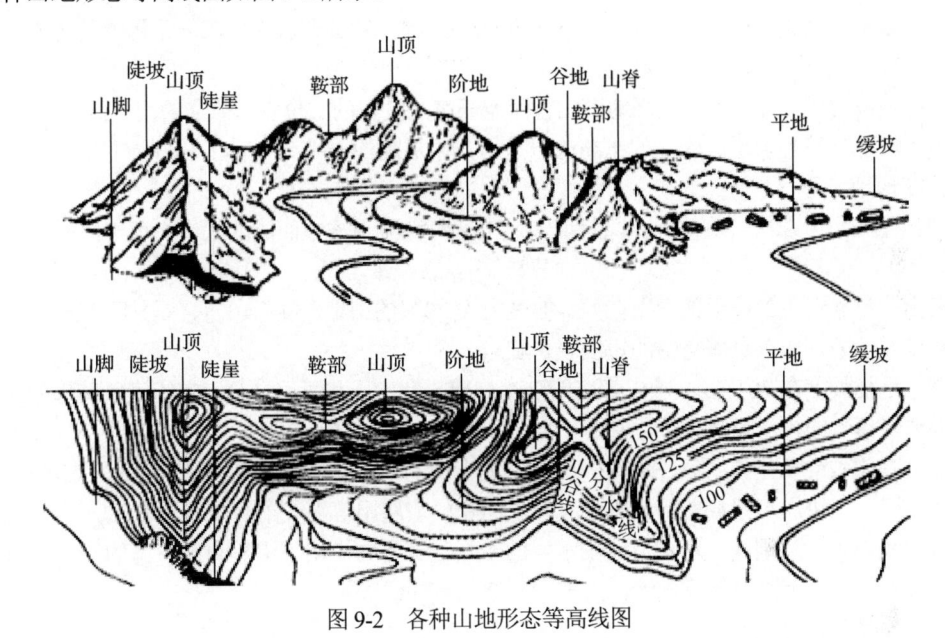

图 9-2 各种山地形态等高线图

2. 斜面和防界线

(1) 斜面

斜面是指从山顶到山脚的倾斜部分，又称为斜坡。军事上以敌对双方占领地区为准，把朝向对方的斜面称为正斜面；背向对方的斜面称为反斜面。斜面按其起伏形状分为等齐斜面、凸形斜面、凹形斜面和波形斜面4种。

等齐斜面是指实地斜面的坡度基本一致，全部斜面均可通视，便于发挥火力。凸形斜面是指实地斜面的坡度上缓下陡，斜面部分地段不能通视，形成观察、射击的死角。凹形斜面是指实地斜面的坡度上陡下缓，全部斜面均可通视，便于发挥火力。波形斜面是上述3种斜面的组合斜面，实地斜面的坡度交叉变换，陡缓不一。斜面的若干地段不能通视，形成观察、射击的死角较多，但便于组织多层火力配置。

(2) 防界线

防界线通常是斜面上凸起的倾斜变换线。在防界线上能展望其下方的部分或全部斜面，利于构筑射击阵地和观察所。

3. 地貌符号

用等高线表示地貌的方法虽然比较科学，但它毕竟是一种相当简化的曲线图形，由于地貌形态复杂多变，无论等高距选择得是否正确，描绘得又如何精细，它都不可能逼真地反映地形的全貌，在等高距之间总有显示不出的微小地貌，这是等高线本身无法克服的缺点，因此，还必须采用地貌符号，才能弥补等高线的不足。地貌符号主要有3种。

(1) 微型地貌符号

山隘：是道路通过鞍部隘口的地方。重要的隘口除绘以符号外，还注有能通行的时间。

山洞（溶洞）：是石灰岩地区的重要标志之一，由于地下水的溶蚀作用而形成地下洞穴，虽然洞口不大，但洞内体积一般都很大，在军事上具有重要的价值，可作为天然大仓库，也可作为防原子、隐蔽兵力的重要场所。地图上以山洞符号的点表示洞口的真实位置，同时还注有洞口的最短直径和洞深。

溶斗：是石灰岩地区受水溶蚀而形成的漏斗式小凹地，底部有透水窟窿的采用该符号表示。黄土地区的溶斗也用此符号，但均注记有"土"字。

岩峰：是高耸于山岭、山坡或平地上的柱状岩石，是良好的方位物。孤立的用"孤峰"符号表示，成群的用"峰丛"符号表示，峰丛的比高注记是指其中最高的岩峰。

(2) 变形地符号

冲沟：是在土质疏松、植被稀少的斜坡上，由暂时性流水冲蚀而成的大小沟壑，它是黄土地形的典型地貌。

陡石山：是岩石大部或全部裸露在外，坡度大于70°的山地，陡石山符号是按照光线法则，以断续的山脊线表示岩顶，以纵横交错的短线表示陡岩。

陡崖：是指坡度在70°以上难以攀登的陡峭崖壁。有土质和石质之分，实线表示陡崖的上缘，虚线表示斜坡降落方向，一般都注记比高。

崩崖：是山坡受风化作用后，岩石碎屑从山坡上崩落下来的地段。地图上用密集的小圆点表示沙土质崩崖，用三角块加小圆点表示石质崩崖，大面积的崩崖用等高线配合表示。

滑坡：是斜坡表层因地下水（或地表水）的影响，在重力作用下沿着斜坡下滑的地段。滑坡的上缘用陡崖符号绘出，范围用点线描绘，内部用断续的等高线表示。

(3) 土质特征符号

一般可以分为沙地、石块地、盐碱地、小草丘地、残丘地和龟裂地等。

(三) 高程和高差判定

在地图上判定高程和高差是根据等高距和高程注记进行的，要做到迅速、准确，就必须掌握判定的方法。

1. 高程的判定

首先查明本图的等高距，并在判定点附近找出控制点或等高线的高程注记；其次据判定点与已知高程注记的关系位置，向上或向下数等高线，并加（减）等高距；最后根据判定点所在的位置判定其高程。

2. 高差的判定

判定两点的高差时，应先分别判定两点各自的高程，然后两数相减，即得高差。

(四) 地面起伏和坡度判定

1. 地面起伏的判定

在地图上判定战斗行动区域或行进方向上的起伏状况时，首先应根据等高线的疏密情况、高程注记、河流的位置和流向，判明各山脊的分布状况和地形总的下降方向，再具体分析山顶、鞍部、山脊、山谷的分布，详细判明起伏状况。其判定根据如下。

一是根据等高线的疏密。在地图上，一般是高处，坡陡，等高线密；低处，坡缓，等高线稀。二是根据高程注记。高程点高程递增的为上坡方向，递减的为下坡方向；等高线的高程注记，字头朝向上坡方向。三是根据示坡线。示坡线与等高线相连接的一端是上坡方向，另一端指向下坡方向。四是根据河流符号。地图上河流符号多数由细渐粗，大的河流还绘有流向符号，从而能判断出河的上下游，明确倾斜方向；当一组等高线在河流一侧时，靠近河流的等高线低，远离河流的等高线高；当一组等高线横穿河流时，上游的等高线是上坡方向，下游的等高线是下坡方向。五是根据山的各部形态判定。山顶高，鞍部低；山背高，山谷低；山脊高，山脚低；山地高，平原洼地低等。具体判定时，应根据上述方法，逐片逐段地进行。

2. 坡度的判定

在地图上判定坡度时，常用的有坡度尺量算和等高线间隔计算两种方法。

三、现地判定方位

现地使用地图，就是将地图与现地地形一一对应，以便分析地形情况，按实际地形计划、组织行动，充分发挥地图的作用。现地使用地图，首先要判定方位，即判明站立点的东、西、南、北方向，以便明确站立点与周围地形和敌我的位置关系。现地判定方位的方法如下。

（一）利用指北针判定

判定方位时，将指北针平放，待磁针完全静止后，磁针北端所指的方向就是北方。如果测定方位的人面向北方，则他的背后是南，右边是东，左边是西。

（二）利用太阳判定方位

选择一平整的地面，在地面上立一根细直的长杆，在太阳的照射下就会出现一个影子，并将影子标示在地面上，等待片刻（10～20 分钟），再标出影子的新位置，然后过两个影子的端点连一直线，此直线就是概略的东西方向线。如何判定东、西方向呢？由于太阳东出西落，其影子则沿相反方向移动，因此第一个影子就是西，第二个影子必是东，根据已知的东西方向线，在其上任选一点作垂线，这条垂线大体就是南北方向线。

利用太阳和手表判定方位的口诀是：时数折半对太阳（每天以 24 小时计算），"12" 指的是北方。如在 14 时 40 分，应以 7 时 20 分对准太阳，手表上 12 所指的方向就是北方。注意此方法适用于当地经度，例如，北京标准时间是以东经 120°经线的时间为准，如在远离 120°经线的地方判定方位时，应将北京时间换算成当地时间。如果在北回归线（北纬 23°26′）以南地区的夏季，因太阳垂直照射，不宜采用此方法。

（三）利用北极星判定

北极星位于正北天空，因北极星较暗，故通常根据北斗七星（大熊星座）或 W 星（仙后星座）来寻找。北斗七星勺头两星连线，向勺口方向延长，约在两星间隔的 5 倍处，有一颗较明亮的星就是北极星。在仙后星座 W 字母的缺口方向，缺口宽度两倍处的那颗星就是北极星。

（四）利用自然特征判定方位

有些地物因受阳光、气候等自然条件的影响，形成带有方向性的特征，因而可以用来概略地判定方位。通常情况下，树木南面枝繁叶茂，树皮光滑，而北面枝叶稀少，树皮粗糙。独立大树砍伐后，树上的年轮通常北面间隔小，南面间隔大。通常土堆、土堤、建筑物等突出物的南面干燥，春草早生，冬雪早化；北面则潮湿，夏长青苔，冬存积雪。凹陷物体、林中空地的特征与此相反。还有我国北方较大庙宇、宝塔的正门朝南，农村房屋的门窗也多朝南开。总之，只要平时多观察，各地都有许多判定方位的地物特征。

四、地图与现地对照

地图与现地对照就是将地图上的各种符号和等高线图形与相应的实地地形对应起来。通常，地图与现地对照包括标定地图、确定站立点和现地对照地形3个步骤。

（一）标定地图

标定地图就是使地图与实地的方位一致，标定地图的方法有以下几种。

1. 概略标定

先在实地判定方位，方位确定后，将地图的上方对向实地的北方，地图就已经标定好了。

2. 用指北针标定

在地图上下的内图廓线上，有 p′（磁南）、p（磁北）两个小圆点，它们的连线就是磁子午线。先用指北针的直尺切于地图磁子午线，并使准星的一端朝向北图廓，然后水平转动地图，使磁针的北端对准指标，地图就标定好了。

3. 利用直长地物标定

首先在地图上找到铁路、公路、电线等直长地物符号，概略对照直长地物两侧地形，然后使地图与现地的关系位置概略相符，再转动地图，使地图上的直长地物符号与现地的直长地物方向一致，地图就标定好了，如图9-3所示。

4. 利用明显地形点标定

首先确定站立点在地图上的位置，再从远方选定一个现地和地图上都有的明显地形点，如山顶、独立地物等，用直尺切于地图上的站立点和该地形点上，然后转动地图，使直尺边对准远方实地地形点，地图就标定好了，如图9-4所示。

图9-3 利用直长地物标定　　　　图9-4 利用明显地形点标定

5. 利用北极星标定

标定时面向北极星，并使地图上方概略朝向北方，然后使东（西）内图廓瞄线对准北极星，地图就标定好了。

（二）确定站立点

现地标定地图后，为实现现地对照，需准确判定自己在地图上的位置。由于实际地形情况的不同，通常有以下几种确定站立点的方法。

1. 目测确定（站立点在明显地形点上）

当站立点在明显地形点上时，从地图上找到该地形点的符号，就是站立点在地图上的位置。当站立点在明显地形点附近时，先标定地图，然后根据站立点与明显地物的相互位置关系，判定出站立点在地图上的位置。

2. 利用截线法确定（站立点在线状地物上）

当站立点位于道路、河渠等线状物上时，首先标定地图，并在线状物的一侧选择地图上和现地都有的明显地形点，然后将直尺边切于地图上该地形点上，向现地地形点瞄准并画方向线，方向线与线状地物符号的交点，就是站立点在地图上的位置，如图9-5所示。

3. 利用后方交会法确定（站立点附近无明显地形）

首先标定地图，在远方选择两个地图上和现地都有的明显地形点，将直尺分别切于地图上两个明显地形点符号的定位点上，再依次瞄准现地的相应地形点，并向后画出方向线，两方向线的交点就是站立点在地图上的位置，如图9-6所示。

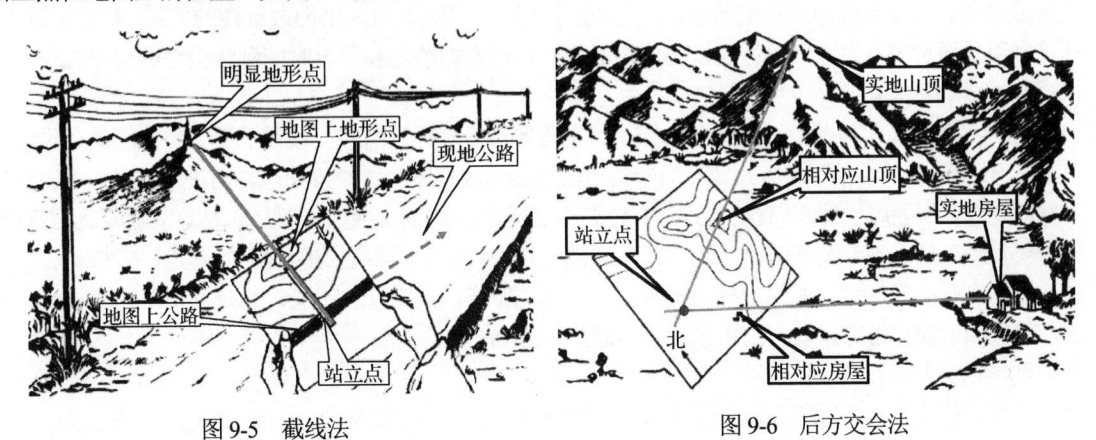

图9-5 截线法

图9-6 后方交会法

4. 利用磁方位角交会法确定（站立点位于不便于找准目标的位置）

以丛林为例，先攀上便于通视远方的树上，在远方选定现地和地图上都有的两个明显地形点，分别测出到这两个点的磁方位角，然后在树下近旁标定地图。先将指北针直尺边分别切于地图上的相应地形点的定位符号，并转动指北针，使磁针北端指向所测得的相应的磁方位，并沿尺边分别画方向线，两方向线的交点就是站立点在地图上的位置，如图9-7所示。

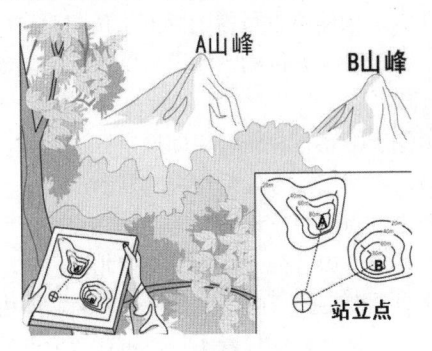

图9-7 磁方位角交会法

（三）现地对照地形

现地对照地形就是使地图上各种地物、地貌和现地一一对应找到，一般包括3个意义：一是现地和地图上都有的地形目标要对应找到；二是现地有而地图上没有的目标要能确定其地图上的位置；三是地图上有而现地没有的，应确定出原来的位置。

现地对照地形，一般在标定地图和确立了站立点的基础上进行。其顺序是：先主要方向，后次要方向；先对照大而明显的地形，后对照一般的地形；由左至右（或相反），由近及远；从地图上到现地，再从现地到地图上；以大带小，由点到面，逐段分片进行对照。

现地对照地形，主要根据站立点与目标点的方向、距离、特征、高程及目标与其附近地形的关系位置，分析比较，反复验证。对照时，通常采用目估法，必要时可借助于观测器材。当地形重叠不便观察时，应变换对照位置或登高观察对照。

五、按地图和方位角行进

（一）按地图行进

按地图行进是识图用图中最重要、应用最广泛的一个课题，也是用图最过硬的本领。按地图行进，就是利用地图选定行进路线，并通过与现地对照，按选定的路线和规定时间到达指定的地点。

1. 行进前的准备

行进前要认真在地图上做好准备工作，特别是要选择好行进路线。通常，要先将选下的行进路线（起点、转折点和终点等）和方位物，用彩色笔醒目地标绘在图上，并按行进方向进行编号，以便行进中对照检查，必要时还要专门绘制行军路线略图。其基本要领是做到：一选、二标、三量算、四熟记。一是要根据敌情、地形和任务，选定一条最佳的行进路线。二是将选定路线上的起点、转折点、终点和方位物进行编号，并在地图上标绘出来。三是量测距离，换算行进时间。四是熟记沿途的村镇、河流、桥梁和岔路口等方位物，力求做到图在脑中，未到先知。

2. 行进的要领

一般行进有徒步、乘车和越野等方式，因此在行进过程中要准确把握行进要领。一是行进前要认真做好图上准备，就是根据任务，在图上研究选定行进路线。二是行进时要做到三明，即方向明、路线明、位置明。三是遇到有变化的地形时，根据变化规律，及时进行分析判断。四是夜间行进时，力求做到三勤，即勤看图、勤对照和勤观察。五是乘汽车行进时，应根据行进速度，随时标定地图，不间断对照方位物，及时掌握行车里程和速度。

（二）按方位角行进

按方位角行进就是使用指北针，依地图上量得的磁方位角和距离而行进的方法。按方位角行进是按地图行进的一种辅助方法，常用于缺少方位物的沙漠、草原、山林地等地形上，以及浓雾、风雪和夜间等不良天候条件下的行进。

按方位角行进前，应先在地图上准备行进资料，即选定行进路线，测定各线段的磁方位角，量取各段的实际距离并换算行进时间，绘制按磁方位角行进的要图。

按方位角行进要领：首先在出发点上标定地图、确定站立点、查明到达下一点的磁方位角、距离和时间，并记住沿途重要地形和下一点的特征。然后手持指北针，转动身体，使磁针北端指向到第二点的方位角密位数，这时，由照门至准星的方向，就是行进方向，即可照此方向计时出发。

行进时需要在该方向线上寻找目标点，如果看不见，可在该方向线上选一辅助方位物，然后按此方向行进。一般越野行进采用照直行进，也可记准方向，选择便于通过的道路到达该点。以后路程按上述方法逐一实施。行进中，要随时保持行进方向，记清行进时间，直至到达终点。

按方位角行进时应注意：第一，沿途的方位物要多些，夜间应选高大、透空、发光或反光的可见目标；第二，集体行进时，应明确分工，指定专人记录时间，掌握方向，数记复步；第三，在起伏较大的地段行进时，应注意调整步幅；第四，走完预定距离，未找到方位物时，一般在这段距离的 1/10 半径内寻找方位物；第五，到达终点后，须按原路线、原方位角换算成反方位角再按上述要领返回起点。

第六节 电磁频谱监测

电磁频谱监测是运用监测设备和技术手段对空中无线电信号的频谱特征参数进行的测量。电磁频谱监测是对电磁频谱实施科学管理的技术保证，是电磁频谱管理工作中不可缺少的一个重要手段，并为干扰协调提供技术依据，为战时电磁态势发布提供基础数据支持。

其目的是从技术上确保国家、军队电磁频谱管理条例的贯彻执行，维护空中电波秩序，防止有害干扰，确保各种用频装备正常运行，使有限的频谱资源得到合理的、科学的、有效的开发利用。按照监测的频段不同，一般可分为短波监测、超短波监测、微波监测、卫星频段监测等，按照监测的任务不同，可分为常规监测、电磁环境监测和战场频谱监测等。

一、电磁频谱监测的基本知识

（一）电磁频谱监测概述

1. 电磁频谱监测的概念

电磁频谱监测是指通过对空中无线电信号进行扫描，搜索及监视、分析，实现对频谱占用情况的统计、分析和信号的识别及频谱参数（频率、频率误差、射频电平、发射带宽、调制度等）的测量。换言之，频谱监测是指探测、搜索、截获无线电信号，对信号进行分析、识别、监视并获取其技术参数、工作特征和辐射源位置等技术信息的活动。它是有效实施电磁频谱管理的重要手段和依据，也是电磁频谱管理的重要分支。

2. 电磁频谱监测的分类

根据不同的分类标准，电磁频谱监测有不同的分类方法。

按工作频段划分，电磁频谱监测可分为长波监测、中波监测、短波监测、超短波监测、微波监测等，凡是军用用频装备工作的频段，也是开展频谱监测的频段。在很长的时间内，频谱监测主要是在短波和超短波展开的，到目前为止，这两个频段仍然是频谱监测的主要频段，随着微波频段军用通信装备的日益增多，微波监测在频谱监测中也日益占有重要的地位。

按频谱监测的技术参数划分，通常分为无线电技术监测和无线电方位监测。

按频谱监测设备是否移动及运载平台的不同，可分为固定监测站、移动监测站及可搬移监测站等。

按监测任务的不同分为常规监测、电磁环境监测和特种监测。

3. 频谱监测的特点

频谱监测是获取被测无线电信号技术信息的重要手段，它依赖被测用频台站辐射的信号获取有关技术信息，而频谱监测设备本身不需要辐射电磁信号。与其他设备工作方式相比，这种方式具有以下特点。

（1）监测覆盖范围对电波传播等特性依赖性强。频谱监测的距离与被测辐射源的辐射功率、电波传播条件及频谱监测设备的灵敏度等因素有关。在短波、超短波频段采用地面波传播的条件下，监测距离一般在几千米到几十千米，在短波采用天波传播的条件下，频谱监测距离可达几百千米到几千千米。对于卫星通信而言，频谱监测距离可达上万千米。

（2）隐蔽性好。频谱监测设备不辐射电磁波，不易被敌方利用无线电侦察设备发现。

（3）实时性好。监测设备可以长时间不间断地连续工作，只要辐射源发射信号并在我方监测设备的作用范围（包括地域、空域、频域）之内，就能及时地被发现，因此，这种监测方式是实时的。另一方面，由于信号处理技术与计算机技术在监测设备中的广泛应用，对信号分析处理的实时性大大提高。

（4）受被监测辐射源的工作条件制约大。被监测辐射源的工作条件包括被监测无线电设备的性能、辐射信号格式、电波传播条件、通信联络时间、应用场合等。如果我方监测设备不具备监测信号所需要的条件，则无法监测。

（5）对搜索速度要求高。频谱监测要在很宽的频段内对大量的无线信号进行搜索测量，而很多无线信号是不断变化的，因此，频谱监测必须具有很高的速度，否则监测结果无法真实反映频谱的使用情况。

（二）电磁频谱监测内容

从广义上讲，电磁频谱监测的基本内容包括无线电技术侦察（或称无线电技术监测）、无线电测向（或称无线电方位监测）、无线电定位三部分。

电磁频谱监测的主要内容是，通过采用先进的频谱监测测试仪表和设备探测、搜索、截获无线电信号，对信号进行测量、统计、分析、识别、监视，以及对正在工作的用频台站测向和定位，获取用频台站位置、通信方式、通联特点、网络结构和属性等技术信息。电磁频谱监测主要对用频台站发射的基本参数，如频率、场强、带宽、调制等指标系统进行测量，对声音信号进行监听，对发射标识进行识别确定，对频率利用率和频道占用度进行统计，对干扰源测向定位，排除干扰，查处非法电台和非核准电台，保证通信业务的安全可靠。电磁频谱监测按任务区分主要包括常规监测、电磁环境监测和特殊监测。

1. 常规监测

常规监测是指监测站日常工作中的各项监测活动，即按频率指配表监测已核准电台的有关参数，并建档存库。通过常规监测，发现有关参数发生变化则可判断出现异常情况或出现不明电台，或者核准电台的使用状态发生变化，常规监测内容如下。

（1）监测已核准的无线电台站的发射参数，检查其工作是否符合批准的技术条件和要求。系统地测量无线电台站的使用频率、频率偏差、信号场强、谐波和其他杂散发射，发射信号的调制度；测量无线电频谱的占用情况（频道占用度和频段占用度）；监测无线电台的操作时间表和经营业务是否符合电台执照的规定。

（2）对各种干扰信号进行监测并分析，确定干扰源。测量和识别干扰信号；测量干扰信号的有关参数，进行无线电测向定位，确定干扰台站。

（3）监测无线电频谱的使用情况，为频谱资源的开发、频率规划和指配提供技术依据。

（4）监测不明无线电台的发射行为，对违反国际电信公约和无线电规划及《中华人民共和国无线电管理条例》中规定的发射行为实施频谱监测。

（5）对水上和航空安全救险业务专用频率实施保护性监测。

2. 电磁环境监测

电磁环境监测是指按照频谱管理机构的要求，对指定区域的电磁环境进行的监测活动，也称为电磁环境测试。随着信息产业的飞速发展，城市的电磁环境越来越复杂，各个频段的背景噪声不同程度地提高。准确地掌握有关数据，对有效实施电磁频谱管理，合理地选择台址，保证无线电业务的正常秩序将提供有力的帮助。其主要内容如下。

（1）用频台站选址的电磁环境监测。
（2）工业、科技、医疗及其他辐射电磁波的非用频装备的电磁辐射的监测。
（3）城市电磁背景噪声的监测。
（4）有害干扰的查找监测。

3. 特殊监测

特殊监测是指根据国家或军队的重大任务进行的监测活动，如国际监测、重大任务监测等。其主要监测内容如下。

（1）监测我国在国际电联登记注册的频率是否受到国外无线电台的干扰。我国已在国际电联登记了 3 万多条频率，为了保护我国频率使用权益，必须经常查阅国际电联频率登记会的周报（现已改为无线通信部门周报）上公布的其他国家拟登记（提前公布资料）的频率，如果发现与我方频率使用有矛盾，或者我国频率受到有害干扰，则应向国际电联或有关国家主管部门提出干扰申诉，这样国外电台在国际电联审查时，就会得到不合格的结论。

（2）对于国际电联或有关国家申诉的，涉及我国干扰别国频率使用问题的，要通过频谱监测及时排除。收到别国申诉后，应根据申诉的内容进行监测，确定干扰源，再根据国际电信公约和国际无线电规则并结合我国实际情况进行处理。之后，将处理意见函复国家无线电主管部门或国际电联。

（3）与有关国家进行联合监测，消除边界区域的无线电干扰。
（4）执行国家、军队重大科学实验和无线电管制的监测，如神舟飞船的发射。
（5）执行各类突发事件中的电磁信号监测。
（6）执行战场电磁频谱监测。

（三）频谱监测基本环节

在无线电辐射过程中，无线电系统内的发射机向空间辐射载有信息的无线电信号，而作为通信对象的接收机，则从复杂的电磁环境中检测出有用的信息。这种开放式的发射和接收无线电信号的特点是实施频谱监测的基础。频谱监测涉及用频台站工作的所有波段，所有无线电系统体制和工作方式。

频谱监测的实施应包括技术措施和对监测装备的应用两个方面。频谱监测装备是实施频谱监测的物质基础，而合理地组织和运用，可以更加充分地发挥监测装备的作用。

频谱监测的内容和步骤是随着监测设备技术水平的不断提高而变化的。随着科学技术的迅速发展，现代战争中的军事通信大量采用快速通信技术、加密技术、反侦察抗干扰技术等各种先进通信技术。为适应这种变化，现代的频谱监测已转变为以监测无线电信号的技术特征为主。下面对现代频谱监测过程中的基本环节加以阐述。

1. 对无线电信号的搜索与截获

由于无线电辐射源发射的无线电信号是未知的，或者通过事先监测已知无线电辐射源某些信号频率而不知其工作时间的，因此，需要通过搜索寻找，以发现无线电辐射源发射的无线电信号是否存在及是否有新出现的无线电信号。截获无线电信号必须具备 3 个条件。

一是频率对准，即监测设备的工作频率与被测无线电信号频率要一致；二是方位对准，即监测天线的最大接收方向要对准被测无线电信号的来波方向（全向天线例外）；三是被测无线电信号电平不小于监测设备的接收灵敏度。由于被测无线电信号的频率和来波方位是未知的，所以在寻找被测无线电信号时，需进行频率搜索和方位搜索。

上述 3 个条件是指一般情况而言的，在实际监测中，对于不同的信号体制，以及不同类型的信号要区别对待。对于短波和超短波常规无线电信号的监测，由于这两个频段的电磁辐射一般都采用弱方向性或无方向性天线，监测设备一般也都采用弱方向性或无方向性天线，所以一般只进行频率搜索，而不进行方位搜索。对于接力通信、卫星通信、对流层散射通信和雷达信号的监测，由于这4种通信体制都采用强方向性天线，所以要求监测设备不仅具有频率搜索功能，也必须具有方位搜索功能。总之，截获不同类型的无线电信号，需要满足的条件往往是不同的。

2. 测量无线电信号的技术参数

无线电信号有许多技术参数，有些是各种无线电信号共有的参数，有些是不同无信号特有的参数。各种无线电信号共有的技术参数包括：信号载频，或者信号的中心频率；信号电平，通常用相对电平表示；信号的频带宽度，可根据信号的频谱结构测量信号的频带宽度；信号的调制方式，根据信号的波形和频谱结构一般可分析得到信号的调制方式；电波极化方式（必要时测量）等。

不同的无线电信号一般具有自身特有的技术参数，例如，调幅信号的调幅度，调号的调制指数，数字信号的码元速率或码元宽度，移频键控信号的频移间隔，跳频信号与跳频速率等。

以上技术参数的测量对于无线电信号的识别分类是十分重要的。除了测量技术多，记录信号的出现时间、频繁程度及工作时间的长度等，也是很有意义的技术信息资料。对无线电信号技术参数做到实时测量是十分必要的，这对于频谱监测尤为重要。当能实时测量时，可进行记录，利用音频录音、视频录像、射频信号存储等手段，详细记录存储截获的无线电信号，以便事后进一步分析和处理。

3. 测向定位

利用无线电测向设备测定信号来波的方位，并确定目标电台的地理位置。测向定位以为判定无线电设备属性、通信网组成、实施电磁频谱管理提供重要依据。

4. 对信号特征进行分析、识别

信号特征包括通联特征和技术特征。技术特征是指信号的波形特点、频谱结构、技术参数及无线电辐射源的位置参数等。分析信号特征可以识别信号的调制方式，判断无电辐射源的工作体制和无线电装备的性能，判断无线电通信网的数量、地理分布及各信网的组成、属性及其应用性质等。

5. 控守监视

控守监视是指对已截获的无线电辐射源信号进行严密监视，及时掌握其变化及活动律。实施电磁频谱管理时，控守监视尤为重要，必要时可以及时转入即时式管理。

在频谱监测中，需要对获取的技术资料建立电磁频谱管理技术信息数据库，并且根据技术资料的变化及时更新数据库的内容功能。

（四）频谱监测设备

频谱监测设备是监测空中无线电频谱，对指定电磁信号实施测向，对特定信号进行参数测试的仪器设备的统称。其完成的主要功能有两项：一是进行电磁频谱监测，如测量空中无线电信号的频率、频率误差、射频电平、发射带宽，监听解调信息，确定和识别发射标识，统计频段利用率和频道占用度，分析信号使用情况等；二是进行无线电信号的测向与定位，如对非法电台和干扰源进行测向、定位。

无线电监测设备的主体设备包括用于电磁频谱监测的设备，如监测接收机、测试接收机、场强仪、带宽测量仪、频率占用度测量设备、识别设备等；用于无线电测向的设备，如单信道测向机、双信道测向机、多信道测向机等。

无线电监测设备的分类方法很多。国外将用于无线电通信信号侦察与监视的接收设备统称为通信情报接收设备或侦察接收设备。在国内也粗略地将监测接收设备分为监视接收机、分析接收机、搜索截获接收机和测向接收机。

随着无线通信的迅速发展，表征无线电发射信号质量的特征参数发生了变化，表征数字信号质量的一些特征参数（如误码率、波形变异、数字调制方式等），目前常规的监测设备尚不能测试。因此，随着通信技术的发展，监测技术、监测设备需同步发展。

现代电子技术的发展及软件无线电技术的应用，新一代的数字监测接收机正在商用化，为监测数字无线信号提供了新手段。

无线电监测测向系统通常由天线系统、监测接收机、测向定位设备、频谱分析仪、系统软件及系统附件等组成，系统规模可根据监测测向站完成的主要功能灵活地进行配置。按照监测测向的方式通常可分为固定监测站、移动监测站和可搬运监测站。

二、电磁频谱监测方法

（一）无线电测向的内涵

无线电测向是利用无线电定向设备确定正在工作的无线电发射台（辐射源）方位的过程。利用无线电测向可以确定辐射源的位置（简称定位）。无线电测向与定位是无线电监测的重要内容，是对无线电信号进行分选、识别的重要依据。

无线电测向的物理基础是无线电波在均匀媒质中传播的匀速直线性及定向天线接收电波的方向性，无线电测向实质上是测量电磁波波阵面的法线方向相对于某一参考方向（通常规定为通过测量点的地球子午线指北方向）之间的夹角。能够完成这一测量任务的无线电设备称为无线电测向机或无线电测向设备。

（二）无线电测向的主要用途

无线电测向在军事和公共社会两个领域都具有广泛的应用，用于军事电磁频谱监测仅是在军事领域应用的一部分，无线电测向的应用总的可以归结为对未知位置的目标辐射源进行无源定位，以及根据已知位置的目标辐射源确定测向设备自身所在平台的位置这两个目的，实际应用主要有辐射源寻的、导航、交会定位。

1. 辐射源寻的

测向设备利用目标辐射源的到达方向信息，使所在的平台朝辐射源所在的平台位置移动，这就是利用无线电测向的辐射源寻的。其中目标辐射源的位置可以是已知的，也可以是未知的。

如果测向数据无误差，则可以引导测向设备所在平台沿最短的路径对辐射源寻的，但实际测向设备总是不可避免地存在系统误差和随机误差，因此寻的路径会根据误差的特性有所不同。随机误差的存在会使得寻的路径不稳定，但最终总会到达目标辐射源；系统误差的存在使得寻的沿着一条对数螺旋路径趋近辐射源，其中在测量点沿路径的切线与直接到目标辐射源的连线之间的夹角就是测向机的系统误差值。

2. 导航

无线电导航是根据移动测向设备对已知位置目标辐射源的测向数据，引导测向设备所在的平台沿所要求的路径行进，其过程是一个简单的测向和方位数据比较过程，通过对已知位置的辐射源测向，来估计自身位置是否位于某一指定的航线上，或者根据其测向数据来修正当前航向与规定航线的偏离量，这里辐射源的位置不是测向设备所在平台的航程终点，而只是为其航程提供参考方向。

3. 交会定位

交会定位包括后方三角交会定位、平面三角交会定位、垂直三角交会定位。

后方三角交会定位是根据测向设备对已知位置的多个辐射源所测得的方位数据反过来进行定位，确定测向设备所在平台自身的坐标位置。这种方式早期常用于车、船及其他机动台站的自身定位，近期逐步被 GPS 定位技术所替代。

平面三角交会定位是根据分散在多个已知位置的固定测向设备对目标辐射源的静态方位测量数据进行交会定位，或者根据能实时测定自身位置的单个移动测向设备对目标辐射源的动态方位测量数据进行交会定位，确定该辐射源的地理位置。

垂直三角交会定位的应用之一是在测得天波信号的到达水平方位角和仰角，并在已知天波折射点电离层高度的情况下，确定辐射源的位置。这种定位方式也称为单站定位，只适用于天波信号，要求测向系统同时提供来波的水平方位角和仰角，并需要提供天波折射点电离层高度的精确值，垂直三角交会定位的应用之二是根据机载测向设备对地面辐射源测得的水平方位角和俯角及测向设备所在平台（飞机）的高度进行定位，确定目标辐射源的地理位置，这种定位方式又称为 AZ/EL 测向定位法。

在无线电监测中，无线电测向的直接目的就是测定干扰发射台的方位并利用交会定位确定其地理位置。

（三）无线电测向的地位与测向技术的发展

1. 无线电测向的地位

电磁频谱管理的目的是避免和消除频率使用中的相互干扰，维护空中电波秩序，使有限的频谱和卫星轨道资源得到合理、有效的利用，保证己方无线电系统使用效能的正常发挥。要达到这一目的，在两军对垒的战场上，作战指挥员必须十分清楚地了解他所面临的电磁信号环境，掌握战场空间各类无线电信号及各种电磁干扰信号在时域、空域、频域等方面的分布情况，特别是要了解用频台站的频谱技术指标、属性、网路组成等要素，同时对敌方主要用频装备的频谱技术指标、手段及其战术运用也要全面掌握，这就必须借助于无线电监测与测向定位。

现代战场是陆、海、空、天四维立体战场的各军兵种协同作战，敌我双方都要求有四通八达不间断的通信联络和信息传输，电磁频谱管理面临一个复杂、密集和多变的电磁信号环境。在如此复杂的信号环境中要快速准确地截获并识别出管理地域内目标网台信号仅靠监测分析系统还远远不够。无线电信号在技术特征上并不携带任何敌我识别标志，而在无线电信息普遍被加密传输的今天，破译其无线电信息内容在有限短的时间内是很困难的事情。由此可见，只有通过无线电测向定位技术确定目标电台的坐标位置，再综合无线电监测信息及其他途径获取的敌方无线电部署和战场背景等情报，才有可能快速准确地分辨识别出各目标信号的具体属性与威胁等级。

一旦截获并识别出敌我双方重要的目标网台信号，电磁频谱决策控制系统应对其做出快速有效的反应，或者控制监测分析系统继续对其进行不间断的监视控守，并收集其无线电频谱新的信息。收集无线电频谱信息时，目标网台的方位坐标是重要的信息内容，如果测向定位的精度足够高，电磁频谱决策控制系统进行决策的可靠性与有效性就高。

综上所述，无线电测向定位在电磁频谱管理领域中所处的地位非常重要，方位（空域）监测与技术参数（时域、频域，调制域）监测并列为干扰查处与频谱管理的两大基石。在典型的现代电磁频谱管理系统中，作为前端探测器（传感器）的是技术监测分系统和方位监测分系统，作为中心控制器的是以无线电信息数据库和频谱管理数据库为核心的多传感器数据智能融合处理与决策生成和控制分系统。

2. 无线电测向技术的发展

19 世纪末，随着无线电信号的发射成功，开始了对无线电测向技术的研究。早期的测向设备首先用于导航，在军事上的应用始于第一次世界大战，第二次世界大战期间，随着无线电通信的广泛应用，无线电测向也得到更多的应用，并显示出了测向定位在战争中的重要作用。

随着电子科学技术的发展进步，无线电测向技术也得到迅速发展，从电子管、晶体管到集成电路的测向设备先后问世，不同体制的测向设备相继出现。尤其是 20 世纪 60 年代以后，各种新理论、新技术、新器件在无线电测向设备中的应用，使得测向设备的战技性能指标得到了很大的提高。固态微型组件的出现，数字信号处理技术和微处理机技术在测向设备中的应用，推动了测向设备向着小型、高速、自动化的方向发展。进入 20 世纪 80 年代，较先进的测向设备都采用高速数字信号处理器和高档次微处理机作为方位数据处理器与功能控制器，既加快了测向速度，也提高了测向精度。

进一步提高测向精度，研究发展新的精密定位技术，提高定位精度；提高测向设备的反应速度，增强对中速、高速跳频信号的测向能力；拓宽测向设备的工作频段，逐步实现全频段测向一体化，提高测向设备的自动化、智能化、软件化等，都是今后无线电测向技术的发展趋势。

参考文献

[1] 国家国防教育办公室. 国防历史概要[M]. 北京：国防大学出版社，2012.

[2] 郇际. 新编大学生军事课教程[M]. 北京：国防大学出版社，2015.

[3] 刘云飞. 大学生国防教育[M]. 长春：东北师范大学出版社，2011.

[4] 黄水华. 中国古代兵制[M]. 北京：商务印书馆，1998.

[5] 匡兴华. 军事技术概论[M]. 北京：国防工业出版社，2006.

[6] 陈舟. 现代局部战争理论研究[M]. 北京：国防大学出版社，2003.

[7] 克劳塞维茨. 战争论[M]. 北京：解放军出版社，1996.

[8] 蔡仁照. 信息化战争论[M]. 北京：国防大学出版社，2007.

[9] 顾伟. 军事科技与新军事变革[M]. 上海：复旦大学出版社，2004.

[10] 万福临. 国防建设概论[M]. 北京：军事科学出版社，2008.

[11] 朱梅生. 军事思想概论[M]. 北京：国防大学出版社，1997.

[12] 徐唯城. 大学军事教程[M]. 长沙：国防科技大学出版社，2012.

[13] 刘继贤. 论毛泽东军事思想[M]. 北京：中共中央党校出版社，2003.

[14] 牛力，邱桂金. 国防与军队建设的科学指南——毛泽东、邓小平、江泽民军事思想研究[M]. 北京：中国人民解放军出版社，2004.

[15] 国家国防教育办公室. 国防基本技能[M]. 北京：国防大学出版社，2015.

[16] 李有祥. 军事高技术与信息化战争[M]. 南京：东南大学出版社，2010.

[17] 鲁雷. 普通高等学校军事课教程[M]. 西安：西安电子科技大学出版社，2019.